普塔前来休憩……
在将众神安置于他们的祭祀之地之后，
在确保他们有足够的面包供品之后，
在建起了他们的神殿之后……
——《孟菲斯神论》

 中国社会科学年鉴

中国古代史年鉴

ALMANAC OF ANCIENT CHINESE HISTORY

中国社会科学院古代史研究所 编

2020

中国社会科学出版社

图书在版编目（CIP）数据

中国古代史年鉴.2020/中国社会科学院古代史研究所编.—北京：中国社会科学出版社，2021.12
ISBN 978-7-5203-9487-1

Ⅰ.①中… Ⅱ.①中… Ⅲ.①中国历史—古代史—2020—年鉴 Ⅳ.①K22

中国版本图书馆 CIP 数据核字（2021）第270122号

出 版 人	赵剑英
责任编辑	王鸣迪
责任校对	高　俐
责任印制	张雪娇

出　　版	中国社会科学出版社
社　　址	北京鼓楼西大街甲158号
邮　　编	100720
网　　址	http://www.csspw.cn
发 行 部	010-84083685
门 市 部	010-84029450
经　　销	新华书店及其他书店
印刷装订	三河市东方印刷有限公司
版　　次	2021年12月第1版
印　　次	2021年12月第1次印刷
开　　本	787×1092　1/16
印　　张	32.5
插　　页	2
字　　数	788千字
定　　价	268.00元

凡购买中国社会科学出版社图书，如有质量问题请与本社营销中心联系调换
电话：010-84083683
版权所有　侵权必究

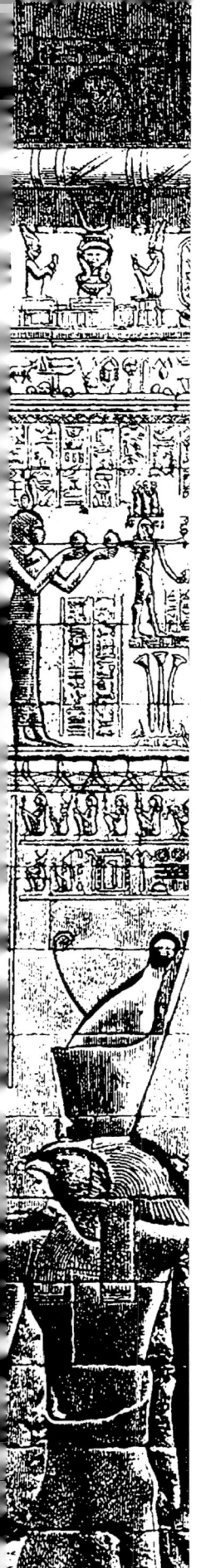

埃及神庙

The Complete
Temples of Ancient Egypt

Richard H. Wilkinson

[英] 理查德·H. 威尔金森 著 颜海英 赵可馨 译

贵州出版集团
贵州人民出版社

目　录

引言：神庙、土地与宇宙　6
地图　10
神庙建造者年表　12

第一章　永恒之屋
发展、辉煌与衰落

神庙的起源　16
古王国与中王国时期的发展　20
新王国时期的神庙　24
辉煌的衰落　26
早期旅行者与现代复原　30

第二章　量身打造的神之建筑
建造、发展与改变

选择神圣空间　36

奠基仪式　38
建造"神之屋"　40
装饰神庙　44
发展、增强与变化　48

第三章　世界中的世界
神庙的组成部分与它们的意义

神庙入口　54
外庭　62
内厅与圣殿　65
其他神庙结构　72
神庙象征体系　76

第四章　天地之间
神庙的宗教功能

埃及众神与其祭祀崇拜　82
国王的角色　86
祭司与神庙人员　90
神庙节日　95

第五章　神与国王之庙宇
逆尼罗河而上的旅程

从地中海到孟菲斯　102
从孟菲斯到阿苏特　114
从阿苏特到底比斯　142
卡纳克与卢克索　154
西底比斯　172
从底比斯到阿斯旺　200
从阿斯旺到格贝尔·巴卡尔　216
绿洲与偏远地区　234

结语：今天的探索与保存　240
参观神庙　244

主要译名对照表　246
延伸阅读　252
插图出处　258
鸣谢　259

引言：神庙、土地与宇宙

门图荷太普二世、哈特谢普苏特与图特摩斯三世在西底比斯代尔·巴哈里悬崖脚下的祭庙废墟，一直以来被看作女神哈托尔的圣地。

埃及神庙无疑属于古代世界现存遗迹中最令人印象深刻的一部分。曾几何时，那些光辉闪耀的城市有着"直刺苍穹"的塔门，由黄金与青铜封顶的建筑"如升起的太阳一般"熠熠生辉，其中有些至今仍位居人类历史上最伟大的建筑之列。

在希腊罗马时代，埃及的神庙就已是古迹和奇迹之源，在创造它们的文明早已消亡之后，这些神庙依然令到访的征服者、探险家和旅行者惊诧不已。几百年来，作为已知的世界最大宗教建筑，卡纳克阿蒙神庙这样的历史遗迹持续地令观者惊叹不已，不仅是建筑设计与装饰之华美、巨像和方尖碑之雄伟，单是庞大的规模就足以震撼人心了。

但神庙的魅力不止于此。除了堆叠的巨石之外，我们还能感受到神庙建筑丰富的象征意味，这也是其建造的深层原因。这些建筑是如此符合它们的建造目的，即使到了现在，在祭司们的颂唱典礼已经终止、歌者们的乐音亦已寂灭千年之后，当人们穿过那些宏伟的庭院、多柱大厅和柱廊时，也很难不再次感受到它们当年的生命力和风度。

尽管保留下来的可能仅仅是埃及历史上兴建的数百座神庙（包括很多我们没有记载的）中很少的一部分，它们也为我们提供了独特的视角，来一窥古埃及人的生活和思想。

在埃及，神庙远比在其他文化中更加重要，影响也更为深远。人们也因此以多种方式来描述它们：众神的宅邸、埃及和宇宙本身的模型、埃及的祭祀中心、神界的门户，也许最华美的名称是"混沌的宇宙海洋中的秩序之岛"。实际上，恰如我们将从这本书中读到的，神庙的作用从不拘泥于这些称谓中的任何一个，尽管这些描述中有几个看似夸张，埃及的神庙却是所有这些称谓的总和，且远超于此。

一些神庙的主要用途是众神的居所，历经千年的建造和扩建都是为了供奉其中的主神；另一些则是葬祭性质的建筑，为逝去国王的灵魂而建，以保障他们在来世的安适和统治地位。还有些神庙提供了其他的功能，有些兼做军事堡垒、行政中心，甚至还有些被当作意识形态的具体表达或王家别苑。

大多数神庙的高墙内，都有神殿、宝库、办公室、王宫、屠宰室、学校等场所。这些宗教建筑群不仅仅是政治、经济和商业中心，在其中蓬勃发展的还有古代科学和学术研究，一代代学识渊博的祭司在此思考着存在的本质。

作为神界与人世的交接处，神庙也是象征性仪式的上演地。在这里，无数埃及人信奉的神祇被供以美食华服，让他们确信：公正、秩序和平衡正通过法老及其代理祭司施展的仪式

西瞰拉美西姆——以神化的拉美西斯二世为崇拜对象的神庙。神庙主体建筑后面是一大片泥砖结构的神庙仓库。

得到维系。作为回报，神灵们将生命赐予这片大地，支持着埃及在宇宙中的既定位置。总而言之，埃及的神庙乃是其社会运转所需要的力量之源。

因此，埃及国王不仅在侍奉诸神方面享有特权，在为神庙装饰和捐赠方面亦是如此：军事征服的战利品、外国的贡品以及埃及本国的财富都源源不断地流入神庙。古代文献描述着——考古发现也证实了——那些以埃及诸神之名创造的奇迹是何等壮丽。巨大的建筑横亘在广阔的领地

神庙建造者年表

埃及每个王朝和每位国王的具体统治时间依然是学者们争论的主题。此表中的年代大多基于约翰·贝恩斯教授和雅洛米尔·麦莱克博士推定并发表于其著作《古埃及地图集》中的年表。

前王朝晚期 约公元前3000年

早王朝时期

第1王朝 前2920—前2770
  美尼斯（荷尔-阿哈）；杰尔；瓦杰；丹；阿吉布；塞美尔赫特；卡阿

第2王朝 前2770—前2649
  荷太普塞海姆威；拉奈布；尼泽尔；帕里布森；卡塞海姆威

第3王朝 前2649—前2575
  涅布卡 前2649—前2630
  乔赛尔（奈杰尔利赫特） 前2630—前2611
  塞赫姆赫特 前2611—前2603
  哈巴 前2603—前2599
  胡尼 前2599—前2575

古王国

第4王朝 前2575—前2465
  斯尼弗鲁 前2575—前2551
  胡夫（齐奥普斯） 前2551—前2528
  杰代夫拉 前2528—前2520
  哈夫拉（塞弗林） 前2520—前2494
  门卡拉（梅塞里诺斯） 前2490—前2472
  舍普塞斯卡夫 前2472—前2467

第5王朝 前2465—前2323
  乌瑟尔卡夫 前2465—前2458
  萨胡拉 前2458—前2446
  尼弗尔伊瑞卡拉 前2446—前2426
  舍普塞斯卡拉 前2426—前2419
  拉内弗拉夫 前2419—前2416
  纽塞尔 前2416—前2388
  杰德卡拉-伊瑟西 前2388—前2356
  乌纳斯 前2356—前2323

第6王朝 前2323—前2150
  泰提 前2323—前2291
  培比一世 前2289—前2255
  梅伦雷 前2255—前2246
  培比二世 前2246—前2152

第7/8王朝 前2150—前2134
  无数昙花一现的国王

第一中间期

第9/10王朝 前2134—前2040
第11王朝（底比斯） 前2134—前2040
  因太夫一世 前2134—前2118
  因太夫二世 前2118—前2069
  因太夫三世 前2069—前2061
  门图荷太普 前2061—前2010

中王国时期

第11王朝（埃及全境） 前2040—前1991
  门图荷太普一世 前2061—前2010
  门图荷太普二世 前2010—前1998
  门图荷太普三世 前1998—前1991

第12王朝 前1991—前1783
  阿蒙涅姆赫特一世 前1991—前1962
  森乌斯里特一世 前1971—前1926
  阿蒙涅姆赫特二世 前1929—前1892
  森乌斯里特二世 前1897—前1878
  森乌斯里特三世 前1878—前1841
  阿蒙涅姆赫特三世 前1844—前1797
  阿蒙涅姆赫特四世 前1799—前1787
  索贝克尼弗鲁 前1787—前1783

第13王朝 前1783—前1640
  共有约70位国王
  阿美尼-科玛乌 约前1750
  赫恩杰尔 约前1745

第14王朝
  约与第13或15王朝同时存在

第二中间期

第15王朝（喜克索斯人）
第16王朝
  与第15王朝同时存在的旁支喜克索斯统治者
第17王朝 前1640—前1532
  无数的底比斯国王，以卡莫斯结束
  卡莫斯 约前1555—前1550

新王国

第18王朝 前1550—前1307
  阿赫摩斯 前1550—前1525
  阿蒙诺菲斯一世 前1525—前1504
  图特摩斯一世 前1504—前1492
  图特摩斯二世 前1492—前1479
  图特摩斯三世 前1479—前1425
  哈特谢普苏特 前1473—前1458
  阿蒙诺菲斯二世 前1427—前1401
  图特摩斯四世 前1401—前1391
  阿蒙诺菲斯三世 前1391—前1353
  阿蒙诺菲斯四世/埃赫纳吞 前1353—前1335
  史孟卡拉 前1335—前1333
  图坦卡蒙 前1333—前1323
  阿伊 前1323—前1319
  荷伦布 前1319—前1307

第19王朝 前1307—前1196
  拉美西斯一世 前1307—前1306
  塞提一世 前1306—前1290
  拉美西斯二世 前1290—前1224
  美内普塔 前1224—前1214
  塞提二世 前1214—前1204
  西普塔 前1204—前1198
  塔瓦斯瑞特 前1198—前1196

第20王朝 前1196—前1070
  塞特纳赫特 前1196—前1194
  拉美西斯三世 前1194—前1163
  拉美西斯四世 前1163—前1156
  拉美西斯五世 前1156—前1151
  拉美西斯六世 前1151—前1143
  拉美西斯七世 前1143—前1136
  拉美西斯八世 前1136—前1131
  拉美西斯九世 前1131—前1112
  拉美西斯十世 前1112—前1100
  拉美西斯十一世 前1100—前1070

中,最大的神庙发展成了能与法老的权力抗衡、有时甚至近乎超越王权的机构。

这些伟岸建筑中的物质财富早在历史的长河中湮灭无踪,但埃及神庙的许多建筑奇迹依然存在。其中留存的艺术品仍令我们印象深刻且获益匪浅,而神庙铭文则为我们提供了各种历史事件的信息,以及古埃及人思想中最为深刻的精神与哲学层面的思考。即使只余残垣断壁,作为影响深远的宗教机构的遗存,埃及神庙依然屹立在那里,这些不朽的石制象征物,今人仍可涉足其间。

对页:卢克索神庙,拉美西斯二世的方尖碑与塔门,后方是阿蒙诺菲斯三世的柱廊。

下图:仰卧着的拉美西斯二世头像,来自卢克索神庙的一座拉美西斯二世巨像。我们今天所见的神庙大部分建于他和阿蒙诺菲斯三世的统治时期。

左上图:卡纳克的阿蒙神庙大多柱厅的塞提一世浮雕。塞提一世与拉美西斯二世完成了该大厅的浮雕,他们在叙利亚和巴勒斯坦的军事活动被雕刻在外墙上。

上图:卡纳克大多柱厅支撑屋顶的闭合纸草形状的柱林。

第三中间期

第21王朝	**前1070—前945**
斯门德斯	前1070—前1044
阿梅米苏	前1044—前1040
苏森尼斯一世	前1040—前992
阿蒙涅莫普	前993—前984
奥索孔一世	前984—前978
西亚蒙	前978—前959
苏森尼斯二世	前959—前945
第22王朝	**前945—前712**
舍尚克一世	前945—前924
奥索孔二世	前924—前909
塔克洛特一世	前909—前?
舍尚克二世	前?—前883
奥索孔三世	前883—前855
塔克洛特二世	前860—前835
舍尚克三世	前835—前783
帕米	前783—前773
舍尚克五世	前773—前735
奥索孔五世	前735—前712
第23王朝	**约前1070—前712***
底比斯、赫摩波利斯、赫拉克利奥波利斯、莱昂托波利斯和塔尼斯同时存在多位统治者	
第24王朝（塞易斯）	**前724—前712**
第25王朝（努比亚和底比斯地区）	**前770—前712**
卡施塔	前770—前750
皮耶	前750—前712

后期 — 前712—前332年

第25王朝	**前712—前657**
沙巴卡	前712—前698
沙巴克	前698—前690
塔哈卡	前690—前664
坦塔玛尼	前664—前657
第26王朝	**前664—前525**
尼科一世	前672—前664
萨姆提克一世	前664—前610
尼科二世	前610—前595
萨姆提克二世	前595—前589
阿普里斯	前589—前570
阿玛西斯	前570—前526
萨姆提克三世	前526—前525
第27王朝（波斯）	**前525—前404**
冈比西斯	前525—前522
大流士一世	前521—前486
薛西斯一世	前486—前466
阿尔塔薛西斯一世	前465—前424
大流士二世	前424—前404
第28王朝	**前404—前399**
阿姆利塔奥斯	前404—前399
第29王朝	**前399—前380**
涅普赫里特斯一世	前399—前393
赛姆穆特	前393
哈克里斯	前393—前380
涅普赫里特斯二世	前380
第30王朝	**前380—前343**
尼克塔尼布一世	前380—前362
提奥斯	前365—前360
尼克塔尼布二世	前360—前343
第二个波斯王朝	**前343—前332**
阿尔塔薛西斯三世	前343—前338
阿尔塞斯	前338—前336
大流士三世	前335—前332

希腊罗马统治时期 — 前332—公元395年

马其顿王朝	**前332—前304**
亚历山大大帝	前332—前323
菲利普·阿里达乌斯	前323—前316
亚历山大四世	前316—前304
托勒密王朝	**前304—前30**
托勒密一世	前304—前284
托勒密二世	前285—前246
托勒密三世	前246—前221
托勒密四世	前221—前205
托勒密五世	前205—前180
托勒密六世	前180—前164
	前163—前145
托勒密八世	前170—前163
	前145—前116
托勒密七世	前145
克里奥帕特拉三世和托勒密九世	前116—前107
克里奥帕特拉三世和托勒密十世	前108—前88
托勒密九世	前88—前81
克里奥帕特拉·贝尔尼克	前81—前80
托勒密十一世	前80
托勒密十二世	前80—前58
	前55—前51
贝尔尼克四世	前58—前55
克里奥帕特拉七世	前51—前30
托勒密十三世	前51—前47
托勒密十四世	前47—前44
托勒密十五世	前44—前30

罗马统治时期

奥古斯都	前30—14
提比略	14—37
卡利古拉	37—41
克劳狄乌斯	41—54
尼禄	54—68
加尔巴	69
奥托	69
韦帕芗	69—79
提图斯	79—81
图密善	81—96
涅尔瓦	96—98
图拉真	98—117
哈德良	117—138

* 目前学界一般断定的第23王朝起止年份为公元前818—前715年。——编者注

神庙重点

约公元前4500—前4000年
　纳布塔·普拉亚的立石之地

约公元前3500年
　赫拉康波利斯的早期神庙

约公元前2900—前2700年
　阿拜多斯的王室泥砖墓葬围城

约公元前2600年
　石制神庙和乔赛尔金字塔神庙

约公元前2500年
　哈夫拉的祭庙和河谷神庙

约公元前2400年
　纽赛尔的太阳神庙

公元前2060—前2010年
　代尔·巴哈里的门图荷太普二世祭庙

公元前1971—前1926年
　卡纳克的森乌斯里特白色祠堂

公元前1473—前1458年
　代尔·巴哈里的哈特谢普苏特祭庙

公元前1391—前1353年
　西底比斯的阿蒙诺菲斯三世祭庙

公元前1306—前1290年
　卡纳克的大多柱厅

公元前1290—前1224年
　阿布·辛贝尔的拉美西斯二世岩凿神庙

公元前1194—前1163年
　麦地奈特·哈布的拉美西斯三世祭庙

公元前750—前664年
　上努比亚的格贝尔·巴卡尔的纳帕塔神庙建筑

公元前664—前525年
　塞易斯的大神庙围墙

公元前246—前51年
　艾德福的荷鲁斯神庙

公元前380—公元300年
　菲莱的伊西斯神庙

发展、辉煌与衰落

> 他为他的父亲阿蒙建造了纪念物……
> 为他建造了壮观的神庙……一座永恒持久之建筑。
> ——阿蒙诺菲斯三世石碑

从建于人类历史黎明之前的古代仪式建筑,到俯瞰尼罗河众神的伟大宅邸,埃及神庙有着几千年的发展历史。在一代代国王的命令之下,神庙日渐壮大辉煌,直到一度使得统治者的财富与权力黯然失色,而这些国王正是它们的资助者与高级祭司。

即使在最终的衰落与弃用之后,埃及神庙的影响也依旧可被感知——作为神圣空间的继承者,它们是传统悠久、组织丰富的神秘场所,这些传统与组织往往也适用于后世的宗教,并在很多方面塑造着新信仰的成长轨迹。基督教,甚至伊斯兰教都没能逃过它们的影响,而今天的一些圣人与节日实际源自古老的神庙传统,这一点无疑令人惊叹。

在世俗历史中,波斯、希腊、罗马的国王与皇帝或到访过埃及神庙,或寻求过有关它们的知识。希腊哲学家在其中钻研,文艺复兴时期以来无数的探险家、旅行者及学者也被吸引至此,研究它们并试图破解其中的秘密。拿破仑远征埃及时的随军学者开始了对埃及神庙的系统记录与研究;而埃及学领域鼎鼎大名的学者——从商博良时代到当代——几乎都有在一个或多个神庙遗址中研究或工作的经历。

伊西斯神庙,菲莱

第一章　永恒之屋

神庙的起源

与埃及文明其他方面的古代起源一样，神庙的起源问题也被包裹在重重迷雾之中。让我们从神庙星罗棋布点缀于埃及大地之上，乃至每座城镇都有其身影的时代，上溯到历史之初甚至史前时期——那时留下的建筑遗存尚难定性。在这一埃及社会的形成阶段，往往无从得知哪些建筑有神圣的用途，或被视为神圣空间，哪些又没有。我们还需要面对关于神圣本身的问题，譬如对这些最古老的人类而言神圣究竟意味着什么，以及特定的地点如何被赋予了神圣地位。我们或许永远不会知晓这些问题的确切答案，但考古学家们发现的证据至少能够揭示最初的神庙发展历程。

纳布塔·普拉亚：立石之地

埃及南部阿布·辛贝尔神庙以西100公里的撒哈拉沙漠中，这片最近发现的古代遗迹或许能够作为非洲最早宗教建筑的例证，以及后来演变为埃及神庙的建筑雏形。

今天被称为纳布塔·普拉亚的这片遗迹约有6000—6500年的历史，由州达拉斯南卫理公会大学弗雷德·温道夫教授率领的一支国际考古队发现。该遗迹位于一片古代湖泊的岸边，而今湖泊早已干涸。遗迹有多块高达2.75米的立石，是从至少1英里（约1.6千米）以外的地方被拖拽至此的。多块巨石呈东西向排列，似乎是作为夏至日与太阳对齐的校准石。其他的石头则在夏季和秋季部分浸没在湖水中，用于标记雨季到来时的降水。

遗迹中这些经过精心排列的巨石仿佛一个简单的历法观测点，除此之外，纳布塔·普拉亚也被认为具有象征和仪式的功能，可能结合了太阳循环和赐予生命的湖水的周期性涨落，以此作为宇宙时钟，暗合生死之道。因此，该遗迹几乎可称为最初的神庙，不论生活于这个地区的人们是否是法老时代埃及人的祖先，同样的元素，诸如生与死、水与太阳，在后来的埃及神庙中均成为象征的核心。

我们已无法确切得知纳布塔巨石的宗教功能，或者它们是否代表了一种比埃及前王朝时期的部落偶像和神灵崇拜更早的宗教信仰。但当纳布塔人开始认真遵循宇宙的循环规律之时，北非的气候正在发生变化，由于撒哈拉地区日益干旱，四面八方的游牧民族——可能也包括纳布塔人自己——开始从利比亚和阿拉伯高地向低处迁移，在尼罗河岸边建立起定居点。或许正是这个时候，人们为那些历史悠久的神祇建起了居所，这也是后来埃及神庙的雏形。

下及右下图：位于埃及南部的纳布塔·普拉亚石阵是已发现的最早的天文定位遗址（可能也具有文化意义），有6000—6500年的历史。

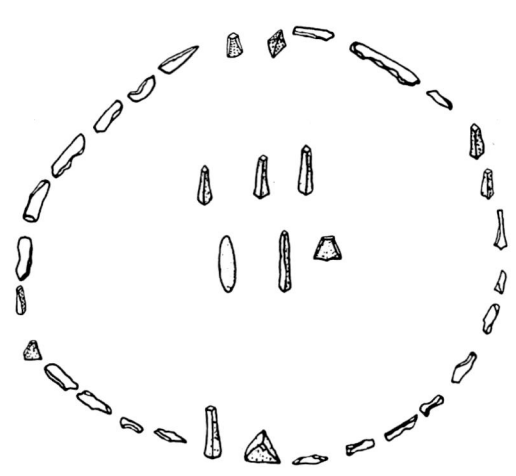

赫拉康波利斯：南方圣地

直到埃及的早王朝时期，我们才对早期神庙的外观有了相对清晰的认识。这一时期我们知道的第一座仪式神庙位于奈肯或赫拉康波利斯（希腊人如此称呼它，意为"猎隼之城"），在埃及南部（库姆·阿赫玛，见第203页）。该地区最近的发掘表明，早在公元前3500年，赫拉康波利斯可能就已经是尼罗河谷最重要的定居点，并成为上埃及早期的一种国家圣地。1985年以来的考古材料显示，该地最早的神庙建筑是一片宽阔的、抛物线形状的院落，约32米长，13米宽。该院落由覆有河泥的芦苇墙圈定，内有一座大沙土丘，院落尽头还立有一根高杆，根据后来的图像资料推断，高杆上还有旗帜或图腾，可能为赫拉康波利斯的猎隼神像。在院落的北面是入口及多个小的长方形建筑，应是与祭祀相关的作坊；神殿矗立在院落的南面。

根据发掘出的旗杆洞和沟渠，结合现存印章图案上早期神殿的样式，我们可以推断，这座神殿是长方形的建筑，前面立有高大的木柱，其直径为1—1.5米，高达12米。神殿的顶部为曲线形，前高后低，形态类似蹲伏的动物，但也近似古老的偶像，即一只以布条缠裹的猛禽，后来该形状成为象形文字中阿赫姆（akhem，意为"神的形象"）和奈肯（即赫拉康波利斯）的奈肯尼（Nekheny，意为"神"）的限定符

上图：在赫拉康波利斯HK 29地区的发掘使我们获得了关于这一最古老神庙的很多信息。用来在神殿前固定巨大木制柱子的旗杆洞至今依然可见。

下图：位于赫拉康波利斯的已知埃及最古老神庙的复原图。

号。后一种相似性值得我们深思，因为此处崇拜的猎隼神后来转化成为王权之神荷鲁斯，在当地发现的纳尔迈调色板和其他手工制品上均有其形象。无论怎样解释，神殿的坡状顶部都与后来埃及神庙自前向后逐渐降低的屋顶形状不谋而合。

布托：三角洲的崇拜中心

历史上的布托（太尔·法拉因或佩），位于下埃及三角洲地区，地位相当于上埃及的赫拉康波利斯，是整个埃及北部的象征，正如赫拉康波利斯象征着埃及南部。由于缺乏早期的考古证据，许多埃及学家质疑早王朝时期的布托是否有中心地位。但近期的发掘表明，布托或许真如埃及传统所说的那样重要。

从1983年开始，德国考古研究所对土层的取样及分析研究就表明，该地区最早的定居点位于今天的地层以下7米处，恰好在地下水位之下，而三角洲地区的考古作业长久以来受制于此。这一新的证据表明，早王朝时期的布托作为定居点的历史长达500年。考古发现还显示，这一北方文化的陶器类型最初就受到了埃及南方风格的影响，继而被南方风格取代，由此为古代的传说更添一分可信度，即南方的上埃及在扩张中征服了下埃及，从而完成了埃及历史上"两地"的统一。

布托最早的神殿或神庙早已无从寻觅，但图像材料中记载了一种与赫拉康波利斯略有差异的神殿样式，两侧有高耸的柱子，拱形屋顶也明显不同。这两种分别代表上下埃及的神殿，在象形文字符号中写作 和 ，并出现在埃及历史上的许多图像表达中。这两类神殿的大型复制品也出现在了第3王朝早期乔赛尔阶梯金字塔的仪式建筑群中（见第126页）。

阿拜多斯：诸神与列王的堡垒

在阿拜多斯，距离第1王朝王陵1.6公里处，有多个围墙圈起的场地，它们被认为是与神灵相关、有神圣功能的墓葬建筑。大卫·欧康纳认为这些建筑正是埃及早期铭文中提到的"诸神的堡垒"。这里曾是名为谢姆舒赫——荷鲁斯的追随者——的诸神进行仪式聚会的场地，这些神祇与国王相关，国王又是猎隼之神荷鲁斯——在赫拉康波利斯接受供奉的那位神祇——的化身。

作为三角洲居民征服者的荷鲁斯：纳尔迈调色板（细节部分），出土于赫拉康波利斯的"大窖藏"（Main Deposit），年代大约为公元前3000年，这也体现出埃及象征体系中隼鹰神的古老。

埃及神庙的演变

赫拉康波利斯的早期神庙围场（1）与"宫殿"（2），以及阿拜多斯的卡塞海姆威围场（3）与乔赛尔在萨卡拉的围场（4），展示出一种共通的规则。

我们对埃及神庙演变过程的认知主要来自考古学家们的研究成果。最近，英国埃及学家巴里·坎普绘制出了一套模型，提出典型的埃及神庙经历了四个不同的发展阶段，他将其定名为"形成前期""形成早期""成熟期"以及"形成晚期"，并从中区分出了王室祭庙——坎普认为在早王朝和古王国时期这类祭庙就已采用了"形成早期"的风格——以及地方神庙，他认为后者更小，且直到中王国时期仍停留在"形成前期"的风格。坎普提出，自中王国之后，地方神庙才达到王室纪念建筑的复杂程度，也是从那时起，这两类建筑才齐头并进，共同经历了新王国时的"成熟期"和希腊罗马时代的"形成晚期"。

美国埃及学家大卫·欧康纳针对埃及神庙演变的研究却得出了不同的结论。欧康纳指出，赫拉康波利斯和阿拜多斯等地的地方神庙实际也是早王朝纪念性建筑发展演变的主流，而王室和地方的神庙更倾向于同步发展。欧康纳认为，早王朝时期和古王国早期形成的"围场"从平面图上来看基本采用了同一种形制。尽管围场的规模不同，但将赫拉康波利斯的早期神庙围场（1）以及所谓的"宫殿"（2）与杰尔、卡塞海姆威（3）和帕里布森在阿拜多斯的围场以及乔赛尔在萨卡拉的围场（4）（均未按大小比例展示）作对比，就可以发现它们在比例和轴线安排上大同小异。例如，所有这些建筑都将一个入口设置在围墙的东南角，另一个入口在东北角。也有证据显示，赫拉康波利斯神庙中神圣土丘的位置和其他这些建筑中土丘的位置相同，而乔赛尔的阶梯金字塔也模仿了这一设计——这表明在早期埃及，神庙、假墓（cenotaph）和金字塔围场均采用了同一种设计模式。

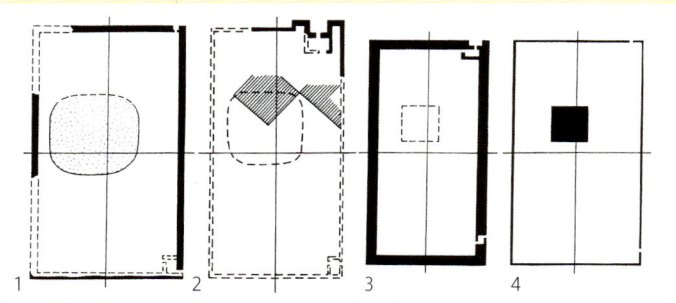

位于三角洲西北部的布托（太尔·法拉因）十分古老，其历史上至前王朝时期下至托勒密与罗马时期。尚无关于最早神殿的任何发现，在象征意义上它代表着整个下埃及。

根据欧康纳和其他学者的推测，早王朝时期各个地区所崇拜的神祇都会经过象征性旅程来到诸神的堡垒，参加仪式庆典。诸神在这些围场中的集会大概与每年的征税有关，但无论如何，这些围场的高墙可能象征了王室或宗教的权力，抑或两者兼有。

目前在阿拜多斯已发现至少10处这样的围场，完整程度参差不齐，年代可追溯到第1、2王朝和所谓的0王朝时期。围场由宽阔的长方形砖墙构成，占地约65米×122米，两面留存下来的城墙高度超过10米，三面围墙都带有凹槽，东面则以精致的饰板装点，这种建筑形式被称为"宫殿正面"（palace façade），因为学者们普遍认为它是模仿当时的王宫墙壁而建。

这些围墙内的开放场地中也曾有一座神圣土丘，和赫拉康波利斯的神殿以及其他后来的神庙与神殿一致。这座土丘意义重大，往往被当作埃及神话中创世之初的原始之丘的象征，在它之上，原始的隼鹰神高居于栖木或标杆之上，俯瞰着脚下的世界。

荷鲁斯的"追随者"或"随从"也在赛德节的重生仪式中扮演着重要的角色，赛德节包括一系列古老的仪式，经由这些仪式，国王在代表上下埃及的王座上被重新加冕。赛德节理论上应在国王登基30年时举行——很可能就在这些"诸神的堡垒"的场地上。由于仪式能够更新国王在此生和来世的权力，它们也被吸纳进了古王国统治者的墓葬建筑，萨卡拉最为著名的乔赛尔阶梯金字塔中的赛德节场地和神殿就体现了这一点。

位于阿拜多斯的第2王朝王室围场是对最早的宗教建筑群的模仿，只不过以泥砖建筑取代了之前的木制与芦苇制建筑结构。下图左上角是国王卡塞海姆威的墓葬建筑，最下面的照片中则是它现在的遗存，被称作"舒内特泽比"（Shunet el-Zebib）。

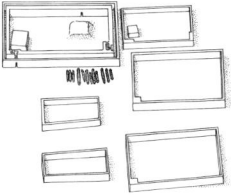

古王国与中王国时期的发展

古王国的金字塔神庙、太阳神庙与地方神庙

除了各种小祠堂之外，成熟形态的古王国金字塔建筑群有两种可称作神庙的建筑：第一种是河谷神庙，作为从尼罗河或其运河进入建筑群的入口，由一条有围墙的漫长堤道与第二种建筑结构即祭庙连接在一起。献祭与其他为已故国王准备的仪式都会在祭庙中举行。

在最早的金字塔建筑群中，在南北向的围墙内，祭庙通常建于金字塔北侧。从第4王朝开始，金字塔建筑群的中轴线是东西向的，祭庙建在金字塔东侧，这也是后来各种类型的神庙最常采用的朝向。

在哈夫拉（塞弗林，公元前2520—前2494年在位）统治时期，国王祭庙的结构确定下来，有了一些固定的区域：门厅后接着一个宽阔的多柱庭院，穿越它可以抵达神庙的后半部分，即一片有五个用以供奉国王雕像的神殿或神龛、若干储藏室以及一间内部神殿的封闭区域。这些元素大部分也出现于后来的神庙结构当中。虽然很多细节有所不同，古王国祭庙从前王朝与早王朝时期简单的神殿设计到更为复杂和成熟的中、新王国时期神庙形态的转变是真实可见的。

金字塔神庙的一个重要变体是太阳神庙，第5王朝的多位国王在孟菲斯大墓地的不同区域建造了这种神庙。作为金字塔建筑群的补充，太阳神庙的建造目的在于在"拉神之域"建立对国王的永恒崇拜。

历史上曾出现过六座太阳神庙，目前只有纽赛尔（公元前2416—前2388年在位）在阿布·古罗布的神庙还依稀可辨。实际上，有四座已知的太阳神庙尚未找到；但所有的太阳神庙可能有着共同的结构与功能。从纽赛尔的神庙可以看出，第5王朝的太阳神庙与标准的金字塔建筑群相似，都有一个河谷神庙，由堤道

标准的古王国金字塔建筑群中的河谷神庙建有通向水域的通道，主要承担着建筑群入口的功能，同时也象征着通往来世的门户。一条长且封闭的堤道连接着河谷神庙与位于金字塔底部的祭庙。

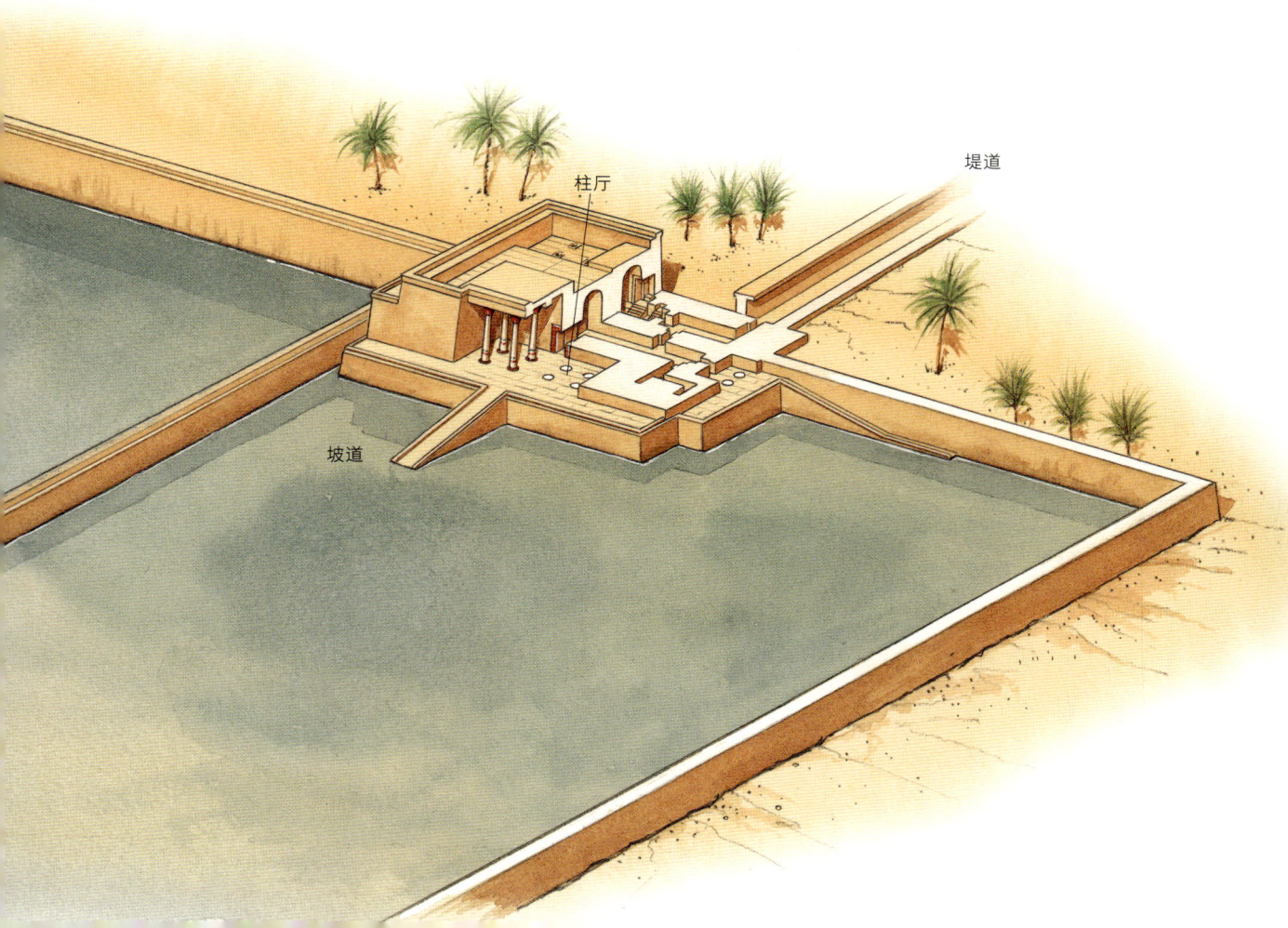

作为古王国金字塔建筑群一部分的"祭庙"建在金字塔的底部,用于祭祀已故国王。正是在这些神庙中,古王国神庙建筑群的宇宙与来世的象征体系得以发展。

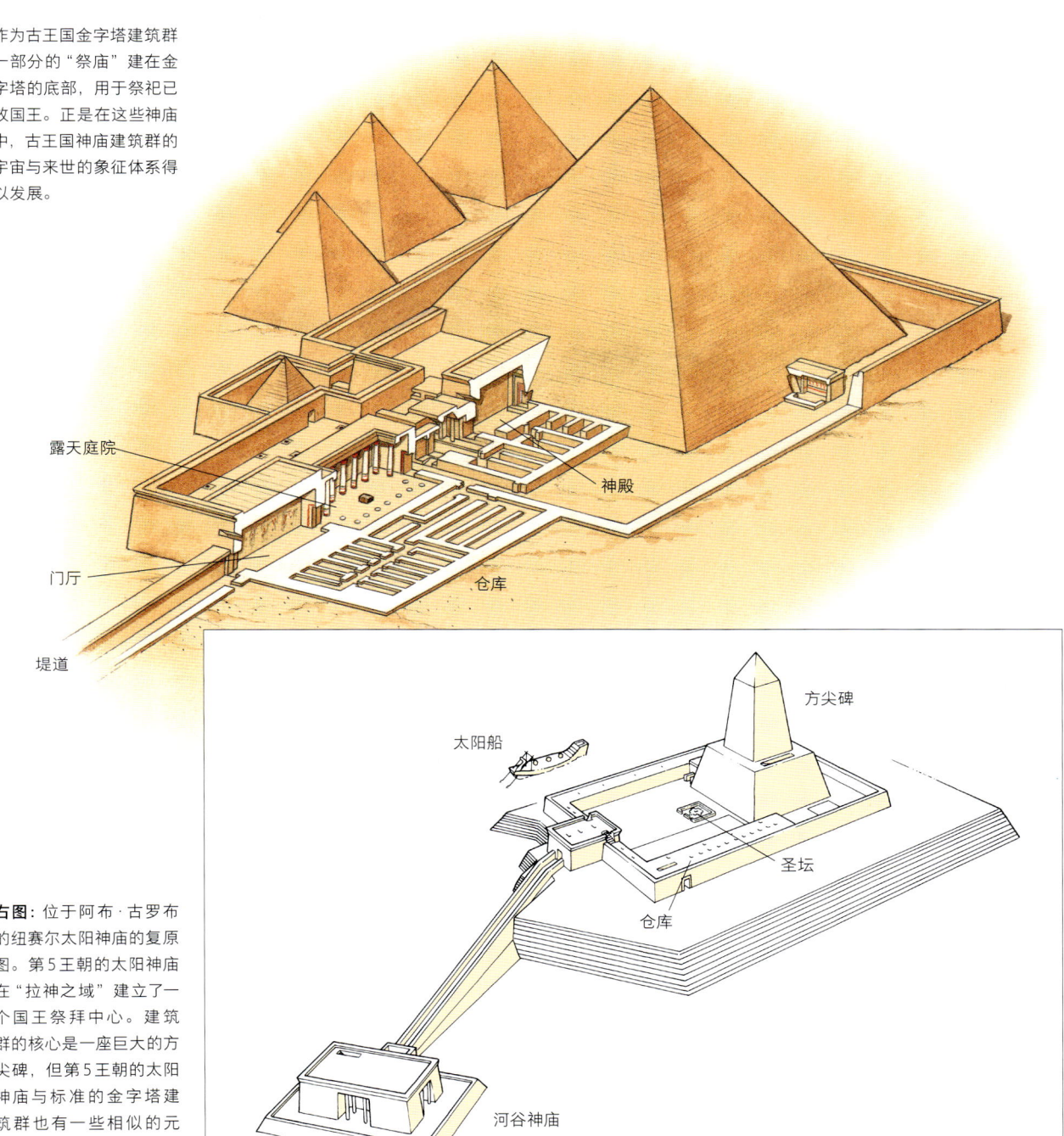

右图:位于阿布·古罗布的纽赛尔太阳神庙的复原图。第5王朝的太阳神庙在"拉神之域"建立了一个国王祭拜中心。建筑群的核心是一座巨大的方尖碑,但第5王朝的太阳神庙与标准的金字塔建筑群也有一些相似的元素,包括河谷神庙、堤道与太阳船模型。

连接到主建筑群的围场、围场的中心建筑以及其他辅助性建筑,只不过这里的中心建筑是一座方尖碑式的纪念性建筑,而非金字塔。

和同时代的金字塔建筑群一样,纽赛尔太阳神庙以东西向为轴,同时它又像标准的金字塔建筑群一样,在旁边放置着砖制的太阳船模型。鉴于金字塔暗含的象征意义很大程度上与太阳崇拜有关,金字塔建筑群与太阳神庙建筑群之间的联系不言而喻。

古王国的国王祭庙以及太阳神庙与同时期的地方神庙之间有着显著的差异。地方神庙通常远离主要的定居中心并最终处于国王关注的边缘,其发展没有受到王室建筑传统的限制。虽然这些建筑结构可能表现出古老而独特的特征,但最终它们却代表了这种神庙长期发展的终点。位于底比斯以北梅达姆

21

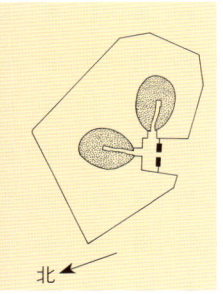

梅达姆德神庙中的双丘是古王国地方神庙中出现罕见设计的一个例证。

德的不规则形状的神庙就是一个很好的例子，它的年代跨越早王朝时期和古王国时期。虽然我们不知道在古王国时期这里供奉的是哪位神祇（之后的主神是隼鹰头的孟图神），但神庙中罕见的双丘设计无疑植根于古老的神话传统，这些传统曾经启发了赫拉康波利斯和其他埃及早期遗址中的土丘设计。

与地方神庙不同但在一些方面又归属同类的是第6王朝国王培比一世（公元前2289—前2255年在位）在三角洲东部的布巴斯提斯（太尔·巴斯塔）为"卡"或"生命力"建造的神庙，而建于赫拉康波利斯神庙区的其他特殊祠堂则难以归类，其中一个祠堂里发现了一组著名的真人大小青铜雕像，是培比一世与他儿子的雕像（也可能两尊雕像都是培比的）。布巴斯提斯的卡神庙与赫拉康波利斯的祠堂——如果它真是一个祠堂的话——同培比一世的金字塔群并不相连，可能代表着一种国王委派建造的小型地方宗教建筑，而我们对这种建筑所知甚少。

中王国时期的发展

中王国时期见证了宗教建筑的大规模建造，国王委派建造的地方神庙数量也增加了，但很多神庙后来被拆除，或者在原址上新建更为复杂的建筑时被整体重建。因此比起其他少有神庙建造的时期，中王国时期神庙的现存证据反而很少。

中王国神庙建筑中最早的，同时也是少有的未在后续重建中整体损毁的例子之一，是门

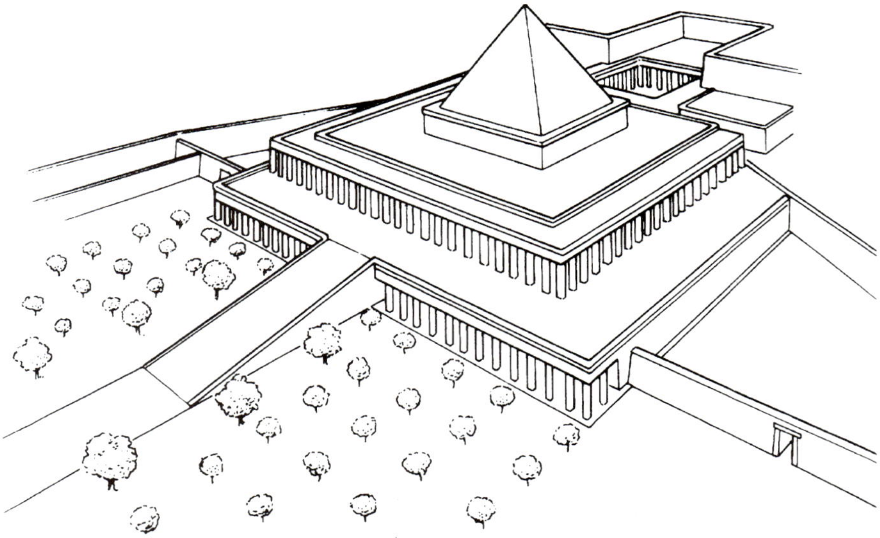

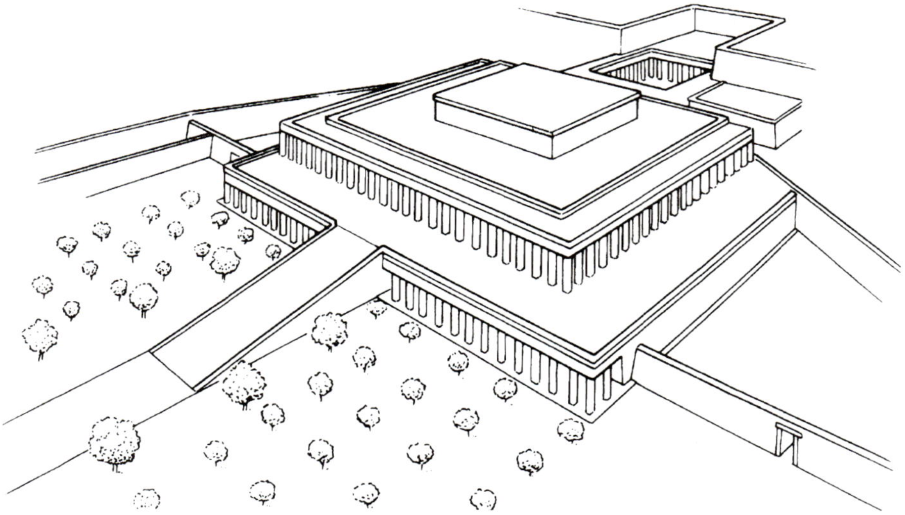

涅布赫帕特拉·门图荷太普在代尔·巴哈里的祭庙本身是一座大型的层级状墓庙。人们曾经认为其顶部是金字塔形结构（上），但现在的观点认为其顶部是丘状甚至水平结构。而它真正的意义在于其独特结构的其他方面（见第180页）。

图荷太普二世位于底比斯代尔·巴哈里的庙墓合一的建筑。这座创新的、带有柱廊和巨大的上层结构的层状建筑（确切的形状仍未可知）位于底比斯群山的天然"港湾"背后，并且是后世几座同样类型祭庙的灵感来源——包括位于同一地点保存得更为完好的著名的哈特谢普苏特庙。

第12王朝的第二位国王森乌斯里特一世（塞索斯特利斯，公元前1971—前1926年在位），是中王国第一位大规模进行建筑工程的君主，在北起三角洲南至象岛的范围内建造了大量神庙。在底比斯他建造了庞大的神殿和巨大的石灰岩墙壁，此外还建造了装饰华美的"白色祠堂"，这个祠堂是中王国神庙中大量使用圣书体象形文字和造型艺术的范例。

刻有森乌斯里特名字的独立方尖碑是赫利奥波利斯可能存在过的大规模神庙建筑群的唯一遗存，但森乌斯里特及其继承者们建造的很多小神庙的地基保存了下来，可看出神庙的结构风格：圣殿前有一个多柱厅，圣殿的最后面有三个独立的神殿。有时，像阿蒙涅姆赫特一世与森乌斯里特三世在三角洲东部坎提尔附近的艾兹贝特·鲁什迪神庙一样，柱厅前有一个露天庭院，由此可以看到庭院、柱厅与圣殿三者的最初组合，这也构成了新王国时期神庙的设计基础。

这一时期在建筑方面出现了很多复古趋势，但是在整个中王国时期，神庙设计与结构的某些方面还是有着清晰的发展脉络。例如，石制建筑变得十分普遍。一些神庙只有部分石制元素（比如门道与柱子），而阿蒙涅姆赫特三世与阿蒙涅姆赫特四世位于法雍麦地奈特·玛迪的神庙，虽然尺寸仅略大于8米×11米，由一个多房间的圣殿与一个小多柱庭院组成，但所有结构皆以石头建造。

建筑上的对称原则也在中王国时期得到强调，森乌斯里特一世在托德建造的孟图神庙是最清晰地体现发展成熟的中王国神庙风格的例子之一，它有着精准的对称设计并带有多个毗邻主圣殿的礼拜堂。位于卡纳克阿蒙神庙巡行路线上的森乌斯里特"白色祠堂"不仅装饰华丽，也是同一时期结构对称且装饰精致的圣船祠堂（barque chapel）或中转站的范例。

森乌斯里特一世位于卡纳克的装饰精美的"白色祠堂"，展现了在中王国神庙中发展起来的大量使用圣书体象形文字和造型艺术的风格。局部图表现了森乌斯里特站在阿蒙神面前的场景。

森乌斯里特一世位于托德的对称设计的孟图神庙的平面图。

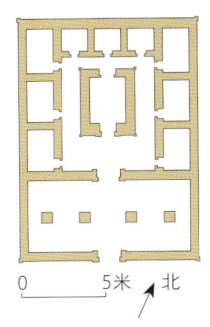

新王国时期的神庙

新王国帝国时期埃及政治经济实力的增长导致了大量新神庙的建造与旧神庙的扩建。每位国王都竭力想要超越前人，不仅表现在修建自己的祭庙上，还表现在进一步开发主要崇拜中心以及修建神庙方面——这些神庙既有献给早已得到安置的神祇的，也有献给此前未享受过正式崇拜的神祇的。

新王国时期神庙建造的顶峰是第18王朝阿蒙诺菲斯三世与第19王朝拉美西斯二世的统治时期，不过在其后的几百年间，神庙的建造也未曾真正衰落。从发展的角度讲，可以说埃及神庙在这个时期到达了巅峰。成本高昂而雄伟的宗教建筑定期建造，很多（倘若不是绝大多数）神庙几乎是完全石制的。所谓的"标准"神庙设计方案确立了，根据方案，在神庙入口处建有通往露天庭院的塔门，庭院后是柱厅，最后是圣殿本身。虽然在不同场合可能有所不同，并在很多实例中有着更为细致的表现，但这一标准形式一直沿用到了希腊罗马时期，同时也是大部分到现代仍然保存较完整的埃及神庙采用的设计。

事实上，标准设计方案不仅为神圣崇拜的庙宇所用，在新王国统治者们的祭庙中也有所体现。这一时期的国王抛弃了早先时代的金字塔建筑群，出于安全目的将自己的墓建在了帝王谷，在远离祭庙的底比斯山脉的隐蔽处。这一举动使得先前墓葬群的关键点——金字

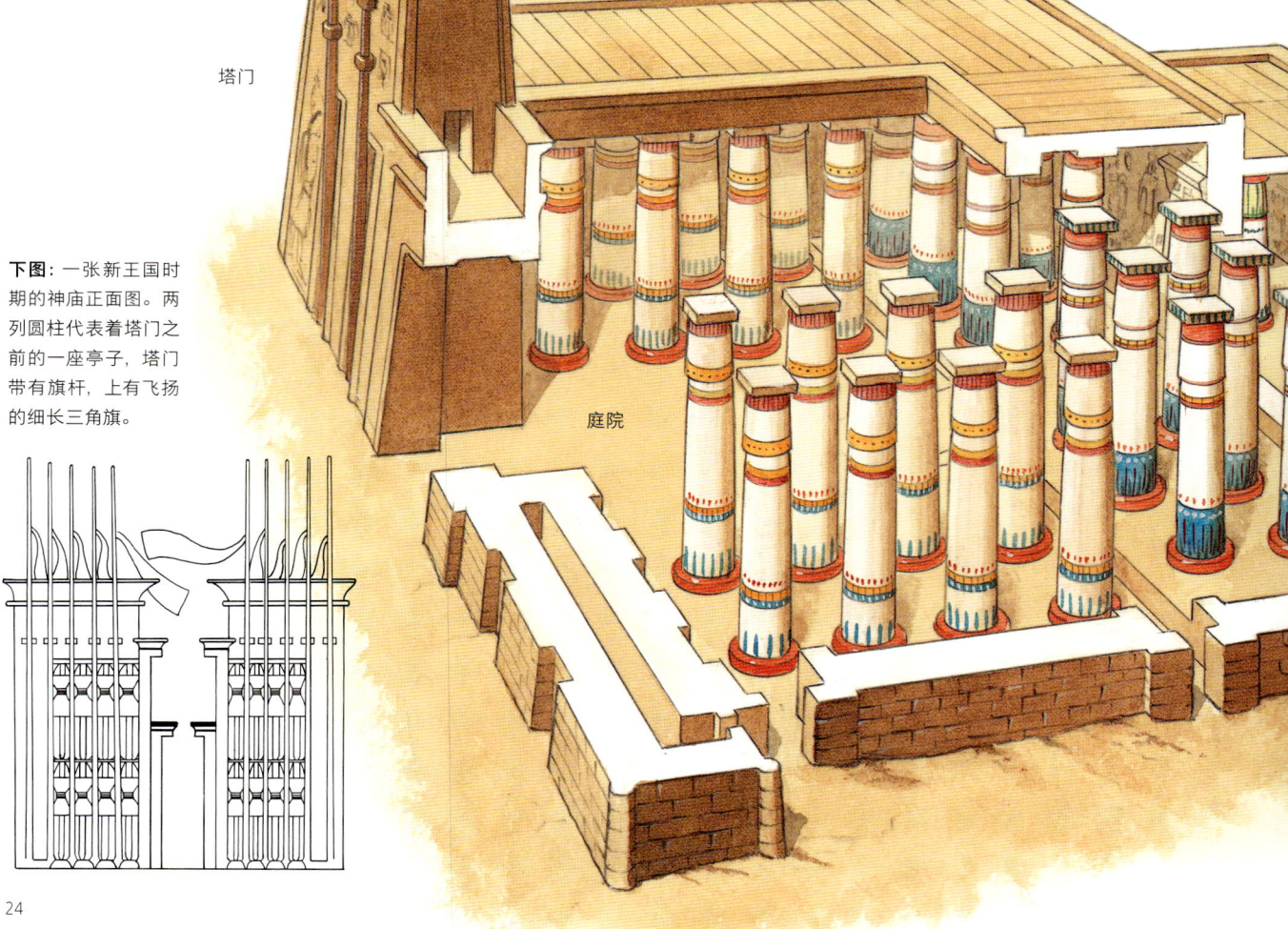

下图：一张新王国时期的神庙正面图。两列圆柱代表着塔门之前的一座亭子，塔门带有旗杆，上有飞扬的细长三角旗。

塔门

庭院

塔——消失了，其结果是王室祭庙可以随意使用神庙早已采用的标准设计。

现在很多学者认为把神庙分为"祭"庙、"神"庙的传统方法是错误的，认为埃及神庙的功能与象征特征都过于多样且相互交织得过于紧密，以致无法适应这种区分。当然忽视埃及多样的神庙建筑中潜在的共同要素也是错误的，埃及人用胡特（hut）或"宅邸"（mansion）这一通用术语来指代所有种类的庙宇。同样，因为人们相信国王会在来世成为神，所以神圣与葬祭领域间的任何区分都必然在理论及实践上是模糊的。"神"庙经常拥有祭的意义，而"祭"庙常与神圣相关。

埃及人自己遵循着这样的原则：神圣崇拜的庙宇通常被称为"众神之宅"，而祭庙则是"百万年之宅"——可能暗含着持续祭拜已故国王的期望。在实践中，神圣与葬祭之间最大的区别之一体现在持续的时间上。虽然理论上祭庙被当作百万年之庙而建造，但事实上很多新王国祭庙并没能达成这点：甚至在新王国时期结束之前，很多祭庙就已被废弃，变成采石场。对于神的崇拜往往更加持久，但也未能免于动乱与灾难之患。

在阿玛尔纳时期，离经叛道的国王埃赫纳吞（公元前1353—前1335年在位）不仅遏制了正在迅猛发展的阿蒙神崇拜势力，还颁行了一套独尊太阳圆盘阿吞的信仰体系。神祇也不能幸免于埃赫纳吞的手下，虽然神庙的关闭与对其他神的镇压可能只是短时期的，但渎神的伤痕依然可见于新王国时期幸存下来的大部分主要神庙。埃赫纳吞去世以后的多年间，神庙墙上被抹去的数以千计的阿蒙神和其他神祇的名字与形象不得不被重新刻回，但留下更多的是砍凿过的痕迹。

如果只将阿玛尔纳时期视作埃及多神崇拜的大衰落，那么接下来的拉美西斯时代的特征则是复兴与史无前例的发展。拉美西斯二世（公元前1290—前1224年在位）被认为是埃及历史上建造神庙最多的君主。虽然他的继承者们没有一人能够在建造纪念性建筑物的数量上与之比肩，神庙的修建依旧贯穿此后的新王国时期。或许对于崇拜本身而言更为重要的是主要神庙的势力及其相对自治的恢复与稳定发展，尤其是卡纳克的阿蒙神庙。

典型的埃及圣庙的三段布局——露天庭院、柱厅与内部圣殿——在古王国与中王国时期开始发展但在新王国及之后的时期才成为标准。保存至今的大部分神庙都采用这种形式。

辉煌的衰落

第三中间期与后期埃及

第19、20王朝时期权力中心从底比斯转移到三角洲地区,使得底比斯的阿蒙神高级祭司基本控制了上埃及。两个地区之间有着互动:底比斯祭司承认北方国王的权威并与其家族联姻;北方王室的"利比亚"血脉显然与底比斯的利比亚群体有关;很多北方国王在底比斯地区留下了自己活动的证据。然而,在第三中间期的大部分时间,上下埃及是相互独立的两个地区。

公元前1070—前712年间最重要的神庙遗迹来自三角洲城市塔尼斯、门德斯、塞易斯与布巴斯提斯。这一态势延续到了接下来的后期埃及(公元前712—前332年)。例如,塞易斯第26王朝的神庙占地超过45万平方米,据希罗多德所言,其壮观不亚于埃及的任何建筑。这一时期的很多国王将自己的陵墓建在这些神庙的围地内,并进行豪华装饰。

然而在后期的大部分时间里,异族政权接

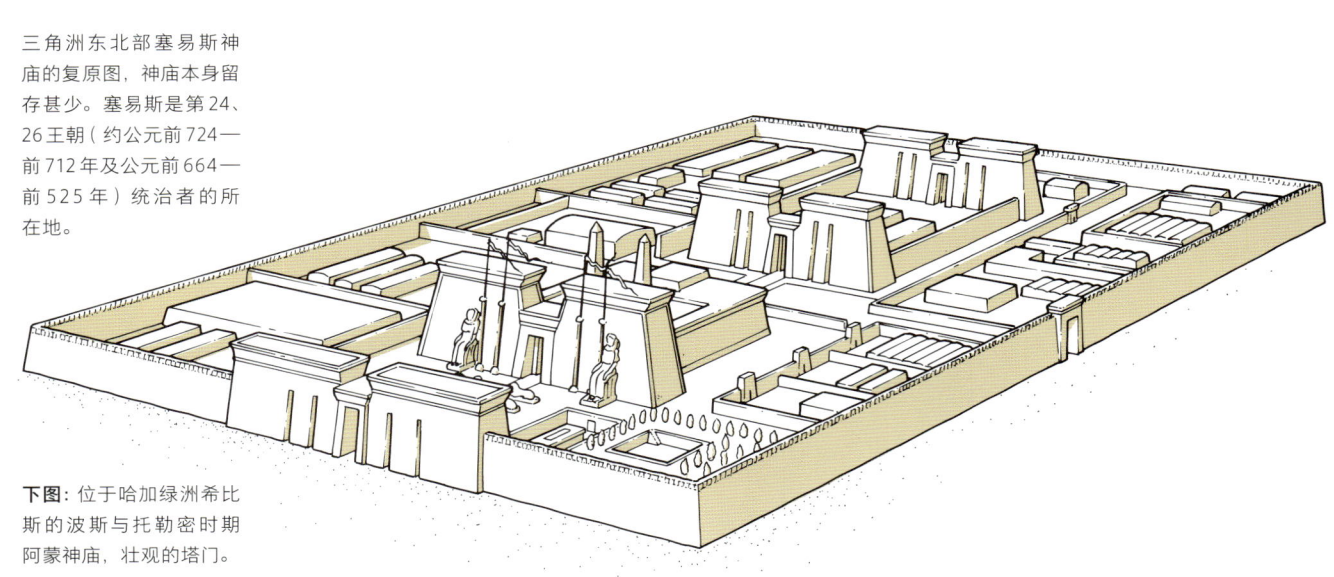

三角洲东北部塞易斯神庙的复原图,神庙本身留存甚少。塞易斯是第24、26王朝(约公元前724—前712年及公元前664—前525年)统治者的所在地。

下图:位于哈加绿洲希比斯的波斯与托勒密时期阿蒙神庙,壮观的塔门。

连统治了埃及。始自第25王朝，努比亚或"库什"国王统治了埃及大部分地区——并建造了许多高质量的纪念性建筑物。亚述的入侵终结了这些南方邻居在埃及的统治，随之而来的是波斯阿黑门尼德王朝，波斯在一定程度上威胁或统治了埃及近200年。早期的一些阿黑门尼德国王采取了法老式的统治，建造或装饰了许多埃及神庙。如大流士一世在哈加绿洲修建了壮观的希比斯神庙，并修复了上至三角洲布西里斯下至上埃及南部卡布这一范围内的众多神庙。然而波斯的统治一直不得人心，起义与其他一些问题也导致波斯统治者在这一时期破坏了很多埃及神庙。

不幸的是，建于第三中间期和后期埃及的神庙鲜有证据留存，比起此前和此后，我们对这一时段的建筑所知甚少。比较明确的是，后期埃及末期的第30王朝发展出了典型的希腊罗马时期建筑风格。

亚历山大之后：托勒密时期

公元前332年亚历山大大帝进入埃及之时，人们赞扬他是救世主，拯救埃及于人们痛恨的波斯人之手。亚历山大下令修复波斯人在公元前343年破坏的神庙，事实证明他留给埃及的遗产是丰富而持久的。在亚历山大大帝去世、帝国解体之后，埃及落入亚历山大的一位将领托勒密一世之手；自托勒密起，近300年的埃及化的外族人统治的王朝开始了。

为埃及众神虔诚地修建神庙，是外族国王彰显自己统治合法化的显著手段，他们将其运用到了极致。按照此前不久才确立的神庙建筑风格，托勒密王朝的统治者在埃及全国范围内建造神庙。而今天保存最好的埃及宗教建筑多出于此。

从三角洲拜赫贝特·哈加尔神庙（见第104页）的残垣断壁中，可以清楚看出后期埃及神庙向希腊罗马时期较为平稳的过渡。该神庙供奉伊西斯，是她在北方的一个崇拜中心，始建于第30王朝后半期，却由托勒密二世与三世完成，装饰设计都延续着之前的风格。像之前的国王一样，托勒密王朝的国王们大兴土木，使用了大量的花岗岩和其他经常用来制作精美浮雕的硬质石材。然而这些托勒密时期神庙装饰中使用的图像与铭文逐渐变得难以理解，因为古代宗教的细节内容成为正在消失的祭司精英集团的专属领域。最终，晦涩难懂成为目的本身，埃及宗教的最终消亡，与后来托勒密和罗马时期神庙的内敛性及排他性息息相关。

远方的法老：罗马时代

托勒密王朝在后期深为内部权力斗争所困扰，随着对抗中的派系转向罗马寻求帮助，埃及逐渐陷入这个正在崛起的地中海地区大国的掌控中。最终，屋大维（即之后的奥古斯都）在与对手马克·安东尼和克里奥帕特拉七世的角逐中取得的胜利标志着埃及独立的终结，埃及成为帝国统治下的一个行省。

像托勒密国王一样，罗马人希望采用埃及模式进行统治——出于自身统治合法性与埃及祭司阶层及民众接受度的考虑，而或许更重要的是为了保持作为罗马粮仓的埃及的社会与经济的稳定。罗马皇帝仍被表现为法老的样子，他们继续修复——有时还会装饰——埃及的神庙。作为埃及最为独特的建筑之一，菲莱岛上的图拉真亭（Trajan's Kiosk）是作为伊西斯神庙

左图：拜赫贝特·哈加尔的伊西斯圣殿的雕刻石块，该圣殿风行于第30王朝与托勒密时代的三角洲中北部地区。

下图：戴着尼美斯头饰装扮成法老的奥古斯都雕像，发现于卡纳克。

公元 4 世纪被君士坦丁二世下令运到罗马。

总体来看，埃及神庙的重要性明显在持续下降，至公元 4 世纪早期，我们发现卢克索神庙级别的宗教建筑被并入了罗马常驻军营，并在

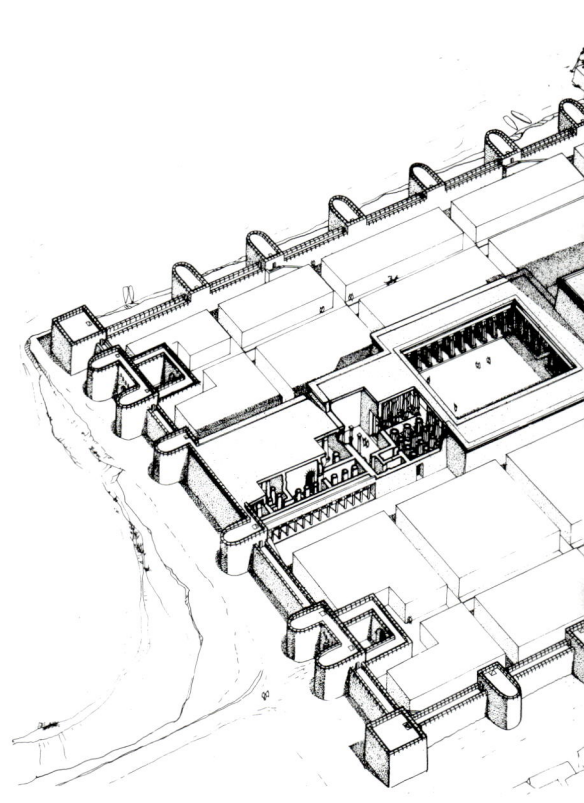

上图：在 3 世纪晚期，底比斯的卢克索神庙被罗马人当作驻防地与行政管理中心，并被改造用于皇帝崇拜。

菲莱岛的图拉真亭是罗马人在装饰美化已有建筑之余在埃及神庙内兴建新建筑的范例。

的纪念性入口而建造的，只不过最后并未完成。全新的神庙也在建造，在大多数情况下遵循着旧风格。如艾斯纳神庙就显示出早先丹德拉托勒密时期神庙的设计，采用在当时已有几千年历史的装饰主题来表现罗马皇帝的形象。

罗马人对埃及文明展现出极大兴趣，几位皇帝曾下令移走埃及神庙的雕塑与纪念碑（虽然这些可能早已被弃用，就像在赫利奥波利斯那样），并将它们摆放在罗马。今天矗立于拉特朗圣乔瓦尼广场的方尖碑就是一个例子，它于

改造后用于皇帝崇拜。像斯蒂芬·奎尔克提到的那样，这表现了罗马人如何诠释阿蒙诺菲斯三世所定义的卢克索神庙，后者把它作为神圣王权的表达，罗马人则把它作为皇权的象征。无论如何，埃及神庙的命运终结于基督教被接纳为罗马帝国国教之时。

基督教与伊斯兰教的到来

公元 383 年，罗马皇帝狄奥多西下令关闭帝国境内所有异教神庙。后续的一系列政令、敕

令，以狄奥多西391年与瓦伦提尼安三世435年的政令为顶点，批准了对异教徒的迫害及对其宗教建筑的破坏。很快埃及庙便无人问津了。古老的神殿被当作采石场，有的被周围的住宅区掩没，有的甚至在清除掉很多装饰之后被挪用作新信仰的小教堂和廊柱会堂（见第194页）。但在大多数时候，早期基督徒都排斥异教建筑，许多建筑曾被苦行僧破坏，比如一位5世纪的僧侣谢努特，他位于中埃及的堡垒般的修道院就是用附近神庙的石头建成的。

最终，基督教受到了来自伊斯兰教的挑战。公元639年，一支阿拉伯军队跨越西奈半岛进入埃及，与拜占庭争夺对埃及的统治权。作为伊斯兰统治者的哈里发，即穆罕默德的继承者们，一度乐于通过科普特教管理和统治埃及，但是最终大部分埃及人皈依了新宗教。在新时代依然存在的神庙建筑有时被用作节日场地，或者被改造，像卢克索神庙一样，在早先的基督教与异教建筑上建造清真寺。但是总的来说，衰落的过程仍在继续。

少数被废弃了的、远离主要居住点的神庙保存得最好，在今天也依然是古埃及宗教建筑中最为完好的例子。最终，埃及的神庙以及法老时代的其他纪念性建筑对本土埃及人而言也成了神秘之物，如同对外部世界一样。无论是掩埋在流沙之中还是地表可见，埃及神庙都失落了，只待人们的再度发现。

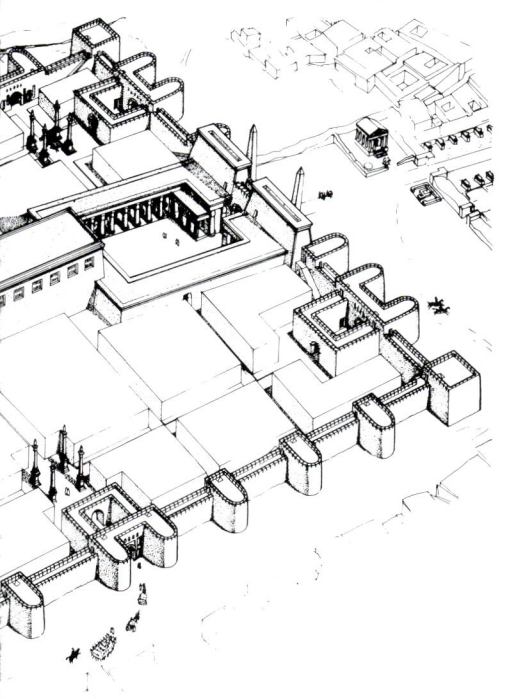

在罗马时代，通向卢克索神庙内部的入口被封闭，神庙最深处的壁龛及两侧的柱子之间被改造为罗马宗教会堂。

早期旅行者与现代复原

再发现的开始：探险者与旅行者

> 我不为任何有用的目的旅行，只是为了眼见至多极好的宅邸、教堂、雕像、巨像、方尖碑与立柱。
>
> ——前往埃及的一位不知名的威尼斯旅行者，约1589年

在埃及神庙被弃用的同时，有关它们的传说就已经开始出现了。很多希腊人和罗马人旅行至尼罗河谷，那里的金字塔、斯芬克斯像，包括一些大神庙，统统被视作"奇迹"。旅行者中最为著名的是希腊历史学家希罗多德，他在约公元前5世纪中期到访埃及，并将自己的所见所闻写入了著名的《历史》的第二卷。虽然希罗多德的很多描述为现代学者所质疑，大部分记录却是基于事实的，他的记载保存了许多本可能遗失的历史细节。后来的希腊历史学家斯特拉波（约公元前63年出生）也记述了很多现在已经损毁或不复存在的历史遗迹，此外还有罗马作家西西里的狄奥多罗斯，他较斯特拉波更为年长，与他处于同一时代，在公元前60—前50年间到访了埃及。希腊作家普鲁塔克（46—120年）虽然只掌握了有限的关于埃及的一手知识，并使用了多种价值参差不齐的材料，但也给我们留下了丰富的关于埃及宗教习俗与神庙节日的历史细节。

上述作家，以及其他撰写埃及或其他地区的个人游记的早期作家，记录了他们采访过的神庙祭司讲述的细节，为我们留下了大量有关神庙、神庙节日与人员编制的有用信息。然而在基督教到来之后的几百年里，关于古代象形文字的知识彻底失传了。埃及的口语先是由科普特语而后被阿拉伯语取代，而随着旧宗教的衰亡，关于旧文化的知识也消失了。在接下来的中世纪，埃及成为那些越传越神的故事与传说的源泉——虽然当时欧洲的十字军战士和朝圣者因相信埃及与基督教之间的关系也到访过埃及的许多遗迹。尽管文艺复兴时期的欧洲学者对埃及历史遗迹与艺术品的解读不乏想象，但对于埃及及其文物的兴趣的确在这一时期逐渐增长，并推动了更多的旅行与探险。

虽然路途险峻，有时还受法律限制，早期的一些欧洲人游历还是十分广泛的。上文引用的那位身份不详的意大利旅行者于1589年行至埃及，从他的作品来看，他到访了北起开罗南至努比亚的德尔的大多数主要遗迹，以及很多次要的遗迹。然而直到19世纪穆罕默德·阿里统治时期，数量持续增长的欧洲旅行者才开始出于单纯享乐的目的到访埃及，也是在这一时期留下了一些有关神庙遗迹印象与描述的具体记录。

对于神庙再发现最有意义的贡献之一，是法国摄政王委派的调查埃及历史遗迹的耶稣会士

希罗多德，希腊学者、著名的"历史学之父"，曾在公元前5世纪中期到访埃及。他详细地记录了自己的所见所闻，就埃及神庙而言，他的作品极具价值。

18世纪的到访者

克劳德·西卡尔（1677—1726年）所做的工作。1707—1726年间，西卡尔到访了包括24座神庙在内的很多古代遗迹，他也是近代第一个在古典文献基础上正确辨认出底比斯神庙的人。西卡尔的大部分记录后来都遗失了，尽管如此，在日渐增多的教育背景良好、观察细致的旅行家中，他的埃及游记也是上乘的。丹麦人弗雷德里克·诺登（1708—1742年）以及英国人理查德·波科克（他的《埃及观察》记录了自己1737—1740年间在埃及的广泛游历）的作品在当时都极具影响力。1787年出版的法国旅行者伏尔尼伯爵的记述启发了拿破仑·波拿巴将专业学者纳入1798年远征埃及的军队。

严谨的再发现：学者与科学家

将拿破仑远征形容为古埃及再发现的转折点，都是一种低估。拿破仑的学者以一种前所未有的方式系统地研究、记录了古埃及的历史遗迹与艺术品。这是第一次对神庙进行完整的测量、规划，然后精心绘制在图纸上。1802年随军远征的艺术家与外交官多米尼克·维万出版了一本简明合集，内容包括南至第一瀑布的神庙与其他遗迹的记录和速写，随后在1809—1830年间，官方版《埃及记述》的36卷相继出版。这部作品的问世可以说掀起了一股"埃及热"，前往埃及的探险家、古董商、艺术家以及学者的人数持续增长。最终，收藏家以及欧洲博物馆与图书馆的代理商也纷至沓来，开始大量购买古董文物。在这一探险密集的时期，1813

上图：《埃及记述》中的卢克索神庙与标题页。《埃及记述》是现代第一次系统记录埃及遗迹的学术尝试。

一些18世纪欧洲旅行者到访、描述过的神庙遗址：

遗址	旅行者	大概时间
阿拜多斯	格兰杰	1731
阿玛达	弗雷德里克·诺登	1738
安提诺波利斯	克劳德·西卡尔	1715
阿曼特	彼得·卢卡斯	1715
	理查德·波科克	1737
拜赫贝特·哈加尔	克劳德·西卡尔	1710
达博德	弗雷德里克·诺登	1738
丹德拉	保罗·卢卡斯	1716
丹杜尔	弗雷德里克·诺登	1738
	理查德·波科克	1737
达卡	弗雷德里克·诺登	1738
卡布	克劳德·西卡尔	1715
塞布阿	弗雷德里克·诺登	1738
赫利奥波利斯	彼得·卢卡斯	1716
库姆·翁姆波	理查德·波科克	1737
	弗雷德里克·诺登	1737
孟菲斯	维拉蒙特	1790
麦罗埃	詹姆斯·布鲁斯	1772
菲莱	克劳德·西卡尔	1715
科尔塔西	弗雷德里克·诺登	1738
斯皮欧斯·阿提米多斯	克劳德·西卡尔	1715
塔法	弗雷德里克·诺登	1738
底比斯	克劳德·西卡尔	1715

弗雷德里克·诺登

詹姆斯·布鲁斯

很多到达埃及的早期旅行者记录了他们的旅行，并配有生动的、在现代人看来可能不甚科学的插图，比如波科克的门农巨像版画。

右图：商博良以破译圣书体文字而闻名于世，但他也曾到访过埃及并记录了很多神庙。

下图：大卫·罗伯茨笔下的艾德福神庙，1838年。罗伯茨以及其他欧洲艺术家激发了人们对埃及历史的强烈兴趣。

年伯克哈特发现了阿布·辛贝尔神庙，1817年著名的古董采购商乔瓦尼·贝尔佐尼（1778—1823年）打开了这座神庙。

商博良（1790—1832年）和其他学者于1822—1824年破译圣书体文字则是神庙再发现过程中的又一重大进展，文字的破译使得神庙文献与铭文第一次得到了真正的翻译。文字的破译，部分是基于1799年发现的罗塞塔石碑上的公元前196年托勒密五世的三语（圣书体、世俗体与希腊语）教令，以及托勒密九世与其妻克里奥帕特拉四世在菲莱的一座方尖碑上的铭文。这两种材料，加上其他的神庙纪念物，为研究这门封存已久的语言的学者们提供了破译圣书体文字的必要线索。

伴随着这一重大突破，埃及学新纪元的开启成为可能。学者如英国先驱约翰·加德纳·威尔

金森（1797—1875年）开始重构古埃及文明并试图理解它留下的宝贵财富的意义，他的著作如1837年出版的《古埃及风俗习惯》在今天依然有参考价值。这一时期的其他欧洲学者中最为著名的当数普鲁士人莱普修斯（1810—1884年），他12卷本的《埃及和埃塞俄比亚的古迹》是关于众多埃及神庙与遗迹最早的可靠出版物。

19世纪末，约翰内斯·杜米琴（1833—1894年）与马克桑斯·德·罗什蒙泰克斯（1849—1891年）开始对埃及遗迹进行完整记录。虽然两人都远未能完成自己的宏伟目标，但这一理想为雅克·德·摩根（1857—1924年）与英国的埃及考察基金会（后改为协会）所继承，前者开始了《历史遗迹目录》的编写，并制作了一整部关于库姆·翁姆波神庙的出版物，后者则启动了"埃及考古调查"，并留下了一批价值极高的记录。卡纳克的法埃中心则是对特定遗址进行记录的范例。

埃及神庙记录方面最大的进展得益于美国考古学家詹姆斯·亨利·布雷斯特德（1865—1935年）的高瞻远瞩。作为芝加哥大学东方研究所创始人，布雷斯特德组织了该研究所于1924年开始的"埃及纪念物铭文调查"，完成了一批在当时最精细完整的遗迹记录。他还开创了自己的精确记录遗迹文本与铭文（见第241页）的方法论，其基本形式沿用至今。虽然对埃及学的全部领域都备感兴趣，布雷斯特德却最为埃及神庙所吸引，故拉美西斯三世位于麦地奈特·哈布的祭庙首先得到了"铭文调查"的高度关注也并非巧合。此后"铭文调查"便将关注点转向了一系列神庙，并继续以同样缜密的方式进行完整记录。

东方研究所只是其中一所在埃及神庙展开工作的学术机构。纵观20世纪，包括埃及在内的许多国家的大学、博物馆、考古机构的学者都致力于埃及神庙的发掘、记录与重建工作。今天，现代科学考古的方法正在得到应用，而我们对这些建筑的认识达到了前几十年触不可及的程度。但是需要学习的还有很多，并且有很多东西直到现在才初露端倪。埃及神庙的故事是详细而引人入胜的，只有当我们了解了埃及神庙的多样元素、神庙机构的实际功能以及各个神庙本身的历史，这个故事才会慢慢展开。

左上图：穿着当地服饰的约翰·加德纳·威尔金森爵士，他于1821—1856年间组织开展的古埃及及其历史遗迹的研究与记录工作具有开拓意义。

上图：英国摄影家弗朗西斯·弗里斯镜头下的卡纳克阿蒙神庙的前院。他于1856—1860年间三次到埃及考察，并留下了很多神庙遗址的影像资料。

建造、发展与改变

愿你造一座房子,愿你装点一座圣殿,愿你圣化我的神所。
——阿蒙对哈特谢普苏特说的话

埃及神庙深深植根于即使对埃及人而言也十分远古的时代神话与记忆之中。每一座"神之屋"的规划、奠基、建造都极费心思,需要依照经历了多年历史发展的传统。每座神庙不仅要精心选址、精密计算建筑的排列,还要准备复杂神秘的仪式。举行了必需的奠基仪式之后,实际的建造过程就可以开始了——为了新的神之屋,石材与其他材料往往要从很远的地方选好运来。

尽管古代工匠使用的都是简单的工具,建筑技艺却非常精湛,埃及神庙的建造与装饰都十分精细,以至有些小型的神殿都可被视作建筑瑰宝,很多大型神庙则跻身古代世界的奇迹之列。作为机构,它的影响在很多方面延伸到了庙墙之外,作为社区共同体在生活与经济方面不可分割的重要部分发挥着作用。

即使在最初建成多年以后,埃及神庙也保持着"生长"——因为后来的国王都竭力想要在扩建、装饰、丰富众神之家上超越前人。但神庙也会经历劫掠,会被拆掉当建筑材料,有的篡位君王会直接改写铭文,以期将神庙的建造功绩归为己有。如果不理解这些微妙又残酷的变化细节,便不可能抓住那些有关神庙形成与演变的复杂而纠结的故事。

丹德拉罗马时期诞生之屋的华丽屏风墙。

第二章　量身打造的神之建筑

选择神圣空间

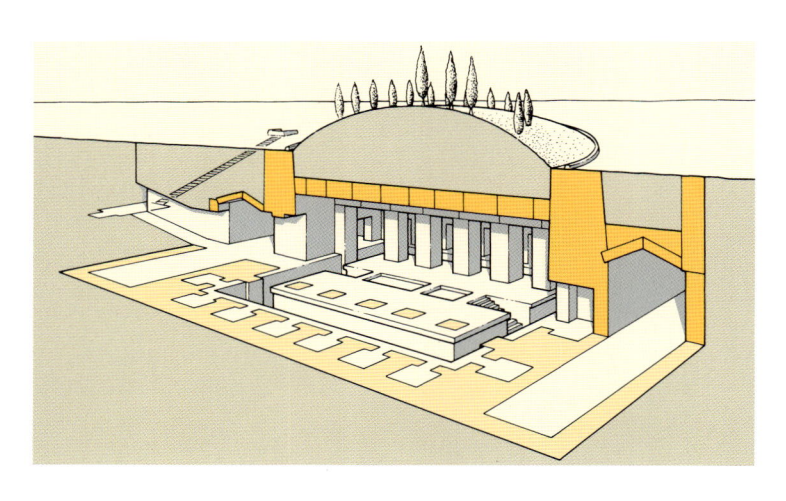

塞提一世在阿拜多斯的"奥西里翁"精心选址在一处地下水源附近,以期使它成为一个展现从原初水域中升起的原始之丘的模型。

埃及神庙的位置与朝向通常是由某些具有特殊意义的因素决定的,可能是某种重要的自然特征、某座建筑或某个位置,乃至某个正方位或天文上的关键点位。在更广泛的意义上,位置的选择可能为古代神话与传统所支配,比如那些被称为某神"诞生之地"或"坟墓"的地方,抑或某种被认为具有神秘力量的自然风貌。但是狭义上,神庙选址通常为一些现实的因素所决定,比如临近居住中心、交通要道或者必要的资源。有时候,神庙的具体选址还会受特定的仪式需求影响。例如,塞提一世阿拜多斯神庙内的奥西里翁的选址原因是邻近天然泉水。泉水似乎为一个围绕着地下"墓"的水池提供着水源,如此奥西里翁便成为神话中创世之丘的模型,因为埃及人相信创世之丘升起于原初水域。

神庙的朝向

神庙的位置和朝向可能取决于几个因素。最为常见的是,沿尼罗河而建的神庙在东西轴线上定位(见第172页),这是根据当地河流的主要走向确定的。尼罗河自南向北流淌,根据埃及人的地理空间观,将神庙设置在与河流成90度夹角的位置是十分合适的——虽然河道的变化常常使得采用这种方式的神庙只能依据"当地的"而非真实的正方位。一些神庙的位置校准是十分精确的,但是也有

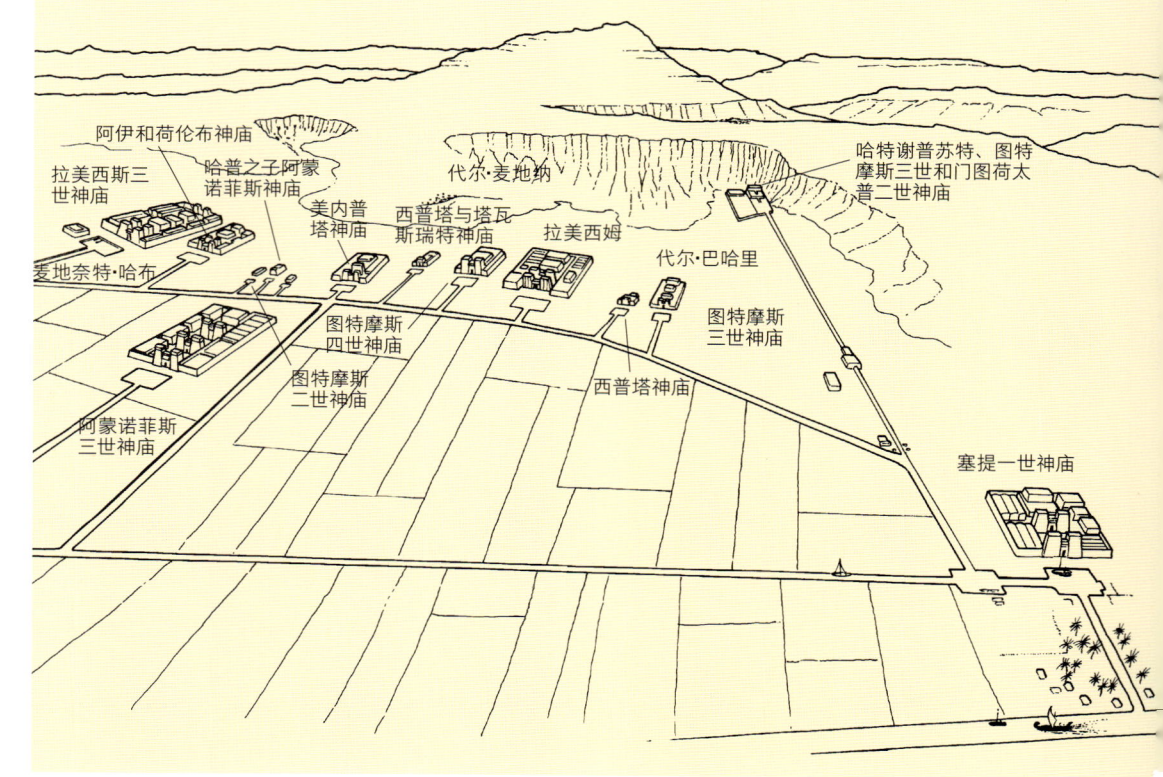

新王国统治者们在底比斯的祭庙位于尼罗河左岸底比斯群山的脚下,这一位置象征着落日。祭庙为东西朝向,处于太阳东升西落的轴线上,不过在具体的方向上还是存在些许不同。

很多执行得不甚严谨。位于底比斯西岸的许多新王国祭庙是几代人相继建成的，虽然基本都在东西轴线上，但彼此之间朝向都略有不同。建成后，再通过装饰表现神庙内部的东西朝向，如神庙轴线上太阳形象的浮雕位置，以及"南方"和"北方"的墙、柱子及其他建筑结构上代表上下埃及的象征符号，或与两地相关的经典场景等。

在较为少见的情况中，如在卢克索和艾德福，神庙的主轴线是南北向的，这种非典型的朝向通常是早期建筑的位置（比如上述两个神庙的情况）或地理、地形因素造成的。卢克索的阿蒙神庙朝向卡纳克的主神庙，而艾德福的托勒密时代神庙与此地更早的东西向的新王国神庙成直角分布。

偶尔，朝向太阳或重要星体是更需优先考虑的因素，而这一原则可能比我们通常以为的更加重要。例如，在拉美西斯二世的阿布·辛贝尔大神庙（见第226页）以及崇拜太阳圆盘的埃赫纳吞的神殿中，位置校准显然是为了让阳光最大限度或者精确可控地照射。一些神庙的朝向根据的可能是夏至日太阳的位置，但是这一领域的研究现在才刚刚起步。

有明确证据表明一些神庙使用星体校准，例如在今天阿斯旺对面的象岛，神庙就朝向天狼星，而天狼星偕日升意味着每年尼罗河泛滥的到来。星体校准也可能基于神话因素。第11王朝门图荷太普三世所建的位于西底比斯图特山顶的泥砖神庙的朝向与早王朝时期建于同一地方的石制神庙不完全一致。发掘这些建筑的匈牙利考察队认为，这种不同有可能是几个世纪的斗转星移造成的。

他们的研究表明，较晚的泥砖神庙对准的是偕日升的天狼星。早王朝时期，天狼星在东方天空的位置可能要再向南偏2度多——正是泥砖神庙与早期建筑的朝向之间可观测到的差值。所以，为了使新建筑更精准地对准天狼星，中王国时期的建筑者并没有简单遵循更早建筑的物理朝向，而是做了仔细的调整。天狼星等同于荷鲁斯，即该神庙的守护神。

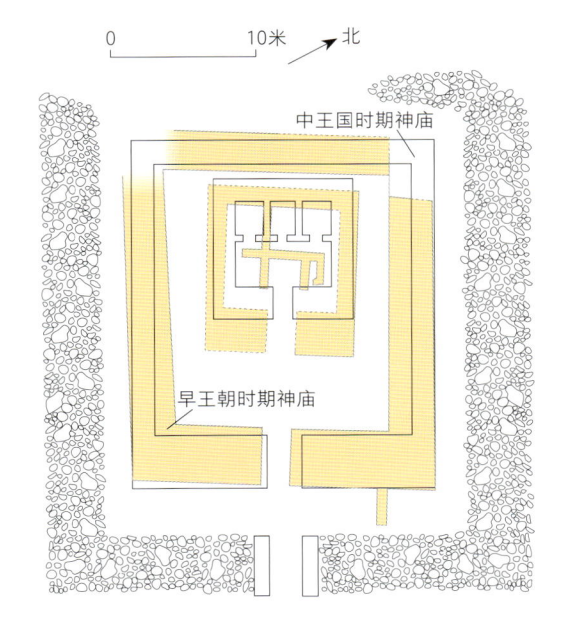

上图：莲花（左）与纸草（右），象征上下埃及的植物，在卡纳克的阿蒙神庙神殿前，按照对应关系分别放置在南边和北边。

左图：西底比斯图特山上早王朝时期及中王国时期的神庙的平面图，该图显示出两个建筑朝向的不同与天文基准的变化相一致。

奠基仪式

> 规划好神庙之中的奠基之地……根据"圣丘之图"中的描绘……
> ——艾德福铭文

古埃及所有宗教建筑的建造都是从举行渊源古老的典礼开始的。通过对比多处神庙的文本与图像，我们知道完整的奠基典礼包含多达10项独立的仪式，大都是在正式动工前举行的。理论上，这些仪式由国王亲自主持，由众神协助，包括：

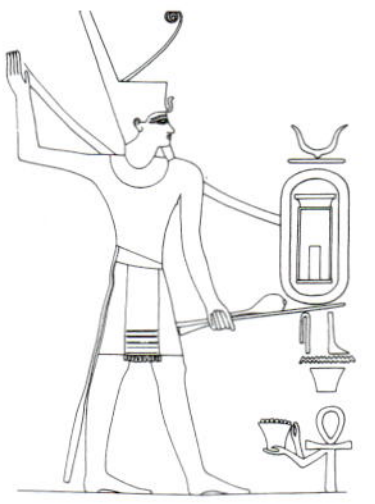

1. 通过"延展绳结"确定建筑的平面规划
2. 在划定区域播撒石膏加以净化
3. 挖第一个基槽
4. 向基槽中倒入沙子
5. 造出第一块或第一批砖
6. 将奠基物置于建筑结构中的拐角处
7. 开工
8. 净化完工的神庙
9. 将神庙献给它的主神
10. 献祭

较晚时代的文献，比如发现于托勒密时期艾德福神庙的那些，还描绘了国王参演的其他片段，比如国王离开宫殿以及到达新神庙的选址。

上述10项仪式涵盖了早先仪式清单——比如图特摩斯三世在麦地奈特·哈布小神庙的墙壁上记载的那些——的所有基本仪式。在所有仪式中，被称为佩杰-舍什或者"延展绳结"的仪式是特别重要的。佩杰-舍什最初只是奠基仪式中的一环，后来延伸成为整组奠基典礼或至少那些正式动工前举行的仪式的名字。仪式涉及通过天文观察与测量为神庙精准地确定朝向。通常用一种被称为梅尔赫特（merkhet）的木制V形工具观测环北极星座的星体，以此确保神庙短轴处在正北-正南的朝向。根据文献资料，国王在这个仪式中会得到塞莎特或者塞夫赫特-阿布威，即掌管书写与测量的书吏女神的协助——虽然实际的测量可能是神庙人员于典礼之前在有利于观测的时段完成的。在仪式中国王可能只是象征化地表演一下测量。

因为没有具体的信息，我们很难知道法老在建造一座神庙的过程中实际参与了多少奠基活动，但理论上讲，每一次奠基都需要国王的特权。实际上神庙建造的每一阶段都至少象征化地由国王完成。

奠基物

在奠基典礼期间或结束后不久，奠基物品——包括小还愿牌匾、石块、建筑工具或食物供品的模型，以及公牛头和鹅头等——会被放入在建神庙外围拐角附近的浅坑；有时也会埋在中轴线上，沿着神庙的主要巡行路线，埋在

上图：神庙奠基仪式的不同阶段。国王在书写与测量女神的帮助下"延展绳结"。为新神庙规划选址，在选定区域内播撒净化石膏，然后挖基槽——全部都是象征性活动。

右图：将仪式奠基品放入奠基坑的画面（古王国时期）。

各个大厅、庭院、神殿的角落里；抑或在一些塔门、柱子以及方尖碑下。这些还愿物品通常是纯粹的象征性模型。整体而言，模型由泥土、木头或者其他简单材料制成，只在极少的情况下使用更为昂贵或稀有的材料，但后期埃及的奠基物中有时会出现建筑中实际使用的材料的小样品。

有趣的是，这样的奠基物常常是没有刻字的，或者仅刻有极短的文字。这些文字在中王国和新王国时期通常是下令建造神庙的国王以及神庙或建筑供奉的神祇的名字，公式套话如下："善神（国王X），为（神祇Y）[（城市Z或神庙Z）之主]所爱"。

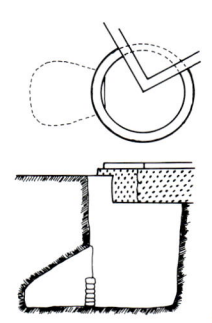

右图：太尔·巴拉蒙的尼克塔尼布一世奠基物中的容器、牌匾以及其他物件。

左图：一个带有壁龛的奠基坑的平面图与结构示意图。

左下图：艺术家对典型神庙奠基物的复原。

奠基物成分示例

虽然各个神庙的奠基物相差甚远，但是工具、容器和某些特定的物品是特别常见的。下列内容发现于图特摩斯三世的一些奠基坑，展示了很多典型的奠基物品种类。

神庙	工具	容器	杂物
阿拜多斯神庙（奠基坑82）	4个工具刀片	一个大盘子 一个雪花石膏软膏罐	
科普托斯神庙（奠基坑7）	约12个工具刀片模型	更大容器中的一个碟子 一个雪花石膏碟子 12个雪花石膏软膏罐	2件研磨器/磨石
底比斯的阿蒙-卡穆太夫圣船停靠站（奠基坑1）		2个碟子模型	
祭庙（柱厅奠基坑）			166颗红玉髓珠
代尔·巴哈里神庙圣船停靠站（奠基坑3）	木砖模具、锄头、锛子、斧头、刀、凿子各4个；各种雕刻刀、木槌、测量桩	4个椭圆和圆形的篮子 4个筐筛	4件研磨器/磨石 一串红玉髓珠
卡布神庙（奠基坑1和2）		小杯装的褐黏土	

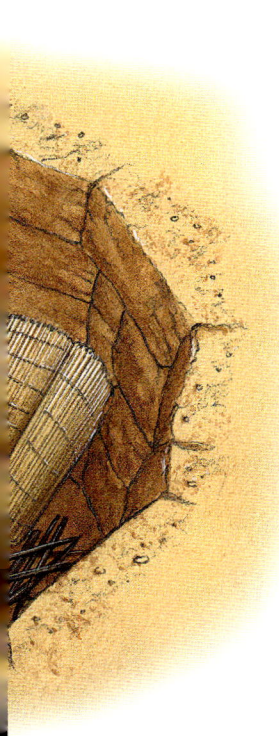

建造"神之屋"

奠基仪式一旦完成，神庙的建造就可以真正开始了，之前已经做了必要的准备工作，解决了人力、材料获取和建造工程的后勤问题。

获取石料

从地质学角度讲，尼罗河谷是由大量石灰岩和砂岩构成的，它们是古埃及人使用的主要建筑石材。砂岩矿床主要分布在上埃及南部，而石灰岩矿床则分布在南部和开罗之间的尼罗河谷地区。花岗岩、玄武岩和方解石等其他石头的分布往往更具区域性，这些类型的石材往往从特定的采石场运到很远的地方，采石场会因其石材的特性而受到重视。

石头是用不同的方法切割的，这取决于它的材质。开采相对柔软的石灰岩和砂岩的采石工人，通常会从岩石露头上凿出长条石块，再从长条石块上切下尺寸适中的石块作为建材。更坚硬的石头大多来自更大的石块，更接近完工的纪念物或建筑部件的大小，因为这最终要比从母岩中切割出许多较小的石块更轻松。工人只能使用石头、木头和较软金属制成的工具，主要包括石尖钻头、金属锯（实际切割时与研磨用的硬沙一起用）和简单的石锤。

大量现存记录描述了如何选择、切割和运输用于巨像、方尖碑和其他放置在神庙中的纪念物的整块巨石；但与此相反，关于大部分用于建造神庙的石材是怎么开采的，几乎没有文字证据。所以，我们必须依靠对已知法老采石场中发现的石头进行现代分析，然后匹配神庙中的石头类型的研究方法。这项研究表明，同一地区用于不同结构的石头往往来自不同地方。在中王国时期，用于建造西底比斯代尔·巴哈里的第11王朝门图荷太普神庙的石灰岩来自南边约30公里的格贝林，而东岸的森乌斯里特一世的建筑则是用北边约800公里的图拉采石场的石灰岩建造的。新王国初期，用于建造底比斯地区神庙的是在格贝林开采的石灰石，而在新王国的后期，首都大多数神庙（如果不是所有的话）都是用从南边大约160公里的格贝尔·西尔西拉采石场开采的砂岩建造的。

第18王朝中期开始，底比斯地区用砂岩代替石灰岩做建材，这可能是由于格贝林石灰岩采石场开采殆尽，也可能是因为人们（错误地）认为砂岩更能抵御洪水的破坏。无论如何，砂岩通常被证明是一种更坚固的材料，使得长门楣和长石块的使用成为可能，在某种程度上有助于后期神庙更大规模的大厅和庭院的建设。

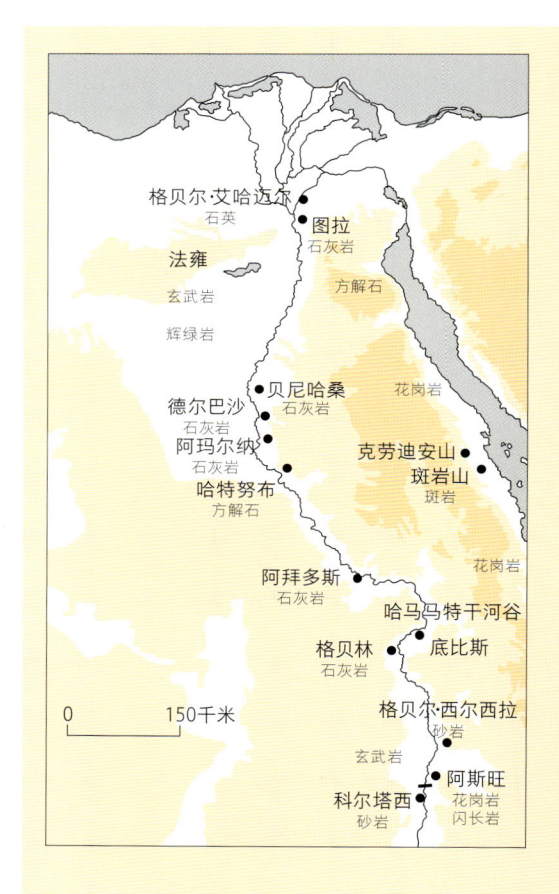

石材种类

神庙建造中最常见的石材是砂岩、石灰岩以及相对较少的花岗岩和玄武岩。

砂岩，常用石材中最轻、最软的一种，分布于北方的图拉地区和南方的格贝尔·西尔西拉、阿斯旺以及更南的地区。因为埃及人认为砂岩比石灰岩更少

建筑方法

按照现代标准，埃及神庙的地基大都不够牢固，通常只不过是一条填满沙子的壕沟和几层粗凿的石头。直到希腊罗马时期，神庙的地基才因使用牢固铺垫的砖石层而变得更加坚固。然而，埃及建筑技术的高超是显而易见的：重达数千吨的巨大塔门以及埃及人建造的许多巨大柱子和方尖碑都还在巍然耸立。埃及神庙的复杂建筑结构也经常显示出惊人的建造技巧，如塔门平滑倾斜的墙壁和联锁屋顶。尽管所用工具和建筑方法都有局限性，但埃及建筑工匠显然是他们行业中的大师。

神庙墙壁的修建阶段：（自上而下）首先铺砌一层石头，开始时只修整其基底和侧面。然后，对该层的顶部进行平滑处理，并将接下来铺砌的那层石头与其下的形状相匹配，以此类推。外表面完工后才进行修整。

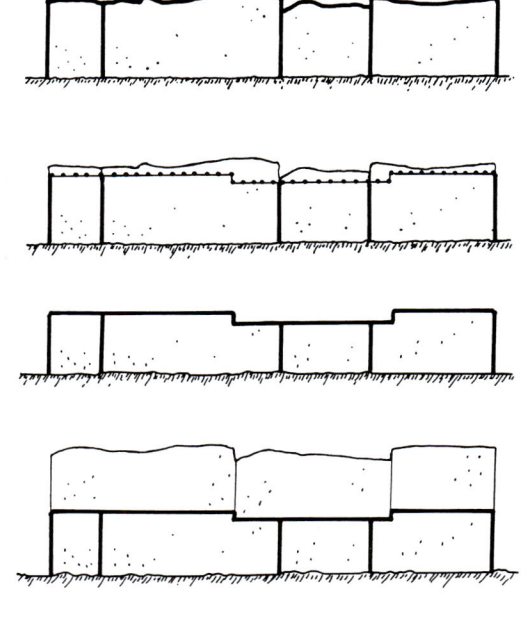

大多数时期，石头建筑中只用少量的灰浆，神庙的墙壁是通过铺砌层层石块建造的，每一层的石块都严丝合缝，墙壁完工后才会修整外表面。墙体内通常使用木三角板来支撑石块，直到建筑中的灰浆干燥下来或石块牢固地黏合在一起。拐角和其他区域使用了复杂的、有时看起来很奇怪的接合技术，通常是在所用石块的尺寸不一致，或在已有建筑的基础上进行扩建时才会这样做。

古代石匠可用的工具简单但有效。预先切割的石头用金属凿子和坚硬的石锤进行修整；小棍状的杆子在石块表面碾过，使其平整并检

用杠杆将神庙的大石块固定到位。尽管有时会使用水泥砂浆，如图所示，但通常不使用黏合剂铺砌石块。

受到洪水的影响，从第18王朝中期开始，砂岩成为神庙建筑中使用的主要石材种类。

石灰岩，一种略重一点的沉积岩，但是像砂岩一样相对容易开采，多见于北方的图拉地区和底比斯附近的格贝林，两地之间沿尼罗河也分布有许多露出地表的石灰岩。重要的采石场位于阿拜多斯和阿玛尔纳等地区，在这些地区使用石灰岩建造大型建筑物是现实可行的。

花岗岩，一种由石英、长石和云母组成的火成岩，更重，更难开采、运输和雕刻。它通常只用于神庙中的特定建筑，如方尖碑、石碑、雕像、柱基、门柱和门楣。但在后期，神庙的某些结构只用花岗岩。阿斯旺地区提供了大量的花岗岩，不过这些石头有时是从更偏远的地区非常费力地运来的。拉美西斯四世时期的一篇铭文记载了派遣8362人组成的采石队前往东部沙漠的哈马马特干河谷开采坚硬的变质碎屑"粉砂岩"的事件，埃及人将这种岩石也归类为"花岗岩"。

玄武岩，一种沉重的黑色复合岩石，是埃及人使用的最坚硬的岩石之一。起初，埃及人不仅选用这种石材制作花瓶和其他小物件，古王国时也用它铺设神庙地面。玄武岩的主要露头出现在阿斯旺、阿布扎巴尔、比尔贝斯和基尔达萨。金字塔神庙中使用的大部分玄武岩似乎都是从法雍地区开采的。

其他坚硬的石头，如**石英岩**（砂岩的一种变体）和**方解石**（所谓的埃及"雪花石膏"）在神庙中也有所发现，但这些石头出现的次数较少，量也少得多。

查其光滑度。这些"测杆"可能是建筑工的特色工具，有点像抄写员的调色板，因为古代图像中经常描绘它们的使用，却很少见到其他已知的常用工具。木制板尺用于设置和检查拐角的角度，悬挂在木框架上的铅锤用来检查墙壁和柱身等建筑结构的角度。"A"形的水平仪用于水平表面，"E"或"F"形的则用于检查垂直表面。仅用这些基本工具，石材从采石场切割出来，被整形、安置乃至修饰。

似乎可以肯定的是，埃及人并没有使用复杂的机械提升装置来搬动和放置哪怕是现已发现的神庙中的最大石块，至少在希腊罗马时代——那时真正的滑轮才首次广泛使用——之前是这样的。尽管可能使用了杠杆、滚柱、摇杆和"原滑轮"等简单的装置，但在法老时代，提升石块的方法通常只是将它们拉上依墙而建的斜坡。立起预切割的方尖碑和雕像的方法则略有不同。因此，随着建筑工程的进行，墙基被掩埋在不断增加的以泥土、石块或碎石堆成的斜坡中，这些斜坡在建筑完工后会被

右及下图：用一根细绳连接的"测杆"蹭过修整后的石块表面，以发现需要进一步打磨的突出物或粗糙区域，刻有文字的"测杆"（右）发现于阿蒙诺菲斯三世神庙。

上图：在这幅来自底比斯拉赫米拉墓的绘画中，工人们用模具准备和铺砌砖块。埃及神庙的外围建筑和围墙大多是用泥砖砌成的。

一个精加工的表面，看起来像一整根柱石，特别是在绘制之后。一些神庙中未完工的柱子提供了这种建造程序的例证。

这种建筑方法的优点是显而易见的，它使埃及人能够切割、搬动和竖立大型塔门、墙壁、柱子和其他建筑，而不会损坏完成的表面，还可以让大批工匠同时修整和装饰墙壁及其他大面积建筑区域。在建筑过程中，各种各样的操作常常同时进行——石材修整工、泥水匠、雕刻工和画工邻近而作——这一点从各个神庙未完工的区域可以明显看出。

尽管古代石匠的建筑方法和工具有现实的局限性，但他们能够在相对较短的时间内大面积切割石头和装饰表面——尽管许多较大的神庙建筑仍须花费相当长的时间才能完成。在建造纪念性神庙建筑时，开采和运送数千吨的石头、数百船的木材、山丘般的沙子和泥砖以及许多其他材料，无疑是一项令人难以置信的工作，这项工作耗费数年时间，有时甚至是其建筑者的一生。

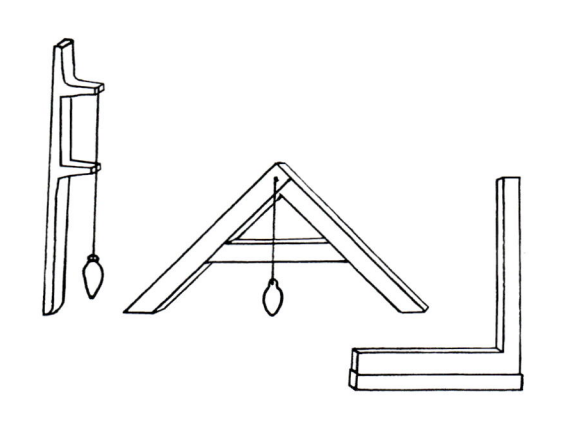

拆除。在卡纳克阿蒙大神庙的第一塔门内仍然可以清楚地看到这样用泥砖砌成的坡道或路堤的痕迹，因为塔门施工的中止，坡道就留在了那里。

当建筑作业从地面向上进行时，石头表面依旧是粗糙的，然后在拆除建筑坡道时，人们会从上到下进行修整和装饰，有时也为此专门搭建脚手架。尽管有些柱子由整块的大石头制成，但大多数柱子都是分段建造的，然后用同样的方式从上到下进行塑形和打磨处理，留下

左图：古埃及人使用多种直角测量仪和水平仪来确保建造精准。铅锤垂重的"F"形水平仪用于检查垂直表面，水平表面则使用"A"形水平仪。三角板用于检查垂直和水平的角落。

下图：在卡纳克阿蒙神庙第一塔门的内侧表面上，仍然可以看到泥砖坡道的遗留痕迹。坡道没有被拆除，因为这座塔门从未完工。中间未完工的柱子展示了埃及石匠的工作方法：粗粗凿好的石头一块一块地铺上去，当柱子完成后，再从上到下进行塑形和打磨。

装饰神庙

几座神庙中未完工的部分显示,随着建筑工程的推进,塔门、墙壁和柱子(以及方尖碑和其他纪念性建筑物)的装饰工作也在开展,这些做最后工序的工匠常常就在施工的建筑者旁边。工人们使用了一些标准技术,勾画和雕刻图像的轮廓,然后再详细雕刻和绘制。在神庙中既有凸浮雕也有凹浮雕,尽管凸浮雕(其中具体形象的整个背景都必须凿掉)耗时耗力的性质意味着它总是要比简单的凹浮雕用得少一些。而这两种浮雕的质量和雕刻深度在不同时期也有很大差异。

到了拉美西斯时代,盗用国王纪念性建筑物的做法变得如此普遍,以至于为了阻止未来国王再次雕刻这块石头,凹浮雕特别是王名圈往往被雕刻得很深。在拉美西斯三世麦地奈特·哈布城的神庙中,石头上王名的雕刻大都深至数英寸(1英寸 = 2.54厘米。——编者注)。

稍后将详细分析神庙装饰中使用的各种图案主题,但这里首先要关注的是某些基本的装饰原则。贯穿王朝时代的装饰方案包括国王击打敌人的主题场景及其变体,这一主题出现在神庙的入口处——其起源可以追溯到埃及历史之初。展现国王立于众神之前的神庙内部装饰主题几乎在所有时期都有出现,旁边附加铭文的基本特征在各个时代也几乎没有变化。另一方面,神庙装饰确实保持了流动性,在相当固定的总体规范框架内,变化可以发生。

神庙装饰有凸浮雕和凹浮雕两种形式,如艾德福的荷鲁斯神庙的这些例子所示。更耗时的凸浮雕(近右)通常在神庙墙壁内侧,而凹浮雕(远右)则经常用于墙壁外侧——这一侧明亮阳光下的阴影有助于显示雕刻的形状。

左图：拉美西斯时代的神庙装饰经常雕刻得很深——例如卡纳克洪苏神庙——以避免被后来的统治者盗用。

右图：图特摩斯三世抓着俘虏的头发，卡纳克神庙浮雕。展现了埃及国王军事征服的画面，作为一种象征化的保护。

然而，在新王国时期，我们看到了某些虽然短暂但相当激进的变化。根据埃赫纳吞的宗教信仰的要求，阿玛尔纳时期的神庙以新增或修改的主题来装饰，该时期也更强调日常生活的场景，这一题材在整个神庙发展史上是极其少见的。卢克索古埃及艺术博物馆展出的复原的阿玛尔纳时期神庙墙壁是一个范例。在这面墙上，以鲜艳彩绘装饰的凹浮雕格外细致地描

左图：拉美西斯三世祭祀尼罗河泛滥之神哈皮，麦地奈特·哈布城。这种直接的个人崇拜场景通常只出现在神庙的内部深处。

底比斯阿玛尔纳时期神庙的一面复原墙，卢克索博物馆。这些浮雕展示了日常生活中的一些场景，与此前和此后的神庙装饰完全不同。

征标志，不过通常也伴有以正常圣书体文字书写的转写。这种加密传统可能早在中王国时期就开始了，甚至中王国时期之前在某些类型的铭文中就已出现，但在希腊罗马时期才广泛使用，此时由于使用了正常圣书体文字的密写变体，许多铭文变得更加神秘了。

绘了大量日常生活场景，这只能理解为对新王国神庙装饰中常见的国王军事活动细节的取代。

在新王国的大部分时间以及其他时期，国王军事征服和狩猎的具体过程在国王神庙与神庙的外墙和庭院上都有详细描绘。然而，在所有时期，这些场景的功能基本上都是象征和辟邪性质的，这些图像可以保护神庙抵御其敌人，即神圣空间外的混乱之力。

密写铭文

后期神庙的图像和文本都表现出越发晦涩的特点。从第19王朝开始，新王国时期的神庙经常以装饰性的密写展示王室礼仪和供奉仪式，这种密写使用的是众神的形象和象

阿玛尔纳时期之后的神庙浮雕还残留着一些现实主义的痕迹，如拉美西斯二世和卡叠什之战的故事场景。比起阿玛尔纳之前的艺术作品，这里被敌军包围的国王更显脆弱。

因此，除了数量不多且人数不断减少的僧侣外，神庙铭文对其他人而言越来越深不可测。最后，在关于圣书体文字的知识早已被历史遗忘之后，这些文字使早期的探险家和学者困惑不已，他们错误地认为埃及书写体系使用了纯象征性的文字。

涂鸦

即使在正式的神庙装饰完成之后，许多其他的小铭文或场景也经常以涂鸦的形式刻于原来的浮雕之上或浮雕空白处。尽管这些涂鸦确实违背了最初神庙建造者和工匠的意图，但它们有时也大大增加了我们对古代神庙生活以及影响神庙后来历史的事件的了解。

因为刻有涂鸦的石膏层通常已经不见，早期的涂鸦可能特别难以复原，因为留在下面石头上的可能只有最轻的划痕。即使在保存完好的地方，劣质的书写或绘画也常常使解释工作变得困难；然而，许多学者已经使用这种材料完成了有价值的研究，整理涂鸦现在已经成为神庙文献记录和研究的一个公认领域（见第221页和第236页）。

神庙涂鸦的内容涵盖从粗糙划刻的名字、日期和几乎无法分辨的图画，到相当复杂、有时刻画得非常好的文本和图像。图画涂鸦包括神、国王、祭司和其他人物的形象，还有各种动物，特别是那些常用作祭品的动物。文字涂鸦既包括在神庙兴盛时期书写的圣书体、僧侣体、世俗体、希腊文或拉丁文的涂鸦，也包括后来用科普特语、阿拉伯语和各种其他语言书写的涂鸦。

早期涂鸦往往包含神庙人员的具体名字和头衔，这有助于我们了解某些神庙的内部运作以及相关的历史和社会事件。后来的涂鸦也增加了我们对神庙运作和衰落的了解，而保存在神庙墙壁和柱子上的众多旅行者的名字则有助于构建最近几个世纪有关神庙再发现的故事。事实上，有时，我们所有的关于一座神庙几个世纪间历史的全部材料就是一幅涂鸦。然而，在以它为凭据的推论中，在将该神庙的历史与其他地区神庙的历史联系起来时，这些证据可能特别能说明问题。

上图：神庙涂鸦的内容涵盖从粗糙的名字和日期到冗长的文本，比如代尔·麦地纳的托勒密神庙墙上的希腊铭文。

左图：密写铭文，如图中艾德福的荷鲁斯神庙的铭文，其书写方式只有数量有限的神庙人员可以理解。

47

发展、增强与变化

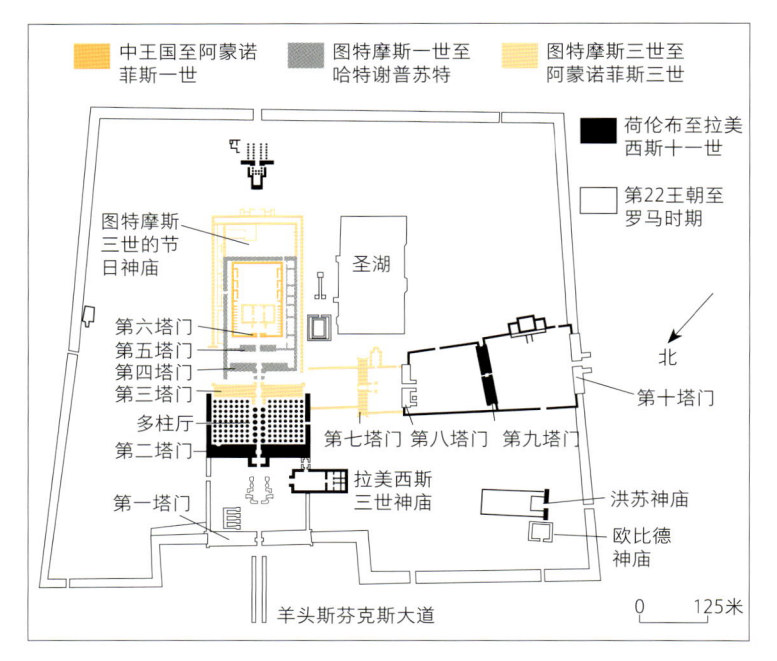

随着时间的推移,国王向神庙捐赠,增建原有建筑,使得已经建好的神庙规模不断扩大。对于已具规模的神庙来说,通常可见的扩建模式是国王在现有的神庙入口前增加一个新的庭院和新的塔门。在历史上,会有数位国王重复这种扩建,后来的扩建规模往往更大,因为国王们都在努力超越他们的前辈。

底比斯的卡纳克神庙和卢克索神庙是埃及神庙扩大和发展的典型例子。这些巨大的建筑从第18王朝早期的核心部分(毫无疑问围绕着更早的神殿而建)开始,相继经过几个阶段的扩建,到拉美西斯二世和后来的统治者时,扩建达到顶峰。事实上,卡纳克神庙的发展速率与斐波那契数列近似,在斐波那契数列中,每一个数字都是前面两个数字的和:1、2、3、5、8等。因为埃及人在建筑规划和设计中通常喜欢能够被10整除的尺寸,所以现有神庙中增加的庭院和塔门的长度与宽度通常以10"腕尺"(5.24米)的倍数的形式增长。

卡纳克神庙显示了不同朝代统治者不断扩大的增建规模,而卢克索神庙则显示了一些不同的变化类型,这些变化可以发生在一个王朝内,甚至在同一位国王如阿蒙诺菲斯三世或拉

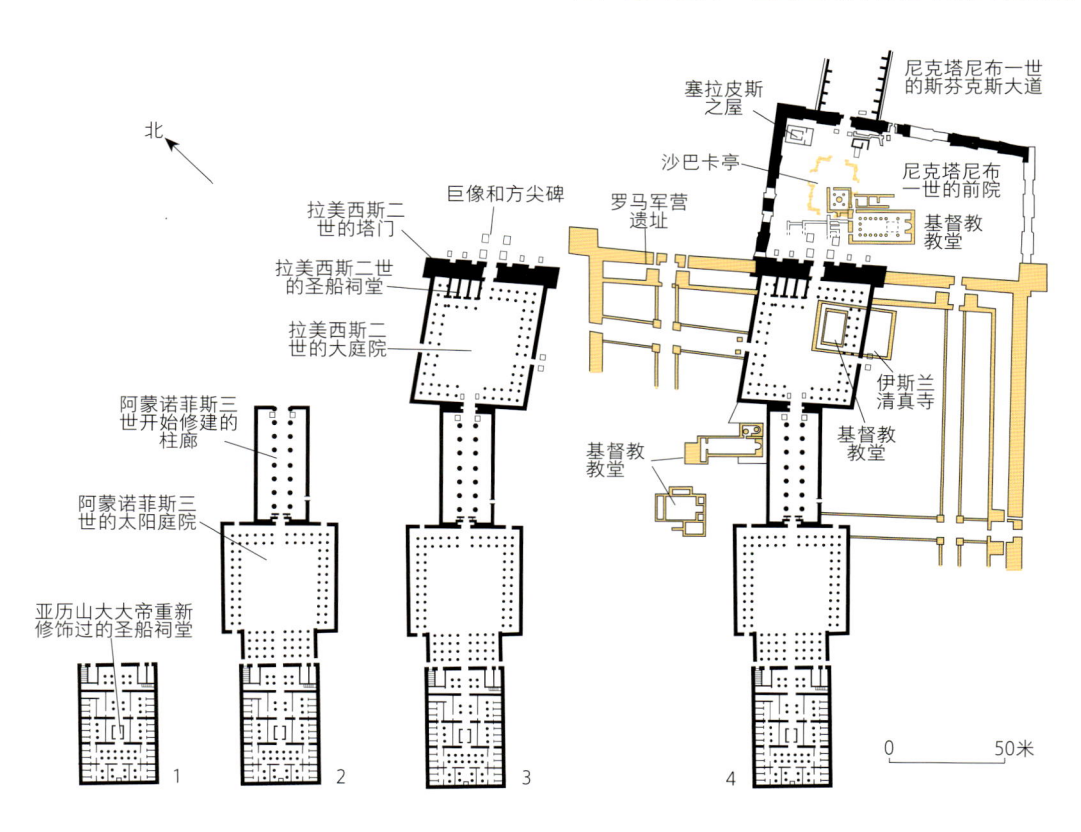

卡纳克阿蒙神庙的简化平面图,显示了其累积和发展(在本例中是沿着两条相交的轴线展开的)阶段的复杂性。

右图:卢克索神庙:主要发展阶段。最初的中王国时期核心区(1)被阿蒙诺菲斯三世(2)、拉美西斯二世(3)和后来的统治者以及该地区的基督教和穆斯林居民(4)大幅扩大了。

对页图:卢克索神庙的鸟瞰图,显示了依次扩建的神庙的不同区域,顶部是连接卢克索与北部神庙的斯芬克斯大道。

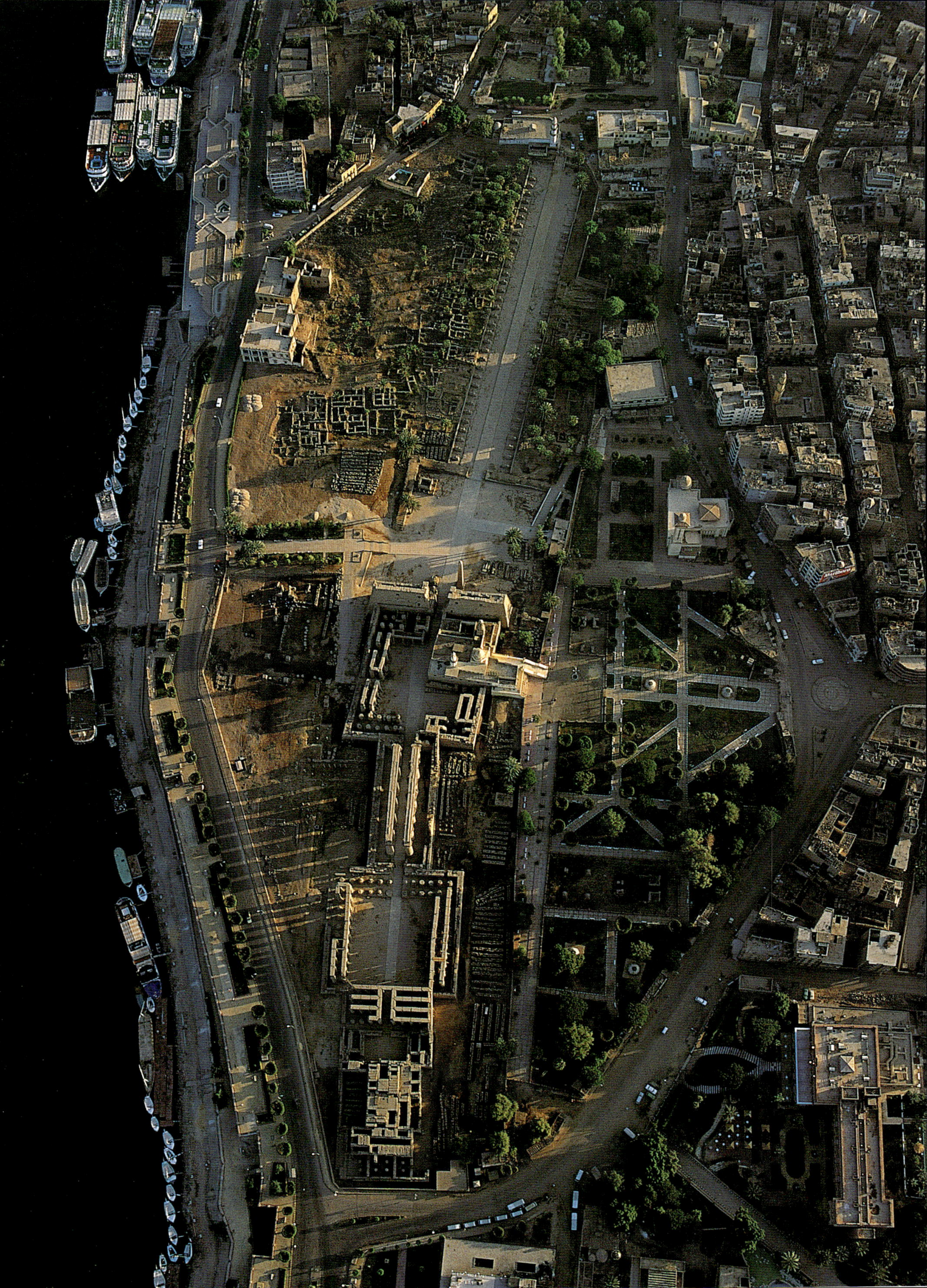

美西斯二世的统治期间，神庙的基本结构和外观都会发生改变。

然而，国王作为各种神庙的赞助人而主导的改善，并不总是简单地与规模有关，或以扩张的形式出现。更多情况下，这些改进或许是质量方面的，包括对现有建筑结构的升级，既可以增加新的装扮和装饰，也可以简单地用更昂贵的材料替换劣质材料。例如，图特摩斯三世记录了阿蒙对国王送给卡纳克神庙的礼物的评价。阿蒙既说道"你将我的神庙建成了一个永恒之作，让它比之前更长更宽了"，又说道"看，陛下发现了南部的塔门是泥砖制的，南部的大门……的小建筑是石制的，双门扇是雪松制的，柱子是木制的。然后陛下进行了替换……它的大门是花岗岩的了，巨大的门扇是铜制的了……陛下为［阿蒙］挖掘了南湖，使［之］焕然一新，并加以扩展"。在证明国王虔敬的事件中，这种增建和改进显然被认为值得记载，并表现出与建造新神庙同等程度的虔敬。

在稳定持久的王朝，修缮现有神庙的现象格外普遍，因为国王们有机会完成其前任（特别是自己父亲）开始的工作，甚至有机会修缮本王朝早期统治者的纪念性建筑物。

神庙经济

埃及神庙一经建成就开始发挥作用，而且在与之互动的更广阔的庙墙之外的世界中不断发展。大多数神庙都有自己的地产，或来自国王的持续捐赠，或是那些寻求神的恩惠的富人让祭司以自己名义购买后捐献的。然而，神庙历代积累和占有的土地数量仍然惊人。众所周知，在拉美西斯三世时期，仅阿蒙神域就拥有2300平方公里的可用农地、葡萄园和花园，以及沼泽地、采石场和矿山等其他神庙地产。神庙因此发展为当地经济的核心兴旺机构，并参与与其他地区的贸易。一些神之屋有自己的内河船队，甚至有能够在埃及境外进行贸易的出海船只。

神庙与其周边地区之间的经济关系，以及与其他神庙和政府各部门之间的关系，都有相对充分的记录，这些记录展现了表面互相依赖的经济体之间的有趣细节。一个神庙的大部分土地都租给了农民，农民支付他们收获粮食的三分之一作为租金。这些以及由神庙雇员直接耕种的农场、花园等获得的收入是神庙日常收入的基础。某些时期（特别是在新王国时期），法老军队带回埃及的战利品中有相当一部分也按例作为祭品献给了大神庙。紧随军事性掠夺之后的，是外国源源不断的纳贡，有金、银、木等原材料以及牲畜、食品和制成品等。

这种情况导致了新王国时期一种特殊的再分配经济体系的建立，在这种经济体系中，国王征服或控制的土地上的贡品和供品（巴库特）会被送给神庙。这些贡品不仅用于满足神庙内部的需要，还以口粮的形式重新分配，并且用来支付修建陵墓等国王活动的费用。因此，在古埃及两个最强大、最有组织的机构即君主和神庙之间，贡品以二者相互支持的方式循环着。

然而，这种经济安排的平衡是复杂和多变的。一些国王进行了改革，限制了对神庙的各种捐赠。这一点在新王国时期有明确的记载，尤其是在阿玛尔纳异端时期，我们发现阿蒙诺菲斯三世、埃赫纳吞、图坦卡蒙、美内普塔和拉美西斯三世在位期间都对神庙捐赠进行了相当大的调整。另一方面，国王经常颁布法令保护神庙（特别是国王自己的祭庙）不受税务官员或其他负责徭役征召的政府官员的侵犯。塞提一世的诺里（Nauri）法令中就有这样一份详细的禁令清单，其中神庙工作人员甚至他们的妻子和仆人都受到保护，不用服兵役和徭役。因此，几乎不受任何可能的限制性势力的影响，埃及的很多神庙在几个世纪里惊人地蓬勃发展。众神越保佑埃及农业丰收、资源丰富，埃及人就越以更丰盛的祭品取悦众神之屋。

然而，即使神之屋越发强大，它们巨大的经济实力最终也会触发整个社会的负面反响。后期埃及的范迪埃纸草虽然破碎，但内容很有趣，批评了不帮助穷人的富有神庙。这种情绪可能在某些时候很普遍。更重要的是，埃及国王经常想方设法限制神庙的收入，而盗用的做法，即国王把早先统治者的纪念性建筑据为己有，有时可能是出于经济动机，这远比为神庙的扩建和装饰——这才是国王通常的职责——提供新材料要便宜。

拟人化的地产拿着献给斯尼弗鲁在达舒尔的金字塔神庙的祭品。埃及各地农场和地产的收入构成了大多数神庙经济的基础。

神庙的盗用与再利用

随着时间的推移，神庙经常会被再次使用；这可能包括在同一圣地再建神庙、在新神庙中使用已有神庙的石头或其他材料，或者将整个神庙建筑重新用于新的目的——通常是通过重新雕刻神庙浮雕来体现新主人或新用途。

因此，神庙遗址有时会进行改造，以利用早已为神所用的神圣空间来建造新的建筑，这在埃及经常发生。而在其他时候，则是为了在旧宗教上叠加新的宗教。这也在许多古代文明中发生过，有时不止一次。比如耶路撒冷的以色列圣殿，它被安条克四世再次献给了宙斯（约公元前165年）；此外，在镇压第二次犹太人起义后，在同一处神庙遗址上为卡皮托三主神修建神庙时（约135年），哈德良又一次将它献给了宙斯。

然而，在埃及，这种对圣地的彻底重建并不常见，可能主要发生在阿玛尔纳时期和后期埃及落入外来侵略者手中之时。例如，在卢克索的阿蒙神庙，一座基督教大教堂就建在第一庭院里，其后又被同一地点的一座伊斯兰清真寺取代。就连异教最后的壁垒之一，菲莱岛上的伊西斯神庙，也终于在公元553年被重新献给圣斯蒂芬和圣母马利亚。

埃及历史上更为常见的是在新的建筑中使用以往神庙的建材。埃及国王经常拆除阻碍自己扩建计划的早期建筑（见第196页和第243页），也不反对简单地将以前国王的建筑作为廉价方便的建筑材料来源进行拆解。

就像埃赫纳吞的情况一样，当一个以前的国王遭受"除忆诅咒"时，该国王所有的纪念物几乎都要拆除。例如，在卡纳克的其他纪念性建筑物中，已经复原出了4万多块属于阿蒙诺菲斯四世（埃赫纳吞）建筑物的装饰过的砂岩块，这些早先的纪念物被破坏得非常彻底，以致永远无法完整地复原出来。

后来的国王也会简单地通过重新雕刻图像和文本的方式盗用神庙，或神庙的一部分。尽管自拉美西斯时代以后，王名和铭文常常是被深度雕刻（见第44页）的，但盗用永久性纪念物的做法在整个埃及历史上仍在继续。

有时同一地点、建筑或材料会被不止一次重复使用。关于通过拆卸拼装和反复盗用来增建和扩建神庙，麦地奈特·哈布城拉美西斯三世大神庙围地内的所谓"小神庙"就是一个经典的例子。尽管核心的纪念性建筑物是哈特谢普苏特和图特摩斯三世开始建造的，但女王的名字后来为她更"合法"的前任图特摩斯一世和二世所取代。这座建筑最初的入口最终被努比亚国王沙巴卡的塔门取代，后来又被他的侄子塔哈卡盗用。在第26王朝，此处修建了一个小型的正门，而该正门在第30王朝被尼克塔尼布一世盗用。即使是托勒密时期为该神庙修建的塔门和大门，虽然后来没有被盗用，也是用从拉美西斯二世祭庙拉美西姆中取得的大量石块建造的。

作为埃赫纳吞宗教改革的一部分，卢克索神庙中阿蒙诺菲斯三世的王名圈被部分破坏，去掉了阿蒙的名字。埃赫纳吞自己的神庙建筑大多在旧宗教和阿蒙崇拜恢复之时被全面拆除。右侧重刻的王名圈明显深于左侧。

麦地奈特·哈布城的所谓"小神庙"（前景），显示出不同国王的反复盗用和再利用，他们扩建和精心修饰了神庙的核心部分。

神庙的组成部分与它们的意义

> 上下埃及之王……［建造了一座神庙］……
> 用上好的砂岩，宽阔，非常壮观，极度美丽。
> 它的墙是纯金的，地面是银的。
> 它的所有大门都以大地之良材制造。
> 它的塔门高耸入云，它的旗杆触及星辰。
> ——阿蒙诺菲斯三世石碑

发展至成熟形态的埃及神庙确实是惊人的建筑物，它们不仅是众神宜居的华丽之家，还是复杂和精心规划的、在很多不同层面发挥着功能的建筑结构。在埃及神庙所展现的巨大的隐喻世界中，整个建筑中的每个元素既发挥着物理性的功能也起着比喻性的作用，象征着神庙潜在意义与用途的某些方面。因此，只有在分析、理解每个部分之后，才能把握神庙外观背后丰富的象征意义及其对埃及宗教的衍生后果。

每座神庙都被划分成神圣程度递增的不同区域。首先是神庙入口以及围墙内的区域，这一区域对所有埃及人开放。接下来是塔门以及神庙内的露天庭院，只有祭司以及某些场合下的普通民众代表可以进入。最后是只有被净化过的祭司可以进入的内厅，以及只有国王和特定的高级祭司可以进入的圣殿本身。除了这些对每座神庙的形式和作用都极为重要的区域外，其他的补充性元素也常常出现在管理处、储藏室、仓库、圣湖、花园、学校、图书馆以及其他用途多样的区域。

很多区域有自己独特的神庙"家具"，比如入口塔门前的大方尖碑和雕像，而每一件单独的家具物品都有自己特有的装饰与铭文，如此整座神庙可被视作一个各部分不断互动的复杂机体。实际上，众神的纪念性建筑物全然就是创世与宇宙本身的模型：部分中的部分，世界中的世界。

圣湖，卡纳克的阿蒙神庙。

第三章　世界中的世界

神庙入口

卢克索神庙入口塔门前的拉美西斯二世方尖碑与巨像。虽说入口塔门是众神之屋的正式入口，但神庙区的范围通常始于这些建筑之前。

在谈到埃及神庙的入口时，人们很容易想到巨大的塔门入口，在大多数情况下，塔门也是神庙遗存中最为显眼的部分。事实上，塔门通常处于神庙范围之内，实际的神庙入口都在塔门之前，包括神庙外墙前的登陆码头、亭子、大门和巡行大道等。

神庙码头

因为埃及的交通主要靠水路进行，所以从古代开始，大多数神庙都位于尼罗河或与之相连的运河附近。因此，神庙码头通常是宗教建筑主要的也是最初的入口，即使卡纳克这类同时有几个入口的神庙也是这样。许多码头建造得可以容纳大型船只，因为它们不仅要接收载有大量补给的船只，还要停靠足以运送国王雕像或神像的大船。

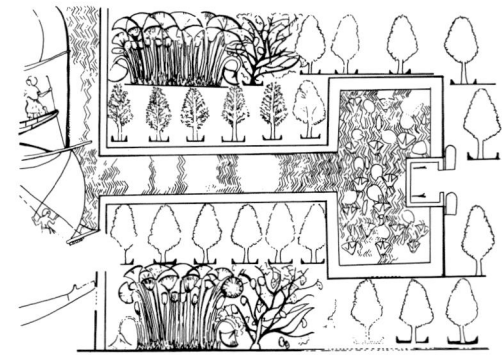

码头通常位于从尼罗河截流形成的次级水道的尽头，以便尽可能靠近神庙，并为停靠在码头的船只的装卸提供更稳定的水面。码头本身也必须尽最大可能应对尼罗河季节性泛滥的涨落，除了最大的码头以外，其他码头通常都在泛滥时淹没于涨水的河流之下。

正是在神庙码头，到访或返回的神像开始了它们前往神庙区的巡行之旅，在那里，它们通常会受到普通民众、神庙高级代表、有时还有前来参加活动的王室成员的欢迎。

保护性的斯芬克斯像与神像

从很早的时候开始，神庙码头到其主入口的巡行路线就通过铺路或某种记号来标记，在某些情况下码头和主入口之间有陆路连接。在古王国时期的金字塔建筑群中，从所谓的河谷庙到金字塔底部的祭庙的甬道经常带有屋顶。至少从新王国时期开始，尽管鲜有封顶，进入神庙的游行通道经常装饰有雕像，这些雕像既是入口的标志，也是保护性的元素。最常见的是斯芬克斯像。斯芬克斯像可能是人首，承担着国王作为神庙及其通道的守护者的角色，也可能采用兽形，将狮子与其他动物融合在一起，这取决于与神庙相关的神祇的性质。"羊头"斯芬克斯立于通往卡纳克阿蒙神庙的巡行大道两侧，在其他地方还有为拉神而设的隼鹰头斯芬克斯像。常有

对页图：新王国时期对卡纳克阿蒙神庙码头的描绘。码头两侧的圆顶石碑标志着通往神庙的游行道路的开端。

右图：从卢克索神庙延伸至卡纳克神庙区的人首斯芬克斯像大道超过 2 公里，最初有数百尊头部有尼克塔尼布一世特征的斯芬克斯像。

国王的小像置于斯芬克斯前伸的两爪之间，在这种情况下，斯芬克斯像无疑代表着神自身而非国王，尽管基本的保护功能是相同的。与全兽形斯芬克斯像装饰巡行大道的做法类似，有时会选择以神祇雕像立在两侧，例如连接卡纳克穆特神庙区与阿蒙神庙的巡行大道就竖立着著名的塞赫迈特女神坐像。

有时，这类大道上有着大量的狮身人面像或神像，而制作这些雕像需要巨大的工作量。例如，连接卡纳克神庙和卢克索神庙的巡行大道长约 2 公里，配有数百个结合了狮身与尼克塔尼布一世（公元前 380—前 363 年在位）头部的斯芬克斯像。这位后期的统治者在公元前 4 世纪重新塑造了沿线的斯芬克斯像，以取代已经损毁的新王国时期雕像，其中一部分自哈特谢普苏特时期起就已经立于大道沿线了。

中途站

邻近神庙之间或神庙与码头之间的正式游行路线上，常常建有一个或多个中途站。这些建筑的内部空间通常只够一艘小型的可移动圣船（或者几艘圣船，当中途站供多个神祇使用时）进入并短暂停留。虽然神像可以在中途站得到休整，但这些建筑物里面通常没有任何东西，除了一个形似祭坛的基座，圣船或神像可以置于其上。在保存相对完整的中途站中，给人印象最深刻的无疑是森乌斯里特一世的、从卡纳克阿蒙神庙第九塔门中复原出来的那座。

围墙

进入神庙区域需要通过环绕着神庙地产核心区的高大围墙。这些围墙有着双重作用。首先它们承担着限定的作用，可以划定神庙地产的范围并把它从周围的居住区或开阔区域隔离出来；其次围墙也具有保护性，在内乱或外敌

塞提一世位于卡纳克阿蒙神庙前庭的中途站。底比斯三神会——阿蒙、穆特和洪苏的仪式圣船在这个由三部分组成的中途站停留。

入侵之时可以保护神庙。

　　围墙总是用晒干的泥砖砌成，分段建造，有时在一个木梁和芦苇席做的简易结构之上建成。这种外墙在新王国时期尤为常见，新王国初期创造了一个新词——塞布提（sebty），以形容这种城镇和神庙周围的巨大围墙。为防止毁坏，许多神庙墙壁的厚度达10米或以上，并经常建有圆形的"城垛"以加强其防御作用。偶尔还有堡垒或加固的大门，如哈里斯纸草 I 中记载："我用围墙包围了因胡尔神庙……四面都

艾德福神庙复原图，展现了围绕神庙区而建的大型围墙。

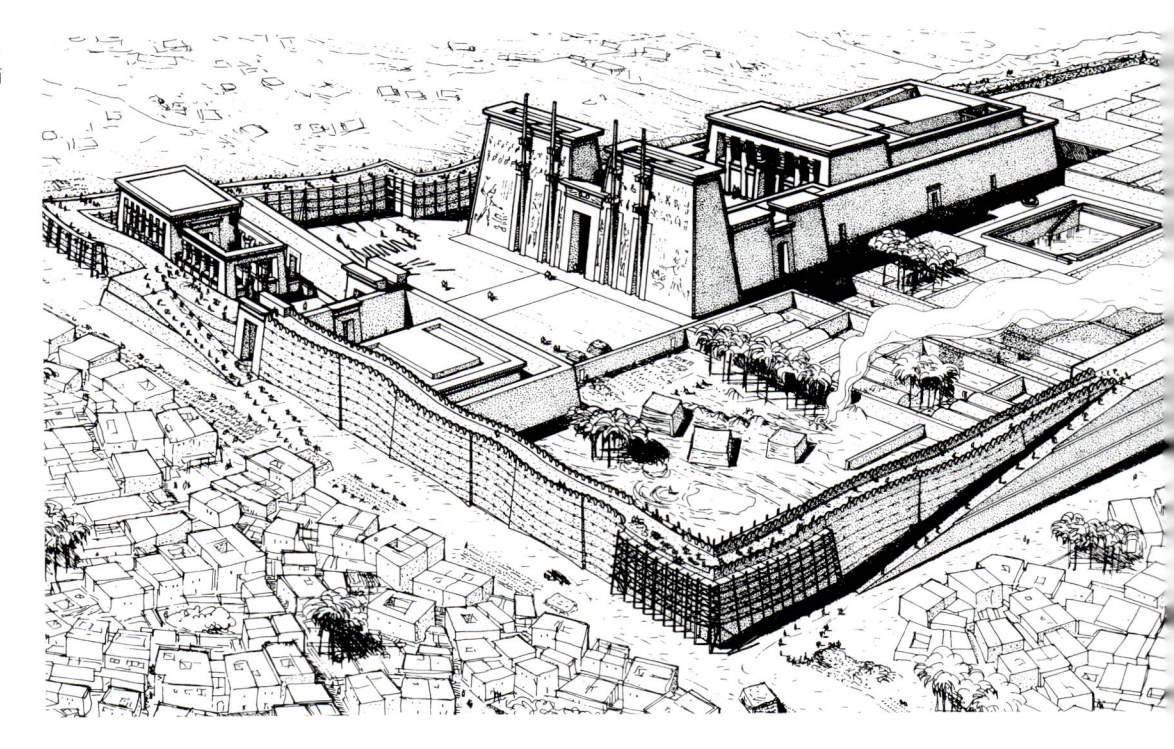

左图：索克诺派欧神庙残存的泥砖围墙，索克诺派欧是鳄鱼神索贝克的一种形式。位于法雍的索克诺派欧·奈索斯（迪麦）。

对页图：矗立在卡纳克阿蒙神庙中的哈特谢普苏特（后）和图特摩斯一世的方尖碑。每一座方尖碑原本都是成对的，建在后来的神庙中心区附近。哈特谢普苏特方尖碑高29.56米，重约325吨。

有角楼、坚固的城门和堡垒。"——尽管实际上出于防御的原因，外墙的入口数量通常保持在最低限度。

这些墙壁也具有象征性，因为神庙的砖砌围墙通常是以凹凸相间的样式建造的，这显然代表了神话中原初海洋的水域。不过也有人提出，这种波浪状的设计纯粹是为了防止砖块在干燥时收缩或地面在被淹没时不均匀的膨胀等情况导致的墙体开裂，但这些理论都不符合现存围墙的分布情况，因为以这种方式建造的墙体通常只出现在神庙区，或明显由神庙控制的地区周围。

在最复杂的起伏式设计中，不仅围墙的长边有凹凸交替的部分，在宽边上也有这样的设计。然而通常使用更为简化的设计，在一些围墙中砖结构的起伏层只出现在上部，在常规的水平铺垫层之上（如在艾德福），或在常规的石基层之上（如在菲莱）。

方尖碑

方尖碑是埃及最古老的象征性建筑之一。起初，它可能只是一块形状不规则的直立圣石，成熟形态的标准方尖碑是一个细长的、逐渐变细的四面柱体，柱体经过抛光、刻字，顶部是一个尖尖的小金字塔。

追溯到最早时期，方尖碑似乎起源于或至少确立于赫利奥波利斯的太阳崇拜，并从那里传播到埃及各地。特别是在新王国时期，方尖碑常常成对竖立在神庙入口前（但有时在一些神庙的中轴线上也会出现单独的方尖碑），随着神庙区域的扩大和新塔门的增加，方尖碑才被并入神庙内部。方尖碑是献给众神的重要礼物，是纪念国王即位周年、胜利或其他重大事件的重要纪念物，方尖碑的形象也经常刻画在其所在神庙的浮雕上，彰显着捐赠者的虔诚。

标准的方尖碑是刻有铭文的华丽纪念碑，通常高出围墙几十英尺（1英尺 = 30.48厘米。——编者注），其镀金的小金字塔顶是神庙最初和最后捕捉日升、日落光线的所在。原本是一整块巨石的方尖碑，常常重达数百吨，代表着古埃及人在切割和搬运石头方面最伟大的一些成就。很多方尖碑是用阿斯旺的红色花岗岩建造的，在那里

法老的特权：哈特谢普苏特向阿蒙捐赠方尖碑

刻有铭文的石块，铭文的内容是赞美哈特谢普苏特在卡纳克"为她父亲阿蒙"捐赠了两座方尖碑。

神庙的方尖碑不是由神庙的管理部门委托建造或竖立的，而是由国王以神之子和大祭司的身份亲自建造的。哈特谢普苏特女王在卡纳克向阿蒙神捐赠了四座方尖碑。

20世纪末从卡纳克第三塔门拆下的一个带浮雕的石块（上图）记录了这些方尖碑的捐赠。这个石块最初是一个名为"阿蒙的庄严神殿与最爱之地"的小圣殿的一部分，石块的浮雕画面上，女王是一位留着假胡须的男性，佩戴着国王的各种标识，站在阿蒙神面前，阿蒙神则因收到礼物而赐福于她。哈特谢普苏特头戴双冠站在左侧，除此之外，她的外貌特点与阿蒙非常相似。

铭文写道：

> 国王他本人［哈特谢普苏特］为她的［注意性别的变化］父亲阿蒙-拉竖立了两座方尖碑，在主柱厅之前，以大量金银合金打造。它们［方尖碑］的顶部刺破苍穹，如太阳圆盘一般照亮两片土地。

右侧的阿蒙头戴标志性的舒提（shuty）或双羽冠，手拿瓦斯权杖和生命符号：

> 阿蒙，两地王座之主，［对］［他的］女儿哈特谢普苏特所说之言。［我］给予你数百万年对两片土地的统治权，你将在荷鲁斯王座上，像拉神一样稳定。

浮雕上两座方尖碑正面的简短铭文概括了实际的方尖碑上文字的目的：将方尖碑献给"受敬爱的众神之王、天空之主，阿蒙-拉"。

表现托勒密十二世竖立方尖碑的浮雕的简图。虽然浮雕表现的场景明显是象征性的，但现实中可能还是使用了绳索。

一种可能的使用斜坡和填埋砂沟竖立方尖碑的方法。绳子用来控制石体的移动。

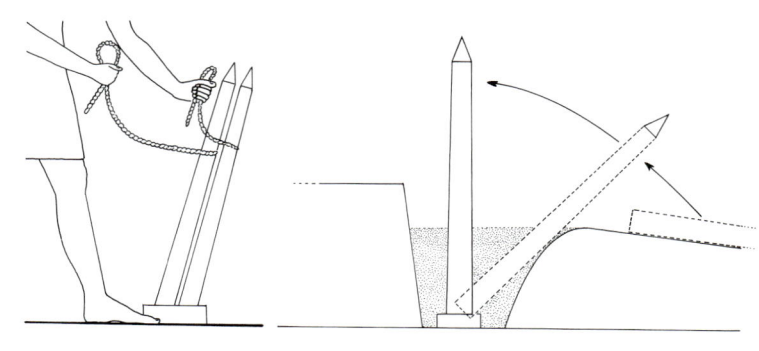

依然静卧着有史以来最大的方尖碑——重达一千多吨的"未完工方尖碑"。

尽管在历史上建造了众多方尖碑，立起这些整块的巨石也肯定给埃及人带来过挑战。所用的确切方法尚不清楚，不同时期可能偏好不同的方法。现存的图像证据仅显示方尖碑是以直立的状态运输的，但托勒密十二世时期的一处浮雕也描绘了用绳索仪式性或象征性地竖立方尖碑的场景。几乎可以肯定的是，方尖碑是被拖上人工坡道，然后以某种方式降下，将底部放置在基座上。为了防止断裂，必须采用一些控制方尖碑移动的方法，可能是将方尖碑放到充满沙子的漏斗

12座最大的直立方尖碑

在埃及人建造的数百座方尖碑中，大概只有4座仍然矗立在埃及境内，约21座在埃及境外。以下是一些目前依然矗立的大方尖碑及其位置。

国王	现在位置	高度（米）
图特摩斯三世	罗马，乔瓦尼广场	32.18米
哈特谢普苏特	卡纳克，阿蒙神庙	29.56米
图特摩斯三世	伊斯坦布尔，阿特梅丹	28.95米*
未知**	罗马，皮埃特罗广场	25.37米
拉美西斯二世	卢克索神庙	25.00米
塞提一世—拉美西斯二世	罗马，波波洛广场	23.20米
拉美西斯二世	巴黎，协和广场	22.55米
萨姆提克二世	罗马，蒙特城	21.79米
图特摩斯三世	纽约，中央公园	21.21米
图特摩斯三世	伦敦，泰晤士河岸	20.88米
森乌斯里特一世	赫利奥波利斯，迈丹马萨拉	20.41米
图特摩斯一世	卡纳克，阿蒙神庙	19.50米

*经过计算得出的原始高度。
**可能由埃及的一位罗马统治者建造。

卢克索的拉美西斯二世方尖碑的东侧。

状区域。阿纳斯塔西纸草I记载了竖立王室纪念物的相关内容，其中一段似乎描述了从这种纵向的"穴"中清除沙子的过程。

很多埃及方尖碑后来被运到了其他地方（通常难度很大，甚至在晚些时候也是如此）。亚述国王亚述巴尼帕尔把两座方尖碑运到了尼尼微，罗马皇帝把一些移到了罗马和君士坦丁堡。19世纪的现代西方国家延续了这种做法，以至于现在埃及本土只剩下四五座依然立在那里的方尖碑，其中最著名的位于卢克索和卡纳克神庙，卡纳克的哈特谢普苏特方尖碑是本土现存最大的直立方尖碑。

巨像

早在古王国时期甚至更早以前，埃及人就用整块石灰岩、砂岩、石英岩和花岗岩雕刻出了国王的巨像，并将其竖立在神庙和神殿中。这些巨像有几层作用。它们矗立在神庙的入口和主要的游行区域，起到了保护作用，也显示出国王与神在神圣层面上密不可分的关系。作为法老灵魂的显现，巨像通常可被民众接近，或至少位于在特殊节日会向民众开放的区域。巨像可被单独命名，如"阿蒙诺菲斯，统治者之太阳"或"两片土地的拉美西斯-孟图"，可被民众直接崇拜，从而扮演神的中间人或神本身的角色。

埃及最大的巨像是在新王国阿蒙诺菲斯三世和拉美西斯二世统治时制作的，其尺寸非常庞大。阿蒙诺菲斯在底比斯的祭庙外（见第188页）竖立的著名的"门农巨像"和拉美西斯二世底比斯祭庙中被毁坏的巨像（见第184页），皆可跻身于有史以来从整块石头上切割出的最大物体之列。

拉美西斯二世尤其钟情于这些巨大的雕像，他下令制造的雕像的数量超过了其他任何一位法老，体积也更大。尽管目前还不清楚到底有

阿蒙诺菲斯三世的用整块石头雕刻出的"门农巨像"，立于他在底比斯西岸的祭庙入口处，也是这一纪念性建筑物现今仅存的可见部分。

卢克索神庙第一塔门的拉美西斯二世巨像。拉美西斯二世的巨像比其他任何埃及国王的都要多。

多少巨像是为这位多产的建造商制作的，他的巨大纪念物的碎片却经常在田地或沙漠中被发现，以至埃及村民经常把任何巨像都称为"拉美西斯"。他的几十座巨像遍布埃及各地的神庙，虽然许多前任统治者的较小的雕像也被这位国王盗用，但大部分较大的巨像似乎都是在拉美西斯的命令下直接制作的。据记载，有一天，拉美西斯走在一座被埃及人称为"红山"的山上，在那里他发现了一大块"从未发现过的"石英岩。据说这块红色（象征太阳神性的颜色）的石头比方尖碑还要高，拉美西斯立即下令建造一座"神祇拉美西斯的雕像"。这座雕像据说花费了一年多的时间才完成。

建造这些庞然大物的技巧令人印象深刻。许多巨像的身体是从一个石块雕刻出来的，然后在双足那里与基座连接，但有些——像是在卡纳克神庙南部的阿蒙诺菲斯三世巨像——是无基座的，巨像实际站在了脚底板上。

一般的猜想会认为，巨像以平卧的姿势被开采、运输，一旦到达目的地，会像方尖碑一样，被抬起立于基座之上。然而，代尔·贝尔沙著名的中王国时期的杰胡提荷太普浮雕描绘了一个直立的巨大坐像的运输过程，这不太可能仅仅是一种艺术处理。也许对于坐像来说，直立姿势可以减少阻力。而一些雕像底座上（比如门农巨像底座的南侧）可以看到的凹槽表明，至少在某些情况下，巨像采用了与方尖碑相似的竖立方法。

塔门

它的塔门通天，旗杆摘星。

——索莱布神庙

成熟形态的埃及神庙中的双塔门无疑是这些古老宗教建筑最具特色的部分。这种塔门似乎是在古王国时期的金字塔神庙中发展起来的，但可能在中王国时期才首次被纳入神庙的常规设计——尽管鲜有早期泥砖塔门的考古证据留存。

许多较晚期的塔门是通过在内核——由较小且不规则的再利用石块组成——上堆砌巨大石块建成的。前任国王的建筑经常被用作这种填料，特别是当国王失信或者早期建筑的位置妨碍了计划中的扩建时。讽刺的是，一些以这种方式被遗忘的神庙结构实际上得到了保护。卡纳克的白色祠堂就是一个最著名的例子，还有东卡纳克埃赫那吞神庙中的许多带有浮雕的、被称为塔拉塔特（talatat）的石块，它们曾经被用来建造阿蒙神庙的第九塔门（见第243页）。有时，再利用的石头甚至被用于塔门的外层，就像阿蒙神庙前的第一塔门那样。后期的塔门通常是由砖石组合而成的。麦地奈特·哈布城小神庙前的托勒密时期塔门就是这样，尽管它的外立面是石头的，内侧却涂抹了灰泥。

完工的塔门的巨大结构显然起到了防御和辟邪的作用，不仅可以在实际上防御入侵者，而且象征性地充当了抵御外部混乱、邪恶之力的堡垒。塔门常见的埃及语名字贝赫内（Bekhnet）只在第18王朝确凿出现过，似乎源自"保持警惕"一词，这与塔门类似于瞭望塔的特点（如果不是实际功能的话）有关。

尽管我们并不确定早期神庙塔门的装饰设计，但在新王国时期和后期发展起来的神庙中，最常见的装饰主题是国王击打敌人。这种传统的主题有很多变体，但多数呈现的是高大的国王在敌人上方举起权杖或海佩什（Khepesh）剑的"击杀场景"，这是从最早的王朝时代就已为人所知的传统主题。这一主题的古老历史表明，它很可能在新王国之前便出现在了祭祀神庙中，不过这一特殊用法也可能与埃及军事扩张和帝国的鼎盛时期相对应。从象征意义上讲，一目了然的是，塔门的外观就如圣书体文字阿赫特（akhet，意为地平线）的形状，或者至少被看作是这样，因为正是在这里，太阳升起于外部世界和神庙隐蔽、神圣的景观之间的地平线上。

插在神庙塔门正面的旗杆模仿了最早的神殿中放置祭物和旗帜的杆子，并且无疑是古埃及语中"神"的限定符号的象形起源。尽管这些旗杆都没有保存下来，但图像证据表明，许多可能达到60米或更高，重量超过5吨。

这些旗杆的巨大尺寸可能会使它们在塔门壁龛中的架设和安装相当艰难，看起来旗杆很可能是用绳索和脚手架搭起来的，尽管从未发

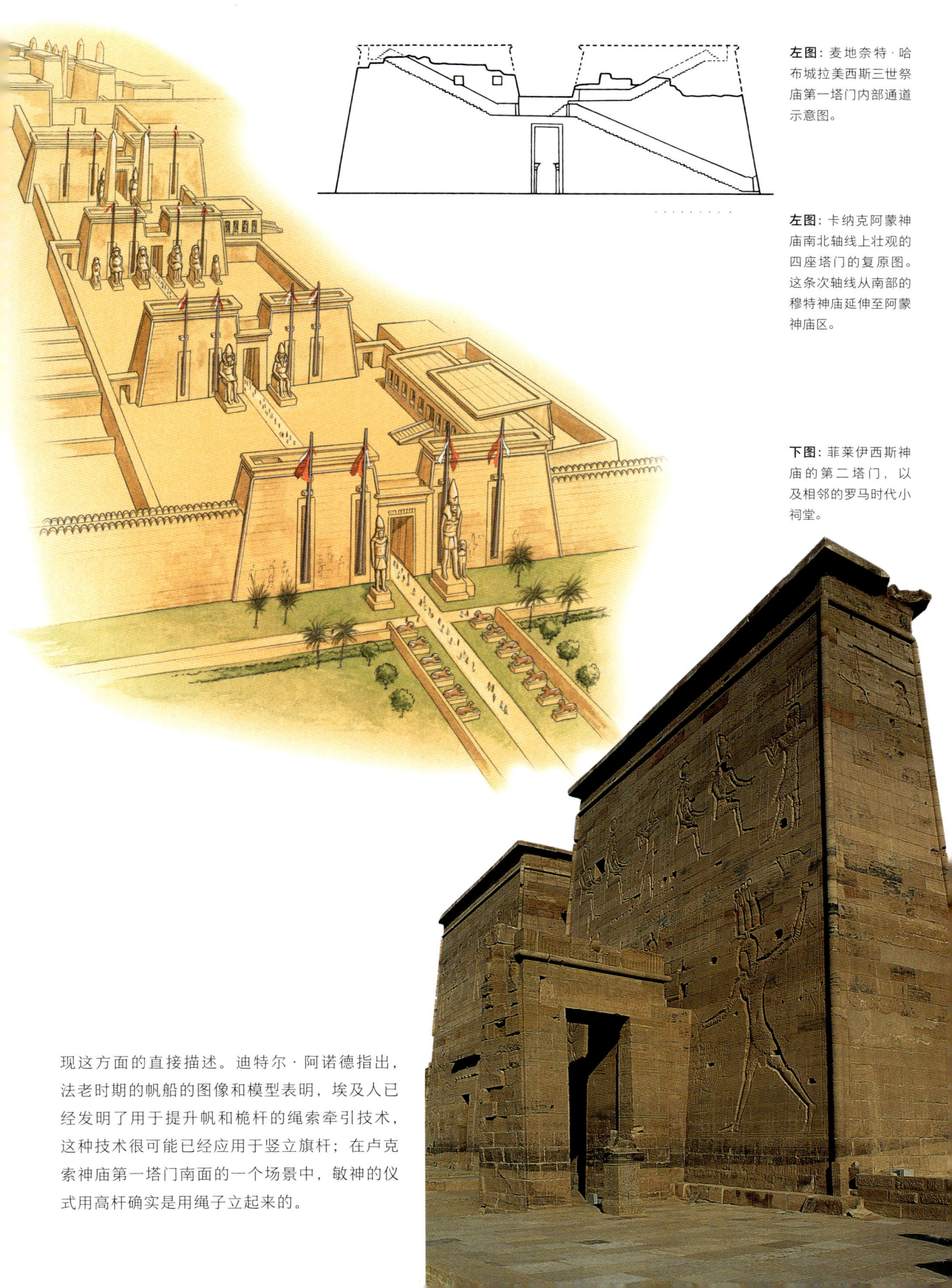

左图：麦地奈特·哈布城拉美西斯三世祭庙第一塔门内部通道示意图。

左图：卡纳克阿蒙神庙南北轴线上壮观的四座塔门的复原图。这条次轴线从南部的穆特神庙延伸至阿蒙神庙区。

下图：菲莱伊西斯神庙的第二塔门，以及相邻的罗马时代小祠堂。

现这方面的直接描述。迪特尔·阿诺德指出，法老时期的帆船的图像和模型表明，埃及人已经发明了用于提升帆和桅杆的绳索牵引技术，这种技术很可能已经应用于竖立旗杆；在卢克索神庙第一塔门南面的一个场景中，敏神的仪式用高杆确实是用绳子立起来的。

外庭

在成熟或"标准设计"的埃及神庙中,入口塔门之后通常是一个露天的围廊式庭院,部分或整体为柱廊所包围。埃及人给予这部分建筑不止一个名字,这取决于建筑风格与柱子的类型,因为对神庙外部区域而言,柱子的结构和象征性功能都十分关键。神庙外庭的主要功能是过渡性的,因为庭院经常充当神所统领的内部神圣区域与外部公共区域之间的交界处。

艾德福荷鲁斯神庙的围廊式庭院:上图为塔门后侧;下图则是另一面,面朝神庙柱厅。

在神与凡人之间

虽然位于神庙内,外庭却经常——至少是部分地或是在特殊情况下——对普通民众开放,这一点可以从外庭的托勒密时代名称"群众之厅"以及院墙或石柱上经常刻有的代表埃及人民的圣书体符号拉希特(rekhyt)中看出。这些圣书体符号提示获准进入庭院的人群在游行进行时应该站在哪里(见第99页)。

特别指定的"请愿与听愿"区有时位于神庙庭院内以及神庙周边,在很多神庙的露天庭院中,民众无疑能够就私事或神庙事务会见祭司,奉献祭品。在这些区域竖立的雕像也清楚地表明了公众可以进入这里。

神庙雕像

不像矗立在神庙塔门前的方尖碑和巨像那么显眼,外庭中最为重要的神庙物品是放置在那里的许多王室和私人雕像,这种做法从中王国时期便开始了。王室雕像的功能在很大程度上与巡行大道两侧或塔门前的雕像没有本质区别,而非王室成员的雕像则有多个功能。在墓葬背景下,雕像扮演着潜在的"宿主"角色,在人死后,它们作为肉身的一种实体替代物,

供灵魂（卡）寄身其中，而神庙雕像可能并不扮演这个角色。神庙雕像的功能当然是纪念它们所描绘的死者，同时令其永存于神圣之地，这样他们不仅可以经常出现在众神面前，还可能会被到访神庙的人们注意到——雕像铭文中经常要求这些人念出死者的名字，并代表死者背诵供奉公式。即使这些雕像在神庙庭院中无人注意，人们也认为它们有可能靠着魔法参与"供品流转"，即一旦供品被奉给神祇，祭司和神庙工作人员就可以获得来自供品的供养。在中王国时期，雕像几乎都是男性的，卡纳克窖藏中唯一的中王国女性雕像表现的是第13王朝宰相安胡的母亲，而在新王国及其后的时期，随着"成熟规范的"神庙的出现，神庙中的女性雕像变得更加常见。

偶尔，像王室雕像一样，上层贵族的雕像也充当了人神之间的中介。底比斯的第18王朝贤者哈普之子阿蒙诺菲斯的著名方雕上，其铭文自信地宣称："希望见到阿蒙的卡纳克民众：到我这里来，我会转达你们的请求。"但与王室雕像的中介功能不同的是，这项服务的交换条件是为哈普之子念出名字并背诵供奉公式，因此他的雕像及其他类似的雕像实质上融合了王室和私人的神庙雕像的一些功能。

私人的神庙雕像通常是低调的，不会制作得引人注目。雕刻的姿态通常都重心偏低，如表现人物蹲坐在地上的"方雕"，或是神前奉上祭品的跪像，借助这种姿势可以最稳定地伫立在拥挤的庭院中，同时还象征着个人在神前的谦卑与耐心。

庭院地窖

单独的神庙雕像并不引人注目，但几个世纪以来的积累使它们严重侵占了可用空间，妨碍了新的建筑项目。神庙人员不得不接受新的

左上图：卡纳克阿蒙神庙中的一位第18王朝统治者的坐像。

上图：卡纳克的地窖庭院，1903年于此处发现了数百尊石像。

哈普之子阿蒙诺菲斯的雕像，呈现为端坐的书吏，是有较高地位的非王室成员的人像范例。

雕像，但又不能简单地丢弃旧的神圣供奉。通常的解决办法是把旧雕像放在神庙庭院下挖好的大坑或地窖里。在这里，尽管这些古代雕像已被埋葬，无法为路人所见，但至少仍留存在神圣区域内。

1903年，乔治·勒格拉因在卡纳克阿蒙神庙第七塔门的北庭工作时发现了所谓的卡纳克地窖。随后三年的挖掘过程中，在此发现了九百多座石像和小雕像，多数的年代为第20王朝至托勒密时期。最近，在卢克索神庙的庭院中发现了另一个这种类型的地窖，尽管它的规模较小，但却出土了许多杰出的雕塑作品（见下框）。

右图：阿蒙诺菲斯三世，来自卡纳克地窖，即埃及现已发现的最大的雕像秘藏。

左图：拉美西斯二世的雕像矗立在卢克索神庙第一庭院的柱子之间。

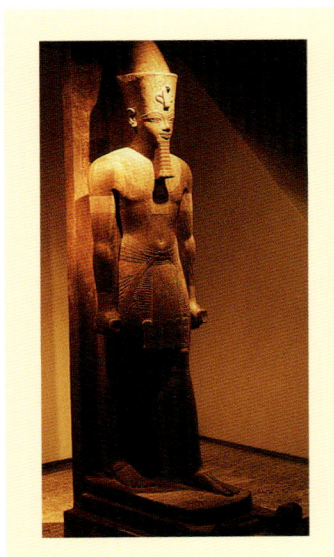

卢克索神庙秘藏

1989年1月22日，在卢克索神庙阿蒙诺菲斯三世柱廊式太阳庭院西侧，工作中的埃及文物组织的考古学家和相关人员发现了一个深坑，里面有一个现在被称为"卢克索窖藏"的著名雕像窖藏。该窖藏似乎是在公元4世纪初建造的，目的是保存当时在卢克索神庙为神化的罗马皇帝举行崇拜仪式期间弃用的雕像。

阿蒙诺菲斯三世的石英石像，出自藏有许多精品神庙雕像的卢克索窖藏。

窖里有从第18王朝中期到托勒密时期的各种雕像，大约一半保存完好；经过清理和必要的修复后，许多被认为是埃及本土发现的最精美的工艺品。

有些雕像是代表神、女神、王后、国王以及作为神的国王的单个雕像，而另一些则是成组的雕像——神和王室成员的二人组像和三人组像。最令人惊叹的一座或许是阿蒙诺菲斯三世的比真人更大、几乎完美保存的"雕像之雕像"，它表现了国王站在滑橇上的形象，由奇特的紫红金色石英岩雕刻而成。该雕像和窖藏中其他几尊最为精美的雕像现在卢克索博物馆展出。

内厅与圣殿

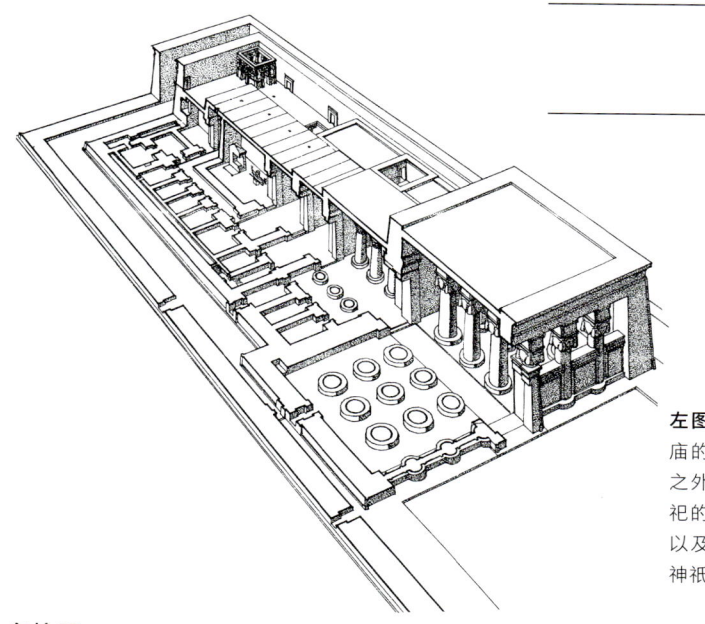

左图：丹德拉哈托尔神庙的内厅。在主多柱厅之外，还有一些用于祭祀的侧厅和女神的圣殿以及其他与女神相关的神祇的圣殿。

下图：艾斯纳赫努姆神庙多柱厅中有浮雕装饰的柱子。柱上的文字非常全面地描述了该神庙在神圣之年中发生的事件。

多柱厅

多柱厅位于神庙露天庭院的另一端，通常宽度大于纵深，除了沿神庙主轴直指内部神殿的中央游行路线之外，柱厅中遍布石柱。虽然有时人们认为密集的柱林可以起到防止从半开放的庭院窥视内部神殿的作用，但沿神庙主轴的开放式的游行路线意味着并非如此，古埃及神庙是通过越来越暗的光线和门的使用来保证内部神圣区域的私密性的。多柱的功能其实更为实际，但同时也有象征性。

在古王国早期的石头建筑结构中，房间和过道的宽度很少超过3米，因为这是石灰岩过梁和屋顶石板所允许的最大安全跨度。在格贝尔·西尔西拉的砂岩采石场被开采，有了大量砂岩之后，使用8米左右的过梁成为可能。尽管如此，埃及建筑也通常是保守的，基本的抬梁式结构所采用的跨度从来都不是很大，因此需要大量的柱子来支撑多柱厅的屋顶。

拥挤的柱厅也有象征意义。在埃及神话中，天空之域是由柱子支撑于大地之上的，这个画面常常作为装饰框架出现在神庙侧面的浮雕中。多柱厅的柱子可以被视为这些宇宙支柱，因此，阿蒙诺菲斯三世关于卡纳克神庙的陈述"它的柱子像天国四柱一般直达天堂"在明显的夸张之外也包含着象征性的真理。

多柱厅的柱子也可以代表围绕着原始之丘的沼泽地植被，神庙内部神殿则象征着原始之

丘。因此，柱子的装饰也常常反映这一象征意义；而单根的纸草茎柱，虽然不大可能是以现实中的建筑材料为原型，但作为这种象征就特别合适。多柱厅中使用不同的柱型也适合原初创世的隐喻表达；规模更大些的神庙，其多柱厅的柱子通常不仅尺寸很大，数量也很多。卡纳克神庙的大多柱厅中就至少有134根柱子，每根大约24米高。

柱子类型

尽管一些柱子由整块巨石（特别是在早期）制成，但大多数是分段建造的，然后从上到下进行塑形和平滑处理（见第43页），留下一个精加工的表面，看起来像是一整块石头做出来的柱子，特别是涂上色彩之后。

在大多数情况下，埃及石柱的柱身都复制了植物的样式，如树干，或更小直径的植物，如纸草的茎束。柱头的形状同样来源于植物图案，柱身和柱头之间用五条水平方向的系绳连接起来，这些系绳代表着茎束捆在一起，而这也是柱子设计的最早原型。在柱身和柱头上方，通常有一个低顶板将柱子与放在柱子上的过梁相连。

柱子的设计种类繁多，在不同时期的神庙中，可以分辨出多达30种不同的样式。一般来说，柱子的确切样式取决于其在神庙中的位置，在外庭和远离内神庙中轴线的地方可以找到"芽状"柱头，在神庙的中心区域可以找到"开放式"柱头。但这并非普遍的规律，后期的神庙尤其可能在其柱形的位置和风格上表现出很大的变化。在希腊罗马时期的神庙中，柱子特别多样化，但其中的大多数也可看作主要类型的衍生变体（见下框）。

除了一些显示贝斯神形象的全长柱外，所谓贝斯形或贝斯式的柱子实际上有些名不副

古埃及人有时在同一区域内使用多种不同类型的柱头，见于库姆·翁姆波荷鲁斯索贝克神庙。

柱子

· 凹槽式柱子代表一束捆起的芦苇或植物茎，最早出现在乔赛尔阶梯金字塔建筑群中。到了新王国时期，这一类型虽已不再流行，但仍在努比亚的神庙中继续使用。在埃及，凹槽式有时为一种相似的样式——多边形柱体——所替代。

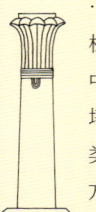

· 棕榈式柱子并不代表棕榈树本身，而是八片棕榈叶绑在一根杆子上。这是埃及神庙建筑中最早使用的柱式之一，第5王朝乌纳斯金字塔神庙的花岗岩柱就是棕榈式的。尽管这种类型在后来的时期并不常用，但它在某些地方也还出现过。上努比亚卡瓦的塔哈卡神庙中的大多数圆柱都是这种类型，棕榈式柱子也出现在希腊罗马时期的神庙中。

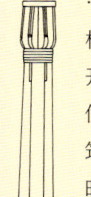

· 莲花式柱子通常有棱纹柱身代表植物的茎，柱头代表闭合（花苞）或开放的莲花。尽管开放式莲花柱头在许多古代图像中出现过，但很少发现实例，它们似乎更常用于家庭建筑。较简单的莲花苞形式在古王国和中王国时期的神庙中广泛使用，尽管在新王国时期其流行程度有所下降，但在希腊罗马时期的神庙中它又再次出现。

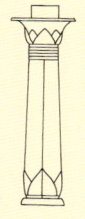

· 纸草式柱子带有圆形或棱纹的柱身，可以代表单茎或多茎的纸草植物。单茎样式最早出现于萨卡拉的阶梯金字塔建筑群中，不过并不是独立支撑的，而是连着后面的墙体。单茎型似乎从那时起就零星出现，在新王国时期的神庙中开始广泛使用，其柱头既有代表植物开放的伞形花序的宽钟形，也有更简单的闭合或芽柱头样式。多茎或捆束形最早出

实。当贝斯神的形象被放置在柱头上方的顶板上——如丹德拉罗马时期的诞生之屋那样——这些形象实际上是神庙外部装饰的一部分，而不是它们下面的柱饰的组成部分。

门

当一个人进入埃及神庙深处时，他必须穿过门道，门道既保护了神圣的内部区域，又是临界点——作为仪式游行必要元素的象征性的门槛。

门扇（awy）通常是木制的，门轴固定于"门"槛与"门"楣（门：seba）上的凹槽中，神庙的门扇经常镀有金属，并以文字和铭文装饰，就像它们相邻的墙壁一样。虽然有些神庙的门扇可能完全由金属铸成，但埃及人对"金属"门的描述指的似乎主要是镀金门，而金属铸造很可能只用于小门，如神殿的门。在这种情况下，铜是最常用的材料，不过门有时也被

上图：在许多神庙内部，大门侧面的国王形象象征性地净化了所有进入者。

麦地奈特·哈布城拉美西斯三世神庙第一塔门内侧墙上的凹槽，曾支撑巨大门扉以封闭入口。

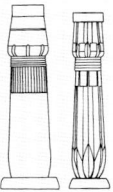

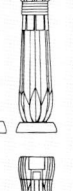

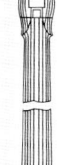

现在第5王朝，也于新王国时期开始流行。早期如第18王朝时的特点是刻画细致入微，而从第19王朝开始变得更加程式化。在新王国时期，大多数纸草式柱子的柱身从底部向上逐渐变细，底部装饰有三角形图案，代表程式化的茎鞘。

· 针叶式柱子的柱身带有凹槽，柱头明显模仿针叶树的树枝，出现在乔赛尔阶梯金字塔建筑群中，但显然是一种短命的形式，在后来的神庙中没有发现。

· 篷杆式柱子可能很少是石制的。这种柱子的木制原型被用来支撑帐篷、神殿、凉亭或船舱等轻型结构。虽然这一设计可能在很早的时候就被复制到砖砌建筑中，但只有卡纳克的图特摩斯三世节日神庙中发现过仅存的石制篷杆式柱子，文献中似乎提到了其他地方出现的这类柱子。

· 钟式或花式柱子有着不同的类型，柱身可能是圆形、棱纹或方形的，但都有一个绽开的花朵式柱头。卡纳克的图特摩斯三世编年大厅有两个著名的钟式柱，一个带有下埃及的植物纹样（纸草），另一个带有上埃及的植物纹样（莲花），分别立在大厅的北边和南边，取其象征意义。这种柱子不大常见，但程式化的钟式柱在希腊罗马时期的神庙中出现得更加频繁。

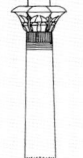

· 复合式柱子在托勒密和罗马时期很常见。这种风格可能源于钟式柱式，柱头装饰的设计源自许多自然界或想象出的植物和花卉，只不过通常是程式化的，并且已经失去了许多原始花卉图案的特征。

其他柱式代表了一些神祇及其属性：

· 奥赛里斯柱起源于中王国时期，通常与奥赛里斯形态的国王雕像连接在一起，雕像一般在柱子正面。

· 哈托尔柱也起源于中王国时期，柱身之上通常有一个牛头女神特征的柱头。在阿布·辛贝尔的尼弗尔塔莉神庙就可以看到这种柱式，但最为著名的是丹德拉托勒密时期神庙多柱厅中的24根哈托尔柱，柱头四面都是哈托尔女神头像。叉铃柱也与哈托尔有关，在柱身和柱头上饰有叉铃把手和响板。叉铃是女神的主要特征物。

67

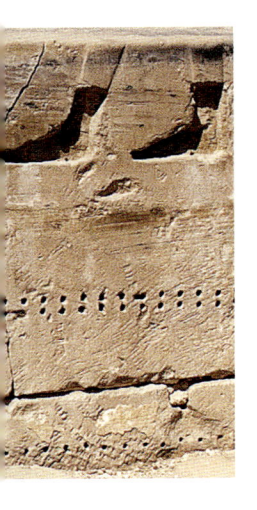

麦地奈特·哈布城拉美西斯三世神庙门道侧面的小孔，用于固定铰链板的金属钉。

下图：台阶通向丹德拉哈托尔神庙的一个密室。

中下图：卡纳克欧比德神庙的剖面图，显示了墙内和地板下的密室。

右下图：通向丹德拉哈托尔神庙屋顶的阶梯，上有表现诸神行列的浮雕。

描述为镀青铜、金银合金和包金的材质。

与神庙建筑的其他结构一样，门也受到了命名，例如图特摩斯三世建造的卡纳克神庙的门："[门]，'名为门赫佩尔拉（Menkheperre），强大的阿蒙，为人们所赞美'，它那黎巴嫩雪松的大门扇辅以青铜加工，上面的伟大名字用金银合金镌刻。"门通常也有象征意义。像大门一样，它们既是入口也是障碍，除了保护之外，还可能意味着转换。作为另外的世界或者状态的重要入口，门常出现于众神神殿的图像中，而打开这些门的仪式行为象征着打开天国本身的"门"。在许多神庙中发现的假门（见第151页）也同样有着神圣入口的意义。

附属房间、储藏室和密室

在神庙神殿的中心区域周围，有放置来访神像的房间，有时还有相连的供来访者使用的套间；有存放祭仪用品如神像的衣服和香的储藏室；有供祭司为特殊仪式做准备的更衣室；以及与神庙仪式的日常流程有关的其他房间。

许多神庙的墙壁和地板下都建有隐藏的密室，特别是在神庙内部，从第18王朝到希腊罗马时期的神庙都有这样的例子。尽管在人们的想象中这些密室是用来举行秘密仪式的，但它们大多空间狭小，也很难进入，说明它们主要是祭司提供神谕时的隐身之处、保管贵重物品的秘密储藏室，或本身具有某种象征性目的。

隐藏密室的典型例子可以在卡纳克神庙建筑群的河马女神欧比德小神庙（见第162页）中发现。尽管规模相对较小，它却有着许多隐藏在墙内的密室以及在地下建造的更大的密室，这些地下室是阿蒙神（此处与奥赛里斯有关）象征性的"坟墓"，也是神的"复活"节所需物品和材料的储藏室。

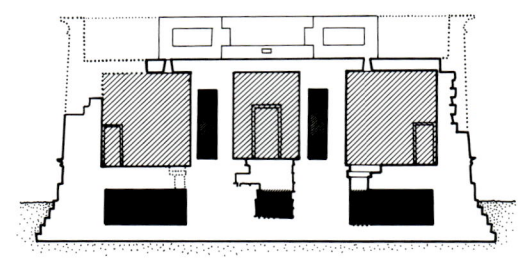

楼梯和屋顶区域

通过建筑设计和仪式施行，许多神庙的屋顶区域被融入了整个建筑结构。除了塔门楼内的楼梯外，大多数神庙都有楼梯通往多柱厅、内厅和房间的屋顶，这些屋顶区域不仅用于实际的建筑维护，还用于各种神庙仪式。这一点在丹德拉记得十分详细，在那里我们了解到，作为新年节日的一部分，哈托尔的神像被抬上神庙的一个楼梯（它本身装饰着国王和参加游行的诸神的形象），直到屋顶，上面有一个特殊的小祠堂，女神在此等待今年的第一个日出。同样，在艾德福，鹰神荷鲁斯的雕像也被放在他的可移动神龛中，在祖先神的伴随下抬到神庙屋顶，以完成同样的赫奈姆阿吞（khenem aten）或"与太阳结合"（uniting with the sun）仪式，楼梯两侧的墙壁浮雕描绘了这个过程。许多其他的神庙游行也包括把神像（通常从地下密室）通过神庙楼梯抬上屋顶的活动，借此神庙的有效空间同时得到了向下和向上的扩展，明显象征着神在地下世界、天国与地上的活动。

在现实层面，许多神庙的屋顶都有排水系统来排出雨水，这些系统的出水喷口通常装饰有狮子头的滴水嘴（丹德拉的哈托尔神庙就有一些极好的例子），既有排水功能也融合了狮子的辟邪特性。一些晚期神庙似乎还在石制建筑之上加了木制拱形屋顶，但这些木制的附加部分早就消失了。

的姿势，接受国王的供品和祈祷。而神给国王的回馈礼物通常被列在图像旁的铭文中。

左图：丹德拉哈托尔神庙后墙上的狮首滴水嘴。

圣船祠堂

埃及神庙的最深处经常被混淆地称为圣殿（sanctuaries）、神殿（shrines）、祠堂（chapels）或其他术语。在本书中，作为神之居所的房间被称为圣殿，而里面放有承载着神像的、通常可移动的轿子的小房间被称为神殿。在圣殿正前方的是放置神的可移动圣船的房间，即圣船祠堂。

左下图：复原的卡纳克阿蒙神庙中的亚洲式"角坛"。

下图：艾德福荷鲁斯神庙内厅、圣殿和内殿一览。

供奉厅与祭坛

祭坛有时被放置在圣殿前的房间里，在这种情况下，这个房间被用作祭祀神的供奉厅；在其他情况下，则会在内部圣殿之中放置一个小祭坛。祭坛可以有多种样式，但最常见的样式是侧面有雕刻和装饰的方形供桌，或放置在圆柱形底座上的平板。

在占地范围更广的神庙中，大型祭坛通常位于其他庭院和大厅中；在这些地方可以发现几种类型的祭坛，从相对较矮的桌状祭坛到更高的平顶祭坛，以及那些可能起源于叙利亚的边角凸起的祭坛。这些较大的祭坛有时有台阶通向顶部，可能是相当重要的大型结构。

在所有这些供奉区中，国王的形象总是表现为站、鞠躬或跪于神前奉献供品的姿态。国王是动态的角色，而神或女神则相应地被描绘成静态

与埃及神庙的许多其他部分一样,圣船祠堂的实用性与神话性紧密地交织在一起。古埃及的大部分运输旅行都依赖水路,因此神话中,正如太阳神被认为是乘船横渡天海一样,神的交通工具自然也是船。因此,几乎每座神庙都有一个圣船"神殿",里面有一艘可移动的圣船,用来在游行中运送神像。仪式上的圣船只会被抬到祭司的肩膀上,需要水路运输的时候才会被装载到一艘真正的船上。

有两种方法来安置神的仪式圣船。在一些神庙中,圣船祠堂作为一个单独的房间或"神殿"位于内部圣殿之前,而在另一些神庙中,内部圣殿本身包含一个容纳圣船的神殿。在任一情况下,环绕圣船所在平台的墙上都经常装饰着圣船被抬出神殿时国王与监管祭司引领圣船列队行进的场景。

圣殿与其神殿

> 神殿被扩大了,这些众神的最爱,每一位都在自己想要的神殿中。
> ——哈特谢普苏特的斯皮欧斯·阿提米多斯铭文

每座埃及神庙的中心都是它最神圣的地方,即被视为神之家的最内部房间——圣殿。圣殿通常与神庙入口距离最远,位于神庙的后部也是最深的核心处,因此圣殿总是直接位于神庙的主轴上,但相关神祇(如三神会的其他成员)的附属祠堂通常与主圣殿相距甚远,有时以象征性的方式排列。

在圣殿内,神殿本身通常是用优质的硬石建造的,带有青铜门或镀金的木门,不过有时在较小的神庙内,神殿也可能部分或全部用镀金的木头建成。通常,神殿有两种形式。在更为常见的设计中,"内殿"(naos)型神殿四面都是封闭的,双门朝向神庙入口。第二种类型的神殿用于没有单独的圣船祠堂的神庙,是开放的,类似于一个华盖式的结构,可移动的圣船会放在里面的一个基座上。在这种类型的神殿中,神像被保存在圣船内。有时,封闭的内殿型神殿会被抬高放在一个带有台阶的圣坛上,但这种安排似乎并没有出现在开放的神殿中,可能是为了方便圣船的移动。

虽然只有两种基本类型,埃及人还是使用了许多术语指代神殿[包括最常见的舍奈杰尔(seh netjer)、卡里(kari)和赫姆],这无疑反映了神殿设计或功能上的某些差异——尽管也有相当多的重合。由于神殿的核心重要性,这些术语也经常被延伸以涵盖神庙最内部的区域,甚至整个神庙。然而,各个神殿也有着特定的名称,如在各自神庙中被称为"神之最爱"或"神的神圣之所"。神殿是神庙中最受限制的地方,通常只有国王和最高级别的祭司才能进入。亵渎神殿(如军队入侵)等同于亵渎整个神庙,如果发生便需要重新奉献整个建筑。这也意味着,在神庙仪式的进行过程中,进入这一区域的所有人都必须达到最高的净化标准,对埃及人来说,这一区域不亚于天国在地上的一隅或"一处"。正是在这里,作为整个仪式的焦点,停放着神像。

神像大小不一,可能会高于、等于或小于真人大小,这取决于它们的材料。神像通常是金的,代表神话中神的"肉体",在某些情况下(比如月神的神像)也可能是银的,有时镶有半宝石的眼睛并嵌有青金石——据说神的头发由此构成。即使不是全部由珍贵材料制成——大型雕像就以石制或木制为主——这些神像也多以最精致的方式镀金和镶嵌。

假门

在一些新王国时期及之后的神庙中,都有类似古王国时期以来金字塔神庙和私人陵墓中

荷鲁斯游行圣船的复制品,置于它的运载滑橇上,陈列在艾德福荷鲁斯圣船祠堂的石台上。

卡纳克阿蒙圣船祠堂浮雕的线图。圣船由国王的形象托举着,两端各有一个带有神的形象的神盾。神像在中间的船舱里。

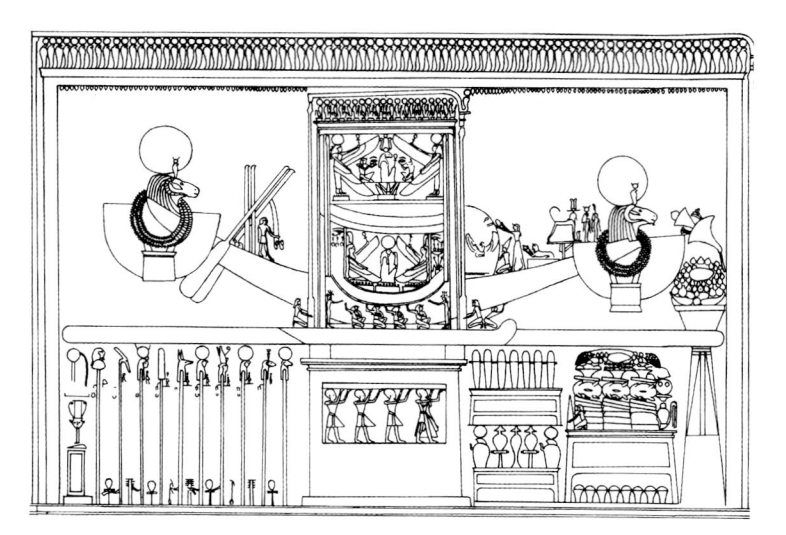

的"假门"的结构。"假门"这个词本身就有点不妥当,因为从埃及人的角度来看,这一结构本来就是功能齐全的门户,死者的灵魂可以通过这些门户离开或进入墓室内部,接受献给他们的祭品。在新王国时期发展成熟的祭庙里,通常置于神殿最后面的假门似乎是为了让国王的灵魂从他的墓地进入神庙,这个时期国王的墓与祭庙不在一处。而在神庙中,假门似乎为那些没有庙宇的民众提供了接近神庙内神祇的特别通道,通常与所谓的"倾听"祠堂或"倾听之耳"祠堂连接在一起。

"倾听之耳"祠堂

在许多神庙的最后面,在圣殿的正后方和神的外墙上,坐落着一个"倾听之耳"祠堂。这些祠堂有时相当精致,但通常只不过是一个带有神庙主神雕像的壁龛,或者只刻有一对神的耳朵,普通人可以向它祈祷。这些祠堂实际上是神庙的"后门",那些未经净化或一般不被允许进入的人可以借此接近内部圣殿——尽管是以间接的方式。

虽然这些祠堂或壁龛似乎出现在一些新王国时期的神庙中,并一直延续到希腊罗马时期,但不能确定它们是何时开始建造的。在卡纳克,许多这样的祠堂建在底比斯城旁边的阿蒙神庙后面。现存最早的"倾听之耳"祠堂由图特摩斯三世建造,里面有国王和阿蒙神的巨大雪花石膏雕像。拉美西斯二世在离城市稍近的地方建造了一座完整的"倾听之耳"小神庙,也是同样的功能。

尽管各种各样的祈愿都通过这些祠堂被送到诸神面前,但它们很自然地更受身体有恙之人的青睐。在库姆·翁姆波的神庙里,"倾听之耳"祠堂是一个壁龛,里面有一尊神像,有雕刻的神耳,此外还有一双神圣之眼,既能看到祈愿者,又象征着他们中许多人寻求的健康和完满。

通常,在庙里的"耳"龛之后建有小房间或"祭司之孔",以便祭司听取民众的请求,有时也可以代表神传达神谕。

左上图:古王国金字塔建筑群的神庙中的假门,发现于萨卡拉的乌纳斯金字塔,也存在于很多新王国和后来的神庙中。

上图:位于麦地奈特·哈布城的拉美西斯三世神庙入口的一座献给普塔神的"倾听之耳"代祷祠堂。

其他神庙结构

埃及神庙很少是孤立的建筑。核心神庙建筑通常会被一些附属建筑包围，共享着神圣之地。其中一些附属建筑与宗教功能直接相关，如诞生之屋（见下文）和圣湖，而其他附属建筑如储物仓库和管理处，则是神庙地产的运作机构的一部分。然而，有证据表明，即使是后者，也有一部分具备超越其表面世俗功能的宗教涵义。

圣湖

大多数神庙的院子里都有一个圣湖，多数都被仔细发掘过，结果显示至少从新王国时期起，圣湖就通常是长方形的，边缘是直的或略微弯曲。为了达到地下水位，圣湖以石头砌边，并在毗邻神庙主体的湖边有一排向下的台阶。一年中随时间变化，水平面的高度不同，因此这些台阶是必要的。虽然轮廓依旧清晰可见，但大多数神庙的圣湖都已随时代变迁而被填平，无法进行检验了；不过，卡纳克的圣湖已被彻底清理干净，并重新灌水，以使人们一睹它的原貌。

圣湖通常被称为什奈提尔（shi-netjer），"神湖"，但也都有特定的名称，圣湖的目的既是功能性的，也是象征性的。从功能上讲，湖为供奉和净化仪式用水提供了一个水池，黎明时祭司们会在湖中沐浴，然后进入神庙开始工作。

从象征性上讲，圣湖在表现埃及宇宙起源神话的各个方面都发挥了重要作用。因为创世被认为是太阳神于时间之初从原初水域中出现时发生的，圣湖以一种真实的形式表现着同样的生命和创造的潜在力量；这样，当每天清晨太阳升起于神圣水域之上时，创世都得到了象征性的更新。卡纳克圣湖有一个特征，鹅群会从与圣湖相通的畜栏里经过一条狭窄的水渠出现在湖面上，以此象征鹅作为阿蒙的显现在原初创世中的作用。一些神秘的仪式，如塞易斯的奥赛里斯复活仪式，也在神庙的圣湖边举行。

尼罗河水位尺

较早的时候，在尼罗河沿岸就建有一种类

卡纳克阿蒙神庙圣湖的面积接近9250平方米。湖水用于净化仪式，祭司们黎明时在湖中沐浴之后进入神庙。

部分神庙圣湖的尺寸

所有测量值均为近似值

卡纳克，阿蒙神庙	120米×77米
塔尼斯，阿蒙、洪苏神庙	60米×50米
塞易斯，奈特神庙	35米×34米
丹德拉，哈托尔神庙	33米×28米
阿德拉，诞生之屋	30米×26米
卡布，奈赫贝特神庙	30米×20米
麦地奈特·哈布城，小神庙	20米×18米
卡纳克，孟图神庙	18米×16米
梅达姆德，孟图神庙	17米×15米
托德，孟图神庙	16米×11.5米
象岛，赫努姆神庙	11米×8米

似水井的测量仪，用以测量河水的高度和预测每年的泛滥情况。重要的早期尼罗河水位尺建于阿斯旺和孟菲斯，后来的则建于努比亚的第二和第四瀑布。尼罗河水位尺在尺寸和样式上有很大不同。有些只是水边的几个测量台阶，但在古代属于萨提斯神庙的阿斯旺尼罗河水位尺则由90级台阶组成，从岛的一侧下降到尼罗河。

尼罗河水位尺可能是开放式的，也可能是两侧有墙的台阶，有时还覆盖着屋顶。在一些旅游指南中，神庙平面图上标记为尼罗河水位尺的建筑实际上是古代的水井，而真正的尼罗河水位尺通常可以通过其相对于古代尼罗河河道的位置来识别。许多后期神庙甚至在十分接近其他神庙水位尺的情况下也有自己的尼罗河水位尺。在菲莱岛上，几百米的范围内有两个水位尺，一个从岛西南角尼克塔尼布一世神庙附近的柱廊延伸到悬崖边，另一个则在更北处，邻近托勒密时期的诞生之屋。

诞生之屋

诞生之屋（即mammisi，一个由商博良创自科普特语的术语）是一个特别的、独立的建筑，位于神庙范围内，在这里人们庆祝与神的后代（如儿童神哈珀克雷特斯或小荷鲁斯）诞生相关的秘密事件。从象征意义上讲，这些建筑可说与一些新王国时期神庙中的诞生之屋有关系，后者是为国王的神圣受孕和诞生而建的（见第170页）。虽然诞生之屋的首要关注点是神的诞生，但也经常强调国王与神之间的神圣关系。

诞生之屋出现在所有主要的希腊罗马时期神庙中。最著名也最完整的是丹德拉的哈托尔神庙，它由罗马皇帝奥古斯都献给伊西（哈托尔和荷鲁斯的儿子），装饰于图拉真统治时期。这个诞生之屋本身就是一座小神庙，它的浮雕和铭文对这类建筑的用途做了生动的解释。在丹德拉还有一处由第30王朝尼克塔尼布一世开始建造的早期诞生之屋的遗迹。其他主要的诞生之屋可见于菲莱（庆祝荷鲁斯的诞生）、库姆·翁姆波（庆祝帕奈布塔威的诞生）、艾德福（庆祝哈索姆图斯的诞生）和阿曼特（庆祝哈普拉的诞生）。

托勒密时期及其后的诞生之屋的建筑风格通常与众不同：入口或门厅区域通向一座规模稍小的建筑，四周被柱廊环绕，柱子之间有屏风一般的墙。在今天，艾德福诞生之屋的前部保存得最好，而丹德拉诞生之屋的后部保存得最完整。两者都为这类建筑提供了很好的例子。

这些诞生之屋的内墙上通常有表现它们特殊用途的浮雕，并经常刻有大量献给三神会主要成员和儿童神的赞美诗。在丹德拉，从父母神的求爱到孩子的出生和活动的所有事件都被描绘了出来，包括一个特别著名的表现孩童伊西在陶轮上成形的场

左图：象岛的尼罗河水位尺。用来测量尼罗河每年泛滥的高度。

下图：库姆·翁姆波的索贝克与荷尔欧里斯神庙浮雕中描绘的仪式或医疗器械，可能证明了一些神庙也为信徒治疗疾病。

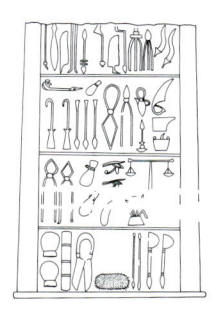

景。在艾德福、丹德拉和其他地方献给三神会的的诞生之屋中，一些其他神祇被与三神会联系起来。画面上，通常是被选中的神祇在赞美年轻的神，柱子顶板上常常雕刻着辟邪形象的贝斯神。在一些诞生之屋，除了作为伟大母神之外，哈托尔作为音乐与醉酒女神的一面也得到了颂扬。

生命之屋

埃及人称之为佩尔安赫或"生命之屋"的神庙相关机构似乎履行了许多职能。然而，佩尔安赫和神庙之间的关系并不总是清晰的，一些生命之屋的发展较其他生命之屋而言也许更为独立。

佩尔安赫的主要功能可能是缮写室，宗教和神话文本在此编写、复制、整理、编辑和储藏。这些文献不仅包括埃及人的神话和神学论著及相关文献，还包括在神庙仪式中使用的诵读文献，以及即将刻在神庙墙壁、方尖碑或其他地方的新铭文的母本。也许正是在这里，从新王国时期起，开始制作埃及墓葬仪式中经常使用的《亡灵书》的抄本，有时是专门给人定制的，有时则是先制作样板，然后再写上使用者的名字。

在生命之屋中保存和复制的许多文本被认为是神圣的，因为它们涉及神所揭示的事物，埃及人称之为巴拉（ba re），意思是拉的"灵魂"或"散发"。这些神圣书籍被认为是神启，这一点几乎与今天伟大的一神论信仰的经书一样。但有一些证据表明，生命之屋可能被分为两个区域，或者在某些情况下毗邻一个单独的建筑，在那里保存着神庙账目、合同、信件和其他神庙记录。

然而，生命之屋似乎不仅仅是一个缮写室和档案馆，它似乎也是祭司们学习各个领域知识的中心。虽然不一定是我们想象中的现代教育机构那样的学校，但写作、艺术、神学、仪式、魔法、天文和医药等学科肯定是在这里学习的。保存在生命之屋的大量藏书在古代世界的许多地方都很有名，公元2世纪，医学作家盖伦写道，希腊医生访问孟菲斯佩尔安赫的图书馆，以学习其文献。几乎可以肯定这些大神庙的图书馆就是著名的亚历山大博物馆或图书馆所依据的模板，而后来由穆斯林和欧洲社会发展起来的大学理念，对学者和有学问的宗教人士的集中，在某种程度上也是古埃及佩尔安赫传统的产物。

最后是佩尔安赫在宫廷和国际外交中的角色。尽管宫廷雇用了大量的书吏和学者，但毫无疑问，佩尔安赫被视为每个领域的学术中心。因此，拉美西斯四世在他于哈马马特干河谷的一篇铭文中夸口说，他研究了佩尔安赫中的所有文献，以发现众神的秘密。这也不是纯粹的宗教说辞，因为它意味着对所有知识的全面掌握。据说，被选中陪同萨姆提克二世远征叙利亚的祭司帕提伊斯特曾被告知："看，你是生命之屋的书吏，你应该没有任何疑问，没有任何问题你不知道答案！"

疗养院

许多大神庙可能配有疗养院，病人可以被带至此处，主要是为了寻求神的医治，但也可能是为了寻求祭司和神庙学者的智慧。一些神庙——包括代尔·巴哈里的哈特谢普苏特神庙在内——的疗养院遗存被怀疑原本并不是为此建造的，唯一明确为这一目的而建的疗养院的遗迹保存于丹德拉的希腊罗马时期神庙中。

哈托尔被尊为慈悲女神，她在丹德拉的神庙逐渐因治愈灵验而声名远扬，这意味着人们可能远道而来寻求她的帮助。她的疗养院有许多房间，病人在那里休息，等待梦境带来神明的处方以助康复，还有一个中心庭院，祭司们在那里把水倒在刻有魔法咒语的雕像上，这样咒语的疗愈力量就可以进入水中，然后给病人饮用或用来沐浴。

萨奥特纸草825的局部，描绘了佩尔安赫（per ankh）——神庙缮写室与"生命之屋"。

左图：左下角可见丹德拉神庙疗养院遗存，背景是罗马时期的诞生之屋。

右图：病人在丹德拉疗养院的单间中等待着治愈之梦。

厨房、作坊与工作室

较大的神庙也常常在围墙内有自己的制造作坊。这些制造满足了祭祀仪式的实际需求，可能包括烘焙和酿酒作坊，用来生产面包和啤酒，这些都是埃及人的主食，也大量供应给神。还有屠宰场、屠夫工作区、厨房和各种其他作坊，如生产祭司所穿的细亚麻袍等物品的作坊。

此外，还设有制作和修缮祭祀用的雕像、仪式用的法器等物品的作坊和工作坊，以及准备食物祭品、花卉和其他献给神的礼物的区域。

储藏室、仓库与谷仓

此外，还需要储藏室来存放神庙工作人员生产的物品，以及来自神庙外的礼物、报酬和供品。这些我们可能认为是纯粹的普通储存区的储藏室和粮仓，在埃及人看来在某种程度上也与神庙地产的神圣领域融为一体了。例如，谷仓通常是特定宗教仪式进行的场所。新王国时期墓室壁画描绘了在这些地方向神献祭的场景，卡纳克阿蒙谷仓的一处浮雕则表现了哈皮向谷物和收获女神瑞奈努太特献祭的场景。

同样，底比斯西岸拉美西姆正面柱廊末端的储藏室旁边的一个石台，和塞提一世阿拜多斯祭庙通向储藏室的庭院中的一个相似的石台，似乎都有与这些区域相关的特定宗教仪式功能。虽然我们对确切情况还不够了解，但很明显，即使是神庙中的储藏区域，也可被认为与其他神庙建筑一起融入了相同的宗教氛围当中。

庙墙之外

在神庙所在的神圣区域之外，每座神庙都有自己的地产，通常附有自给自足的生产和储存设施。虽然神庙的大部分土地都是开放农田，但也有葡萄园和花园（在拉美西斯三世统治后期仅卡纳克就有约433个花园）。神庙地产还包括沼泽地、采石场和矿山等，这些地区都是为神庙使用而开发的，处于神庙经济运行系统之中。

神庙土地有时与神庙本身相距甚远，例如，在新王国时期，塞提一世神庙控制着努比亚第二瀑布以南的大片土地。总的来说，埃及神庙所代表的是不亚于埃及整体的一部分。对于埃及神庙而言，微观世界的概念不仅仅是一个隐喻，因为在许多情况下，它运转着，并象征性地代表着一个世界中的世界。

这些巨大的拱形泥砖储藏室和其他附属建筑位于拉美西姆的围地内，西底比斯。

神庙象征体系

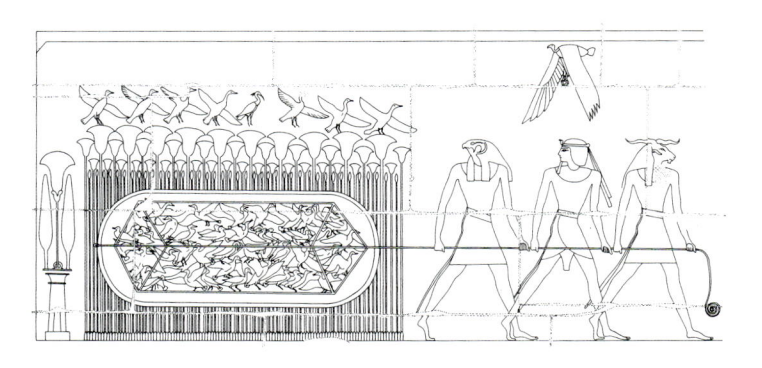

在这幅艾斯纳赫努姆神庙浮雕的线图中，国王在众神的陪伴下于沼泽中用网捕捉野禽。这一场景象征着国王控制混乱势力的角色。

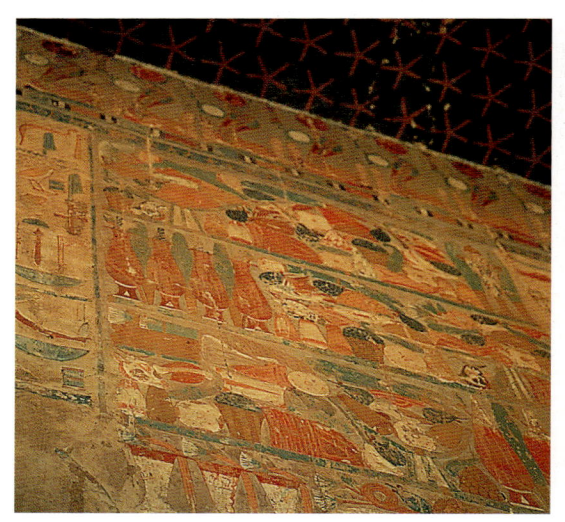

在埃及神庙这一巨大的隐喻世界里，整个建筑设计中的每个元素都象征着宇宙起源和运作的某个方面，本章已反复提及这一事实，接下来将直接讨论。

没有一个单一的模型可以让我们理解埃及神庙象征的复杂体系，因为古代建筑表现的往往是许多随着时间推移而在不同地点和环境中演变的概念。在发展成熟的神庙中，单个的设计和装饰特征可以表达或强化任何一个或多个观念。这是因为埃及神话是复杂的、多面的，对同一个事实有很多不同的甚至是互相矛盾的看法——这种情况在埃及宗教的整个体系中并非不可接受。

然而，从很早的时候起，三大主题——原始的宇宙结构、持续的宇宙运行和宇宙再生——就在埃及神庙的象征体系中反复出现了。尽管这些观念是单独发展起来的，但对埃及人来说，它们是互补的，因为世界的创造使其得以持续运行和再生，而再生本身就是一种持续的创造。在成熟的埃及神庙中，这些观念经常全部存在，但也有些神庙强调了其中一个方面而不是其他方面。

宇宙结构：创世

根据一个古老而广泛流传的说法，在时间初始，一个土丘从无处不在的原初水域中升起。最终，一只雄鹰或隼出现在了岛上生长的一根芦苇上。作为一个神圣之地，这个地区需要保护，所以芦苇和栖息在芦苇上的神的周围有了一圈简单的围墙。最早的埃及神庙的结构就反映了这个神话最基本的层面，原始之丘无疑是在赫拉康波利斯和其他地方的早期神庙遗址中发现的带有围墙的沙堆的神话原型。

后来发展成熟的神庙的许多特征同样反映了神庙作为被创造的微观宇宙世界这一想法。神庙的屋顶是这个模型世界的天堂，因此通常用星星和飞鸟来装饰。相应地，地板被认为是产生原初世界的大沼泽；庭院和大厅的柱子代表棕榈、莲花或纸草植物，其复杂的柱头描绘了这些植物的叶子或花朵，像反映建造此类柱子的材料的最初本性一样，折射出原初世界的本质。

对页上图：蓝色的天花板上镶嵌着金色的星星，象征着微观宇宙即埃及神庙中的天堂。

左图：麦地奈特·哈布城拉美西斯三世纪念性建筑物门楣下的带翼日轮沿神庙轴线标识着太阳的象征性行程。

神庙墙壁的较低部分也经常装饰有沼泽植物的图案，在每年尼罗河泛滥淹没外庭和柱廊时，整体视觉效果会大大加强，有时这种淹没是故意设计的。记录卡纳克泛滥的索贝克荷太普八世的"泛滥碑"表明这可以被视为一个神迹，与神庙的性质和功能没有任何冲突。同理，如前文所述，围绕神庙建筑群的环墙通常有凹凸起伏的层叠或地基，以代表时间之初原始海洋的波浪。

在大多数埃及神庙中，随着由外而内走向神庙的后部，各建筑的高度逐渐降低，而地平面则朝着内神殿逐渐升高。从象征意义上讲，这与世界初始时从水里升起的原始之丘周围较低的沼泽状环境是一致的。神庙最深处隆起的位置也象征着这部分建筑与玛阿特（世界赖以存在的潜在"秩序"）的关系，因为通往神庙入口及其内部的坡道和台阶在视觉上让人联想起放置神像的坡道或底座，它们都呈现出圣书体符号的形状，即"玛阿特"一词。

宇宙功能：太阳循环

正如这些建筑结构元素的设计象征着世界的原初创造，神庙象征体系的其他方面则通过反映太阳的昼夜循环来表现宇宙的持续运作。

麦地奈特·哈布城的拉美西斯三世神庙和其他埃及神庙的巨大入口塔门影射了阿赫特（或地平线）的圣书体符号。

阿玛尔纳的埃赫纳吞太阳神庙颠覆了标准神庙的象征体系，神庙从被遮蔽的入口延伸至露天的摆满数百座太阳祭坛的神庙中心区。

入口塔门的建造是为了影射阿赫特即"地平线"的圣书体文字，而太阳每天都在地平线上升起。因此，神庙的主要游行路线复制了太阳每日在世界中旅行的路线：在东方升起于塔门之上，穿过柱厅和庭院，其形象出现在过梁和门楣下，并最终西落，那里正是内部神殿的所在地。标准神庙设计中各部分建筑的高度逐渐向后降低就是模仿了这种移动，在大多数情况下，里面的各部分变得越来越暗，直到神殿本身几乎完全沉浸在黑暗之中。

只有在第18王朝的阿玛尔纳时期，这一原则才被推翻，当时的异教国王埃赫纳吞颠覆了传统的神庙设计方案，将阿玛尔纳的阿吞神庙设计为由相对黑暗推移至完全没有遮蔽的阳光之下的样式。除非赫利奥波利斯也存在类似的情况，否则这一对一般神庙的根本性改变并没有在埃赫纳吞之后留存下来，似乎也没有留下什么持久的影响。后来的一些新王国时期建筑如麦地奈特·哈布城的拉美西斯三世神庙中，有时会发现带露天庭院的献给太阳神拉或拉-荷尔阿赫提的独立祠堂，但这与阿玛尔纳时代彻底的太阳中心式设计大相径庭。

标准埃及神庙设计中的其他象征形式也与每日的太阳循环相呼应。入口塔门两侧成对的方尖碑无疑是太阳的象征，它们有时是为了太阳神在早晨与夜晚的显现而建，但也可能在某种程度上作为地平线上的两座山的一种形式——塔门本身就是以此为模型建造的。在许多神庙中发现的纸草式柱子——在外庭闭合，在内厅绽开——可能是太阳旅行的象征，因为植物卷曲的伞形花序会在日光下开放。

很多神庙中仔细排列的关于太阳神的铭文和图像也描绘了太阳之旅，而经常出现在神庙南北墙的上下埃及的植物纹样或其他象征物可

左图：卢克索神庙的围廊式庭院和多柱厅呈现了一片森林般的纸草柱林，象征着埃及神话中创世开始时的原始沼泽。

能主要用于强调、阐明并加强太阳东西之旅的主题，同时显示墙体相交的标准方向。

宇宙更新：作为陵墓的神庙

还有第三个不太明显的神庙象征意义领域。先前讨论的宇宙结构和功能的特点都融入了成熟神庙的整体设计，而神庙作为陵墓所引发的再生或更新理念，虽然对许多神庙的象征意义来说是一个核心原则，却经常在单独的神庙结构中被更为孤立地表达出来。

根据埃及人的世界观，神庙位于天、地和地下三界的连接处，因此它是神和人从一界进入另一界的门户。就像神庙的塔门在太阳循环中象征性地起着阿赫特或"地平线"的作用一样，整个神庙在时间和空间上都起到了阿赫特的作用。地平线是天地之间的接点，从落日的角度而言，也是今天和明天、现在和未来、此世和此世之外的接点。同样，无论是哪种类型的神庙，也都被视为这些界或域之间的阿赫特或接点，并经常被这样描述。

不仅许多神庙的图像和铭文说明了这一点，庙和墓之间的联系也体现在某些建筑特征上。许多神庙内部都有类似古王国时代以来金字塔神庙和私人陵墓中的"假门"的建筑结构。此外，希腊罗马时期神庙内部圣殿的嵌套结构就像被神殿围绕的王室棺椁，而在所有神庙中，神的形象都

时空中的埃及神庙

埃及神庙在空间和时间两个维度上都发挥着作用。在空间上，神庙处于一个关键点，即不同世界或领域之间的焦点或支点：天地之间、人神之间、混乱与秩序之间。对埃及人来说，这些概念大多在空间上关联着，正如沙漠象征着混乱而埃及的沃土象征着和谐与秩序一样。神庙的位置、设计、装饰和功能都是在调停这些对立，并建立和谐、安全和平衡，若没有神庙，这些都无从谈起。

在时间上，神和国王的圣殿与神殿也充当了一个支点，平衡现在和过去、不确定的未来和创世之初有序的安全与玛阿特。通过时间的连续性，象征和仪式一起推动着神庙和整个世界，并创造出与它们所标记的天、月、季、年的旅程一样丰富的东西。

然而，埃及神庙并没有被视为一台能永远保证安全与和谐的永动机。埃及神学接受了这样一个概念，即神本身可以也终会死去，而世界最终会回到最初的混乱状态，所以在理论上，神庙被视为一台无法免于破坏的机器，必须通过仪式和神话、象征和节日，在它运作时小心保护，在它陈旧时维修加固。

可以被看作一个卡雕像（代表生命力），向神供奉的食物和物品则类似于向死者供奉的祭品。金字塔通过葬祭仪式与神庙联系在一起，私人墓有时会仿照神庙的样式，而神庙有时被认为是神或人的坟墓，甚至内部就有这样的墓，因此生与死的仪式、此世和来世间的关系在古埃及人的思想和宗教架构中从未被遗忘。

埃及神庙内在的象征体系与各种神庙活动密切相关，正如卢克索神庙第一庭院中描绘的欧比德游行一样，神话和仪式在埃及宗教中密不可分。

神庙的宗教功能

> 赞美你……永恒之主，众神之王，
> 名号多重，形态多变，神庙秘仪多样！
> ——《奥赛里斯大赞美诗》

或许在人类历史上的任何时期、任何地点都无法找到像古埃及神庙一般，同时完美承担了宇宙的象征模型和为宇宙提供仪式支持与更新的神圣机器这两项功能的宗教建筑。设计中的每个细节都是精心规划的象征体系中的一部分，埃及神庙是一个运作中的宇宙模型。由国王本人与其代理人祭司侍奉的埃及诸神是每日仪式与循环往复的节日的关注对象，这些仪式与节日意在维护的不仅是神庙的世界，还有它所代表的更广阔的世界。

完美介于神人两界之间、此世与来世之间、远古过去与遥远未来之间的神庙，对于埃及人而言，是现实与神话的交界点，是所有事物归一的整合点。理论上，生命更新是古埃及文明最为关心的主题，而神、王权和对生命更新的渴望在神庙的运作与神庙崇拜的实践中凝聚到了一起。将神与人结合在一起的仪式的目的远非盲从的神权统治，而是满足双方的特殊需求。

因此虽不是现代宗教建筑意义上的那种向所有人开放的崇拜之地，埃及神庙却是所有埃及人生活的中心。在每日实践中，众神之屋的大量祭司与神庙人员所要负责的不仅有各种宗教仪式，还有经济、教育、法律及埃及社会其他方面的事务。最后，埃及神庙也是伟大的宇宙戏剧上演的舞台：由国王和祭司集团领衔主演，但埃及民众也可以担任群众演员的角色。

国王与库姆·翁姆波神庙的众神

第四章　天地之间

埃及众神与其祭祀崇拜

赫利奥波利斯的九神会将太阳神拉与冥神奥赛里斯以及和他们相关的神祇结合在了一起。埃及神祇的数量因为"家族"的构建以及将已有诸神融为新的复合神的做法而倍增。

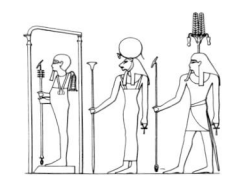

底比斯三神会：阿蒙、穆特和洪苏（下）；孟菲斯三神会：普塔、塞赫迈特与尼弗尔太姆（底）。

右下图：埃赫纳吞的太阳神阿吞崇拜对埃及宗教和神庙有过深刻影响。

尽管埃及宗教以其看似数不清的神祇而闻名于世（它也确实可以夸耀自己拥有数百位神），但实际上起作用的埃及万神殿在许多方面都比表面上看起来要窄小得多。事实上，居住在古埃及神庙中并接受已确立的祭祀服务的神少得惊人。

许多被认为独立的神实际上是同一个神或女神，只是在不同的地方以不同的名字称呼，或以不同的形式表现出来。还必须区分作为古埃及天体演化和宇宙学神话的主角、处于埃及神学中心的大神或宇宙神，以及作为民间宗教和来世信仰主角的许多小家神和恶魔。除了极少数的例子之外，只有前者出现在神庙崇拜中；而且并不是所有的宇宙神都广受崇拜。例如，在组成赫利奥波利斯九神会的神祇中，前六位神中没有一位受过广泛的祭祀，而在赫摩波利斯供奉的八神会中，只有阿蒙获得了这样的荣誉。其中一个原因可能是，一些神是由祭司神学家在建构复杂的神话系统时人为创造或分配的。无论如何，神的宇宙或神话角色与存不存在地方崇拜中心之间可能没有明确的联系。

更常见的情况是，随着时间的推移，在主要神庙的祭礼中，神祇被组成"父亲""母亲""儿子"的家庭三神会，如阿拜多斯的奥赛里斯、伊西斯和荷鲁斯，底比斯的阿蒙、穆特和洪苏，或孟菲斯的普塔、塞赫迈特和尼弗尔太姆。这一原则有效地提高了一些神灵的地位，也意味着其他不属于重要神庙"家族"的神灵往往被降到较低的地位，并且不太可能受到崇拜服务。

众神与神圣的万有

在各个神及其各种显现之间的区别背后，埃及神学似乎包含了一种普遍神性的抽象概念。从最早的时候起，埃及对神的称呼"奈杰尔"（netjer）就在书写中以原始神殿入口处飘扬的旗帜来表示，这不仅显示了神与神庙之间的密切关系，也表明了这个称呼可以用来形容任何一位神。因此，"神"一词在埃及文献中经常没有任何特指地在一般意义上被使用。因此，诸如"实现的不是人的意志，而是神的计划"（普塔荷太普箴言）这样在埃及历史后期或更早时出现的陈述，代表了一种所有神都参与的普遍神性或合一性。这种内在的统一可以在莱顿纸草的著名祷文中清楚地看到：

> 所有的神都是三者：
> 阿蒙、拉和普塔，无与伦比，
> 他的身份隐藏于阿蒙，
> 他的脸是太阳，他的身体是普塔。

也许正是这种态度，而不是阿玛尔纳时期的一元论阿吞主义，代表了埃及人最接近一神论的时刻，因为从埃及传统的观点来看，埃赫纳吞对太阳神的排他性崇拜，即使撇开对其他已存在的神祇的明显攻击，也很可能被视为以异端方式限制了普遍神性，而不是加强了它。

这种集中的倾向以及神的统一也许可以在融合的过程中看到。随着时间的推移，各种各样的埃及神祇经常被合并，较小的神通常为更著名的神所同化。因此，出现了像孟图-拉和索贝克-拉这样的神。有时，存在一种融合互补的对立面的自然逻辑，就像在阿图姆-凯普利、夜晚和早晨之神，甚至最重要的阿蒙-拉即隐匿之神与炽热的太阳神的融合中体现的那样。多个神也可以通过结合的原则被同化，例如，组合神普塔-索卡尔-奥赛里斯在一位神中同时表现了创造、死亡和来世的相关原则。

宗教体系间的关系

虽然一些学者将这种融合的过程视为一种向一神论的变动，但也有人认为这反而是在创造更多新神。不管我们如何判断这种情况，很明显，从埃及神庙的角度来看，这一过程促成了这样一

下图：荷鲁斯与隼鹰首及豺狼首的轿夫，艾德福荷鲁斯神庙的浮雕。

底图：表现普塔（已损毁）、伊西斯和婴孩哈索姆图斯的托勒密时期浮雕。

埃及的主要宗教中心及其神祇

神祇	外表、特征或职能	与其他神的关系	神圣动物、物件或属性	主要神庙
阿蒙阿蒙-拉	人形，新王国时期众神之王	穆特之夫，洪苏之父	公羊，鹅	卡纳克，卢克索
阿吞	太阳圆盘		太阳圆盘	底比斯，埃赫塔吞
阿图姆	公羊首男性，落日	九神会之父	太阳圆盘	赫利奥波利斯
巴斯特	猫首女性		猫	布巴斯提斯
哈托尔	母亲神		母牛，叉铃	丹德拉
荷尔阿赫提	清晨的太阳		隼鹰，斯芬克斯	赫利奥波利斯，吉萨
荷鲁斯	隼鹰，隼鹰首的天空之神/奥赛里斯之子	奥赛里斯与伊西斯之子	隼鹰	赫拉康波利斯，贝赫代特，艾德福
伊西斯	母亲神	奥赛里斯之妻，荷鲁斯之母	王座	菲莱，拜赫贝特·哈加尔
凯普利	旭日		圣甲虫	赫利奥波利斯
洪苏	月神	阿蒙与穆特之子	月亮	卡纳克
赫努姆	造物主，尼罗河源头的守护者		公羊	象岛，艾斯纳
敏	木乃伊形态的丰产之神		敏神崇拜物莴苣	科普托斯，阿赫米姆
穆特	秃鹫首女神	阿蒙之妻，洪苏之母	秃鹫	卡纳克
奈特	女战神	塞易斯的拉神之母	弓与交叉的箭，红冠	塞易斯
努特	天空女神		陶罐	赫利奥波利斯
奥赛里斯	木乃伊形态的冥界之神	伊西斯之夫，荷鲁斯之父	弯钩权杖，连枷	阿拜多斯，布西里斯
普塔	木乃伊形态的创造与工匠之神	塞赫迈特之夫，尼弗尔太姆之父	杰德-瓦斯权杖，阿皮斯公牛	孟菲斯
拉	隼鹰首太阳神	玛阿特之父	太阳圆盘，隼鹰	赫利奥波利斯
塞赫迈特	狮首的沙漠、风暴与瘟疫女神	普塔之妻，尼弗尔太姆之母	狮子	孟菲斯，莱托波利斯
塞特	人或动物，混乱之神	奥赛里斯的兄弟，荷鲁斯之敌	神话混合体	翁波斯，塔尼斯
索贝克	水与丰产之鳄鱼神		鳄鱼	法雍，库姆·翁姆波
图特	月神，书吏的保护神		朱鹭，狒狒	赫摩波利斯

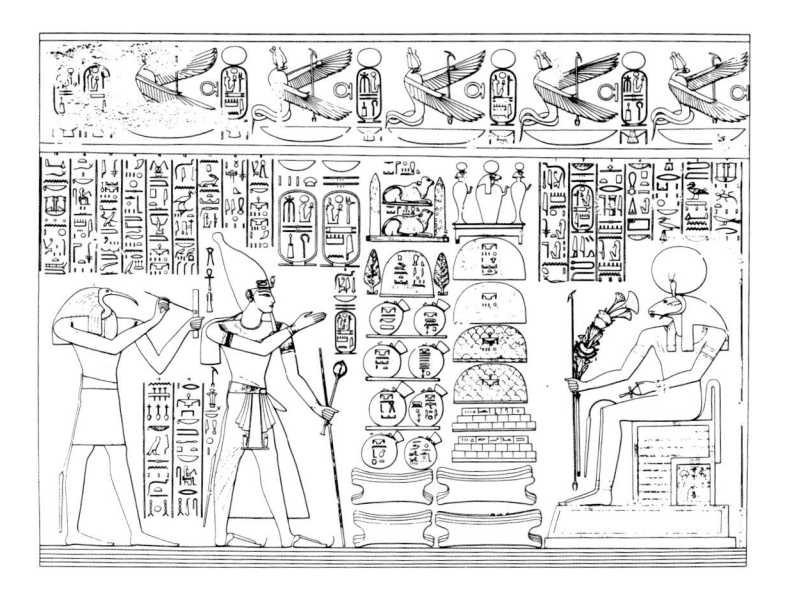

上图：拉美西斯三世向阿蒙-拉呈奉黄金和其他珍贵礼物。众神定期从国王处收到大量祭品。

个事实，即某些神能够获得功能上的联盟或融合，从而提高自己的地位，加强崇拜的力量。

宗教体系相互作用并在某种程度上相互加强的另一种方式是神像到访其他神庙，很明显，以这种方式发生的互动常常出现在以不同名称或形式安置于不同地点的同一个神的崇拜之间。阿蒙、拉和奥赛里斯就是具有许多这类显现形式的神，而尼罗河的泛滥也作为一位神在全国范围内被崇拜。某些神庙的仪式和节日也显示出对神在其他地区的形态的注意，同一个神的两个形态之间的互访频繁发生。

除了神话或民间信仰之外再无关联的神祇之间也会发生互动。例如，在新王国时期及以后，卢克索的阿蒙-拉每隔10天便会到访位于麦地奈特·哈布城的尼罗河西岸的原始神之

与丰产有关的神的行列，其中（右）有拟人化的海洋和沼泽。这幅精美的浮雕出自阿布西尔的萨胡拉金字塔祭庙。

"墓"——每次都是根据埃及复杂的天文历,在一颗新的"小时之星"(一颗明亮的星星,它的升起标志着夜晚一个小时的开始)偕日升起之时。这些到访的频率强调了互动关系对阿蒙崇拜的重要性。从这个意义上说,即使是国王祭庙也要与已建立的主要宗教体系互动,因为祭庙被献给作为个体的神化国王的同时,也被献给了与奥赛里斯、拉或阿蒙等神同化的国王。

宗教体系之间的互动也超越宗教扩展到了经济和社会领域。虽然后者的情况更难记录,但似乎互动有利于大多数神庙,因为较小的宗教体系可能从较大宗教体系的威望和权力中获利,而较大的宗教体系往往可以接受它们的小邻居作为自己扩展了的神学宇宙的一部分,而不是作为竞争对手。

埃及神庙中的外来神

尽管一些埃及神祇被赋予了与外国地名有关的头衔,如"哈托尔,比布罗斯之女主人",但这种做法往往与这些神的地理起源无关,而是关乎他们起源之后的历史。另一方面,埃及人通过贸易、外来移民或军事活动知晓了一些外来神,而其中的一些神最终被归入了埃及众神之列。像后来的希腊人和罗马人接受埃及神一样,这些神祇经常被等同于埃及本土的男神与女神。例如,叙利亚的霍兰神在吉萨有一个靠近斯芬克斯像的圣殿,把他与吉萨的斯芬克斯直接联系了起来。

然而,外国神祇异于埃及风格的名号、特征和形象经常被保存下来。古王国时期的例子是代德温神和阿什神,他们可能都起源于埃及以南。同样,在新王国时期,我们发现西亚诸神巴尔、瑞舍普,以及女神阿纳特和阿斯塔特都在很大程度上被埃及众神同化了。巴尔神经常与埃及的塞特神联系在一起,但孟菲斯码头附近有为巴尔本尊建造的一座神庙;瑞舍普神在该地区也有一座神庙。已知阿纳特和阿斯塔特的神庙都是在塔尼斯及可能的其他地方建造的。

在埃及历史后期,更多的外来神祇出现在本土化的神殿、祭龛和小神庙(尽管许多只是由在埃及的少数外国人崇拜)中。例如,在波斯时期,我们有证据表明以色列的耶户(耶和华)在象岛有自己的崇拜,亚洲的巴尼特、伯特利、阿纳特(可能)和纳布则在赛伊尼和其他地方有着自己的崇拜。同时,希比斯神庙的装饰也记录了一些在那里受到崇拜的外来神,其中有非常特别的骑马持弓箭的阿斯塔特女神形象。

有时,埃及神祇被有意地与外国神祇融合在一起。埃及所有这类神中最成功的也许是塞拉皮斯,即托勒密一世时期引入的复合神。该神的主要原型是奥赛里斯和阿皮斯,但也包含了希腊神宙斯、阿斯克勒庇俄斯和狄俄尼索斯的一些方面,塞拉皮斯崇拜在希腊人和埃及人中流行,并从亚历山大传播至地中海世界的大部分地区。

在新王国时期,西亚神瑞舍普(顶)和女神卡叠什(上)都在埃及宗教中得到了承认。

希腊化时期的复合神塞拉皮斯将奥赛里斯和阿皮斯与各种希腊神的元素进行了复杂的融合。

国王的角色

> 上下埃及之王来了。他拜倒在［女神］面前，就像每一位国王做过的那样。他献上了所有好物……就像每位仁慈的国王做过的那样。
>
> ——乌伽荷尔斯内铭文

在古代世界，王权思想最为发达的地方莫过于埃及；也许在人类历史上，王权思想与宗教信仰最为紧密地交织在一起的也莫过于埃及。埃及法老是名副其实的神之子，在感知世界与信仰世界之间、众神与凡人之间起着桥梁作用，对于他的人民而言，他代表众神，于众神他则代表着人民。

侍奉诸神

国王参与神祇侍奉始于新神庙奠基或扩建现存建筑时举行的"拉紧绳结"仪式，这个仪式为神庙定位并划定其范围。从理论上讲，由此开始，神庙里所做的一切，都是以国王的名义并代表国王完成的。这不仅包括神庙的建造和装饰，而且包括完工之后对建筑的保护和维护、对其神圣地位的保持、为照顾神而进行的定期祭祀和供奉，以及诸神节日的特别活动，如前往其他神庙或圣地。

国王究竟在多大程度上参与了这些活动，只能依靠推测。众所周知，埃及国王会巡回参加最重要的祭祀节日，尽管他们经常亲自拜访神，向神献祭并主持重要的仪式，但很明显，他们不可能一直在所有的神庙里侍奉所有的神。因此，除了对具体的、实际的、王室献给神的礼物（如方尖碑、雕像和其他纪念物）的记载之外，神庙浮雕中国王的角色总是呈现为符号化的侍奉神祇的样子。新王国时期对此的呈现包括国王处处悉心侍奉神的场景，从提供食物、饮料、香、衣服和其他常规礼物，到在巡行活动中引领圣船从神殿离开并参加随后的仪式。

日常仪式

埃及神庙的主要仪式——如那些旨在照料和维护神像的仪式——是由国王（实际上主要是由祭司）频繁且极有规律地举行的。

每天早晚各一次，经过仪式净化的国王或代表他主持仪式的高级祭司会进入神庙的内部圣殿，并打开神像所在神殿门上的封条。神像揭幕之后，主祭跪拜于神前，吟诵赞美诗，然后围绕神殿进行熏香和其他活动，如呈献玛阿特。然后，神像会被抬出清洗，用新鲜的黑色眼影粉勾画眼线，涂上精油，穿上干净的衣服，佩戴各种标志和珠宝。

尽管许多高级祭司声称他们独自或亲手完成了这些仪式，但当时很可能有各种随从协助。例如，在古王国时期的孟菲斯，"着装祭司"和"装饰普塔的头饰之保管人"的职务是高级祭司本人的特权，但一些级别稍低的高阶祭司也可能对神的衣柜和宝物负有实际责任，因为在其他地方就出现过这样的例子。

在净化和维护的工作完成之后，人们会向神献上一顿精心制作的大餐，其"菜单"常常被刻在圣殿的墙壁上。食物可能包括不同种类的面

一尊黑色花岗岩雕像，法老阿蒙涅姆赫特三世穿戴着塞太姆祭司的假发、项圈和豹皮，出自法雍的米特法利斯。

对页图：一幅表现国王打开阿蒙神像所在神殿的浮雕，出自阿拜多斯的塞提一世神庙。至少在某些场合中，直接侍奉神像是国王的特权。

左图：周年庆典"奔跑"是另一种国王仪式，通过履行国王的神授职责来确认国王与诸神的关系。这幅浮雕表现乔赛尔在仪式中奔跑，出自萨卡拉乔赛尔金字塔建筑群的"南墓"。

包、公牛、母牛、山羊以及羚羊和瞪羚等野生动物的肉，以及鸭和鹅等不同种类的家禽。蔬菜，尤其是洋葱和韭菜，以及水果如枣、无花果、石榴，都与水、牛奶、葡萄酒和啤酒一起被呈献在这一餐中。通常，酒类祭品放在两个成对的罐子里，象征着上埃及和下埃及的祭品。

《卡诺普斯法令》中的国王与神庙

虽然来自古埃及最后的时期，公元前238年由托勒密三世的一次祭司会议颁布的《卡诺普斯法令》却很好地显示了国王和神庙之间的互动平衡，国王对神祇与神庙的恩惠换取了祭司对王室成员的支持与神化。以下几点是该法令的主要条款：

一、日期。
二、引言。
三、法令颁布原因。国王夫妇正在为神庙做善事。
四、国王夫妇对神圣动物的关照。归还被波斯人偷走的神像。
五、保护埃及免受外敌侵害及维护法律。
六、减轻饥荒。
七、祭司决定增加国王夫妇的荣耀。
八、任命"仁慈之神"的祭司，并安排一批第五组的祭司。
九、新一组祭司的选拔、权利和规章制度。
十、在天狼星偕日升之日庆祝"仁慈之神"的节日。
十一、增加第六个闰日，以防止日历年的偏差。
十二、贝尔尼克公主去世后，祭司们请求将她奉为神，并为她设立节日。
十三、为被神化的贝尔尼克公主举行的仪式。
十四、立起了一尊公主的巡行金像，并配以特别的王冠。
十五、准备第二尊被神化的贝尔尼克公主的雕像及其崇拜仪式。
十六、祭司女儿的生计，"贝尔尼克面包"。
十七、法令的公布方式。

彩绘石灰岩浮雕，描绘了奉法老之命呈献祭品之人，哈特谢普苏特神庙，代尔·巴哈里。

一个跪着的"诺姆"形象,手捧代表土地物产的纸草和水,阿拜多斯拉美西斯二世祭庙。

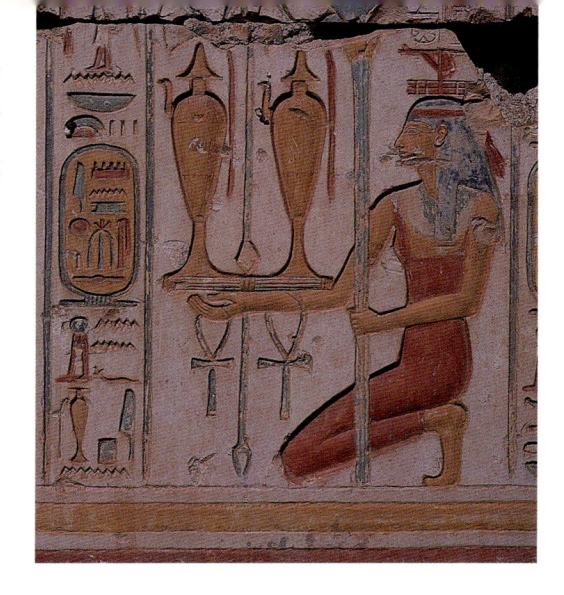

卢克索神庙圣船神殿里的阿蒙诺菲斯三世浮雕,表现国王亲自呈奉各种供品。对这些供品的展现既有文字描述式的,也有表格式的。

所有这些食物都被放在神殿前的祭坛上或圣殿外的供奉厅里。通常认为,燔祭的做法在埃及历史上出现得相对较晚,并且起源于国外,尽管燔祭在中王国《遇难水手的故事》中就出现了,阿玛尔纳的一些献祭场景似乎也描绘了燔祭,当然也有一些新王国时期私人墓葬中描绘这种习俗的例子。通常情况下,在神得到他想要的给养或享受之后,作为祭品而神圣化的物品便恢复到了世俗的状态,然后被移走分发给祭司和其他神庙人员。尽管如此,通过宣布神已经为国王,进而也是为整个国家和全体人类确立了永久的生命与稳定,人们给神的供品还是得到了回馈。

到了晚上,这一过程又重复了一遍:神又一次收到了祭品,然后准备休息。神殿终于再度封闭了起来,祭司倒退着扫净地面上的脚印,以使圣殿洁净无瑕。

呈献玛阿特

在国王向诸神呈奉的众多供品中,最抽象但也最重要的是"玛阿特",国王会呈献一个小的玛阿特女神像,作为他维护诸神所建立的秩序的象征。在新王国时期,玛阿特主要被供奉给阿蒙、拉和普塔,即统治这一时期的帝国三神会的三位大神,以此强调仪式的重要性。

作为神,玛阿特代表着真理、秩序、平衡、正确、公正、宇宙和谐及其他品质,这些恰恰是国王这一角色责任的具体表现。因此在呈献玛阿特时,国王不仅承认自己在这方面的责任,还通过仪式本身的效力有效地维护了玛阿特。也有其他象征国王角色的呈献玛阿特的方法。玛阿特是拉的女儿,因此也是"拉之子"国王的姐妹;国王也可以被视为扮演着玛阿特之夫图特的角色,所以仪式强调了国王特殊的、与神相关的地位。因此,国王经常在众神的陪伴下出现在这个重要的仪式中。

事实上,国王呈献玛阿特可以被看作是献上了最高的供品,所有其他供品皆包含在其中。在玛阿特的头衔"众神的食物"和宣称众神"依靠玛阿特而活"的陈述中,可以看到呈献女神与呈献所有其他供品的对等性。艾米丽·提特对这一仪式进行了详细的研究,她表明,国王呈献玛阿特的图像和铭文与国王向诸神献祭食物、葡萄酒或其他形式的供品在本质上是等同的,在某些情况下,呈献葡萄酒罐实际上就被称为"呈献玛阿特"。

事实上,对埃及人而言,这个比喻甚至超越了食物和饮品,进而可以包含几乎任何东西。埃里克·赫尔农指出,在日常神庙仪式的一个版本中,祭司会吟诵:"玛阿特出现在你所有的住处,这样你就有了玛阿特。覆盖你四肢的袍子是玛阿特。玛阿特是你鼻中的呼吸……"呈

左图：国王呈献玛阿特女神的小雕像，这是表达埃及君主意识形态的一个关键仪式。

献玛阿特的仪式因此突出了国王在侍奉神时的角色。国王不仅以供品满足了众神的需要，而且从埃及人的角度来看，通过献祭玛阿特，他还更新和强化了宇宙本身的基本结构。

国王的宇宙角色

玛阿特仪式象征的秩序维护也在神庙图像学的许多方面表现了出来。因此，国王击打敌人、猎取河马或在沼泽中网猎野鸟的场景，与其说是国王单独活动的记录，不如说是对象征着埃及大地和整个宇宙中不和谐、无序力量的种种元素进行遏制的虚拟模型。

事实上，这样的活动有时以仪式的方式来计划和执行。在托勒密时期的艾德福神庙，很可能也在同一地点的更早的神庙里，一年一度的仪式戏剧生动展现了邪恶的塞特神的毁灭。在这部戏剧中，要用鱼叉击杀一只象征塞特的河马——更有可能是河马模型。前述行为在仪式状态下的情况是很清楚明白的，不过，在表现这个过程的典型画面中，国王身边还会有众神陪伴。

在其他情况下，国王以神话的或纯粹"图像的"（iconographic）动作代表众神做只能由神自己完成的事，因为国王是众神的仆人，他自己也至少部分地是众神的显现。因此，国王经常被表现为支撑着神殿上方天花板的姿态，天花板上方装饰着天空的圣书体文字，以表达国王对宇宙的象征性维护。

宗教政治互动

当然，与国王宗教角色的神话和仪式方面同时存在且共同发挥作用的，还有一个政治现实，扬·阿斯曼称之为神权政治的统一，但对我们来说，这一点并不总是非常明确。例如，我们不知道埃及国王在哪个历史节点接任了各种崇拜中最高祭司的角色，或者他的身份是否从一开始就将这一角色纳入其中了。我们可以推测，国王将宗教和政治领域结合在了一起，认为如此一来有利于提高自身地位。但必须记住的是，国王和神庙之间的关系是互利互惠的，同时满足了双方的需要。

顶图：艾德福荷鲁斯神庙的浮雕中，国王用矛射中代表塞特、象征混乱与无序的河马。

上图：卡纳克阿蒙神庙浮雕，形象迷你的拉美西斯二世举起阿蒙圣船，继而撑起宇宙框架本身。

祭司与神庙人员

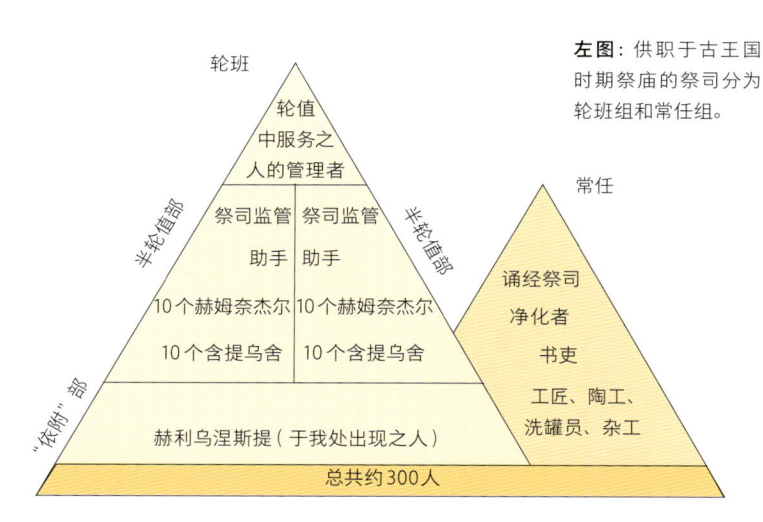

左图：供职于古王国时期神庙的祭司分为轮班组和常任组。

右上图：《阿尼亡灵书》中的塞姆祭司

下图：第5王朝孟菲斯普塔大祭司拉尼弗尔的雕像。

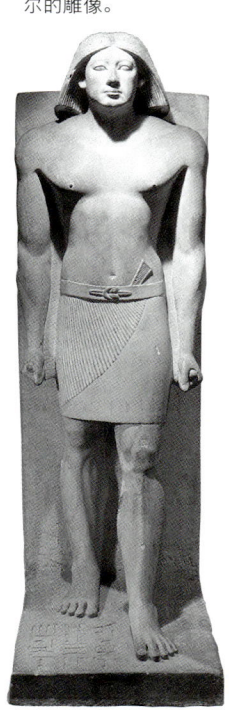

对于一个像古埃及这样宗教如此发达的文明来说，令人惊讶的是，直到新王国时期才出现了独立的祭司阶层。在古王国和中王国时期，许多受雇于国家行政机构的人在一年中担任几个月的祭司，然后回到平日的世俗职位。

早在古王国时期，在国王祭庙中，祭司就有组织地轮值，虽然不确定神庙在多大程度上也是这种情况。这种做法在整个中王国时期得到延续；甚至在新王国时期及之后，当职业祭司已变得普遍之时，大多数祭司也都被组织成轮值部（phyles）或轮值团（companies）。

准备与洁净

大多数祭司阶层的入会仪式包括仪式净化和涂油，很可能还有纯洁与服从的宣誓，甚至还要发誓不滥用祭司职权。扬·阿斯曼认为，在《亡灵书》第125章中反复出现的42条正义宣言，即死者被来世接受之前所说的誓言，可能就起源于此类祭司入会誓言。

在任的祭司需要遵守严格的洁净标准。这些规定在不同的宗教体系中有所不同，但到了新王国时期及以后，通常要求祭司剃光头和身体，修剪指甲，每天多次洗浴和洁净（根据希罗多德的说法，白天两次，晚上两次），咀嚼泡碱（一种盐）以确保口腔纯净，行割礼，穿洁净的细麻衣（禁止穿羊毛和皮革等其他材料的衣物）。尽管不要求祭司独身，但性交会使他们变得不洁净，直到被净化。在任职期间，要避免食用任何仪式上禁食的食物；在侍奉某位神祇时，也要回避任何其他可能是禁忌的行为。

在一个特定的宗教体系中，不同类型的祭司的净化仪式标准似乎是相同的。库姆·翁姆波的铭文特别列出了有相同净化要求的所有祭司分支，尽管一篇来自奥克西林库斯（Oxyrhynchus）的文献明确了该清单所适用的特定祭司类型，但它也清楚地表明，同样的净化过程也适用于同一神庙中另一等级的祭司。

祭司种类

从早期开始，神庙工作人员的数量就因地区和宗教体系重要性的差异而有所不同。从相对早期的时候开始，就存在着不同类型的祭司。轮值部的复杂系统无疑既需要普通祭司也需要祭司管理者，从第22王朝起，兼职祭司开始协助全职祭司。因此，许多神庙的工作人员主要是"小时祭司"，他们在一个服务期内固定轮班，通常每四个月中工作一个月。全职祭司的人数较少，但他们掌控了神庙的主要管理和运作。兼职祭司住在自己远离神庙的家里，全职祭司则往往住在神庙附近，或者实际住在神庙范围内。但这两类祭司的酬劳都来自分配神庙地产的土地以及返还和发放献给神的日常食物供品。

尽管许多祭司头衔和角色随着时间的推移而改变，但在埃及历史的大部分时间里，它们还是有着普遍性的。大多数神庙的祭司由两类人组成，一类是可进入圣殿的赫姆奈杰尔或"神的仆人"祭司，另一类是地位较低的瓦布（wab）或"纯净的"（即"净化"）祭司，后者通常负责非仪式性的工作（国家官员通常有瓦布祭司的名义职位），且通常不允许进入圣殿。然而，瓦布等级的祭司可以被提升到赫姆奈杰尔等级，而在较晚的时代，"瓦布"一词通常用以泛指这两个等级的祭司。

也有一些祭司专家的等级，但只有少量祭司接受了针对这些等级的训练。伊提奈杰尔（it-netjer）或"神之父"这个头衔最初是用来称呼某些甚至是最高级别的祭司的，但后来这一术语更常指的是赫姆奈杰尔和瓦布祭司之间的职位。诵经祭司（赫利赫贝特，kherihebet）的职责是诵读葬礼和祭祀仪式的程式化咒语，他们的特点是胸前的佩带。这也是一个受人尊敬的头衔，监察官、总管和高级祭司都号称是诵经祭司。可通过穿着的豹皮、头侧面独特的孩童独辫来识别塞姆祭司，他们最初与早期葬礼中儿子们为死去的父亲举行的仪式有关。到了第3王朝，这个头衔已被用来称呼在开口仪式和其他葬礼仪式上扮演这个角色的职业祭司了。

在祭司众多的古王国神庙里，祭司听命于总管（伊米拉赫姆奈杰尔，imi-ra hemu-netjer），而总管由监管（塞赫杰赫姆奈杰尔，sehedj hemu-netjer）——有时还有一名督查（伊米凯塞赫杰赫姆奈杰尔，imi-khet hemu-netjer）——协助。当出现空缺时，祭司总管会任命祭司去担任较低的职务，而祭司监则直接履行管理职责，负责管理神庙的日常运作。监管作为神庙的首席书吏，也负责记录神庙账目。

高级祭司位列所有级别之上。在新王国时期的体系中，大型神庙也经常雇用第二、第三甚至第四先知——或称神之仆人，他们和第一先知一样，都是神庙管理部门的全职成员，负有特

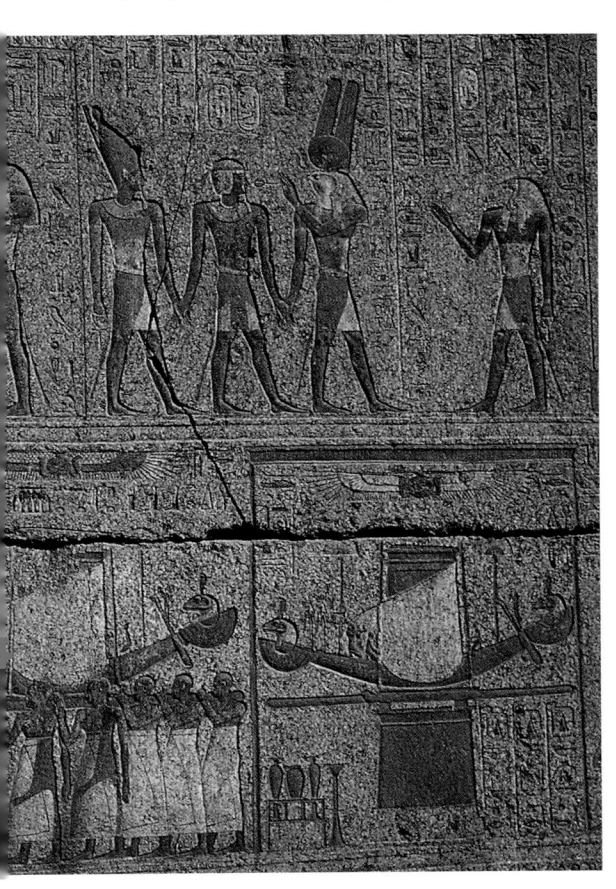

左下图：祭司抬着阿蒙圣船，出自卡纳克的菲利普·阿里达乌斯圣殿。

上图：一位伊恩穆太夫（iunmutef）祭司，塞提一世神庙，阿拜多斯。

下图：手持神殿模型的祭司雕像，托勒密时期，约公元前200年。

世袭与累积的权力

尽管古埃及后期的祭司职位基本都是世袭的，但在新王国时期还不是这样，各大神庙的最高仆人会通过各种方式获得权力，包括但不限于世袭的影响。在拉美西斯二世手下供职的阿蒙大祭司贝肯松是一名"阿蒙第二先知"的儿子，并在成为大祭司之前担任过第四、第三和第二先知的职务。贝肯松的两个儿子成为底比斯的市长，曾担任第三和第二先知的弟弟拉马拉伊则接替了他。也许是由于政治影响，高级祭司之位后来转给了另一个家族。

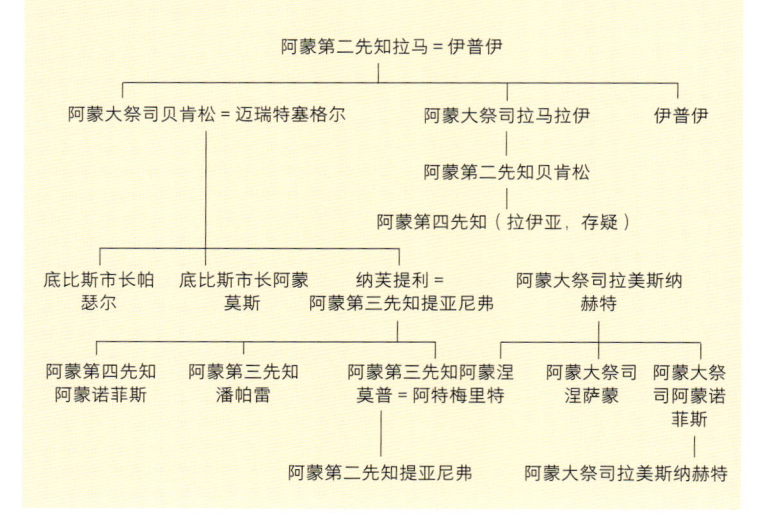

```
                阿蒙第二先知拉马 = 伊普伊
    ┌───────────────────┬──────────────────┐
阿蒙大祭司贝肯松=迈瑞特塞格尔   阿蒙大祭司拉马拉伊    伊普伊
                               │
                        阿蒙第二先知贝肯松
                               │
                        阿蒙第四先知（拉伊亚，存疑）
    ┌──────┬──────┬────────┬─────────┐
底比斯   底比斯  纳芙提利=   阿蒙大祭司拉美斯纳
市长帕   市长阿蒙 阿蒙第三先  赫特
瑟尔    莫斯    知提亚尼弗
  │      │       │            │
阿蒙第   阿蒙第   阿蒙第三先知   阿蒙大祭司  阿蒙大祭
四先知   三先知   阿蒙涅莫普=   涅萨蒙     司阿蒙诺
阿蒙诺   潘帕雷   阿特梅里特              菲斯
菲斯                    │
              阿蒙第二先知提亚尼弗  阿蒙大祭司拉美斯纳赫特
```

定的责任，在某些情况下，必要时有权代表高级祭司主持大局。

高级祭司

神庙大祭司有着赫姆奈杰尔特皮（hem-netjer-tepy）即"神的第一仆人"的称号。通常他也有与他负责的特定祭祀相关的特殊头衔，例如赫利奥波利斯的拉神宗教中心高级祭司（被称为"最伟大的先知"），以及孟菲斯的普塔高级祭司（"指导工匠的最伟大之人"），这些特殊的头衔反映了与他们相关的神祇的某些本质。在底比斯，阿蒙高级祭司可被称为"天门的开启者"——尽管其头衔通常只是"阿蒙神的第一仆人"。

高级祭司常常是由国王任命的，但是最高的祭司职位可以从父亲传给儿子，且有世袭的倾向。在第18王朝，一些受到信赖的军官被引入高级祭司的职位，这样做可能是为了防止这些职位成为世袭职位，并有助于打破不断增长的祭司集团的势力。

其他神庙工作人员

因为神庙是作为埃及社会中的一个微观宇宙运转的，所以除祭司之外，还需要大量的管理和生产人员完成从粗活到需要技艺的细活等各种工作。事实上，长期以来为免除神庙工作人员的强制劳动而颁布的许多王室法令，可以看作是管理神庙地产所需人力的证明，以及给予神之屋的特殊待遇。

"农奴"（serfs）耕种神庙土地，牧民照料神庙的动物；渔民、禽类饲养员和养蜂人都在神庙地产中工作。木匠和建筑工是扩建和修缮作业所必需的；在神庙管辖区内服务和工作的有面包师、酿酒师、屠夫、织工和其他工人，还有包括仓库和档案职员以及其他管理人员在内的所有类型的书吏。大批美术师、雕刻师、金匠及其他种类的工匠负责准备较小的神庙家具和不易损坏的献给神的物品；乐师、歌者和舞者团体在神庙仪式的表演中协助着祭司。各个工种的人都在自己的位置工作，以换取他们生产或捕获的产品中的一部分，或神庙供品收入的一部分。

左图：音乐在埃及人生活和宗教的许多正式场合发挥了重要作用，特别是在神庙和墓葬情境中。这幅出自吉萨的浮雕描绘了各种音乐家和舞者。

右图：一种用费昂斯制成的带有哈托尔头像的"内堂"式叉铃，第26王朝。叉铃是仪式中使用的一种类似响铃的乐器，也有其他样式，如普通的"环"式和表现其他神（尤其贝斯神）的样式。

埃及神庙利用大量的仆人和其他非祭司人员——有时甚至是士兵（此处为代尔·巴哈里哈特谢普苏特神庙的浮雕中所描绘的相关场景）——来完成特殊项目。

因此，神庙运作所需的祭司和其他人员，往往在主要宗教中心的人口中占相当大比例。以拉美西斯三世时期为例，埃及最大的三个宗教中心共有近10万名男性人员。当时记录的细目很好地说明了每一个宗教中心的重要性。以卡纳克为中心的阿蒙"区"号称拥有81322名男性人员；赫利奥波利斯的拉神庙有12963名；孟菲斯的普塔神庙有3079名，此外还有各种"歌女"（chantresses）和其他女性人员。

女祭司角色

女性在神庙服务中的头衔和角色与男性有所不同，特别值得注意。在古王国时期，许多富裕家庭的女性拥有赫米特·奈杰尔即"神之（女）仆"或"女祭司"的称号，如"哈托尔的女祭司"或"奈特的女祭司"等。虽然在这一时期女性通常是女神的仆人，但也有例外。有些人（通常是王后或公主）担任了图特、普塔和其他男神的女祭司，以及国王葬仪女祭司的职务。所有这些女性都是赫米特·奈杰尔女祭司；由于几乎没有发现女神如哈托尔等有男性赫姆奈杰尔祭司，有人认为，这些女祭司履行的一定大部分都是与男祭司相同的职责。古王国时期也有数量不多但很明确的证据，表明女祭司（提赫那的哈托尔女祭司）与男祭司主持相同的神庙仪式，并获得了与同级别男祭司（瓦布祭司）相同的报酬。然而，许多神庙女性的具体职能还是不甚清晰。

女性的司祭职责也可以用不太常见的关于女祭司的术语来描述：wereshy，神的"守望者"，以及hemet，神之"妻"，不过这些术语在第一中间期之前似乎从未出现过；此外，直到中王国时期，才有了瓦布特（瓦布的阴性形式）女祭司的相关记录。然而，在中王国时期，参与公共生活的女性人数逐渐减少，尽管在第11王朝末期依然可以证实有哈托尔女祭司的存在，但最近的研究表明，她们在100年后就几乎从人们的视线中消失了。在这一时期，女性逐渐被排除在神职之外，有人认为这是由于对仪式纯洁性的要求逐渐提高，进而造成女性因分娩和月经而无法不间断地履行职务——但这更有可能只是反映了当时社会态度的总体变化。

无论如何，至新王国时期，祭司头衔被给予女性的频率肯定要低得多，与神庙相关的女性基本上只有一个头衔"舍玛耶特"（shemayet），通常翻译为"歌女"（也有男性"歌者"）。女性可能以这种身份服务于男神和女神；尽管这个角色要做的似乎是演奏乐器，经常被描绘为拿着类

麦纳特项链、响铃与叉铃是最常与女祭司联系在一起的乐器，如阿拜多斯塞提一世神庙的浮雕所示。

似拨浪鼓的叉铃的姿态，但这并不一定是她们的唯一职责，也不意味着所有拥有这个头衔的女性都承担这个工作。一些被称为舍玛耶特的女性可能承担了更多的职责；但另一方面，歌女显然不会在神庙中进行主要的供奉仪式。在新王国的底比斯，几乎每一位社会地位较高的女性都被描述为"阿蒙歌女"，虽然这可能表明这个头衔往往有些名义上的象征意义，但庞大的阿蒙崇拜仪式及对于其家庭成员的附属崇拜仪式无疑需要大量的女性人员。此外，"阿蒙歌女"的头衔并不一定意味着直接服务于阿蒙神庙，例如，我们发现有女性以阿蒙歌女的身份服务于新王国国王的祭庙之中。

尽管相对罕见，但在新王国时期，于女性而言，某些宗教头衔似乎不仅仅是名义上的。高级祭司的妻子和女儿们经常积极地参与祭祀服务，许多高级祭司的妻子扮演着神的"乐团首席"（khener）的角色。一些新王国时期的神庙浮雕还表现了一类分别被称为汉努提（henuty）和汉努特（henutet）或"仆人"的男女工作人员。虽然还不清楚这些仆人的具体职能是什么，但他们的作用似乎是实际的，且没有按性别进行严格区分。

有时，女性也承担着更高的祭司职责。已知在新王国时期至少有两位分属于阿蒙与穆特的第二先知级别的女祭司；在新王国之后，我们知道至少有两位女性有着"神之妻与阿蒙第一先知"的地位。这些女性中至少有一部分似乎受过正规教育。已知第21王朝底比斯大祭司皮努杰姆二世的一个女儿拥有"阿蒙-拉卷轴的工作者"的头衔，表明她实际参与了对神圣文本的抄写复制。

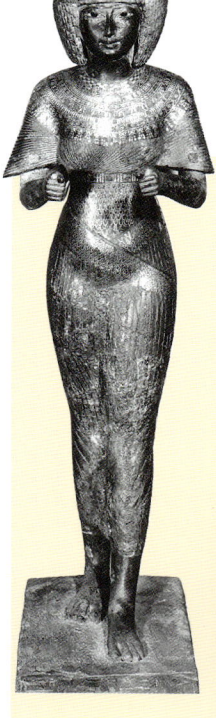

上图：阿蒙的神圣伴侣，卡罗玛玛，约公元前870年。

右图：阿蒙-拉面前身着男性国王服饰的哈特谢普苏特。

国王之妻与神之妻

王后在神庙仪式中的角色有些不同，因为一些国王的妻子似乎已经共享了丈夫的一些特权——尽管这样的情况并不多，且大多数人从未单独向神献祭。但出现在中王国时期的"神之妻"这一特殊头衔，无疑成为某些新王国王后的一个重要称谓。这个头衔是授予国王阿赫摩斯一世之妻阿赫摩斯·尼弗尔塔莉的，且在一段时间内代代相传，有时似乎被用来取代原本的最高头衔"国王的伟大妻子"。

哈特谢普苏特的卡纳克红色祠堂和阿蒙诺菲斯三世的卢克索神庙中的浮雕显示，在某些神庙仪式中，如每年的阿蒙欧比德节，神之妻扮演着神的配偶的重要角色。有趣的是，在哈特谢普苏特作为唯一的"国王"统治之前，她一直持有这个头衔，但在她统治之后，该头衔的使用次数似乎有所减少，也显然未再完全恢复其重要性。哈特谢普苏特有可能利用该职位的权力确立自己的地位，后来该职位的重要性则被故意降低，但这些都是推测。无论如何，从阿蒙诺菲斯三世到第18王朝末期，似乎没有王室成员担任这一职务。

另一个出现在新王国时期的女祭司头衔是杜阿特·奈杰尔（duat netjer）或"神圣崇拜者"（Adoratrice）。这个头衔在哈特谢普苏特时期由阿蒙首席祭司的女儿持有，在拉美西斯六世时，与"阿蒙之妻"一起被授予国王的女儿。这个职位延续了下去，由于杜阿特·奈杰尔被禁止结婚，每个独身的崇拜者都收养了一名年轻女性，以最终继承自己的职位。崇拜者权限之大，不仅可见于底比斯地区，甚至对更远的地方可能也具有明显的政治和经济影响，她们的肖像上也有这种体现，其中有些元素以前只用来描绘国王的活动场景。此外，神圣崇拜者的头衔也模仿着埃及国王的头衔。像国王一样，这些女性使用登基名（对于崇拜者，登基名通常与阿蒙配偶穆特的名字结合在一起）以及她们自己的名字，这两个名字都被写在王名圈中。

神庙节日

左图：新王国时期底比斯的欧比德节（尼罗河东岸）和美丽河谷节（西岸）的活动路线。在这样的节日里，特定的神像会前去与其他神会面。

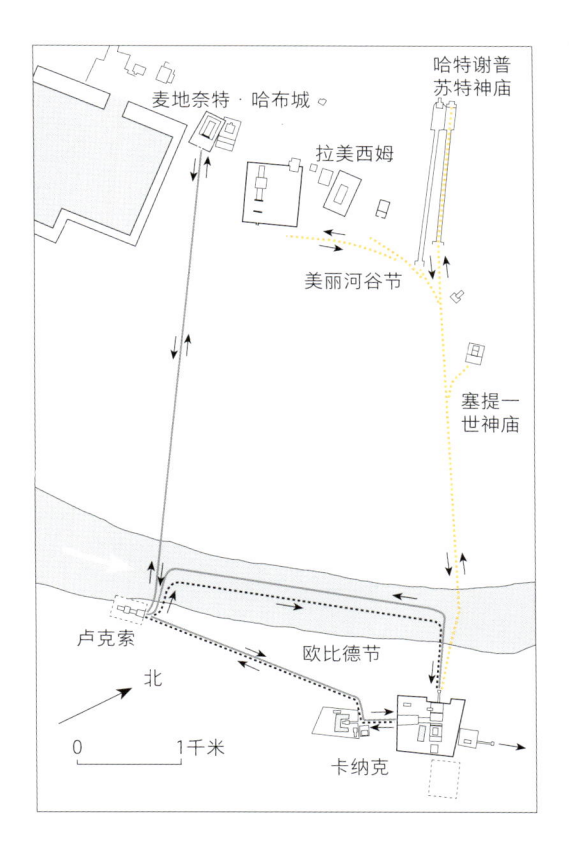

希罗多德认为，引人注目的是，希腊诸神满足于每年为他们举办一次节日，但"埃及人的节日不是一年一次，而是经常举办的"。随着时间的推移，神祇的特殊日期和其他庆祝活动数量倍增，导致宗教节日几乎不断，例如，据计算，在罗马时代，法雍的索克诺派欧·奈索斯村每年庆祝节日的日子超过150天。当然，一般民众很难跟上所有这些节日，很可能许多节日的重要性有限，只由祭司自己来庆祝。

然而，一些重大节日每年都会庆祝，许多节日持续数天，而一些最为重要的节日则会持续数周。虽然某些节日，如奥赛里斯的节日，在埃及各地都有庆祝，但许多节日是在特定地点专门祭拜该城市或地区的神祇或国家神。许多这样的节日的细节是已知的，特别是希腊罗马时期艾德福与丹德拉神庙以及底比斯新王国时期神庙的节日。

在新王国时期的底比斯，已知每年大约庆祝60个节日，其中一些要求在神庙范围内举行仪式活动，另一些则包括将神像运送到其他地方的活动。伟大的阿蒙神每年离开自己的神庙两次，以参加特殊活动欧比德节与"美丽河谷节"，这些活动在众神互访的出行中似乎是相当典型的。

出行节日

在有神像运输环节的节日中，神像通常被放在神龛中，置于一艘可移动的圣船之上，然后由祭司扛在肩上抬到目的地或最近的码头——在那里它被装载到一艘真正的船上，以便通过河流运输。哈里斯纸草描述了拉美西斯三世统治时期的这样一艘圣船：长67米，用最优质的进口黎巴嫩雪松制造，上面覆盖着黄金和其他合适的珍贵材料。

这个被称为"美丽河谷节"（heb nefer en met）的节日包括陆路和水路出行的环节。它似乎起源于中王国门图荷太普在位时期，而从新王国早期开始，底比斯尼罗河西岸的祭庙就被设计成在这一活动中接纳阿蒙圣船的地点。这个节日是在舍姆"收获"季的第二个月庆祝的——在新王国时期，恰逢夏天的开始。

在节日期间，卡纳克的阿蒙在底比斯三神会另两位成员穆特和洪苏以及一大群随从的陪同下前往西岸，拜访在当地配有神殿的各位神，以及已故和神化的国王的神庙。毫无疑问，这个节日最初是为了纪念死者，在节日里，活着的家庭成员会拜访他们死去亲人的坟墓。随着节日重要性的提高，对参与节日的人、神而言，

艺术家复原的阿蒙大船，这艘船在底比斯地区的各种出行节日期间运送神像。

它似乎也具备了更新与复苏等方面的意义。

神与人的更新

"出行节日",如"美丽河谷节",和神庙内庆祝的节日,通常都意在更新,正如古代文献对于在艾德福和丹德拉庆祝的"新年节"和"美丽相会节"的描述所示。在丹德拉,埃及新年的前一晚,哈托尔的雕像被抬到神庙屋顶上一个特别的亭子里。它被安置在那里等待着黎明,黎明时分雕像暴露在旭日的光线之下,由此被注入新生。

在艾德福举行的"美丽相会节"则始于夏季第三个月哈托尔雕像到来之时的新月日,在本质上可说有着同样的目的,只是其仪式内容更具有性指向。在那里,经过各种仪式后,女神像与艾德福的荷鲁斯像被放置在神庙的诞生之屋,两位神祇一起度过接下来的几个晚上,直到满月时节日结束。

主要内容是丰产、重生或其他赋予或维持生命的元素的节日,显然是以更新为目标的;虽然并非所有节日的目标都是更新,但一经设立,许多节日往往倾向于这一含义。因此,与敬奉神祇或与国王有关的节日,如神的生日、为纪念国王而举行的周年节和其他节日,甚至是军事胜利等重大事件,都可以通过重复庆祝其原始主题来表现更新的基本思想。

埃及节日本质上的复苏特点也可以从一些祭品的象征内涵中看出。例如,在节日中奉献大量鲜花——在埃及人看来,鲜花是生命与再生的有力象征。它们通常被放置在安赫(生命)符号形状的花托中,或捆成大花束来呈奉(埃

左图:丹德拉顶层祠堂的柱头上雕刻的女神哈托尔,哈托尔是丹德拉和艾德福神庙重要节日的焦点。

右图:一个神圣的场景,表现了尼罗河的泛滥与奥赛里斯的复活,二者均象征着复苏。菲莱神庙。

及语中"花束"与"生命"两词的辅音结构相同）。作为生命和更新的象征，鲜花的确可以在任何时候用来供奉，但卡纳克阿蒙神庙的一份记录时间不到3年的花卉供品清单依旧给出了令人难以置信的数字——每年远超100万，充分说明这类供品的重要性。

节日的延续

正如在世界上许多宗教中经常发生的情况一样，古埃及神庙中庆祝的一些节日延续到了祭拜古老神祇的生活之外。在某些情况下，它们甚至以其基本形式延续至今。

例如，在收获季的第二个月（在后来的埃及历史上，相当于6月19日）庆祝尼罗河上涨的

左上图：手捧供品的诺姆神，第18王朝神庙浮雕的一处细节。

上图：节日历，来自库姆·翁姆波，托勒密六世统治时期，约公元前170年。

阿蒙神庙的花卉供品：总计1057天

扇形花束	124
高花束	3100
香花束	15500
花束	1975800
花捆	1975800
花环	60450
大花	620
花串	12400
花（"把"）	465000
花（"堆"）	110
莲花（"把"）	144720
莲花束	3410
小莲花（"把"）	110000
莴苣与鲜花束	19150
总计：4786184件花卉供品	

伟大节日在埃及人的文化中如此重要，并深深地植根于他们的意识之中，乃至以圣米迦勒节的形式延续到了基督教的节日历中。此外，圣米迦勒还是尼罗河的守护圣人，科普特教会仍会在6月19日庆祝他的节日。

在卢克索，一座基督教大教堂建在了神庙第一庭院的东北角，后来又被一座清真寺取代，这座清真寺是为当地受人尊敬的穆斯林圣人阿布·哈加格修建的。即使在今天，这位圣人的移动圣船每年依旧会被拖曳穿过卢克索的神庙和街道，再现了一个最早可以追溯到古代卢克索欧比德节的习俗。

节日历

右上及右下图：卢克索神庙阿蒙诺菲斯三世柱廊上的浮雕场景，分别表现了欧比德节中的乐者和祭祀用牛只。

埃及历法中有3个季节：阿赫特（泛滥季）、佩雷特（生长季），以及舍姆（收获季），每个季节分为4个30天的月份——理论上分别近似于我们现在的7月中旬至11月、11月中旬至3月，以及3月中旬至7月。此外，为了使一年的总天数达到365天，还为某些神的"生日"设立了5个所谓的"闰日"或额外天数。然而实际上，由于埃及年与实际太阳年之间四分之一天的偏差，各季每年都会提前一点开始。

一年中有许多类型的节日，每个新月都有特殊的规定，节日也与特定的季节相联系。这些重复出现的节日的日期和供品都有详细的记录，并从古王国时期起便刻在了神庙墙上。这样的节日历出现在金字塔的河谷神庙以及第5王朝的太阳神庙中，在中王国时期的神庙中肯定也有铭刻，尽管目前还没有发现。更多的证据来自新王国时期，在卡纳克、阿拜多斯、象岛和西底比斯的拉美西姆和麦地奈特·哈布城都可以找到神庙历法的例子。从希腊罗马时期开始，类似的日历在丹德拉、艾德福、艾斯纳和库姆·翁波的神庙中均有发现。

根据这些日历，埃及年的一些主要节日如下（没有标明地点的节日大都是地区性或全国性的）：

阿赫特：泛滥季

第一个月：新年；奥赛里斯的瓦格节；奥赛里斯的"出发"节（阿拜多斯）；图特节；醉酒节（哈托尔的一个节日）

第二个月：普塔的墙南节（孟菲斯）；欧比德节（底比斯）

第三个月：哈托尔节（艾德福和丹德拉）

第四个月：索卡尔节，塞赫迈特节

佩雷特：生长季

第一个月：涅海布卡乌（Nehebkau）节；圣隼加冕礼（艾德福）；敏神节；穆特的"出发"节

第二个月：胜利节（艾德福）；大节日

第三个月：小节日；阿蒙诺菲斯节

第四个月：瑞奈努太特节

舍姆：收获季

第一个月：洪苏节；敏神的"出发"节

第二个月：美丽河谷节（底比斯）；

第三个月：美丽相会节（艾德福和丹德拉）；

第四个月：拉-荷尔阿赫提节；新年节

闰日

奥赛里斯、荷鲁斯、塞特、伊西斯和奈芙西斯节（连续庆祝5天）

平民在崇拜中的角色

在埃及历史的早期，祭司与俗人之间的界限为这样一个事实所模糊，即为神庙服务的人在履行了被分配的轮班职责后，会回到社区从事世俗工作。后来，在新王国时期，当祭司的职位变得专业化且大部分世袭化的时候，情况发生了很大改变。不过，希罗多德对埃及人的评价——"他们的虔信程度是无法衡量的……比其他任何民族都要笃信宗教"——似乎不仅适用于拥有大批祭司和肥沃地产的大神庙，也适用于许多普通人的个人虔敬。埃及家庭中通常都有宗教祭坛和小家神的神龛，许多人在神庙中放置还愿供品——从简单的珠子和小饰物到精雕细琢的雕像和石碑。还愿碑的类型各不相同，尽管许多是请求神的恩惠，但也有些是在请求似乎被神准许时感谢他们的帮助。作为祈祷和请求的中介，神庙所谓的"倾听之耳"和塔门前的巨像对民众来说也是很容易接触到的，哪怕祈祷与请求的对象是最伟大的神。

除了个体和个人宗教活动的这些方面之外，平民也尽可能地参与神庙的节日庆典。他们聚集在神庙入口外迎接众神的巡行队伍，在许多情况下，还可以围绕露天庭院聚集，这一点可以从托勒密时期这一区域的名称——"民众大厅/庭院"中明显看出，代表埃及民众的圣书体符号也经常被刻在墙壁和柱子上，以标明普通人可以站在哪里。

除了一些辟邪性质的节日（例如被认为不吉的闰日节）外，文献证据清楚地表明，埃及人热切期待节日的到来，不仅是因为可以借此暂时从劳作中解脱出来，还在于节日本身就是欢乐的活动。国王常常在节日期间发放奖赏和礼物，而这些时候给予神庙的大量供品意味着新鲜农产品的剩余，有时这些产品被大量分发给社区成员。但是，在许多宗教节日固有的狂欢气氛之下，显然，大多数埃及人都很严肃地看待他们与神庙的关系。其中最为酸楚的例子之一，是虔诚的人们为了治愈疾病和祈祷在神庙外墙上挖出的无数浅洞，他们希望拿走神庙的一小部分，哪怕只是灰尘，这一做法始自远古时代，甚至在神庙停止运作之后的很长时间里依然延续。

左图：麦地奈特·哈布城这座神庙墙壁上的凹槽是参观过这个神圣地方的普通人不断刮擦的结果——这种做法似乎远古时代就存在了。

右图：塞内弗及其家人的雕像，由他们自己奉献于卡纳克，阿蒙诺菲斯三世统治时期。

下图：刻在神庙柱子上的拉希特鸟，标明了允许普通人站立的区域。

逆尼罗河而上的旅程

你的纪念物超越了此前所有国王所拥有的。
我令你建造了它们,我对它们十分满意。
——图特摩斯三世石碑

"他们比任何人都更笃信宗教",希罗多德如此形容埃及人,虽然我们永远都不会精确知晓埃及在3000年的历史中究竟建造了多少神庙、神殿与祠堂,但数量必然是惊人的。埃及众神中的许多神祇都拥有自己的神庙;神祇经常在不同地点拥有多座神庙,在某些情况下甚至在同一地区也有数座神庙。

虽然有数百座神庙为今人所知,但在时间的长河中消逝了的神庙或许与现存的一样多。诚然,很多神庙因为新神庙的建造而遭到埃及人自己的拆除;而其他的则遗失于后来的世纪中,它们的石头被用于教堂、房屋与工厂的建造,泥砖结构则被拆除用作肥料。就那些遗存下来或至少可以修复的神庙来说,从北三角洲至南努比亚最低地,以及尼罗河之外的沙漠绿洲与散布在埃及边境的边缘地区,我们都发现了宗教建筑的存在。

本书接下来的部分记录了这一丰富遗产,收录的既有卡纳克令人难以置信的大型建筑群,包括麦地奈特·哈布城、阿布·辛贝尔、阿拜多斯、艾德福、库姆·翁姆波与菲莱在内的著名遗址,也有那些体量小得多且不那么为人所知的神庙。数量巨大的遗址与神殿揭示了埃及历史的丰富内容,并提供了神与国王的神圣建筑中种类繁多的建筑结构与风格示例。神庙发展中最重要的例子、最具代表性的作品以及具有特殊历史意义和趣味的地点都在这里有所体现。

不论希罗多德有关古埃及人宗教本性的陈述精准与否,他们建造的纪念性宗教建筑都可能已在数量与种类上超过了任何其他文化。在任何其他地区或时代,诸神之屋或许都不曾如此众多,如此多样且如此壮观。

第五章　神与国王之庙宇

从地中海到孟菲斯

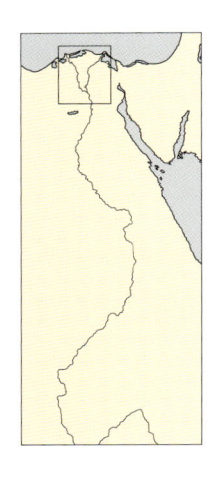

下埃及

几乎占据埃及一半的尼罗河三角洲覆盖着超过15000平方公里的肥沃灌溉土地,长期以来被称为下埃及,以区别于作为国土另一半的尼罗河谷狭长地带。今天的三角洲有尼罗河的两条主要支流西罗塞塔河和东达米埃塔河,在古代,至少有七条这样的支流,在这一低洼地带的大部分地区沉积了丰富的肥沃淤泥。三角洲的早期历史大都埋藏于数千年的沉积层以及覆盖该地大部分区域的起伏的沼泽和潟湖之中,因此极难调查。

无疑,从很早的时候开始,许多城市与祭祀中心便建立于此,而从新王国时期起,三角洲开始在埃及的经济与政治生活中占据支配地位。这是由不断增加的土地开垦与随之而来的农业繁荣,以及现实的政治因素——第19王朝将王宫迁至三角洲的皮-拉美西斯——所致。甚至在新王国衰落之后,数座三角洲城市依然是第三中间期与后期埃及的政治权力中心,这一地区与地中海及亚洲的邻近意味着它在托勒密与罗马时期发挥了中心作用。

亚历山大

在过去的两个世纪里被重建为繁荣地中海城市的亚历山大曾是古代希腊化世界的主要城市。作为一个国际化大都市,这座城市中的神庙既有献给希腊神祇的,也有供奉埃及神祇的,还有为独特的希腊-埃及诸神如混合神塞拉皮斯(奥赛里斯、宙斯、阿皮斯的结合体)而建的。塞拉皮雍,即塞拉皮斯最重要的神庙,位于拉霍蒂斯的埃及本土居民区。这座神庙始建于托勒密三世时期,大部分于公元后的几个世纪建成,不过遗迹中最令人印象深刻的著名花岗岩

亚历山大,出自詹森1617年的《地图集》。在托勒密与罗马时期,亚历山大是世界上最主要的城市之一。至公元前1世纪中叶,其人口接近50万,以"埃及旁边的亚历山大"之名为人所知,几乎是一个独立的国家。

亚历山大造币厂铸造的硬币，描绘了公元 2 世纪由哈德良皇帝重建的塞拉皮雍神庙。

亚历山大最著名、最令人惊讶的纪念物之一就是被称为"庞贝柱"的巨型花岗岩柱，由戴克里先于大约公元297年竖立。柱子立于该城的塞拉皮雍，即希腊罗马时期的重要神祇塞拉皮斯的主神庙。

柱"庞贝柱"的年代在更晚的公元297年左右。

这根柱子是为了纪念戴克里先统治时期的一次平息暴乱，但是在中世纪，欧洲游客开始接受这样一个说法：这根柱子上曾经有一个球体，里面有恺撒对手庞贝的头颅，从此这一纪念物便一直保留着它的通俗名称。遗迹在今天所剩无几。立柱的南面矗立着两尊可能来自托勒密时期的红色花岗岩斯芬克斯像，还有一尊损坏了的第18王朝黑色花岗岩斯芬克斯像；尽管神庙中装饰着许多这样的斯芬克斯像以及其他类型的埃及雕像，但其建筑风格无疑更像是希腊圣殿，而非经典的埃及设计。

阿布西尔

阿布西尔位于亚历山大以西48公里处，是托勒密时期重要城市塔珀西里斯的所在地。虽然无法断定准确的年份，但该地未完成与未刻字的神庙几乎可以肯定是托勒密时期的。

有趣的是，尽管在建造过程中采用了泥砖建筑技术，神庙的围墙却是用石灰岩而非通常

右图：太尔·法拉因，古代布托所在地，其中有古代下埃及女神瓦吉特神庙围城的遗迹。该遗址对应着南部的卡布，即上埃及秃鹫女神奈赫贝特的故乡。

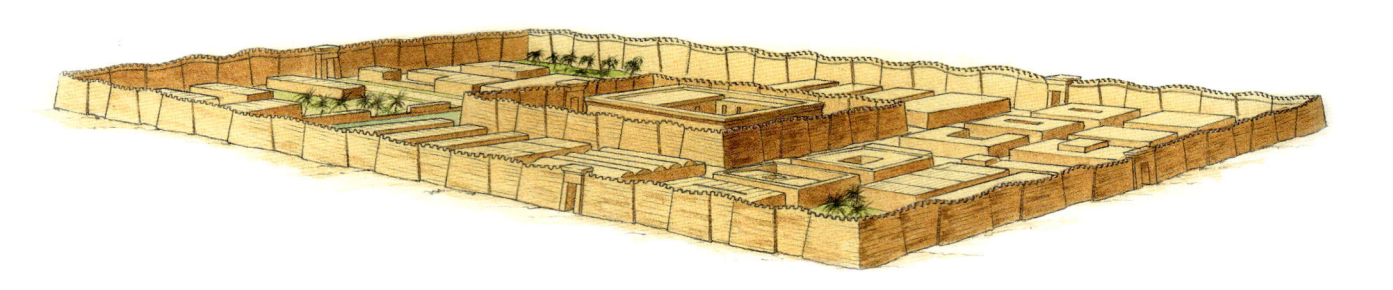

下图：拜赫贝特·哈加尔有城墙环绕的神庙建筑群的复原图，如今该建筑大部分已是废墟。

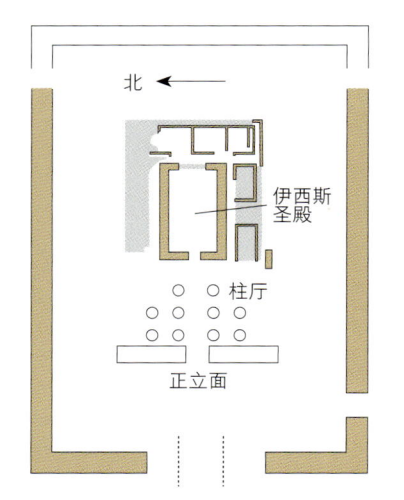

底图：位于拜赫贝特·哈加尔的托勒密时期伊西斯神庙的平面图，这是埃及供奉该女神的最重要的神庙之一。神庙因地震或采石而倒塌，今天，装饰着精致浮雕的神庙石块散落于遗址之上（右）。

的泥砖建成的。围墙和内部结构的一般建筑功能可能有些混糅，比如东墙就是以标准的神庙塔门形式建造的。神庙内部曾被基督徒大量改造和利用，所以现在留下的是一座教堂及其相关建筑的遗迹。

太尔·法拉因（布托）

太尔·法拉因（"法老之丘"）位于中北部三角洲达曼胡尔公路以北几公里处，是古布托的所在地、下埃及守护神眼镜蛇女神瓦吉特的故乡。像它的南方对应之地——上埃及秃鹫女神奈赫贝特的故乡卡布或奈赫布——一样，布托是一个重要的象征性地点。然而奇怪的是，该地区的废墟似乎没有反映出布托在埃及历史和意识形态中的重要性。这里有三个土丘，其中两个是聚落遗留，第三个是神庙围城的遗存。除了最近发现的雕像和图特摩斯三世的一块重要石碑外，这个遗址中发现的小型纪念物相对较少，我们对这座神庙的历史也不甚了解。

拜赫贝特·哈加尔

在尼罗河达米埃塔支流上的曼苏拉以西约8公里处，位于萨曼努德（古代塞本尼托斯）附近的拜赫贝特·哈加尔是第30王朝国王们的故乡。众所周知，这些国王特别热衷于伊西斯崇拜，而拜赫贝特·哈加尔神庙是这位女神在埃及最重要的神殿之一，在功能上像是菲莱伊西

掉落的石块表明，这座巨大的建筑完全是用花岗岩建造的，这一点即使不说独一无二，也是不同寻常的。

墙上装饰的浮雕的精细程度远远超过了上埃及托勒密时期的神庙，在古典时期，这座神庙中的一个石块被运到了罗马的主伊西斯神庙。

萨曼努德（塞本尼托斯）

现代城镇萨曼努德位于尼罗河的达米埃塔支流上，在马哈拉·库布拉镇的东面，是古杰布涅杰的所在地，古希腊语叫作塞本尼托斯。根据当地人曼尼托的说法，这个小镇是第30王朝国王们的故乡。当地的狩猎与天空之神欧努里斯-舒的神庙遗迹位于现代城镇西侧的大斯神庙在下埃及的孪生兄弟。

托勒密早期神庙的遗迹仍然可见于它的围墙之内——虽然这座建筑可能在古代就已经由于地震或采石而倒塌了。尽管许多后期埃及的纪念物至少部分地是用硬石建造的，但该神庙

取自萨曼努德的一块石头上的浮雕细节，表现象征性的供品被送到神庙。

下图：位于尼罗河达米埃塔支流的古城塞本尼托斯，即现代的萨曼努德，在今天几乎没有遗迹保存。这里曾是第30王朝国王们的故乡。

太尔·卢巴（门德斯）

在三角洲东北部，靠近现代村庄辛贝拉温的一处废墟是旧诺姆首府杰代特或"羊神杰代特之屋"的所在地，这里可能在第29王朝时曾作为王宫所在地或首都，在希腊时期被称为门德斯。此处对羊神的崇拜相当古老，并且随着门德斯的公羊（埃及语中为"巴"）与奥赛里斯、拉和所有神的灵魂（同样为"巴"）建立联系而变得愈发重要。毫无疑问，该地区也建有其他神祇的神庙。阿玛西斯的后期神庙围墙（后来由托勒密二世修复）的一部分仍然清晰可见，内有一座红色花岗岩的内殿（原本的四座之一，可能与前四代神祇有关：拉、舒、盖伯和奥赛里斯，他们全部在羊神中显现），高约8米。然而，这座神庙位于地平面之上的其他部分几乎没有留存下来。几个北美考古队已经在该地区进行了发掘工作，其中包括多伦多大学唐纳德·雷德福德的考古队。一些新王国时期的纪念物，如拉美西斯二世、美内普塔和拉美西斯三世的遗存，表明这里可能也曾有过拉美西斯时代的神庙，尽管这样的建筑还没有被发现——它们可能是在拉美西斯时代的皮-拉美西斯废弃之后被挪至他处使用了。

萨·哈加（塞易斯）

古城塞易斯（埃及语为"扎乌"，Zau）位于尼罗河罗塞塔支流上，大约位于现代城市坦塔与北部迪斯克村的中间。作为奈特女神的崇拜中

土丘内，遗址上散落的花岗岩块上刻有尼克塔尼布二世、亚历山大四世、菲利普·阿里达乌斯和托勒密二世的名字。所有已知铭文似乎都不早于第30王朝。

巴克利亚（赫摩波利斯·帕尔瓦）

在曼苏拉以南几公里处，尼罗河达米埃塔支流上，就在巴克利亚村外，几个低矮的土丘显露出的正是古埃及第15诺姆首府巴赫的所在地，在希腊罗马时期被称为赫摩波利斯·帕尔瓦。该地区几乎未被发掘，但一些遗迹已经得到了确认。在一个土丘上可以看到地方神图特的神庙围墙的基本轮廓，尽管附近除了一些零散的石块和一个巨大的钟形柱头外所剩无几，土丘的当地名字出自钟形柱头：太尔·纳库斯（Tell el-Naqus），即"钟之丘"。

另一个土丘是第26王朝国王阿普里斯为图特修建的石英岩神殿，以及一些雕像、石块和其他纪念物的部分遗留，大部分都是后期的，没有一处出自新王国时期以前。

顶图：门德斯，阿玛西斯的整块花岗岩制作的内殿标志着该遗址已知最早神庙的位置。

上图：阿普里斯国王的黑色花岗岩头像，他在赫摩波利斯·帕尔瓦为图特修建了一座神殿。

右图：塞易斯遗址仅存的几个石块中的一部分，塞易斯在古代就遭到了毁灭。

心，塞易斯从早王朝时期开始便是一个重要的宗教中心，并在整个古王国时期继续作为神话中墓葬仪式的终点而存在。塞易斯在第26王朝崛起成为国家首都，这一时期该地必然修建了许多神庙。根据希腊历史学家的记载与此地出土的手工艺品提供的证据，很有可能奥赛里斯、伊西斯、荷鲁斯、哈托尔、阿蒙和阿图姆都在这里受到了崇拜。然而，遗址已被严重破坏。自中世纪以来，城中神庙的石块就被移走用于其他建筑（埃及的埃及学家拉比·哈巴齐指出，包括罗塞塔石碑在内的许多罗塞塔石块都出自塞易斯），泥砖墙逐渐被移走用作肥料。虽然在20世纪末还可以看到一个巨大围城（约800米×700米）的些许遗迹，但今天几乎什么也没有留下。

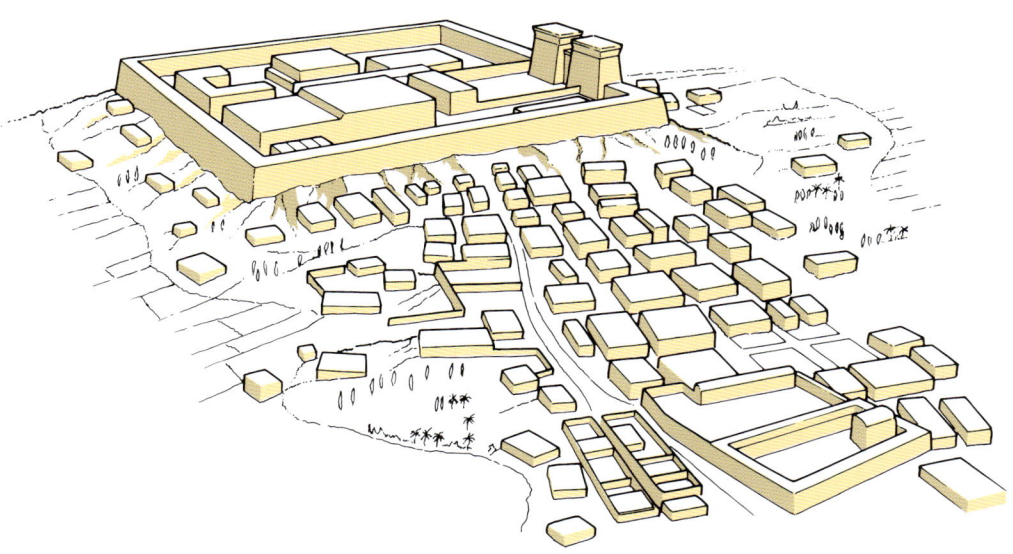

上图：古代诺克拉提斯无序延伸的遗址现在大部分被地下水淹没。

左图：诺克拉提斯复原图，诺克拉提斯是一个结合了繁荣的贸易殖民地与众多埃及神庙和希腊-埃及神庙的城市。

左下图：一位希腊士兵的浮雕，出自诺克拉提斯的一根爱奥尼亚式石柱。至少从第26王朝开始，就有大量的希腊人出现在这个地区，公元前6世纪阿玛西斯国王曾对希腊人做出了特别的让步。

诺克拉提斯

位于尼罗河罗塞塔支流以西，开罗-亚历山大公路西南约3公里，距亚历山大港约80公里的是吉艾福、尼贝拉与尼科拉什村，即古希腊贸易中心诺克拉提斯的所在地。希腊商人在第26王朝时期首次停驻于此，建立了殖民地，并于公元前6世纪阿玛西斯统治下被授予了贸易垄断权。诺克拉提斯至少有五座希腊神祇的神庙，其中包括阿芙洛狄特、赫拉和阿波罗的神庙，此外还有一座献给阿蒙的埃及神庙，可能还有其他埃及神灵的圣殿。这一地区似乎是埃及语中那居-科拉吉（Naju-keredj），"科拉吉之建造"的所在地，希腊名字可能来源于此。不

上图：库姆·西森，古代伊姆神庙围墙的遗迹。这座神庙是献给塞赫迈特-哈托尔的。

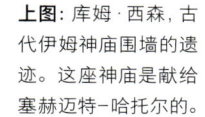

幸的是，今天几乎看不到任何诺克拉提斯的纪念物。弗林德斯·皮特里（1884—1885年）、E.A.加德纳（1899年）和D.G.霍格思（1903年）先后发掘的部分遗址现在位于地下水湖之下；W.库尔森（1977—1978年）和A.莱昂纳德（1980—1982年）最近的调查和发掘工作集中于"大提梅诺斯"（南部神庙围墙）和其他周围地区。

库姆·西森

位于库姆·西森，在库姆·阿布·比罗与诺克拉提斯之间的小丘是古镇伊姆所留下的全部遗迹，伊姆自新王国时期起便是重要的地方行政中心。塞赫迈特-哈托尔神庙现在仅存一个长方形的围城轮廓，该地发现的阿蒙涅姆赫特三世和拉美西斯二世带有铭文的雕像证实了该神庙的存在。

太尔·法尔温

这个位于东三角洲胡塞尼亚村附近的地方也被称为太尔·那巴沙和太尔·贝达维，是古埃及城市伊梅特的所在地。伊梅特曾是诺姆首府，也是眼镜蛇女神瓦吉特的所在地，这里仍然可以看到供奉给她的神庙的围墙轮廓（215米×205米），尽管其他部分几乎都没有保存下来。围墙中似乎至少有两座神庙，大一点的一座建于拉美西斯时代（约65米×30米），东北部较小的一座后期神庙（约30米×15米）可追溯至阿玛西斯统治时期（公元前6世纪）。这两座建筑中都有被盗用的中王国时期纪念物，表明它们是对附近一座更早期的神庙的再利用。

坎提尔

位于东部三角洲，法库斯以北约9公里的现代村庄坎提尔是拉美西斯时代首都皮-拉美西斯或佩尔拉美西斯［Per Ramesses，拉美西斯之屋（或"域"）］的大致所在地。关于这座古城的确切位置一直以来争议不断，而关于这座古城位置的第一批线索是在20世纪20年代该地区发掘出的釉片上发现的，其中一些有塞提一世和拉美西斯二世的名字。

最近德国对坎提尔的勘测，加上20世纪70年代曼弗雷德·比塔克领导下的奥地利考古研究所进行的调查，已经几乎确认这一延伸至南部太尔·达巴的地区是皮-拉美西斯的所在地。然而曾经的伟大之都遗迹相对稀少。因为这座城市所在的尼罗河支流在第20王朝时开始干涸，几乎所有的纪念物都被第21王朝的国王们一点点地移到了新首都塔尼斯。

皮-拉美西斯的宗教中心包括一座拉神大神庙，以及阿蒙、普塔和苏太赫（或塞特）神庙，后者的遗迹在城市南部得到了确认。除了这些大型建筑之外，"拉美西斯之域"还包括瓦吉特和阿斯塔特的较小神庙，无疑还有许多其他的小神殿和祠堂。

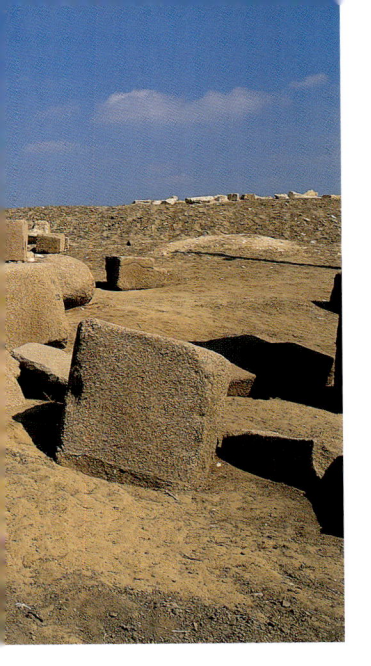

左图：现位于塔尼斯的一些出自坎提尔的神庙石块，曾被第21王朝的国王们重新利用。

右图：奥地利考古队在太尔·达巴发掘，这里有可能是喜克索斯人的首都阿瓦里斯。

下图：艾兹贝特·鲁什迪的小神庙展示了中王国时期神庙设计的关键元素。泥砖建造分两个阶段进行，有门道和石柱。

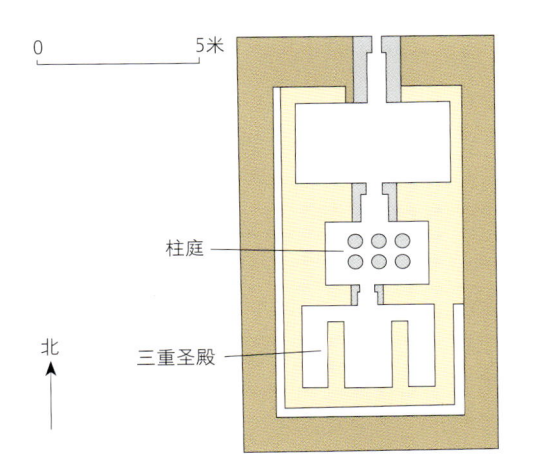

太尔·达巴

太尔·达巴可能是喜克索斯人的首都阿瓦里斯的所在地，位于哈塔那附近，太尔·齐尔卡法以东。该遗址历史复杂，在此地的荷伦布和拉美西斯时代的新王国时期建筑中，有一座可能是献给塞特的大神庙（约180米×140米）。

太尔·穆克达姆（莱昂托波利斯）

几座大型土堆位于尼罗河达米埃塔支流上的现代城镇米特·伽姆尔东南约10公里处，它们是古代塔瑞姆（莱昂托波利斯）的所在地，这里可能是第23王朝国王们的故乡，也是托勒密时期的地区首府。

当地的狮子神米霍斯（此地的希腊名因此为莱昂托波利斯，"狮子城"）的神庙位于遗址的东部，但这座建筑的遗留很少，并且还没有确定年代。米霍斯的母亲女神巴斯特可能也在这里受到崇拜。

太尔·巴斯塔（布巴斯提斯）

位于东部三角洲，现代扎加齐格东南侧的太尔·巴斯塔是古代巴斯特（古典名称为布巴斯提斯）土丘的所在地，是一个地处战略要地的省会，在第22至23王朝期间，曾是整个埃及的首都。这座城市是猫女神巴斯特和她的儿子米霍斯和霍尔赫克努的崇拜中心。声称曾在公元前5世纪到访此地（《历史》第2卷，5—60）

现代名字太尔·巴斯塔保留了曾建于此地的古代巴斯特神庙的记忆，图中可见一些遗迹。

太尔·齐尔卡法

在东部三角洲法库斯以北约6公里哈塔那村附近的太尔·齐尔卡法，有一处中王国时期带柱小神庙的花岗岩入口大门的遗迹。这座建筑可能建于阿蒙涅姆赫特一世和森乌斯里特三世统治期间。

艾兹贝特·鲁什迪

艾兹贝特·鲁什迪·萨格希拉位于太尔·达巴的北面，是一个中王国时期城镇的所在地，当地神庙由阿蒙涅姆赫特一世建立，并由森乌斯里特三世扩建而成。其建筑主要由泥砖构成，带有门道和柱子等部分石材结构，但其平面图显示了常见的中王国时期神庙设计，即在一个三重圣殿前有一个小柱庭。

顶图：布巴斯提斯的培比一世卡神庙的柱子。

上图：布巴斯提斯的哈托尔柱头。

右图：布巴斯提斯主神庙区平面图，包括神庙北部较小的米霍斯圣殿。

最右图：太尔·拉塔巴的拉美西斯二世浮雕，表现他在阿图姆面前杀死一个闪族敌人的样子。

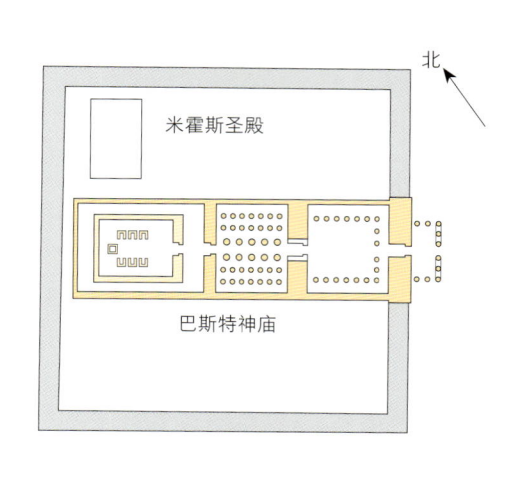

的希罗多德曾提到数十万朝圣者聚集于此，参加女神的年度节日，并称这是埃及最大的节日之一。这里已经发现了一些神庙的遗迹。

巴斯特神庙于1887—1889年由爱德华·纳维尔发掘，除了其基本结构（200米×300米）和分区，即奥索孔二世（第22王朝）的入口大厅、奥索孔三世（第23王朝）的节日大厅和多柱厅，以及尼克塔尼布二世（第30王朝）的圣殿之外，尚无法复原更多的建筑结构。奥索孔二世的大门是一个非常特别的建筑，完全用花岗岩建造，装饰着阿蒙诺菲斯三世的赛德节浮雕。神庙再次利用了不同时期的石块，包括一些第4王朝的。根据希罗多德的说法，这座神庙在他那个时代已低于周围城镇，并且一部分为一片圣湖的支流所包围。

巴斯特神庙周围有许多小型建筑。北面矗立着一座较小的长方形的狮子神米霍斯圣殿，似乎晚于这座更大的建筑，是由奥索孔三世奉献的。西面是第6王朝国王培比一世的一座卡神庙，只剩下两排柱子。西北面矗立着属于其前任泰提的一座相似的卡神庙。在东南部，奥索孔一世或二世修建了一座阿图姆神庙。该地区还有阿蒙涅姆赫特三世（第12王朝）和阿蒙诺菲斯三世（第18王朝）的周年祠堂遗迹，还有一座罗马时期的神庙，可能是献给阿格忒斯代蒙，即"保护灵"的。

萨夫特·希那

这个村庄位于现代城市扎加齐格的东南部，是古代省会佩尔-索普杜（"索普杜之屋"）的所在地。这座城市是以隼鹰神索普杜命名的，他被尊为东部地区之神。1885年，爱德华·纳维尔在这里发现了神庙的砖砌围墙（75米×40米）遗迹。遗址中有由尼克塔尼布一世建造的花岗岩索普杜内殿，这里鲜有拉美西斯二世时期之前的文物发现。

太尔·拉塔巴

位于太尔·玛斯胡塔以西约14公里的太尔·拉塔巴是拉美西斯时期守卫通往三角洲的图密拉特干河谷的军事要塞所在地。这里有一处可以追溯到拉美西斯时期的阿图姆神庙遗迹，阿图姆在这个东部地区受到尊崇（见下面的太尔·玛斯胡塔）。

太尔·玛斯胡塔

出于战略性目的，该区域选址于图密拉特干河谷，位于现代伊斯麦利亚以西约15公里处，是古城与诺姆首府提耶库的所在地。1883年，爱德华·纳维尔在该地区进行了发掘，并发现了一个大围城（约210米×210米），其中有一座严重受损的阿图姆神庙。纳维尔认为这个地方是《出埃及记》中的比东城（埃及语名字为佩尔-阿图姆，即阿图姆之家）。然而，多伦多大学J.S.霍拉德最近的发掘表明，该遗址建于尼科二世统治时期（公元前610—前595年），与修建一条经过干河谷到达苏伊士湾北端的运河的事件有关。几个世纪的衰落之后，在托勒密二世在位时期，该地区经历了一次复兴，托勒密二世在公元前270年左右重新开放了运河，并在那里为阿尔西诺二世建造了祭庙。

太尔·阿特里布（阿斯里比斯）

位于尼罗河达米埃塔支流上的现代城镇本哈东北方一点的太尔·阿特里布，就是古代胡特-赫里-伊布（希腊语为阿斯里比斯）的所在地，曾是一个诺姆首府，其历史可以追溯到古王国时期。阿蒙诺菲斯三世在这里建造了一座神庙，这是他众多伟大建筑中最北端的一座，但这座建筑完全没有保存下来。许多神庙的遗迹都位于这一地点，其中一些可以追溯到希腊罗马时期，还有一座可以追溯到后期国王阿玛西斯的统治时期（公元前570—前526年）。这些神庙的遗迹太过零碎，无法进行任何形式的全面重建，在该地区发现的小型纪念物大多可以追溯到第25至30王朝，且据知没有一个早于第12王朝。

库姆·阿布·比罗（特瑞努提斯）

库姆·阿布·比罗的土丘位于三角洲西部边缘尼罗河罗塞塔支流附近，靠近通往那图伦干河谷和塔拉纳镇的路线，塔拉纳即古典时代的特瑞努提斯。这些名字似乎最初出自蛇女神瑞奈努太特或特尔穆西斯的名字，她显然是该地区的一位重要神祇，这里的神庙中无疑有一座是代表她的。

然而该遗址的早期埃及语名字可能是佩尔-哈托尔-努布特-梅夫克特（Per Hathor nbt Mefket），"绿松石夫人哈托尔之屋"，F.Ll.格里菲斯1887年于此地发现的神庙实际上是献给假托"梅夫克特（绿松石）的女主人"之名的哈托尔女神的。格里菲斯无法确定神庙的完整结构，但这座建筑似乎是由托勒密一世（公元前304—前284年在位）开始建造的，也是该国王

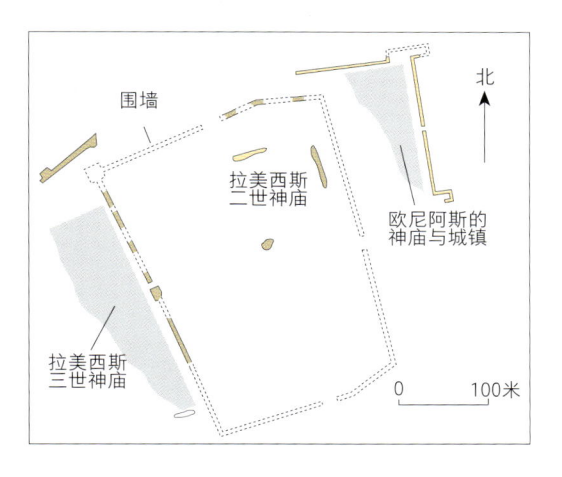

为数不多的现存纪念物之一，并由他的继任者托勒密二世完成。神庙石块上以极其精细的浅浮雕刻画着托勒密一世和哈托尔女神。

太尔·亚胡迪亚（莱昂托波利斯）

伊斯麦利亚公路上，在开罗东北方向约20公里处，是古代内塔胡特的所在地，希腊语称作莱昂托波利斯。这里有一道可追溯到中王国晚期或第二中间期的巨大土筑围墙（约515米×490米），通常认为是出于军事目的建造的，但也可能是宗教性质的，或者二者兼有。在围墙的北部发现了拉美西斯二世的巨像，表明这里可能曾有他的一座神庙，而在西侧则确实有一座拉美西斯三世的神庙。围墙外的东北面是欧尼阿斯修建的神庙的遗迹，欧尼阿斯是一位被流放的犹太祭司，托勒密六世赐予了他这一恩惠。公元71年，在耶路撒冷的犹太人叛乱之后，韦帕芗关闭了这座神庙。

奥西姆（莱托波利斯）

古埃及小镇赫姆位于开罗西北约13公里处，希腊人称之为莱托波利斯。作为下埃及第2诺姆的首府，该地区及当地的神祇肯提-伊尔提或肯提-赫姆——"赫姆的首位"——都在古王国时期的文献中有所提及。该神是隼鹰神荷鲁斯的一种形式，无疑，从早期开始这里就有一座它的神庙——尽管在该地区发现的纪念物都是破碎的残片，上面刻着第26至30王朝国王尼科二世、萨姆提克二世、哈克里斯和尼克塔尼布一世的名字。

赫利奥波利斯

古代的赫利奥波利斯，"太阳城"（埃及语

太尔·亚胡迪亚，"犹太人之丘"，古莱昂托波利斯的所在地，有一道巨大的神庙围墙，外围环绕着更早时期的泥砖墙，但在今天所剩无几。

以一份古埃及平面图为基础绘制的赫利奥波利斯神庙建筑平面图。

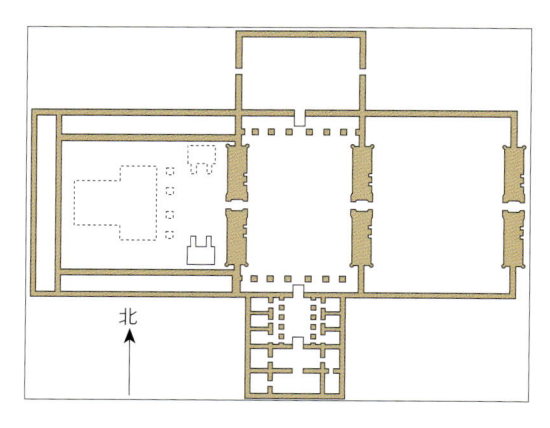

森乌斯里特一世在赫利奥波利斯的整石雕刻的花岗岩方尖碑是埃及现存最古老的方尖碑。

为伊乌努，即《圣经》中的"安城"），位于现代开罗西北郊的太尔·希森地区。它曾经是古埃及最重要的城市之一，在今天几乎什么都没有留下。赫利奥波利斯是继底比斯和孟菲斯之后的第三城市，太阳神拉（以及太阳神拉-荷尔阿赫提、原初神拉-阿图姆和一些相关神）的崇拜中心。该地的宗教建筑——甚至太阳神主神庙——的形态和大小都不得而知，但在阿布·古罗布与阿布西尔发现的第5王朝太阳神庙可能至少在某种程度上模仿了赫利奥波利斯崇拜中心的太阳神庙。如果是这样的话，那么神圣的本本石，即作为太阳崇拜主要标志的像方尖碑一样的巨石，无疑是这座神庙的中心特征了。

太尔·希森地区的泥砖墙遗迹表明，这里曾有一个巨大的围城，估计面积为1100米×475米，而最近的考古发掘表明，这里可能还曾有一些新王国时期的独立神庙，或是一座大神庙。然而在今天，该地区唯一可见的重要纪念物是森乌斯里特一世的红色花岗岩方尖碑，也是现存最古老的方尖碑，它仍然矗立在森乌斯里特为太阳神建造神庙的地方。虽然这座神庙已经消失，但我们从两份古代文献中了解到一些信息。第一份是写在羊皮纸卷上的书吏笔记，现存于柏林，其上记录了森乌斯里特在他统治第三年即公元前1968年决定为拉-荷尔阿赫提修建一座神庙。第二份是在一个薄石片上绘制的神庙实际平面图（现在只有残片），上面记载了后来的国王对神庙的增建，以及各个部分的尺寸和其他信息。

圣·哈加（塔尼斯）

最重要的三角洲遗址之一圣·哈加（石之圣地）是古城加恩（Dja'n）（《圣经》中的琐安）的所在地，希腊人称之为塔尼斯。这座城市在新王国时期之后尤为重要，曾是第21和22王朝国王的墓地、后期埃及的省会、三角洲地区的商业首都，直到被诺克拉提斯取代——最终则被亚历山大取代。该遗址位于东部三角洲法库斯和坎提尔以北，由马里埃特（1860—1880年）、皮特里（1883—1886年）、蒙特（1921—1951年）等发掘，目前仍在由法国考古学家进行研究。

塔尼斯的主要神庙区位于一道厚约15米的巨大泥砖围墙内，面积约430米×370米。这道巨墙内有许多独立的建筑，以及一个独立的、形状不规则的内部围墙的遗迹。今天，可以从西面通过舍尚克三世的大门进入这个建筑群，这个入口通向位于围城中心的阿蒙大神庙区域的一条巡行大道，大道两旁最初矗立着拉美西斯二世的15座方尖碑。今天，这座神庙及其周围地区是一片杂乱的石块、柱子和碎石堆，尽管几乎没有保存完整的建筑结构，但幸运的是，遗址自身的复杂历史的很多方面都展现了出来。

虽然古王国、中王国、新王国时期建筑的石块都有发现，但都是被重新使用的；遗址上最早的建筑似乎是苏森尼斯一世（在阿蒙大神庙的圣殿下发现了其奠基物）以及其他第21王

朝和第22王朝早期统治者的杰作。在第30王朝，尼克塔尼布一世在阿蒙神庙的北侧建造了一座洪苏-尼弗荷太普神庙（建于南北轴线上），并利用了舍尚克五世和萨姆提克一世早期建筑中的石头建造了东面的圣湖。再往东一点，在内围墙的外边，是奥索孔二世的花岗岩神庙遗迹，其中有古王国时期的棕榈式立柱，最初由拉美西斯二世重新使用，之后又由奥索孔再利用。这里还有另一段围墙的遗迹，在东南部，还有一座献给查卢东部边界地区之荷鲁斯的神庙遗迹，由尼克塔尼布二世建造，托勒密二世完成。

靠近阿蒙神庙西南角的是皮埃尔·蒙特在1939年发现的第21、22王朝王室陵墓（苏森尼斯一世、奥索孔二世、塔克洛特二世、阿蒙涅莫普、舍尚克二世、舍尚克三世）。除了图坦卡蒙墓之外，这些塔尼斯神庙墓是迄今仅见的相对完整的埃及国王墓葬。虽然这些陵墓似乎没有上层结构，只由地下的泥砖室与石室组成，但其中却发现了丰富的国王墓葬宝藏，如舍尚克二世的隼鹰首银质棺材，现收藏于开罗的埃及博物馆。像塔尼斯神庙一样，这些第三中间期的国王墓葬中也频繁使用了早期材料。在六个国王墓葬中，苏森尼斯使用了取自帝王谷的第19王朝美内普塔的巨大石棺，塔克洛特二世挪用了一口中王国时期的棺材，阿蒙涅莫普使用了一个用古王国时期石块制作的石棺盖，而舍尚克三世的石棺是用第13王朝的一段楣梁制成的。

在主神庙区外的南角有一个较小的围城，穆特、洪苏和亚洲女神阿斯塔特被供奉于此。这座神庙由西亚蒙（第21王朝）和阿普里斯（第26王朝）建造，托勒密四世修复。

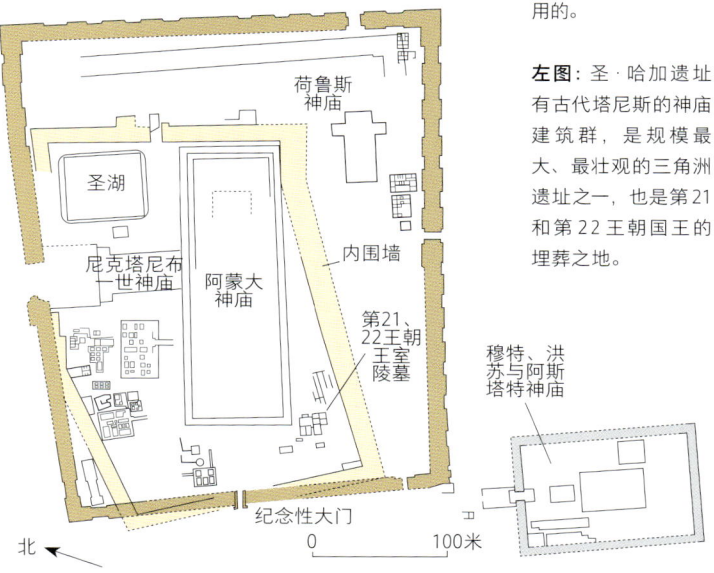

对页下图：苏森尼斯华丽的银棺，出自圣·哈加，古代塔尼斯，现藏埃及开罗博物馆。

下图：古代塔尼斯的废墟上散落着许多神庙的石块与石柱残块，其中一些可以追溯到古王国时期，不过所有第21王朝之前的石块似乎都是被重新利用的。

左图：圣·哈加遗址有古代塔尼斯的神庙建筑群，是规模最大、最壮观的三角洲遗址之一，也是第21和第22王朝国王的埋葬之地。

从孟菲斯到阿苏特

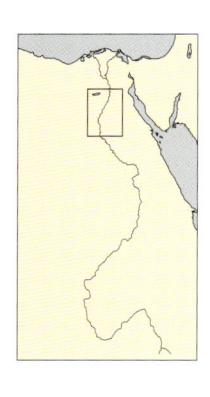

从三角洲一直延伸到南部阿苏特的地区在古埃及历史上的大部分时间都是核心地带。在北方首府孟菲斯的控制下，该地区保持了大部分的统一，甚至在中央集权薄弱的时期也是如此。在大部分情况下，尼罗河谷在这一地区是宽阔的，有大量农业用地维持着许多城市和神庙，法雍肥沃的洼地也是如此，在鼎盛时期法雍是埃及人口最多的地区。

孟菲斯地区

孟菲斯位于三角洲与尼罗河谷、上埃及与下埃及的接界处，是早王朝时期和古王国时期的埃及王室所在地以及首都，也一直是埃及历史上非常重要的城市。许多大神庙都建造于此，其中一座圣殿的名字希库普塔（Hikuptah），"普塔之卡的神庙"，被认为是希腊语单词"Aigyptos"以及英语"Egypt"的起源。孟菲斯城虽然伟大，但最终也衰落了，并长久消失在尼罗河的淤泥沉积下。在现代的米特拉希纳地区，只能看到广袤城址的少量遗迹。

孟菲斯古都及其神庙几乎没有任何遗存，但这座城市的大型墓地却留了下来，是世界上最重要的墓场。沿着尼罗河谷上方的高地，从北部的阿布·罗阿什到法雍入口处的伊拉洪，历代国王建造了金字塔，大部分都配有祭庙和河谷神庙。尽管这些大型建筑群大多已在千年间被夷为平地，但许多神庙的规划设计已被还原，这对我们了解神庙的发展有很大的意义。

米特拉希纳（孟菲斯）
普塔神庙建筑群

孟菲斯古城位于开罗以南15公里的米特拉希纳地区。孟菲斯地区主神普塔的围城（可能是拉美西斯二世位于"普塔之域"的神庙）是埃及最大的神庙建筑群之一，但除了一座第26王朝的阿皮斯神牛防腐屋外，几乎没有其他遗迹。在它的北面，围墙西侧的中间点，有一个

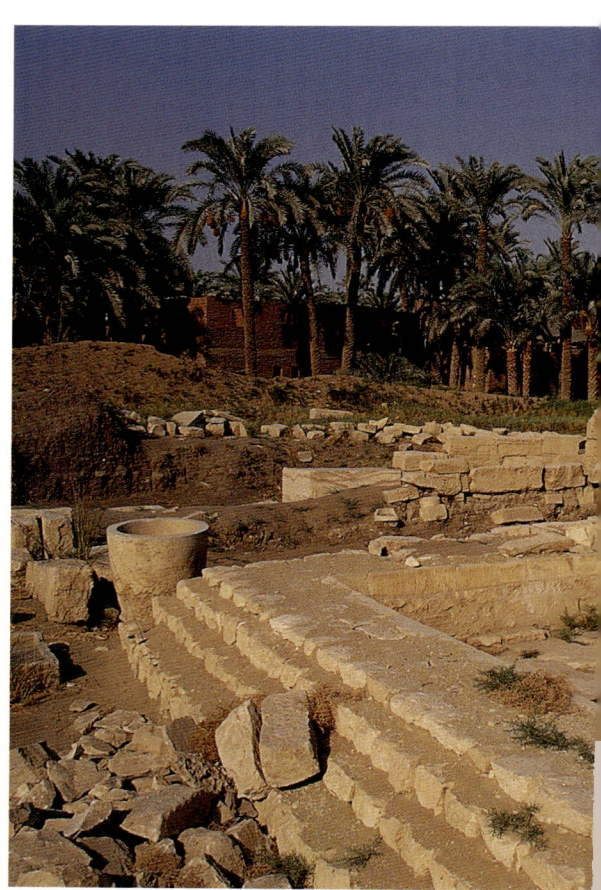

孟菲斯古都的遗迹就在现代村庄米特拉希纳周围。普塔神庙的南围城曾是埃及最大的神庙建筑群之一，但现在几乎没有遗存，大部分处于现代地下水位以下。

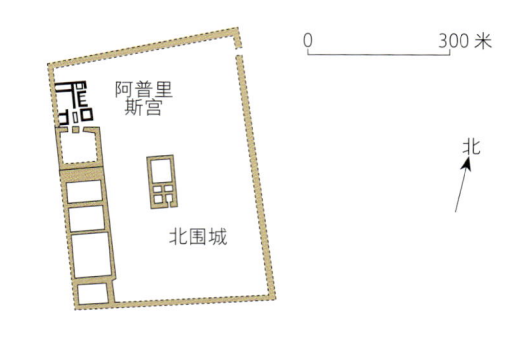

中图：第26王朝的阿皮斯神牛之屋，有超过5米长的方解石防腐床。

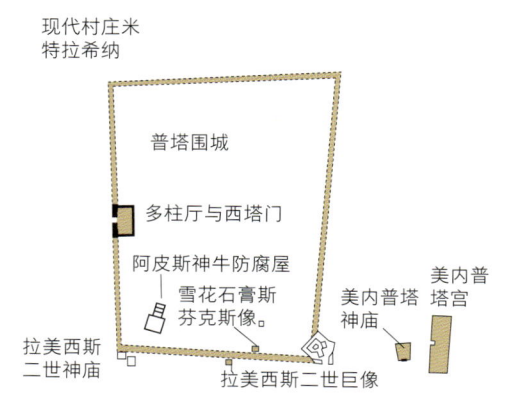

拉美西斯二世的孟菲斯巨像

拉美西斯二世最著名的巨像是阿布·辛贝尔神庙的崖刻巨像和拉美西姆的大型雕像，但即使是为这位国王制作的中等大小的雕像，如孟菲斯的倒塌巨像，也因其惊人的规模和建造技巧而引来赞叹。这座雕像原来就矗立在普塔神庙外。

位于孟菲斯的拉美西斯二世倒塌的巨像头部。巨像曾矗立在普塔神庙外，从头部到膝盖近13米。

相关资料

遗迹：拉美西斯二世巨像
年代：第19王朝
地点：米特拉希纳（孟菲斯）
材质：石灰岩
高度：12.88米（头至膝）
重量：未知
供奉对象：可能是普塔神

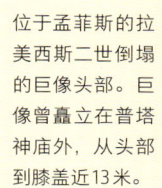

多柱厅的遗迹。这是神庙中唯一被系统发掘的区域（从1908年至1913年，由皮特里开始），由于靠近现代村庄，遗址的其余部分基本上原封未动。

哈托尔神庙

就在普塔围城外的南角，位于现在被称为库姆·拉比阿的地区，有拉美西斯二世建造的一座哈托尔小神庙的少量遗迹。

普塔小神庙

美内普塔在附近的库姆·卡拉阿地区建造了一座普塔小神庙，旁边是国王的宫殿。然而，和邻近的建筑一样，这座建筑几乎没有留存下来。

下图：哈托尔神庙遗迹，位于孟菲斯主神庙围墙之外。

底图：美内普塔在主普塔建筑群西部建造的普塔小庙。

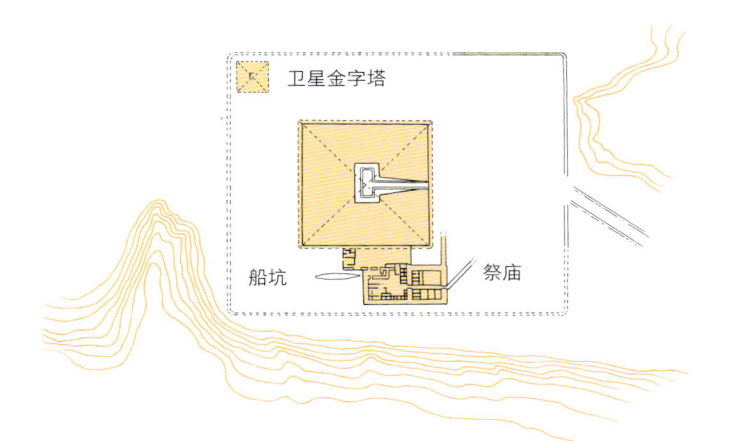

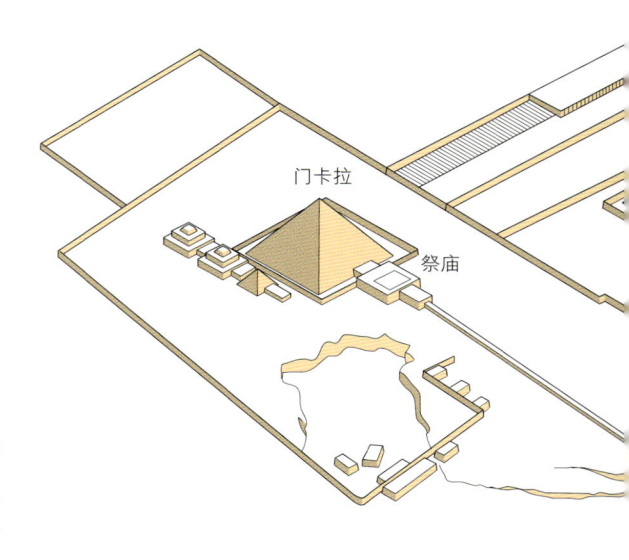

位于阿布·罗阿什的杰代夫拉金字塔建筑群的祭庙，无论是相对于金字塔的位置，还是设计规划，都与众不同。

下图：阿布·罗阿什杰代夫拉祭庙遗迹。祭庙似乎是用泥砖与糙石相当仓促地完成的，但设计元素依然可见。

右下图：胡夫祭庙的复原图显示出了对称与规则的设计，该祭庙几乎没有遗存。

阿布·罗阿什
杰代夫拉的金字塔神庙

阿布·罗阿什位于开罗西部，吉萨以北约8公里处，是孟菲斯墓区最北端的遗址，有第4王朝国王杰代夫拉（或拉杰德夫）的金字塔。由于杰代夫拉的统治时间（公元前2528—前2520年）相对较短，他的金字塔建筑群尚未完工，但相对反常的设计却十分清晰。祭庙位于金字塔的东面，但有点偏北，是用粗石墙和泥砖建成的，内有一个露天庭院，庭院周围有各种各样的房间或小祠堂。该建筑后墙的砖石结构中有一个很深的凹口，被认为是为假门准备的。通往河谷神庙规划区的甬道从东北方而不是东方（这是典型的情况）接近金字塔神庙，这个方向是由该区域的地形决定的。

吉萨
胡夫的金字塔神庙

胡夫大金字塔是所有金字塔中最大和最著名的一座，自第4王朝以来一直保存至今，但其相关神庙的证据却很少。河谷神庙的遗迹埋在开罗郊外的某处，一块粗糙的玄武岩地面显示了祭庙在金字塔东侧的位置。这座神庙看起来是方形的，里面有一个圣殿，圣殿前面是一个带有柱廊的露天庭院。建造中使用了玄武岩（地面）、花岗岩（柱子）和石灰岩（墙壁），除此之外，对其设计与外观我们所知甚少。

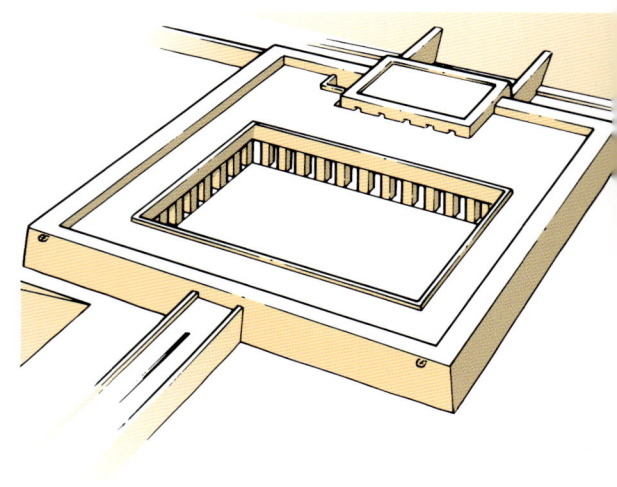

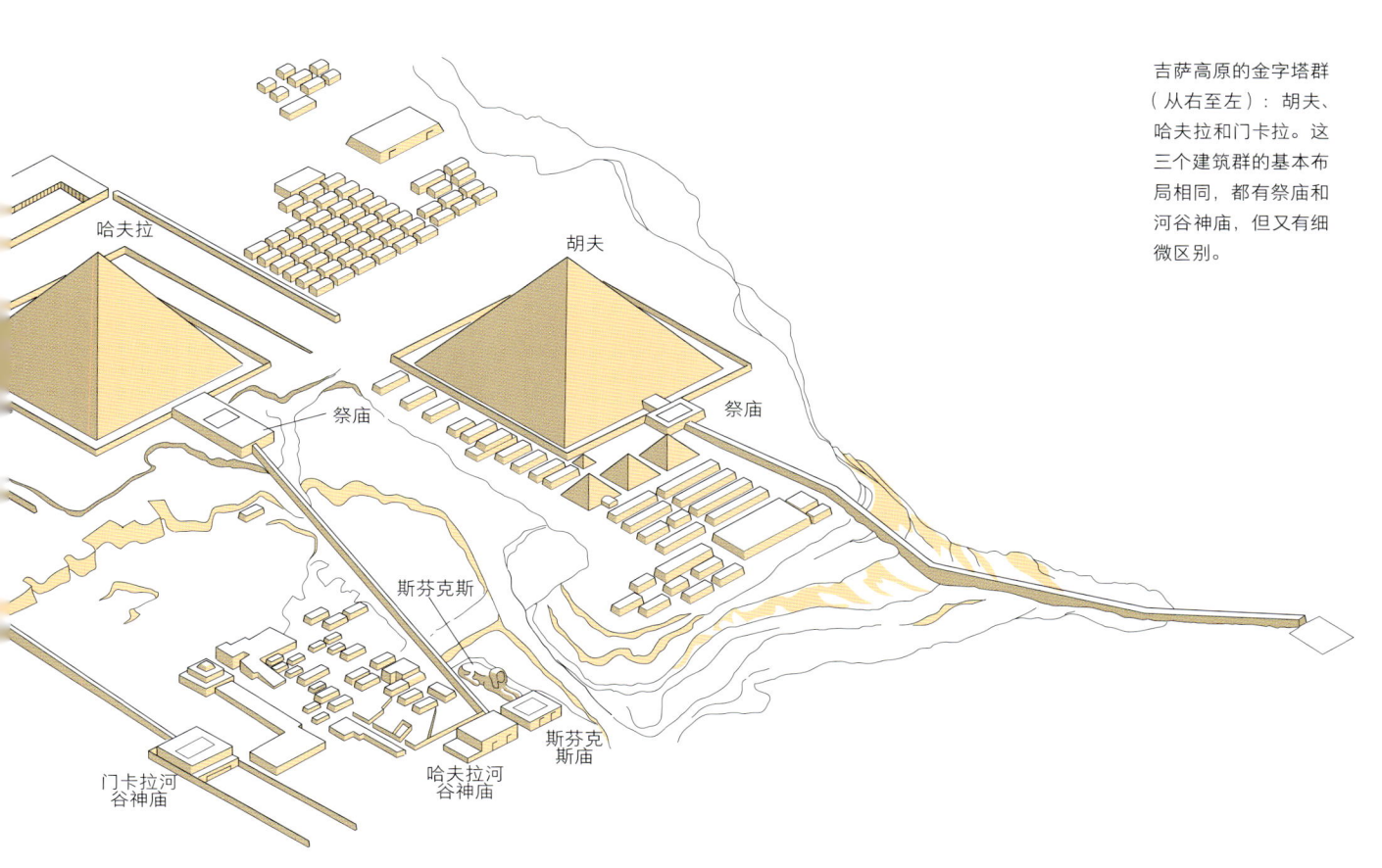

吉萨高原的金字塔群（从右至左）：胡夫、哈夫拉和门卡拉。这三个建筑群的基本布局相同，都有祭庙和河谷神庙，但又有细微区别。

哈夫拉的金字塔神庙

吉萨的第二座金字塔是胡夫之子哈夫拉的金字塔，它的保存状况比更为著名的前一座要好一些，尤其河谷神庙，它紧挨着狮身人面像，基本上保存了下来。虽然这座简朴的建筑几乎没有装饰，但花岗岩柱和方解石地板简洁的线条和抛光的表面给人留下了深刻的印象。两扇门（可能代表埃及的两部分，也可能代表白天和黑夜）通向一个门厅和一个光线昏暗的大柱厅，大厅内有23尊国王的坐像（中间的一尊更宽，可能被算作两尊，以便象征性地代表一天中的每个小时）。在这个区域及其后的储藏室之上，一个屋顶高度的庭院可能融入了神庙的建筑象征体系当中，与下面暗室的深邃相对应，代表着一个"天堂"。当然，在金字塔神庙中，石头类型和颜色的选择与安排，以及建筑中所用的各种元素的数量都可能表明了对宇宙象征体系的自觉应用，但其细节是不确定的。神庙里发现了许多雕像，包括王座上的哈夫拉的雕像，他的头被隼鹰形的神祇荷鲁斯的双翼环抱着，这是埃及最伟大的艺术作品之一。

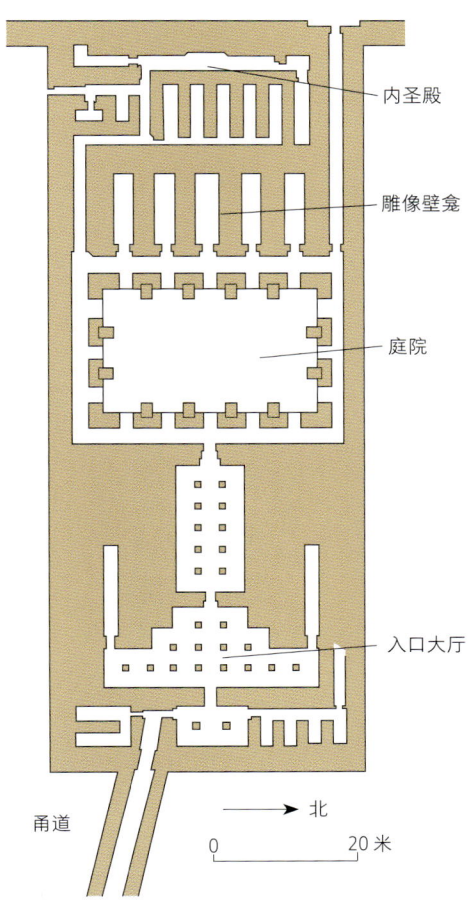

哈夫拉的祭庙是吉萨高原上在规划和装饰方面最具野心的神庙。其规划中的每个元素都比邻近建筑群的大得多、复杂得多，其中的入口大厅、主庭、五个雕像壁龛和内圣殿成为后来祭庙的标准基本元素。

哈夫拉河谷神庙内部，巨大的花岗岩柱与过梁。

古埃及雕像中的杰作之一：哈夫拉与隼鹰神荷鲁斯的雕像。

在金字塔东边不远处建造的祭庙几乎只剩地基，但幸存下来的部分足以使人们理解它的设计。它明显比早期的金字塔神庙更大，也更复杂，包含了所有后世成熟形态的金字塔的基本元素，即入口大厅、主庭、五个壁龛和内部圣殿。祭庙的前部与河谷神庙的结构有许多相似之处，内部神庙则与早前的胡夫金字塔神庙的基本结构相似。在哈夫拉的神庙里，墙的主体使用巨大的石灰岩块，用较小的红色花岗岩块补齐，在某些房间里使用的则是方解石。这座神庙中还有许多国王的雕像（包括12尊近4米高的坐像），宫殿的内壁可能部分装饰有浮雕。与河谷神庙一样，神庙房间的数量和布局常常表达了象征意义，但文献证据的缺乏意味着对这些意义的阐释在很大程度上仍是推测性的。

古王国斯芬克斯庙

这座神庙显然是为矗立在它前面的大斯芬克斯像建造的，但由于没有现存的与这个建筑有关的同时代铭文，人们对它的历史或特定用途所知甚少。这座神庙可能是由哈夫拉金字塔神庙的建造者建造的，中央庭院中有花岗岩柱，每根柱前都有一尊国王雕像，几乎是哈夫拉祭庙的翻版。与哈夫拉的其他神庙一样，象征意义也体现在柱子的数量（24，可能是日夜每小时一根）、雕像的数量（10或12，可能是白天每小时一座）和不同的房间中，但同样无法确定。这座建筑的独特之处在于有两个圣殿，可能与旭日和落日有关。总体而言，建筑设计得比同时期的任何其他神庙都更为对称。马克·莱纳尔已经表明，神庙很可能是以太阳轨迹为中轴线的，而大斯芬克斯像，如莱纳尔所提议，可被视为国王与太阳融合的形象，或者可能正在向这座神庙奉献供品。不过，这座斯芬克斯庙并没有完工，很可能在它建造的年代从未投入使用。

下及底图：古王国斯芬克斯庙矗立于斯芬克斯像之前。由阿蒙诺菲斯二世建造的新王国斯芬克斯庙在其右方。

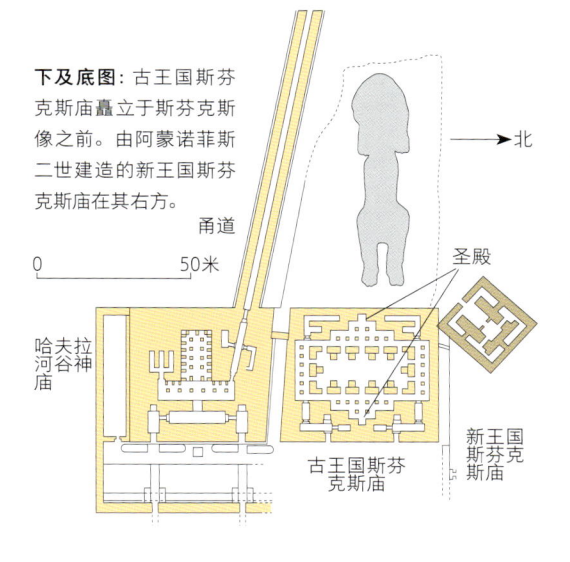

新王国斯芬克斯庙

在大斯芬克斯像东北部稍高的地方建有一座新王国时期的神庙——当时斯芬克斯的崇拜已经流行了起来。这座神庙是阿蒙诺菲斯二世在其统治第一年（约公元前1427年）建造的，由此开启了斯芬克斯的祭拜仪式；但现在这座建筑已经毁坏，只剩下残缺的遗迹。

门卡拉的金字塔神庙

吉萨第4王朝金字塔群中的第三座似乎尚未完工。它的河谷神庙用泥砖匆忙建成，在后来（第6王朝的某个时期）遭受洪水的严重破坏后得到了重建。这座神庙现已毁坏，但其平面图显示出露天庭院前的入口区域，以及一个有储物间和其他房间围绕的圣殿的后方区域。神庙里发现了大量雕像，其中有著名的国王与哈托尔及各种诺姆神的组合雕像。

与河谷神庙一样，门卡拉的祭庙最开始使用的是大块的石灰石，但最后是以泥砖完工的——虽然其初衷是像以前的神庙一样以花岗岩做墙的表面。这座建筑建得更像是胡夫祭庙，建筑本身相当方正，在厅和小房间组成的内部建筑之前，有一个露天庭院。在这里还发现了竖立过雕像的证据，包括一块巨大的国王雕像的碎片，这座雕像可能矗立在神庙后面的一扇假门前，以此象征国王的灵魂从金字塔墓中出现。连接两座神庙的甬道本应带有屋顶，但显然尚未完工。

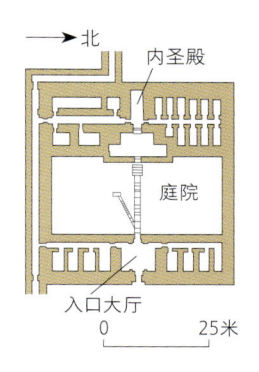

门卡拉相对复杂的河谷神庙以石头始建，以泥砖完工。

门卡拉河谷神庙中有很多国王与哈托尔女神以及各种诺姆神祇的精美组合雕像。

位于阿布西尔的金字塔（由左至右）：尼弗尔伊瑞卡拉、纽赛尔与萨胡拉。乌瑟尔卡夫与纽赛尔的太阳神庙可见于后方。

下图：纽赛尔的太阳神庙在许多方面与标准金字塔建筑群相似，但在其他一些方面则是独一无二的。

右下图：纽赛尔太阳神庙的庭院中有一个方解石祭坛，形状是围绕太阳标志的四个赫太普（hetep）供品符号。

阿布·古罗布
纽赛尔的太阳神庙

第5王朝见证了特殊的"太阳神庙"的出现，"太阳神庙"是金字塔建筑群的补充，被奉献给拉神。虽然已知其中六座建筑的名称，但只发现了两座。位于开罗西南约10公里处的阿布·古罗布的纽赛尔太阳神庙是保存最完好的，尽管损坏也很严重，但可以重建。这座太阳神庙采取当时典型的金字塔建筑群的样式，先用泥砖建造，后用石头重建。它有一座河谷神庙，由甬道连接到上方的一个神庙区域，该区域有一个巨大的方尖碑状的砖石结构，即本本，高36米，取代金字塔作为太阳神的象征。"方尖碑"本身矗立在一个20米高的巨大基座上。在纽赛尔的建筑中，上方神庙的入口通向一个大庭院，庭院北侧有储藏室和屠宰室，在方尖碑前有一个巨大的方解石四面祭坛，每一面都有表示供品的赫太普圣书体符号。

入口前厅和走廊围绕在建筑群的两侧，装饰着国王周年纪念场景（可能是强调国王与太阳神的关系），一个小型的独立建筑紧靠着方尖碑南侧而建，即所谓的"季节之屋"，装饰有一系列绘画浮雕，描绘着许多大自然的生动画面，而大自然即是太阳神的"王国"。神庙建筑群的外面是一个巨大的砖砌太阳船模型的遗迹，让人联想到早前金字塔周围的船坑和埋下的太阳船。这座在新王国时代就已经很古老的神庙由拉美西斯二世虔诚地修复，但随着历史的发展，它再次衰败下去。该遗址由德国考古学家路德维西·博恰特和海因里希·谢弗于1898—1901年发掘。

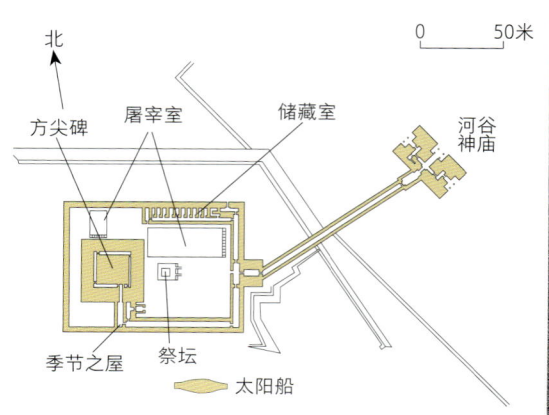

乌瑟尔卡夫的太阳神庙

在纽赛尔的太阳神庙和阿布西尔金字塔的中间，乌瑟尔卡夫的太阳神庙坐落在沙漠边缘一个岬角处，与纽赛尔那座类似。乌瑟尔卡夫的神庙是已知第5王朝两座此类神庙中较早的一座；但国王仅仅统治了7年（公元前2465—前2458年），未能完成神庙的建造或装饰，神庙后来由纽赛尔完成。

就像后一个国王的神庙那样，河谷神庙一般通过甬道与上庙区域相连，但乌瑟尔卡夫河谷神庙的设计似乎有些反常，有一个中央庭院，其正面至少有五个仪式祠堂。河谷神庙也奇怪地偏离了它的甬道；而且，更重要的是，神庙和甬道似乎都大致朝向赫利奥波利斯的方向，也许正如罗纳德·威尔斯所言，这是朝向在公元前2400年左右黎明前地平线上升起的星星。如果后者为真，这可能表明乌瑟尔卡夫河谷神庙的功能近乎一种为黎明时分进行的祭祀活动服务的天文钟。

赫伯特·里奇和格哈德·海尼在20世纪50年代中期完成的发掘和研究表明，作为太阳神庙主体的上庙区域的建造经历了多个阶段。最初，这一部分似乎并没有一座方尖碑，而是在一个凸起的土丘上立有一根桅杆，类似于赫拉康波利斯的神圣建筑。乌瑟尔卡夫太阳神庙的名字，奈拉（Nekhen-Re）或"拉的据点"，甚至可以在某一层面上指代古代的奈肯，即赫拉康波利斯。因此，这座建筑在名称、形式和朝向上都可以将埃及传统中最早的神庙崇拜与古王国时期以太阳为主导的赫利奥波利斯崇拜联系起来。

阿布西尔

萨胡拉的金字塔庙

位于开罗以南12公里处的阿布西尔是孟菲斯地区的第四个金字塔区域（从北部的阿布·罗阿什开始），这里有几处重要的纪念性建筑物。该地的现代名称来源于古希腊语布西里斯，它本身取自埃及语的佩尔-奥西里（Per Wsir）或"奥赛里斯之家"，是一个适合墓场的名称，同时也为另几处埃及遗址所使用。阿布西尔的王室公墓是由第5王朝国王萨胡拉修建的，他在前任乌瑟尔卡夫的太阳神庙南边的一个高原上建造了自己的金字塔建筑群。后来的国王跟随萨胡拉在这个地点建造的金字塔是以东北轴排列的，可能是有意识地朝向赫利奥波利斯。

阿布西尔第5王朝的萨胡拉金字塔建筑群被认为是这类古王国建筑在理念层面的前身。尽管它的河谷神庙的布局相当简单，只不过

上图：今天的阿布西尔金字塔群。

下图：萨胡拉金字塔建筑群，河谷神庙的设计非常特别。

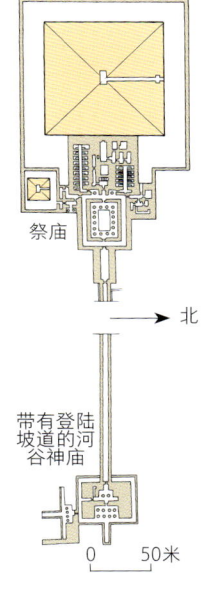

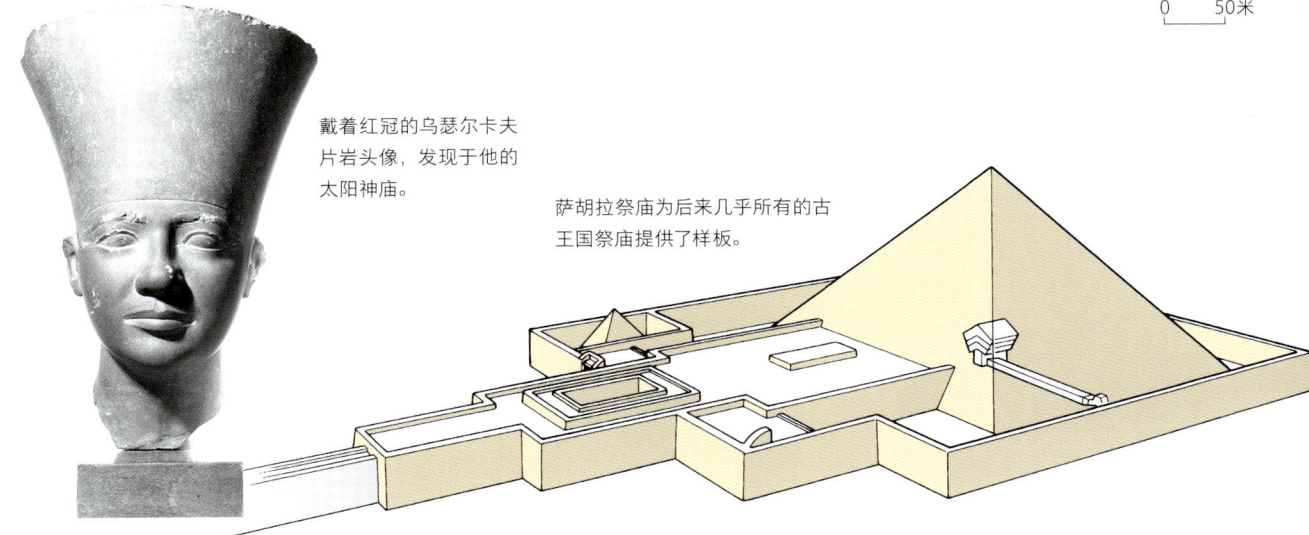

祭庙

→ 北

带有登陆坡道的河谷神庙

0　50米

戴着红冠的乌瑟尔卡夫片岩头像，发现于他的太阳神庙。

萨胡拉祭庙为后来几乎所有的古王国祭庙提供了样板。

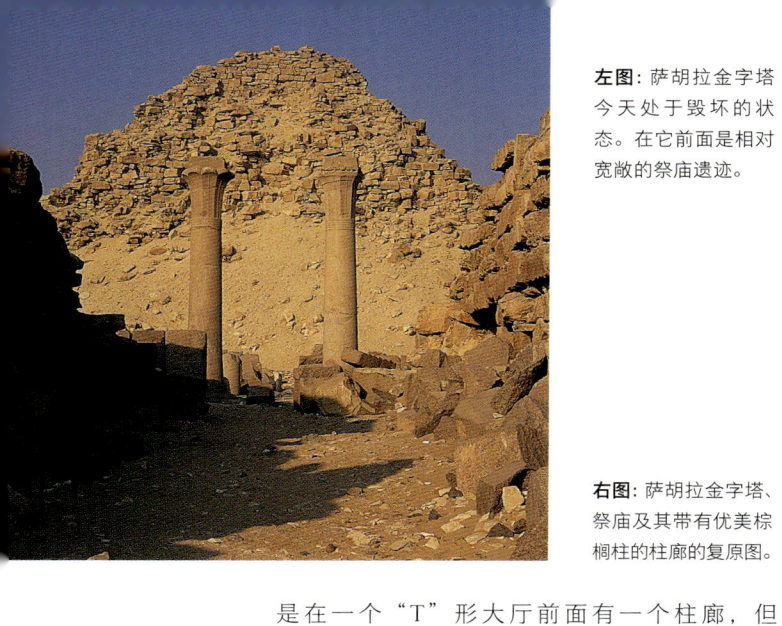

左图：萨胡拉金字塔今天处于毁坏的状态。在它前面是相对宽敞的祭庙遗迹。

右图：萨胡拉金字塔、祭庙及其带有优美棕榈柱的柱廊的复原图。

下图：萨胡拉祭庙的遗迹仍然显示出其规模与复杂性。

是在一个"T"形大厅前面有一个柱廊，但紧靠金字塔东面修建的祭庙比以往任何一座都要复杂。在甬道的顶部，一个狭长的入口大厅通向一个围绕着柱庭的走廊，柱庭接着通向一个复杂的内部神庙，里面有各种大厅、储物室与国王像龛，还有一个"供奉大厅"，以及假门前的一座黑色花岗岩国王雕像。神庙建筑群的装饰面积约为10000平方米（只有百分之一留存下来），建筑群展示了呈供者的形象，以及国王处决敌人、捕鱼、捕鸟和参与其他象征着保护神庙和维护宇宙秩序的活动的各种场景。

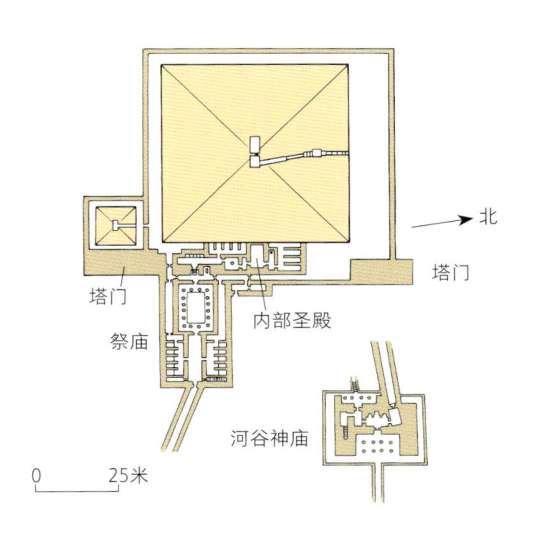

纽赛尔的金字塔庙

就在萨胡拉金字塔的南面，纽赛尔河谷神庙（最初是为尼弗尔伊瑞卡拉修建的）由一个带有纸草捆形状柱子的门廊与几个小房间组成，神庙的角度是为了连接尼弗尔伊瑞卡拉甬道的一段短路；纽赛尔盗用了尼弗尔伊瑞卡拉甬道。上祭庙的大部分元素与著名的萨胡拉神庙相同，但布局不一样，由于早期的马斯塔巴墓的存在，神庙的大部分偏离了金字塔的中心。

在神庙浮雕中纽赛尔由众神陪伴，这后来成为神庙内部的标准装饰。然而，对于后来神庙形式的发展来说，最重要的是金字塔庭院末端的巨大石砖结构，这似乎是后来神庙中巨大塔门的最早前身。

尼弗尔伊瑞卡拉的金字塔庙

很显然，尼弗尔伊瑞卡拉的神庙最初的设计非常接近其兄长萨胡拉的金字塔建筑群，但后来却缩减了规模。河谷神庙（后来被纽赛尔盗用）和甬道在国王去世时还没有完工，祭庙的内部是用石头建造的，而外部使用的是泥砖和多重莲花苞样式的木柱。除了工作名册和供应品清单外，在尼弗尔伊瑞卡拉祭庙发现的残缺的纸草文献（已知最早的以僧侣体书写于纸草的文本）还提供了详细的神庙账目。文献记载了国王的太阳神庙定期（每天两次）向金字

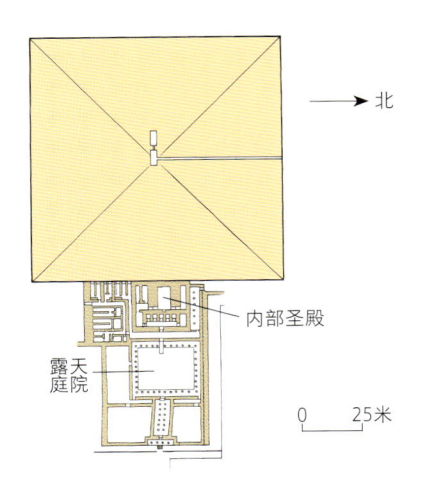

左上图：纽赛尔祭庙与河谷神庙基本上延续了萨胡拉建立的模式，只是在结构上有所不同。

上图：尼弗尔伊瑞卡拉的祭庙大大拓宽了神庙内区之前的庭院，但内部房间基本上遵循了萨胡拉的设计。

左图：尼弗尔伊瑞卡拉的金字塔神庙以石头始建，但以泥砖与木头完工，因此其外围区域几乎没有遗存。

左下图：位于阿布西尔的尼弗尔伊瑞卡拉祭庙也包含与其先例相同的基本元素。

塔运送物资的情况，表明该地的神庙由附近的太阳神庙来维持，可能是因为后者先完工，并且已经有了自己的基础设施。

拉内弗拉夫的金字塔庙

这座第5王朝短命统治者的所谓"未完成金字塔"位于阿布西尔金字塔链的南端。20世纪70年代，捷克考察队对金字塔进行了发掘，确定该建筑群尚未完工，但它仍为国王祭祀发挥了作用。发掘者认为，祭庙建设的第一阶段是在国王去世与下葬之间仓促完成的，后来才增加了许多其他的储藏室和房间。在神庙最早的部分中特别有趣的是一个多柱厅，这是在埃及发现的最早的神庙多柱厅之一，有4排共20根多重莲花苞样式的木柱。这座庙里的其他柱子是棕榈和纸草样式的。

萨卡拉

在开罗以南约14公里处的萨卡拉是孟菲斯地区最古老和最大的金字塔区。它是埃及最重要的墓场之一，据说是以埃及的地下与葬祭之神索卡尔命名的，不过其现代名字更可能来源于该地区中世纪阿拉伯部落的名字。萨卡拉墓场是一个从北向南延伸近6公里的巨大区域。这一墓区的使用时间跨度非常大，从早王朝时期到基督教时代。该地区的中心是乔赛尔的阶梯金字塔建筑群，即荷鲁斯·奈杰尔利赫特，但萨卡拉也有其他一些较小的纪念物，它们的存在证实了埃及神庙历史中的演变模式。

泰提的金字塔庙

第6王朝开创者泰提的金字塔是已知萨卡拉最北端的金字塔，位于乔赛尔阶梯金字塔群西北几百米处。祭庙因其石材而遭到掠劫，只剩少量遗迹，但其设计规划显然是对杰德卡拉-伊瑟西和乌纳斯曾遵循的一种范式的沿用——入口大厅通向一个露天庭院，这些结构的两侧是以类似方式排列的储藏室。内部神庙区也有标准的五个雕像壁龛和布局相似的圣殿及其相关房间。然而，一些仿古结构（如柱廊庭院的方形花岗岩柱）表明，埃及神庙的建筑师很少忘记传统中更古老的模型。河谷神庙——倘若真的存在的话——还没有被发现。

下图：拉内弗拉夫位于阿布西尔的金字塔建筑群：因为南部有为神庙仪式提供祭祀牲畜的大型附属建筑，所以其形状颇显特别。从该地发现的纸草中，我们知道了它的名字："刀之圣殿"。

上图：这个拉内弗拉夫的石灰岩雕像发现于他的祭庙之中。雕像融合了国王的形象与隼鹰形的王权之神荷鲁斯的形象，与著名的哈夫拉雕像相呼应。

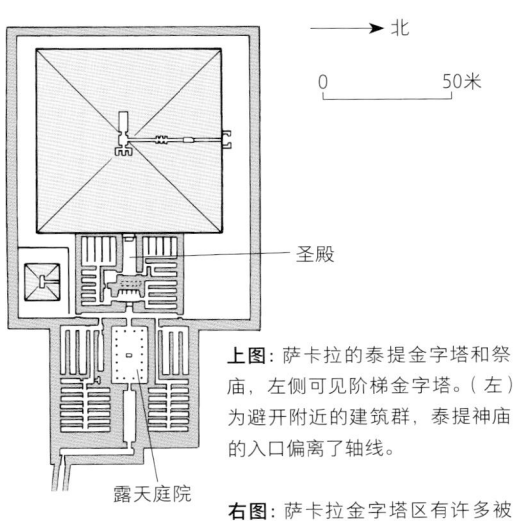

上图： 萨卡拉的泰提金字塔和祭庙，左侧可见阶梯金字塔。（左）为避开附近的建筑群，泰提神庙的入口偏离了轴线。

右图： 萨卡拉金字塔区有许多被毁坏的重要金字塔神庙。

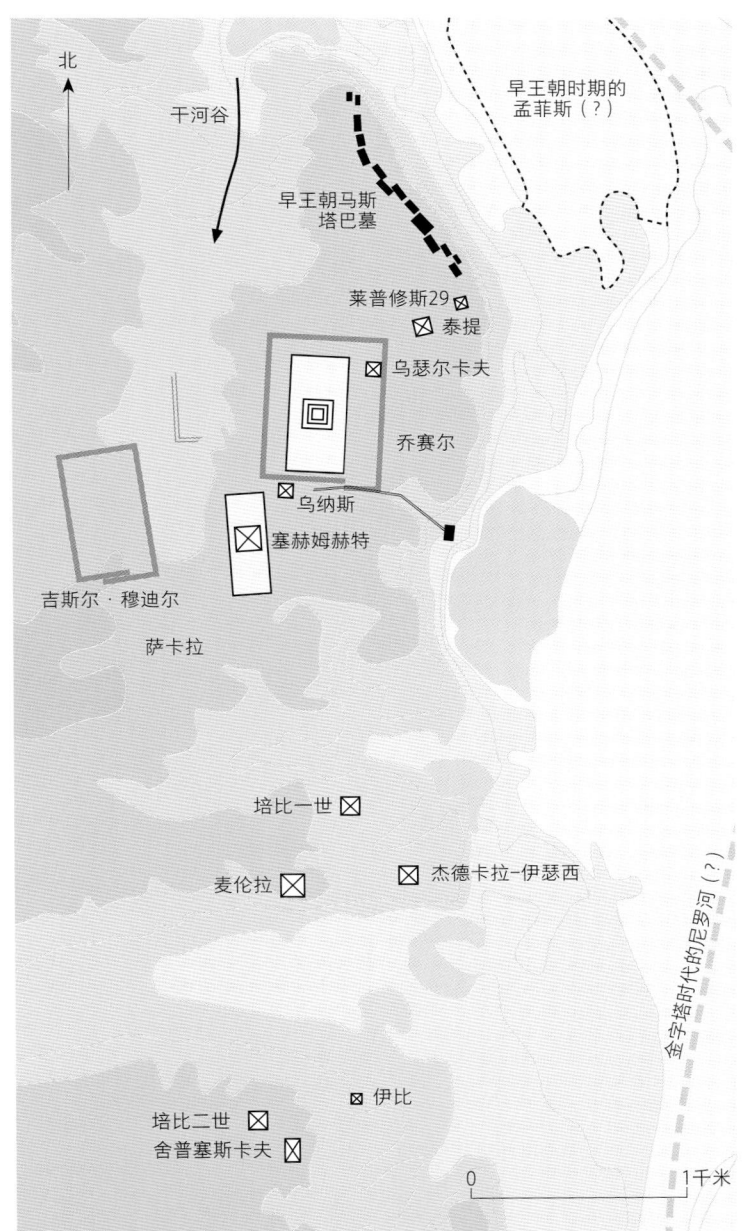

下图： 泰提祭庙的大部分石头已被盗石贼掳走。

下图：乔赛尔在萨卡拉的墓葬建筑群是第一个金字塔建筑群。它有许多神庙与类似圣殿的建筑结构，很多明显是象征性的而非实用的。

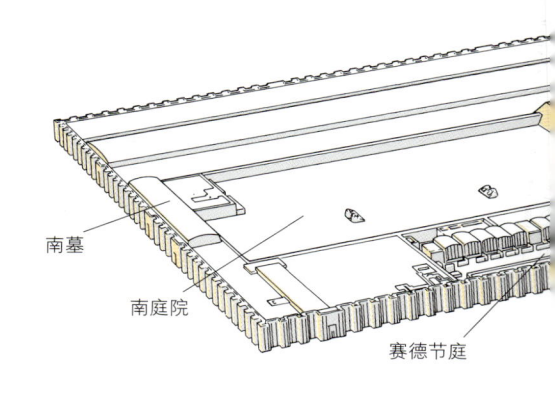

上图：第 5 王朝国王乌瑟尔卡夫的金字塔在萨卡拉的沙丘中鹤立鸡群，邻近乔赛尔的大墓葬建筑群。

右图：乌瑟尔卡夫祭庙建筑群例外地建在了国王金字塔的南面。

乌瑟尔卡夫的祭庙与同王朝其他国王的一样，有着格外精美的凸浮雕。

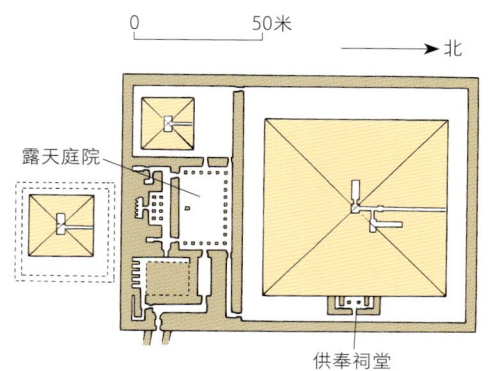

乌瑟尔卡夫的金字塔庙

乌瑟尔卡夫是第 5 王朝的第一位国王，他在乔赛尔建筑群的东北角建造了自己的金字塔。其祭庙最显著的特点是位于金字塔的南面，而非东面。这可能是出于某种象征的原因（可能是为了确保全年暴露在阳光下），或者更可能是出于某种单纯的现实因素，因为这一变化没有延续下去，现实因素可能是围绕着乔赛尔金字塔群的一条巨大的护城河沿着乌瑟尔卡夫金字塔区域的东侧延伸，留下的空间只够建造一座小供奉祠堂。无论祭庙重新选址的原因是什么，奇怪的是其朝向也发生了变化；尽管各种建筑元素都是标准的，但它们的布局却是独一无二的。然而，这种反常的结构中似乎并没有什么新元素产生了持久影响力。在神庙废墟中发现了乌瑟尔卡夫巨像的头部。

乔赛尔的金字塔庙

第 3 王朝的乔赛尔阶梯金字塔不仅是埃及历史上第一座金字塔和石制王室建筑群，也是埃及最大、最复杂的纪念性建筑物之一。尽管这个巨大的建筑群中有许多与金字塔神庙结构没有直接联系的特征，但除了整个建筑群是为国王的永恒统治服务这一点之外，它们对后来的石制建筑产生的其他影响，此处还是应该提一下。例如，在这里（多亏了法国埃及学家让·菲利普·劳尔的工作），我们发现了第一个明确的关于门廊、多柱厅和柱廊以及在后来各个时期都出现过的许多较小的建筑结构的证据。自赫拉康波利斯的原始

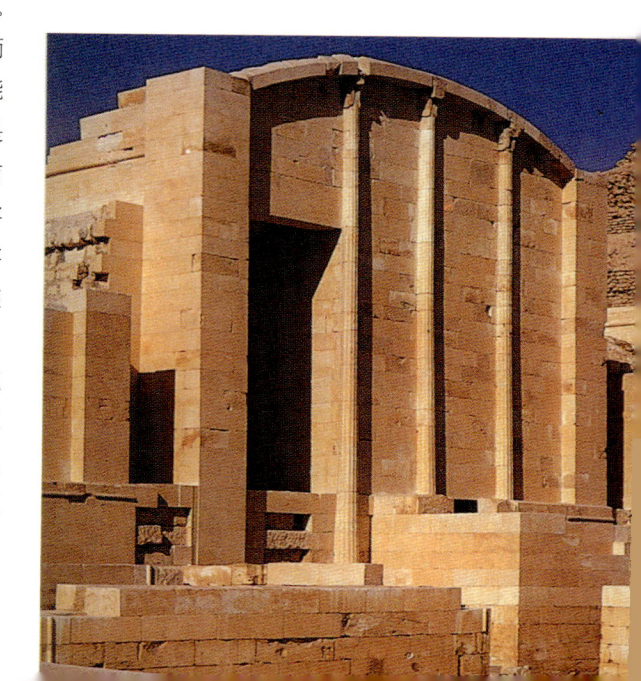

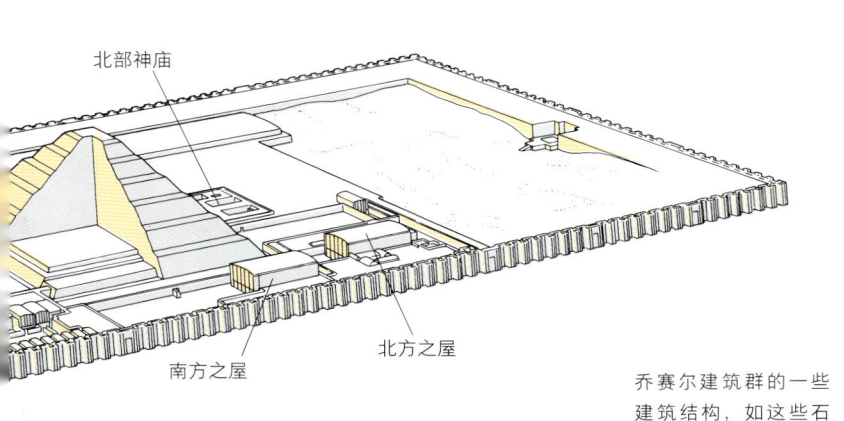

北部神庙

南方之屋　　　　北方之屋

乔赛尔建筑群的一些建筑结构，如这些石壁柱，对后来的埃及神庙产生了持久的影响。

神殿（它代表了乔赛尔金字塔根源所在的传统）起，在埃及历史上没有任何其他的纪念性建筑物如此重大地影响了未来的神庙设计和外观。篇幅所限，此处不能谈及建筑群所有的具体特征，但有些对理解神庙的发展特别有意义。

阶梯金字塔本身建在一个大约15公顷的围城内，围墙边界由一堵10.5米高的刻有壁龛的石灰岩墙构成。城墙似乎被一条巨大的护城河环绕着，护城河不仅环绕着金字塔北侧的祭庙和其他建筑，还环绕着数十条地下竖井和走廊，以及南边的被称为南庭院的露天区域，这一区域与几个功能性的和仿真的复杂建筑群相连。

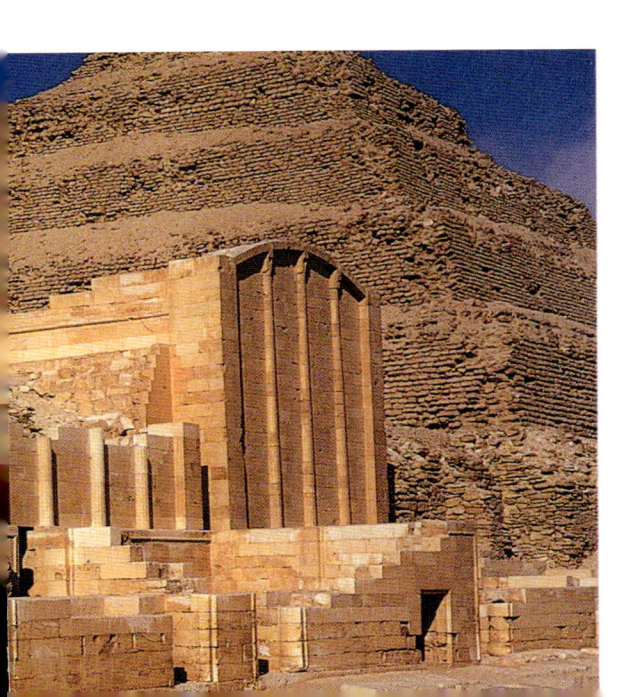

金字塔西南部的一些场所特别重要，因为它们与庆祝赛德节即国王在位期间举办的周年复新庆典有关，显然是希望国王在来世也可以在葬祭建筑群中继续进行这一活动。

围绕着赛德节庭的仿真祠堂是围墙内最著名的建筑之一，因为东部的祠堂有着下埃及（以圣书体代表）神殿经典的狭窄立面和弧形屋顶，而多数西部的祠堂则反映了上埃及神殿的样式。这两种建筑类型仅仅是对代表神殿的古老建筑的程式化处理，但仍然显示了埃及人对保持最早神圣建筑传统的兴趣。

在赛德节庭之外，还有两座较大的南北之屋，如此命名是由于人们认为它们代表了位于赫拉康波利斯和布托的上下埃及古老神殿，因为它们的壁柱柱头上分别刻着莲花和纸草的图案。然而，和赛德祠堂一样，这些都是仿真建筑，因此只有纯粹的象征意义。据说所有这些仿真建筑在建成后都至少部分地被泥土覆盖，以象征它们在地下世界中的作用。

紧靠金字塔北面修建的祭庙也十分有趣，与后期同类型建筑相比，它有不同的朝向（在随后的金字塔中，这一结构都在金字塔东侧）、建筑结构布局（这里似乎遵循了在萨卡拉发现的早王朝时期砖庙的设计，砖庙也位于其相关坟墓的北侧），以及贯穿建筑中心的通往金字塔地下室的入口走廊。这个长方形建筑的入口在

左下图：乔赛尔建筑群中的假祠堂是用石材模仿早前木制与芦苇制圣殿的样子。

下图：乔赛尔的这座雕像发现于他的雕像屋，雕像屋是金字塔北侧的一个类似神殿的小型建筑，与北部神庙相邻。

127

右图: 乌纳斯的祭庙与河谷神庙以及连接它们的带有屋顶的甬道都装饰得很华丽。出自乌纳斯祭庙的浮雕碎片表现国王被一位身份不明的女神哺乳。

下及右下图: 乌纳斯祭庙是向第6王朝金字塔建筑群设计的过渡。

它的东墙。这个门户似乎没有安装可以用的门，但是，和乔赛尔建筑群中的其他一些例子一样，毗邻北部侧壁的石墙上刻有一道假门。如今，这一建筑结构已所剩无几，但遮住它入口的屏风墙保存得相对完整。

乌纳斯的金字塔庙

乌纳斯是第5王朝的最后一位国王，他把金字塔直接建在乔赛尔大建筑群的南面。紧靠金字塔东面的祭庙在设计上几乎与杰德卡拉-伊瑟西的祭庙相同，其入口大厅和柱厅两侧有储藏室，内部神庙也有类似排列的雕像壁龛和圣殿等，只是建筑群的大塔门结构被大幅缩减。乌纳斯河谷神庙的规划相当复杂，尽管它本身并没有任何重要的发展，但留存下来的花岗岩棕榈叶柱表明这个建筑风格优雅、工艺高超。在乌纳斯统治的一千多年后，拉美西斯二世之子、孟菲斯大祭司哈姆瓦塞特在拆除该地区古王国时期纪念物的过程中修复了该建筑群，或恢复了它的祭仪，拆除旧建筑是为了在米特拉希纳为拉美西斯二世崇拜修建所谓的"普塔"神庙。

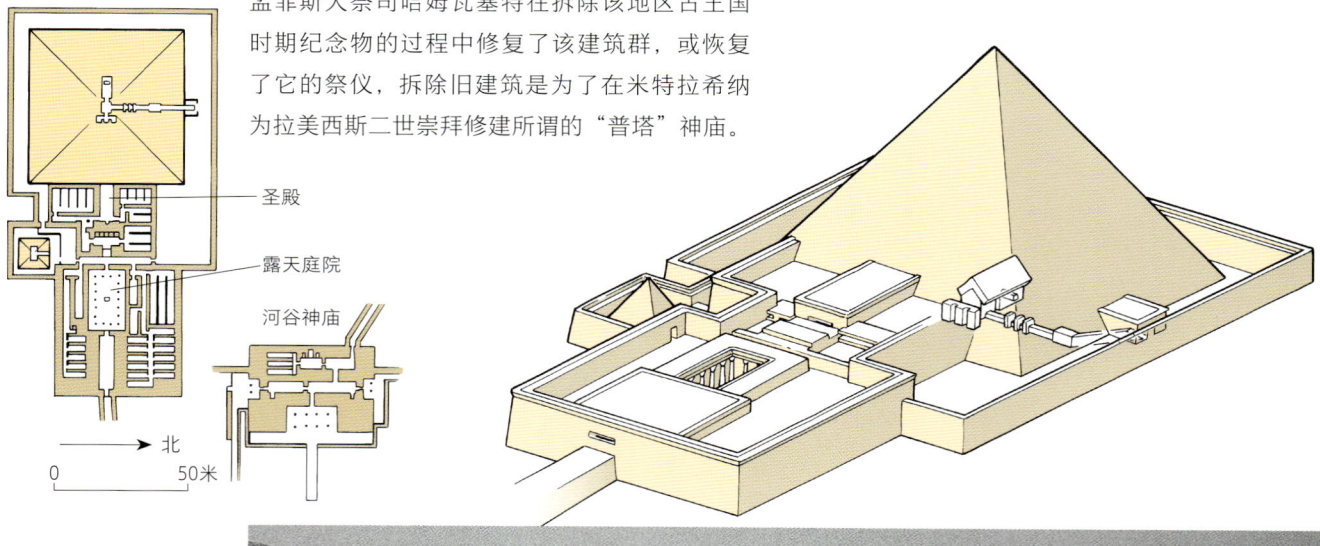

花岗岩的棕榈柱矗立在乌纳斯河谷神庙遗迹的入口处。背景是乔赛尔的阶梯金字塔。

培比一世祭庙的剖面复原图显示了该建筑的各个区域，并展现了神庙设计中的高度规则性。

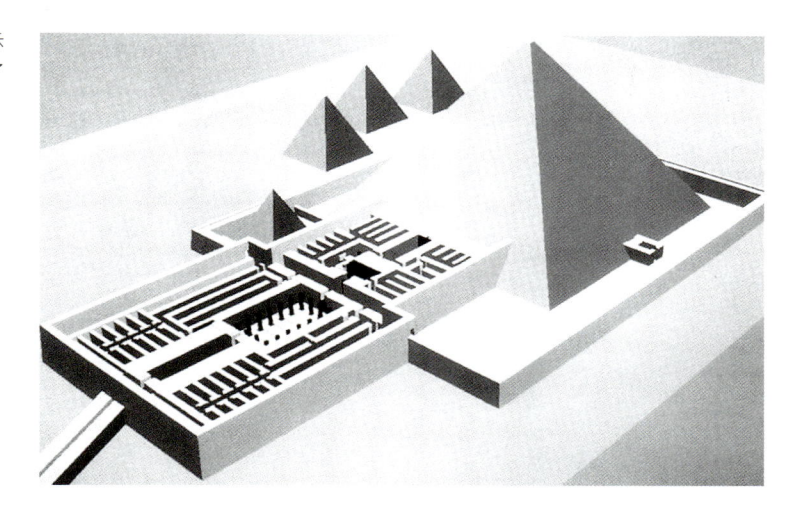

培比一世的金字塔庙

与萨卡拉大多数的金字塔建筑群一样，第6王朝国王培比一世在阶梯金字塔以南约2公里处修建的金字塔，其石灰岩石块遭到了大量掠夺；但法国考古队的精心工作使我们可以很好地了解其规划与特征。河谷神庙尚未发掘，但祭庙与培比前任泰提的非常相似。储藏室位于狭窄的入口大厅的两侧，门廊式庭院是露天的，而内神庙区域则包括位于圣殿之前的雕像壁龛与其他神庙核心的房间。在这里还发现了代表埃及敌人的捆绑着的囚犯的雕像，但它们在神庙内的原始位置尚不可知。

杰德卡拉-伊瑟西的金字塔庙

第5王朝末期，杰德卡拉-伊瑟西在乔赛尔阶梯金字塔以南约2公里的僻静之地建造了他的金字塔。该建筑群的河谷神庙仍处于掩埋中，而祭庙虽未完全清理干净，但可以看出，其基本规划显然是延续了该王朝之前的祭庙结构。甬道通向一个狭窄的入口大厅，大厅两侧有多个储藏室（不过，和往常一样，这些地方只能从神庙内部进入），一个露天庭院为柱廊所环绕，通向一个宽阔的横向大厅，然后是有五个

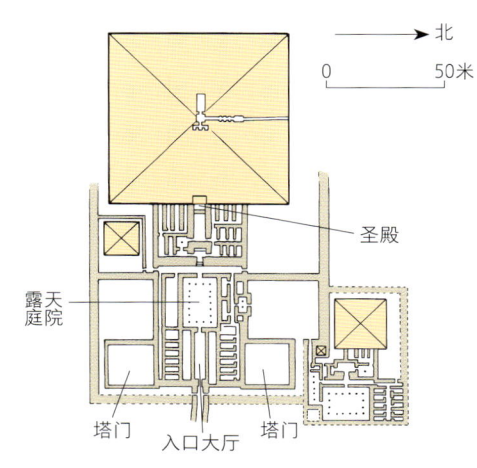

杰德卡拉-伊瑟西金字塔建筑群中的祭庙在其入口两侧都有巨大的塔门原型，这是塔门发展史中的重要一环，塔门后来成为神庙建筑的突出特征。

杰德卡拉-伊瑟西祭庙的零星遗迹。已发现的浮雕碎片表明它曾装饰得十分华丽。

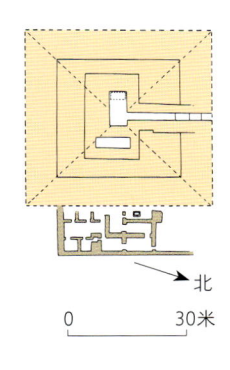

雕像壁龛的内神庙、供奉厅或圣殿以及其他房间。然而，与早期建筑相比，这里的基本元素布置得更为对称，安放在神庙入口处的两个巨大的砖石"塔门"，为这一重要神庙特征的进一步发展提供了清晰的证据。

伊比的金字塔庙

培比一世金字塔以南1.5公里的第8王朝伊比小金字塔损毁得十分严重。它的东面有一个小祭庙（在北端有一个入口），但只是砖砌的，且显然没有甬道或河谷神庙。

培比二世的金字塔庙

第6王朝最后一位国王在阶梯金字塔以南3公里、靠近第4王朝舍普塞斯卡夫的纪念物的地方建造了自己的金字塔建筑群。金字塔及其神庙是按照标准尺寸建造的，但若考虑到国王94年的在位统治，它的规模还是显得小了些。它在很大程度上遵循了早先建筑的布局和装饰，虽然很多已经损毁，但其中仍存在一些值得注意的结构特征。

尽管该建筑群中的部分区域没有经过装饰，但有些浮雕表现了国王征服人类和动物形态的混乱力量、表演赛德节的仪式"赛跑"、参加各种宗教节日、被女神哺乳等，这些都是后来埃及历史的大部分时间里在神庙装饰中反复出现的古老画面。在建筑学上具有重要意义的是，祭庙的五个祭坛壁龛中，中间的壁龛里有一个真人大小的国王雕像底座，这是我们所掌握的唯一可以直接证明这些一直存在的房间实际上是雕像壁龛的证

第8王朝国王伊比的小金字塔只在其东面有一个泥砖建造的祭庙。

培比二世河谷神庙的一块雕刻石块：培比建筑群中虽然有一些浮雕装饰是原创的，但大部分是从早期的萨胡拉建筑群中效仿而来的。

如今，培比二世河谷神庙的遗迹已所剩无几。

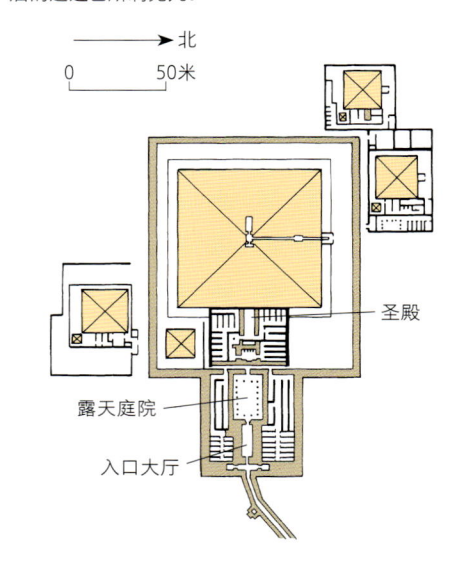

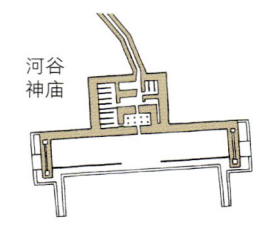

圣殿
露天庭院
入口大厅
河谷神庙

上图：培比二世金字塔建筑群展现了古王国时期祭庙与河谷神庙设计发展的顶峰。

对页图：赫恩杰尔的金字塔建筑群中有一座鲜为人知的祭庙。

据。祭庙东面墙壁的扩大也延续了纽赛尔开始于阿布西尔的塔门状结构的发展。

舍普塞斯卡夫的马斯塔巴庙

舍普塞斯卡夫是第 4 王朝的最后一个统治者，他选择打破四代祖先的传统，并计划在南萨卡拉地区将自己的陵墓设计成巨型马斯塔巴——长方形的"长椅"式结构，而非金字塔结构。这座纪念物东侧的小型祭庙与其先例相比布局也有很大不同——虽然同样有一个假门和供奉厅，并带有许多仓库。标准的雕像壁龛不见了，神庙的大部分被一个较小的内庭和一个较大的外庭占据。河谷神庙还未被发掘。

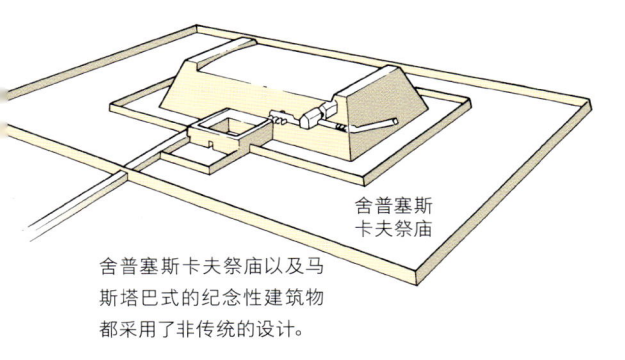

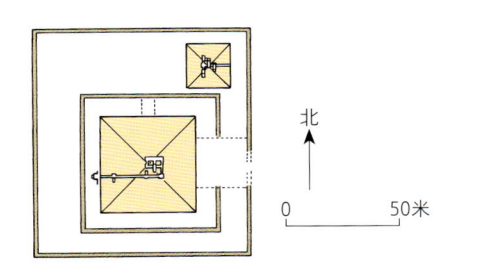

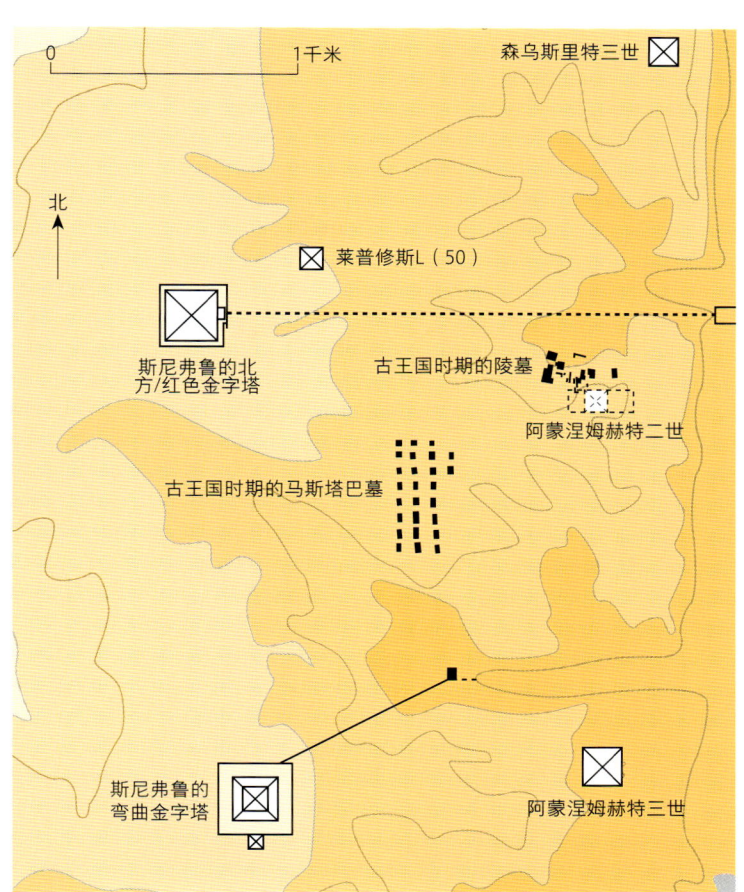

舍普塞斯卡夫祭庙以及马斯塔巴式的纪念性建筑物都采用了非传统的设计。

赫恩杰尔的金字塔庙

位于萨卡拉南部的赫恩杰尔金字塔是已知的唯一一座建于第 13 王朝的金字塔。在金字塔的东面建有一座大型祭庙，但只剩下部分石板铺砌的地面和一些柱子与浮雕的碎片。

达舒尔

开罗以南约 20 公里的达舒尔地区是继萨卡拉之后孟菲斯墓场的第二大金字塔区。该地建有许多金字塔建筑群：其中最大的两座是第 4 王朝国王斯尼弗鲁的金字塔（即弯曲金字塔和北方/红色金字塔），随后是三座较小的中王国金字塔（分属于阿蒙涅姆赫特二世、森乌斯里特三世和阿蒙涅姆赫特三世）以及其他墓葬建筑。

达舒尔地区有几座重要的金字塔及其相关神庙的遗迹。

森乌斯里特三世的金字塔庙

位于达舒尔金字塔群最北端的第 12 王朝森乌斯里特三世的纪念物在修建过程中得到了扩

森乌斯里特三世的红色花岗岩头像，出自卡纳克。

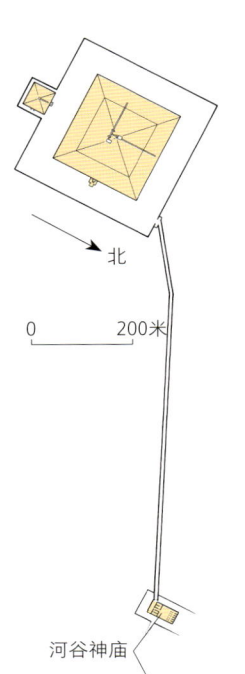

建。虽然遭到了严重破坏，但我们知道一座小型祭庙最初建于其东面的中心，而在建筑群扩建之时，南面建造了一座新的、更大的神庙。由大都会艺术博物馆主持的发掘工作发现，早期的神庙只不过由一个入口室、若干储藏室和一个带有假门的供奉厅组成。用非常高的凸浮雕装饰的墙壁上有刻着王名和国王头衔的镶板。更大的神庙由一个有纸草束石柱的前院和各种内室组成。按照迪特尔·阿诺德的说法，这个建筑规模庞大，可能为阿蒙涅姆赫特三世在哈瓦拉的巨大"迷宫"提供了模板。从这座巨大的神庙中发现了许多浮雕碎片，其中一些描绘了国王穿着赛德节斗篷的形象，这些碎片至少使再现神庙的部分外观成为可能。发掘者迪特尔·阿诺德认为，南部神庙可能是新王国时期底比斯祭庙设计的前身。

北

0　200米

河谷神庙

上图：斯尼弗鲁被描绘为穿着赛德节袍的形象，出自弯曲金字塔围墙内发现的一块石碑。

左图：斯尼弗鲁的弯曲金字塔只在东侧有一座小祠堂，但却有一座发展完善的河谷神庙。

下图：斯尼弗鲁的北方金字塔祭庙被夷为平地。

斯尼弗鲁的金字塔庙

第4王朝的第一位统治者斯尼弗鲁（吉萨大金字塔的建造者胡夫之父）在达舒尔建造了两座金字塔。北部是他的"北方金字塔"或"红色金字塔"，直到斯尼弗鲁统治第30年才建成。祭庙略小，不像胡夫在吉萨的那座大，而且似乎是仓促完工的。与金字塔相关联的河谷神庙从未被发掘过。斯尼弗鲁位于该地区的早期金字塔（即弯曲金字塔）的河谷神庙（实际上并不在河谷下面）在神庙发展史上尤其引人关注，因为它代表着"河谷"类神庙的第一个实例（尽管在这里，它位于漫滩边缘而非尼罗河谷内），并且还包含了后来祭庙的一些结构特征，比如庭院、柱子和相关雕像。弯曲金字塔东面只有一座小祠堂。雷纳·斯塔德尔曼指出，这座祠堂不能被算作祭庙整体发展历程中的一部分，因为弯曲金字塔是作为一个衣冠冢而非真正的陵墓完成的，前述的"河谷神庙"可能一并承担了后来由河谷神庙和祭庙分别承担的功能。

阿蒙涅姆赫特二世的金字塔庙

第12王朝统治者阿蒙涅姆赫特二世的"白色金字塔"建于达舒尔中部斯尼弗鲁金字塔东面的一道狭长的围墙内。围墙是东西向的，在入口处有两个巨大的塔门状结构，可能立于一座神庙前，但几乎没有其他建筑留存下来。该建筑群中没有发现河谷神庙。

阿蒙涅姆赫特三世的金字塔庙

在南达舒尔弯曲金字塔以东1公里处矗立着第12王朝阿蒙涅姆赫特三世的"黑色金字塔"。这座金字塔并未被选作国王的陵墓（在哈瓦拉建有另一座金字塔），其神庙的设计是简化的。金字塔东面的神庙被损毁了，但神庙似乎只不过由一个有纸草束柱子的庭院与一个供奉大厅组成。沿着通往河谷神庙的甬道的北侧修建了一些据说是祭司住所的房屋，河谷神庙由内庭和外庭组成，后者有加厚的墙壁。

玛兹胡那

位于弯曲金字塔东南约5公里的玛兹胡那的两座未完工的小金字塔的主人不为人知，但阿蒙涅姆赫特三世、第12王朝末期的索贝克尼弗鲁或第13王朝的一位国王都是可能的候选人。这两座建筑的最北端只建了一部分，而南部的建筑则更完整。建筑中有一个位于波浪形围墙东侧的小型泥砖祠堂，波浪形围墙可能以砖块的形式粗略地模仿了早期凹壁龛墙的理念，但又让人想起后来神庙中的起伏围墙。

里什特

阿蒙涅姆赫特一世的金字塔庙

在达舒尔和美杜姆之间的里什特地区有两座金字塔，第一座是第12王朝国王阿蒙涅姆赫特一世的。损毁严重的祭庙建在一个阶梯平台上，而平台是在一座比金字塔低的小山上切割出来的，这表明尽管陵墓遵循了旧的孟菲斯金字塔模式，但其神庙受到了之前王朝门图荷太普二世发展的底比斯风格的影响。在神庙中发现的奠基物包括一个牛头骨、若干颜料研磨器和花瓶模型。河谷神庙位于水平面以下，尚未被发掘。

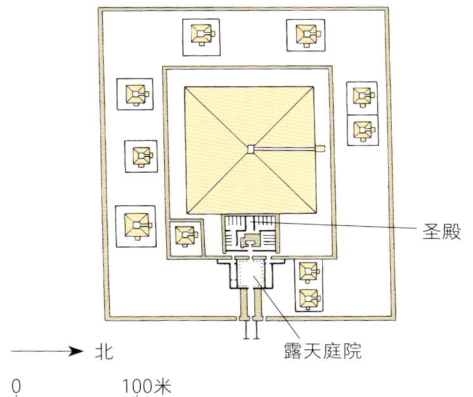

上图：阿蒙涅姆赫特一世，出自他位于里什特的祭庙中的过梁。

左图：森乌斯里特一世在里什特的金字塔在其北入口处有一个小祠堂，在东侧有主祭庙。

森乌斯里特一世的金字塔庙

里什特的第二座第12王朝金字塔是由阿蒙涅姆赫特一世的儿子森乌斯里特一世建造的，并回归了更纯粹的孟菲斯式金字塔建筑群风格。建在金字塔东面的神庙现在几乎完全损毁，但其设计显示，神庙实际上再现了第6王朝时期的典型祭庙，即在内部雕像壁龛和圣殿区域之前有一个入口大厅和一个露天庭院（不过这里没有两侧的储藏室）——尽管使用的石材类型更为经济。河谷神庙一直没有发现。

美杜姆

除了在达舒尔的两座外，斯尼弗鲁还在美杜姆建有一座金字塔。现在的金字塔是一座三级阶梯的建筑，但奇怪的是，它在后期施工中添加的外层被剥去了。正是在后来的金字塔工程中，一座非常小的神庙或祠堂建在了它的东面，但这座建筑似乎没有完工，或者至少没有为它的主人刻

左图：这两块石碑是斯尼弗鲁美杜姆金字塔东侧小祠堂的焦点。然而，立碑者却没有在上面刻字。

右图：伊拉洪，森乌斯里特二世泥砖金字塔底部被毁坏的建筑结构的一部分。

位于哈瓦拉的阿蒙涅姆赫特三世金字塔南部的巨大围城是一个大型神庙建筑群的所在地，这一建筑群在古代世界的许多地方被称为"迷宫"。

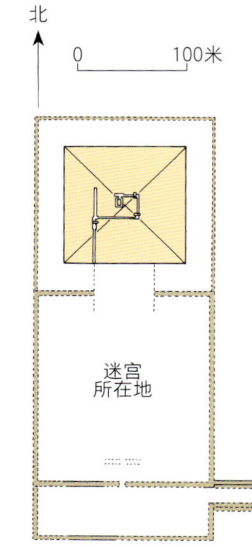

字。神庙很小，可能不是一座真正的祭庙，而是一座国王的纪念性祠堂。在这里，两块4.2米高的石碑放置在一个露天的小庭院里。一条长长的甬道通向河谷，那里的泥砖墙可能原本是一道简单的围墙，可供登陆使用。

哈瓦拉

阿蒙涅姆赫特三世的金字塔庙

第12王朝后期，在其祖父森乌斯里特二世选择的大概范围内，阿蒙涅姆赫特三世于法雍入口附近修建了第二座金字塔（在达舒尔那座之后）。这座金字塔拥有中王国时期最大的围城，大体上似乎遵循了乔赛尔围城的规划——由北向南延伸，入口在东南处。在入口和金字塔之间的大围墙里有一座祭庙，其规模和复杂程度超过了其他所有神庙。在整个古典世界被称为"迷宫"的可能正是这一建筑，令人想起传说中克里特岛米诺斯国王宫殿下的迷宫。希罗多德提到了它，斯特拉波对它做了一些详细的描述（《地理学》，第17卷，一，第37页），因此我们知道这座祭庙是希腊罗马时期埃及最著名的旅游景点之一。然而，对于这种迷宫式结构的许多细节，古典作家意见不一。虽然似乎所有人都证实了有多个庭院，但他们并没有在数量上达成一致。希罗多德还提到了"房间"和"柱廊"以及地下密室，后者在老普林尼的著作中得到了证实。

除了祭庙的一些常规特征外，这个建筑中似乎还有一系列专门献给埃及诺姆神的独立小祠堂。然而，遗憾的是，时过境迁，这一建筑群沦为了采石场。在1888年至1889年皮特里发掘时，遗址上几乎没有留下什么东西，而现在这个巨大的建筑只剩下零星的碎石片。皮特里发现了两个巨大花岗岩神殿的证据，每个神殿的重量在8—13吨之间，里面有国王的雕像。由于这些雕像位于神庙后部附近，在中轴线上，马克·莱纳尔认为它们可能起到了与古王国时期金字塔祭庙后部中心的五个雕像壁龛相似的作用。虽然阿蒙涅姆赫特的迷宫在许多方面都是独一无二的，但它更可能是对既定神庙规划的复杂化处理，而不是一个纯粹反常规的纪念性建筑物。

伊拉洪

森乌斯里特二世的金字塔庙

在距现代村庄伊拉洪约3公里的法雍入口处，森乌斯里特二世用石灰石和泥砖建造了他的"闪亮金字塔"。金字塔建在一个大致呈方形的围城内，似乎被一排排的树木包围着——它们可能代表着原始之丘周围的植被，也可能是与奥赛里斯的埋葬之丘相关的小树林的象征。金字塔似乎已经完工，但其祭庙的设计规划却

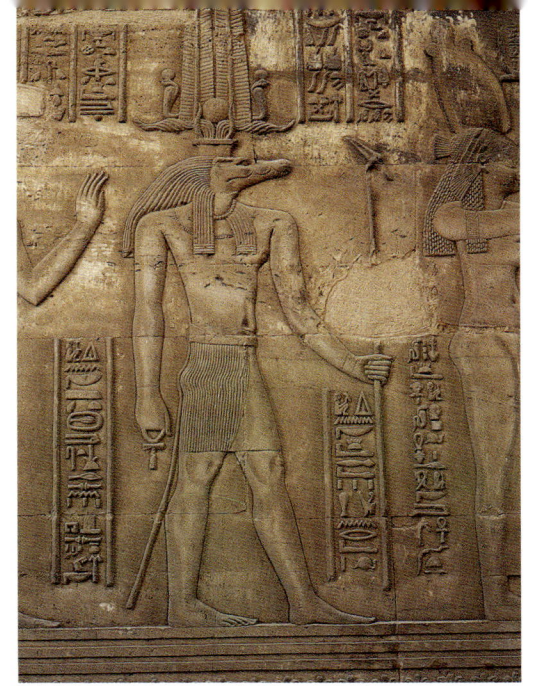

鳄鱼神索贝克（该图出自他在库姆·翁波的神庙）是法雍地区的主神，当地有大量的鳄鱼，而当地人也喜爱鳄鱼神。

不得而知。虽然河谷神庙的位置是已知的，但该建筑已被毁掉，很可能是因为在拉美西斯时代被当作了采石场。

法雍

法雍位于三角洲西南70公里处，是一个面积超过4500平方公里的大片肥沃洼地，通过一条汊河（即约瑟夫河）与尼罗河相连，该河在现在的阿苏伊特附近离开主干道。比古时候小得多的法雍湖是著名的莫利斯湖（Moeris）或美尔-维尔（Mer-wer）"大湖"的遗迹，法雍湖的科普特语名字佩伊奥姆（Peiom）正是该地区现代阿拉伯语名称的起源。这一地区很早就有人居住，据说到新王国时期这个地区的人口密度比整个尼罗河谷的都要高，在希腊罗马时期，这个地区也是至关重要的。法雍有着许多不同时期的神庙，这个地区有大量的鳄鱼，使其很自然地成为各种鳄鱼神崇拜的中心，尤其是广受尊崇的索贝克或苏克斯（Suchos）。

法雍地区通过一条支流与尼罗河谷相连，发展成了一个极为重要的农业区，在希腊罗马时期几乎成为国家粮仓。有许多神庙坐落在法雍的众多城镇中也是不足为奇。

在库姆·奥什姆（即古代的卡拉尼斯）已知的两座神庙中，较小的一座是所谓的"北方神庙"，它似乎在公元后最初的几个世纪开始投入使用。

库姆·奥什姆

距开罗79公里的沙漠之路上，第一个法雍村庄是"神之城"库姆·奥什姆，即古希腊罗马时期的卡拉尼斯，以该地的纸草发现闻名。这里有托勒密时期的两座神庙。未经装饰的鳄鱼神普涅菲罗斯与佩特苏科斯的石灰岩神庙在许多方面都是按照传统埃及神庙的设计建造的，码头前有一条通向神庙入口的巡行大道。内神庙的第二个房间有一个壁龛，壁龛内曾有一个鳄鱼木乃伊，它对于神庙守护神而言是神圣的。在圣殿内的祭坛下有一个暗室，可能是祭司用来发表神谕的。

第二座较小的神庙遗迹位于北面，其历史可追溯到公元1世纪；有迹象表明，这座建筑在3世纪被废弃。

卡斯尔·萨哈赫

一座未完工且未经雕刻的小型（约9米×21米）神庙位于卡特拉尼山脚下，库姆·奥什姆以西约25公里处。这座建筑的确切时代不得而知，但根据它的设计与该地区的其他特征，神庙的建立似乎不会晚于中王国时期。七个小神殿和供奉室的设计令人想起中王国时期赫拉康波利斯与麦地奈特·玛迪的神庙。

迪麦

希腊罗马时期小镇索克诺派欧·奈索斯或"鳄鱼神岛"的遗迹位于库姆·奥什姆以西27公里，卡斯尔·萨哈赫以南约10公里处，不过由于法雍湖的缩小，该地甚至在托勒密时期就已不再是一个岛屿了。遗址内有一座相当大但已被毁坏的托勒密时期索克诺派欧（索贝克的一种形式）神庙，神庙有一条宽阔的巡行大道，从附近的古镇延伸至神庙围城。

卡斯尔·卡伦的索贝克-拉神庙：这座小神庙主要是砖砌的，虽然其核心部分留存了下来，但大部分外围结构已经随时间的推移而被损毁。

卡斯尔·卡伦

在法雍湖西边的卡斯尔·卡伦是古代酒神节的举办地，建有两座神庙。其中较大的两层建筑可以追溯到后期埃及，并已由埃及文物局修复。较小的索贝克-拉神庙是罗马时期的，主要由泥砖建造，带有爱奥尼亚式的柱子。

巴顿·伊里

古代的希阿达菲亚位于法雍湖以南约8公里处，有托勒密时期鳄鱼神普涅菲罗斯的神庙遗迹。在这座神庙里发现的几件物品现藏开罗的埃及博物馆。其中有公元前137年一位亚历山大市民奉献的木门，以及神庙墙壁上的湿壁画和移动式神龛——可能以活鳄鱼代表的神就在神龛里被抬着巡行。

麦地奈特·法雍

位于巴顿·伊里东部的是鳄鱼城（后来的阿尔西诺）的遗迹，埃及人称之为舍迪埃特（Shedyet），是鳄鱼神索贝克崇拜的主要中心。该遗址上有一座拉美西斯二世扩建过的中王国时期神庙的遗迹，在遗址的北端还有一座托勒密时期的小神庙。

麦地奈特·玛迪

位于法雍城西南30公里处的麦地奈特·玛迪（纳尔摩西斯）有一座保存完好的小神庙，供奉索贝克、荷鲁斯和眼镜蛇女神瑞奈努太特。这座神庙由第12王朝国王阿蒙涅姆赫特三世和他的儿子阿蒙涅姆赫特四世建造，在第19王朝时得到修复，并在希腊罗马时期扩建。神庙墙壁上刻有铭文和各种场景，其中一篇重要的希腊语铭文现在保存在亚历山大博物馆。

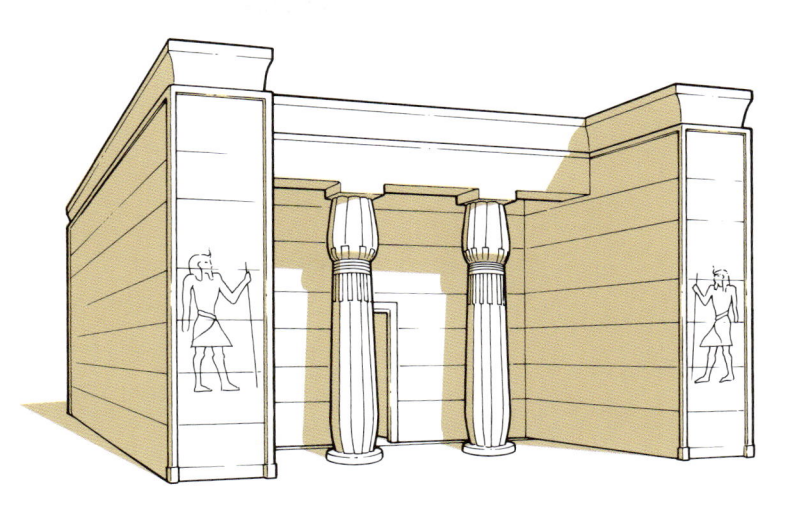

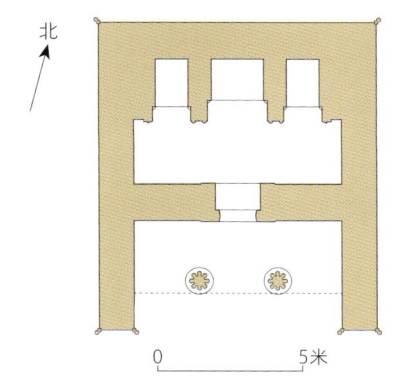

麦地奈特·玛迪的中王国时期神庙的复原图，前面有一个小的双柱门廊。神庙（左）中有三个分别供奉索贝克、荷鲁斯和眼镜蛇女神瑞奈努太特的神殿。

北

0　　　5米

库姆·麦地奈特·胡拉布

在伊拉洪西南约3公里，约瑟夫河通往法雍的入口处，有两处与法老时代城镇遗址相关的神庙遗迹。其中较大的神庙是由第18王朝的图特摩斯三世修建的，而对另一座我们所知甚少。

太尔·乌姆·布莱伽特

古镇塔布突尼斯的遗迹位于法雍南沿，有一座托勒密时期小神庙的废墟。

中埃及

虽然并没有明确的定义,但中埃及地区基本上指的是孟菲斯和阿苏特市之间的地区,在埃及历史上的大多数时期,这一地区一直是南部和北部行政区之间的边界。这一地区的神庙基本上没有得到很好的保存,但也有一些重要的神庙遗址,如阿什姆林(即古赫摩波利斯)图特神的崇拜中心,在埃赫纳吞的首都阿玛尔纳,也有供奉他的唯一神阿吞的奇特神庙。

伊那西亚·麦地纳(赫拉克利奥波利斯)

在现代小镇本尼·苏夫以西约15公里处,伊那西亚·麦地纳以它的名字保存着古代城市赫奈恩·奈苏特之名。这里曾是诺姆首府和羊首神海瑞舍夫或哈沙菲斯的崇拜中心,海瑞舍夫与希腊的赫拉克里斯联系在了一起,因而城市被赋予了古典名称赫拉克利奥波利斯。海瑞舍夫神庙的遗迹位于现代村庄的西面,由爱德华·纳维尔(1891—1892年)和弗林德斯·皮特里(1904年)发掘,最近则由西班牙考古学家何塞·洛佩兹发掘。

神庙区有一个很古老的圣湖。尽管在新王国特别是拉美西斯二世时期,神庙得到了扩建,并一直使用到后期,但神庙本身的布局并不总是清晰,也不确定具体是在何时建造的。

在海瑞舍夫神庙东南方的库姆·阿卡里布,拉美西斯二世也修建了一个较小的圣殿。

希巴

在本尼·苏夫以南约32公里曾是第三中间期王室居所的地方,有一座几乎完全毁坏了的第22王朝开创者舍尚克一世的神庙,对此神庙我们所知甚少。

提赫那·格贝尔

古代的阿克力思位于尼罗河东岸现代城市明亚以北几公里处,残存着三座希腊罗马时期的小神庙。

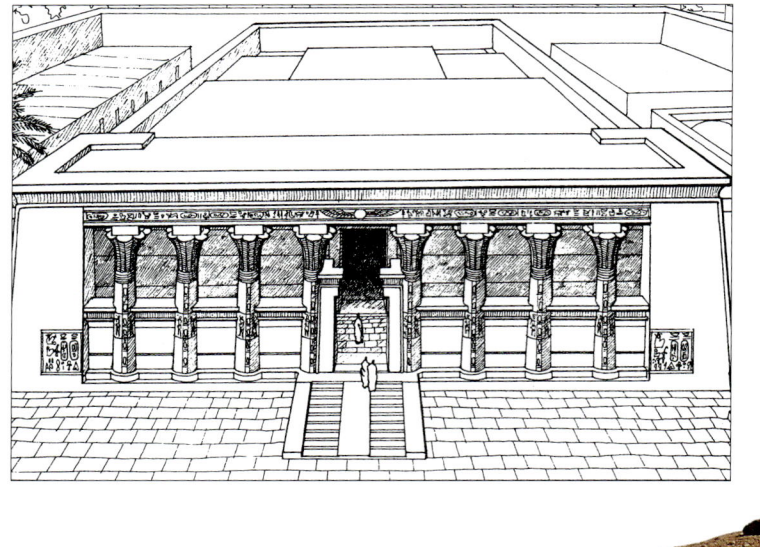

赫拉克利奥波利斯的羊神海瑞舍夫神庙的入口正面复原图。

希腊罗马时期的神庙遗迹,提赫那·格贝尔,即古代的阿克力思。

贝尼哈桑

中王国时期省会贝尼哈桑的遗迹位于明亚以南二十多公里的地方,以陵墓闻名于世。遗址的南面就是斯皮欧斯·阿提米多斯,新王国时期女法老哈特谢普苏特为当地的狮子女神帕赫特修建的一座特别的岩石神庙。

神庙尚未完工,这点从其正面哈托尔式立柱的粗糙程度可以看出,但神庙入口上方的一份长篇献词铭文已雕刻完工,内容是著名的对喜克索斯人(新王国时期之前的外国统治者)的谴责。神庙的柱厅装饰着描绘有哈特谢普苏特和各种神祇的着色场景。然而,大厅的王名圈中却是塞提一世的名字,他并没有完成这座神庙,而是盗用了它。内室尚未完工,但在后墙的壁龛中有一尊女神帕赫特的岩雕像。

舍伊赫·伊巴达(安提诺波利斯)

在东岸马拉维以北约10公里处的舍伊赫·伊巴达是古代安提诺波利斯的所在地,安提诺波利斯由哈德良皇帝建于公元130年,目的是纪念他在尼罗河中淹死的朋友兼情人安提诺斯。该遗址最大的古代纪念性建筑物是拉美西斯二世献给尼罗河对岸赫摩波利斯(阿什姆林)诸神以及赫利奥波利斯诸神的神庙。

阿什姆林(赫摩波利斯)

在马拉维西北部几公里处的是被埃及人称为赫姆恩或"八镇"的诺姆首府地区,"八镇"之名源自埃及神话中的八位原初之神。希腊人称之为赫摩波利斯,"赫尔墨斯之城"(赫尔墨斯等同于埃及神图特),因为这里是其主要的崇拜中心,也是治疗、智慧和书吏技艺之神的重要朝圣地,阿蒙诺菲斯三世在此竖立了石英岩狒狒巨像以示尊敬。几个神庙矗立在城市中心的神圣区,这一区域在第30王朝时被以巨大的泥砖墙包围起来。围城内最大的建筑图特主神庙可能已经相当古老,但在第30王朝曾由尼克塔尼布一世整体重建,并在亚历山大大帝和菲利

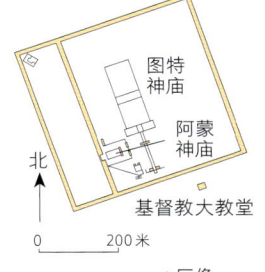

顶图:赫摩波利斯的立柱和过梁,由维万特·德农绘制,收录于他1802年出版的《上下埃及之旅》中。

上图:位于阿什姆林(即古代赫摩波利斯)的巨大围城区的平面图,其中有几座神庙。

左图:拉美西斯二世献给赫摩波利斯与赫利奥波利斯众神的神庙中的石柱,此地在古典时期被称为安提诺波利斯,以罗马皇帝哈德良的情人安提诺斯命名。

普·阿里达乌斯统治时期得到增建。不幸的是，宏伟的门廊在19世纪20年代被拆除用作建筑石料了，虽然可以勾勒出建筑的大致轮廓，但神庙遗迹现在已被不断上升的水位淹没了。

图特神庙的西南方有一个小型石灰岩阿蒙圣殿的遗迹，它由美内普塔开始修建，但显然是由塞提二世完成的。虽然圣殿的入口塔门和多柱厅保存得比较完好，但圣殿后部却遭到了破坏。南面还有拉美西斯二世的一座早期塔门。1929年至1939年间，在东南几公里处的阿玛尔纳，德国发掘者冈瑟·罗德在埃赫纳吞被拆除的神庙中发现了一千五百多个石块。再往南一点，阿蒙涅姆赫特二世的一座中王国时期神庙的正面和入口通道的一部分留存了下来，但不幸遭到严重破坏，并被地下水包围。

在神庙围城的外围有一座罗马时期基督教大教堂的遗迹，建造教堂的石块来自一座较早的托勒密时期神庙。这座建筑保留了大部分花岗岩柱，是埃及唯一一座保存到这种程度的同类建筑。再往南几百米，拉美西斯二世的两座巨像矗立在一座完全毁坏了的神庙遗迹前，这座神庙的年代尚不明确，此外还有一座年代可以追溯到尼禄皇帝时期的小神庙。

阿玛尔纳

阿玛尔纳建于孟菲斯与底比斯这两座古老首都之间的处女地上，在现代马拉维以南约10公里处，是古代的埃赫塔吞或"阿吞地平线"，即异端法老埃赫纳吞在位期间（公元前1353—前1335年）的首都和宗教中心。由于缺少现代建筑，该地是为数不多被证明可以进行发掘的古埃及城镇之一，考古学家接连不断地对该遗址进行调查，包括皮特里、布里亚特、巴尔桑蒂、博恰特、伍利、法兰克福和彭德伯里。自1977年以来，巴里·坎普为埃及考察协会发掘并研究了该遗址的各个区域。除了两座神庙之外，在阿玛尔纳还发现了另外两处性质更为不确定的祭祀性建筑群。

大神庙

阿玛尔纳最大的独立建筑，也是最重要的建筑之一是佩尔-阿吞-埃姆-埃赫塔吞，"埃赫塔吞的太阳圆盘之家"或所谓的"大神庙"。这个长760米、宽290米的巨大围城位于作为埃赫塔吞管理中心的"中心城市"的北边。

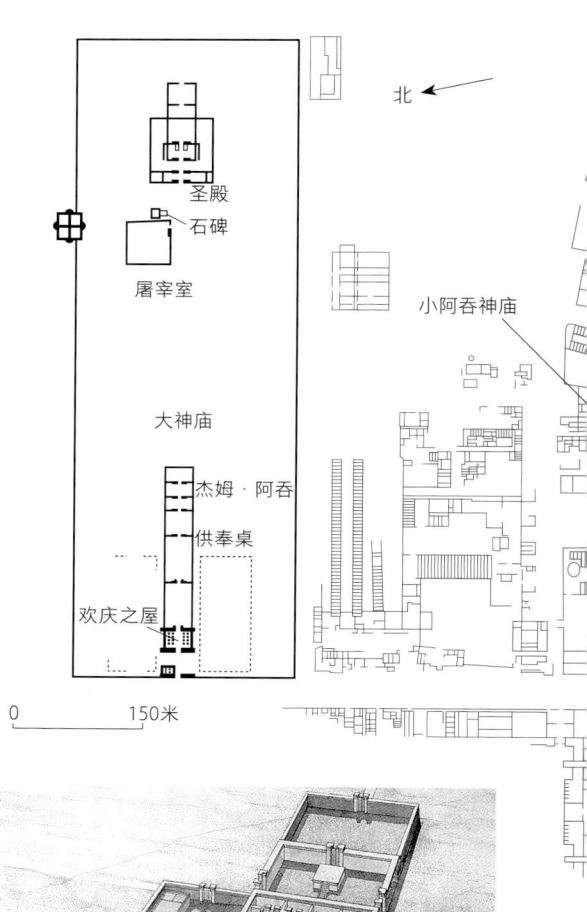

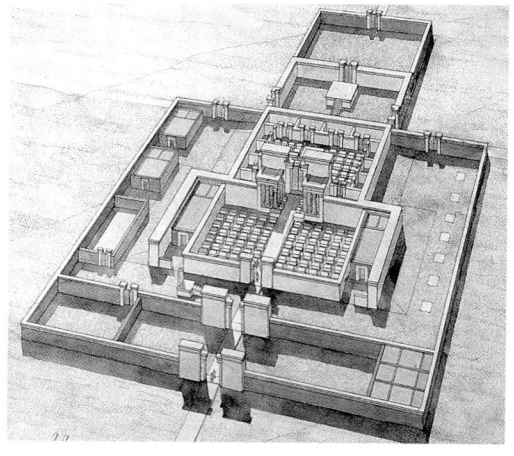

与正统埃及神庙几乎完全不同，这座围城由于其大部分的露天设计而显得相对空旷，但却有许多分立的神庙结构。入口内有一个狭窄的多柱厅，即"欢庆之屋"，它向着杰姆·阿吞［Gem aten，"发现太阳圆盘"（the sun disc is found）］即一系列共6个逐渐缩小的庭院开放，庭院两侧配有露天祭坛（每侧365个，每一个代表太阳年的一天）。在围墙的东端矗立着作为重点的胡特-本本，即一块立于高台上的圆顶石碑，此外还有

赫摩波利斯的两座图特神狒狒巨像之一（超过4.5米高），赫摩波利斯是图特神的主要崇拜中心。这些巨像可追溯至阿蒙诺菲斯三世时期。

上图：一块最初出自阿玛尔纳的浮雕碎片，上面描绘了神庙庭院中装满供品的祭坛。

左图：埃赫纳吞的短命都城阿玛尔纳的大神庙和市中心的平面图。

左下图：大神庙圣殿的复原图，部分供桌，几百个这样的供桌填满了圣殿。

与之相关的屠宰室和各种祭祀房间。围墙北侧设有一座大祭坛，即所谓的"外国贡品厅"。在大院的南面立有许多建筑物，里面有与神庙相关的各种管理处和储藏室。

阿玛尔纳时期结束后，大神庙遭受了彻底的破坏冲击，现在几乎没有任何迹象表明它曾经是壮观的建筑群。在赫摩波利斯（阿什姆林）的发掘发现了一些从该地获取的装饰石块，从而得以部分还原埃赫纳吞为这座神庙选择的装饰类型。有的浮雕描绘国王与其他王室成员向太阳圆盘供奉以及参与其他各种活动的场景，同时还有对王室居所、祭祀房间以及储藏室的描绘，这一点与埃赫纳吞在位早期在底比斯的神庙中的场景相似。尽管建筑本身是用廉价而仓促的方式完成的，通常刻在石灰岩的外层石块上的阿玛尔纳浮雕，其风格却比国王在位早期的任何砂岩神庙都要成熟与精致。

小阿吞神庙

胡特-阿吞或"太阳圆盘之屋"毗邻阿玛尔纳市中心的国王府邸的南面，通常被称为"小阿吞神庙"，因为它的尺寸比大神庙小得多，只有约127米×200米。长期以来，人们一直认为这座建筑是王室家族的私人祠堂，但没有证据证明这一点，而且从名称来看，它更像是为国王修建的一座祭庙——它似乎也确实与他的陵墓对齐。胡特-阿吞是阿玛尔纳的神庙中保存最完好的一座，它有一个部分保存下来的泥砖入口塔门，带有垂直的旗杆凹槽，但柱庭与石制圣殿等内部建筑都已消失。然而，最近在坎普的指导下，人们铺设了新的石块以保存神庙的原始平面设计，并为残存的柱子提供了竖立的基础。

河庙

1922年在阿玛尔纳南部哈格·卡恩迪尔村附近发现的一个靠近河流的建筑群中，有被称为"河庙"的建筑，但建筑的原始功能尚不确定。它建在一层沙子之上，似乎可以看出不同时期的建筑层，最近的研究认为其年代在阿玛尔纳时期之后。

观景庙

在埃赫塔吞南部地区，现代村庄哈瓦塔与阿玛利亚之间，莱昂纳多·伍利于1921年发掘出一个特别的建筑群的少许遗存，他认为这些是一个叫作"玛鲁"（maru，即"观景"）的神庙的建筑遗存，阿玛尔纳的王室成员可能在这个神庙中沐浴阳光而恢复活力。建筑群中有花园、过道和池塘，还有各种房间和露天小亭，其中一些是用非常精致的材料建造的，包括镶嵌着费昂斯和彩石的方解石、砂岩和花岗岩。虽然这座神庙无疑是祭祀性质的，但它的真正目的还不为人所知，而且该遗址如今也不复存在了。

最近在阿玛尔纳小阿吞神庙遗址的新基座上重新竖立的柱子。还放置了新石块以标出神庙最初的平面规划。

从阿苏特到底比斯

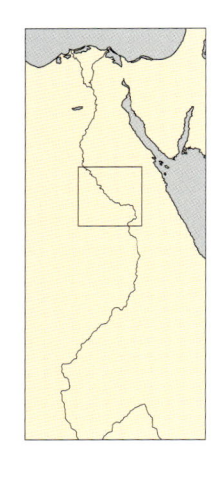

上埃及北部

位于阿苏特和底比斯之间的这一地区是埃及最早王朝的摇篮,在埃及古代历史的大部分时间里一直是重要的中心地带。阿拜多斯、丹德拉和基福特(科普托斯)在不同时期都是重要的宗教中心,在这些地方和该地区的其他地方共建有数十座神庙。该地区的重要神祇有奥赛里斯、敏、伊西斯、荷鲁斯和哈托尔;在该地区最大的宗教中心阿拜多斯,一些君主在衣冠冢中也被提升到神的地位。

阿苏特

阿苏特是古埃及城市扎乌提的所在地,这座诺姆首府因为处于尼罗河极狭处的战略位置而成为重要城市。一些与阿苏特地区有关的古代文献中提到了一些神庙,特别是当地狼神威普瓦威特的神庙。然而,这些神庙中没有一座留存下来,也没有在该地区的发掘中被发现。

卡乌·凯比尔(安泰奥波利斯)

在阿苏特以南约 40 公里的卡乌·凯比尔是古代提耶布(希腊罗马时期的安泰奥波利斯)所在地,那里有一座托勒密时期的神庙,被认为是托勒密四世奉献的,并由托勒密六世和皇帝马可·奥勒留扩建和修复。不幸的是,这座神庙在 19 世纪上半叶被洪水冲毁,但其旧貌保留在了《埃及记述》中。

瓦尼那(阿斯里比斯)

从阿赫米姆渡过尼罗河,在现代索哈格以南几公里处的瓦尼那是女神特里菲斯或雷皮特的小神庙所在地,神庙的埃及名字胡特-雷皮特正是城镇的希腊名阿斯里比斯的来源。神庙建于托勒密十五世统治时期,南面是托勒密九世的圣殿。这些神庙中的石灰石块被拆出来建造索哈格以西的"白色修道院"。

阿赫米姆

古埃及诺姆首府伊普,后来的赫恩特-梅努,希腊语中的赫米斯(Khemmis),最终成为现代的阿赫米姆。它位于尼罗河东岸,与现代索哈格隔河相望。古镇几乎完全消失了,神庙被当地村民拆解以获取建筑用石。现存的遗迹表明,其中一座神庙是图特摩斯三世在第 18 王朝建造的,后来经过了几位统治者的扩建或修复,而另一座则建于罗马时期。在该地区的北面有一座生殖与丰饶之神敏的小型岩凿庙,被认为是图特摩斯三世建造的,但在阿伊统治时期增加了一些装饰(国王和他的妻子在当地神前的浮雕),并在一千年后的托勒密二世时期被修复。希腊人将敏神等同于潘神,故此地的希腊语名为帕诺波利斯。

托勒密时期的安泰奥波利斯(卡乌·凯比尔)神庙,出自 18 世纪晚期的《埃及记述》。这座神庙在 19 世纪上半叶被洪水摧毁。

对页图:阿拜多斯的古代遗址中有许多神庙围城。中王国时期,阿拜多斯是奥赛里斯最重要的崇拜中心,许多埃及国王在此修建了自己的衣冠冢。

阿拜多斯

阿拜多斯古城（埃及语为阿贝杜，Abedju）位于现代城市阿苏特和卢克索之间接近中间点的位置，其年代可追溯到王朝之初，有证据表明人类在此定居的时代可以追溯到史前时期。该地是墓地犬神肯提伊门提（Khentimentiu）"西方之人中的首位"（即亡灵的统治者）的一个崇拜中心，有证据表明从很早的时候开始此地就有他的神庙。在第5、第6王朝的时候，肯提伊门提与重要的下埃及神祇奥赛里斯同化了，至中王国时期，阿拜多斯成为冥神最重要的宗教中心。由于阿拜多斯与来世的联系，许多埃及国王在此修建了衣冠冢，如新王国时期塞提一世的衣冠冢神庙。

奥赛里斯神庙

除了古老而边远的可算作神庙形态最早发展阶段的王室建筑，阿拜多斯中心最北端的遗址是年代最久远的。在塞提一世神庙西北1公里的名为库姆·苏尔坦的地方，有肯提伊门提的一座古神庙（从第12王朝开始成为奥赛里斯的神庙）。遗址中发现的文物显示出人类活动的时间范围从第1王朝初始涵盖到希腊罗马时期。其中包括第1王朝国王阿哈的花瓶碎片以及同一时期的人和动物的小像。古王国大多数国王的名字都在这里出现过，同理还有中王国、新王国时期的一些统治者，如第18王朝的阿蒙诺菲斯一世、图特摩斯三世和阿蒙诺菲斯三世，他们都在这里进行了重建。但是由于神庙本身除了门

下图：位于库姆·苏尔坦的奥赛里斯神庙的全景，阿拜多斯。此遗址范围内的遗存时间上至第1王朝下至希腊罗马时期。

底图：这些位于奥赛里斯神庙东侧的柱子是这座神庙中为数不多的石制建筑结构。

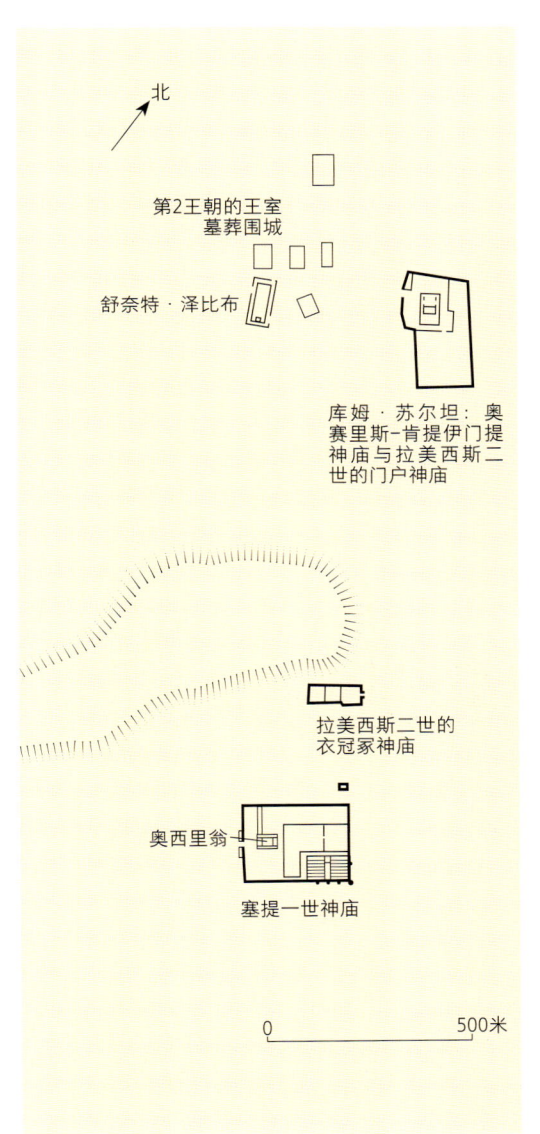

阿拜多斯的奥赛里斯节

尽管古老的奥赛里斯神庙已经损毁且几乎被完全掩盖，但它曾是阿拜多斯神祇崇拜的核心，也是埃及地方神庙活动中比较重要的一个举办场所。每年的奥赛里斯节上，神祇的雕像都会被放在移动圣船中，然后由神职人员从神庙抬到他位于"乌姆·卡布"（取自朝圣者在该地区留下的无数还愿供品）土丘的所谓坟墓。至少从第12王朝开始，所谓神之墓指的就实际上是第1王朝国王杰尔的古墓了。巡行似乎分为两个阶段，第一阶段是公开的，第二阶段则属于祭司的秘密。神首先从他的神庙出发，经过小门户神庙和神庙西侧的墓地。这是仪式的公开部分，所有人都可以参与，许多人在这个地方为神献上石碑以庆祝节日，并祈祷在来世继续参与其中。第一阶段之后，巡行队伍进入了沙漠，在那里会举行神圣仪式的秘密部分。

朝圣者留在阿拜多斯土丘之上的杯、碗、瓶和其他陶制供品器皿仍然散落在沙漠中，阿拜多斯因此被称为乌姆·卡布，"陶罐之母"。在埃及历史的大部分时间里，这个圣地被尊为奥赛里斯的埋葬地。

右上图：1996年发现的阿拜多斯图特摩斯三世神庙。

道等部分是石制以外，几乎完全是用泥砖建造的，今天留存下来的很少。环绕该地区的大型泥砖城墙可以追溯到第30王朝。

拉美西斯二世的门户神庙

就在奥赛里斯神庙的泥砖墙外，在围城的西南侧，是拉美西斯二世建造的石灰岩建筑的遗迹。遗迹由弗林德斯·皮特里发掘，他认为这些遗迹曾经是一个"门户"神庙，标志着奥赛里斯围城外墓地的入口。然而，这一神庙的设计不同于任何已知的埃及神庙，正如皮特里所说，它的布局可能是由它作为巡行路线终点的功能所决定的。

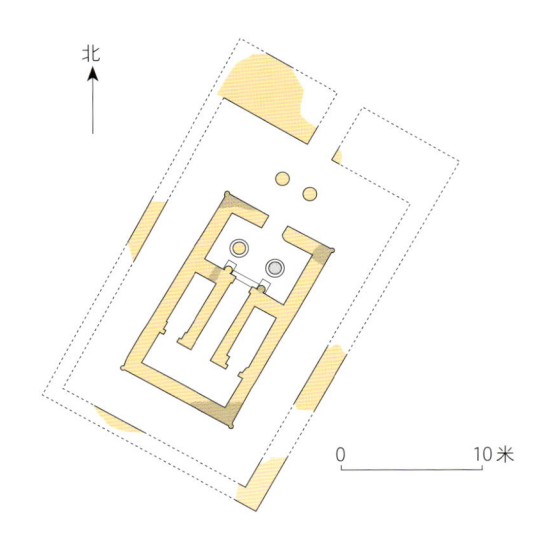

图特摩斯三世神庙

1996年，宾夕法尼亚耶鲁艺术学院考察队在奥赛里斯神庙围城的西南方发现了一座前所未知的神庙。发掘者发现了一座小型石灰岩神庙（约9米×15米）的遗迹，神庙的横向内室前有一个双柱入口，横向内室则在后面分成了两个神殿。这座神庙特别的结构无疑与象征性校准的特殊需求有关，但这一点尚不明晰。神庙前面是一个前庭，内有两棵巨大的圣树与一个厚约2.5米的泥砖塔门。图特摩斯的两座奥赛里斯式巨像的遗迹位于内神庙入口的两侧，这个入口还有一些其他的建筑特征，让人联想到图特摩斯三世的卡纳克节日神庙入口。这座新发现的神庙的建筑与装饰质量之高，可与为国王建造的最好的底比斯神庙相媲美，这也许表明与最重要城市的神庙相比，人们对这些地方的神庙给予了同等的关注。

拉美西斯二世衣冠冢庙

拉美西斯二世在塞提一世神庙西北约三分之一公里的地方为自己建造了一座较小的石灰岩神庙，虽然没有完全保存下来，但神庙平面规划的细节以及仍高达至少2米的墙面上的许多鲜艳浮雕都依然可见。尽管拉美西斯神庙的功能与塞提的衣冠冢基本相同，但它的设计更为标准，并模仿了当时底比斯的国王祭庙。花岗岩大门通向塔门后面的由奥赛里斯柱环绕的柱庭。庭院的尽头是一个门廊，门廊左右两端各有两个小祠堂，左边祠堂供奉神化了的塞提和王室祖先，右边祠堂

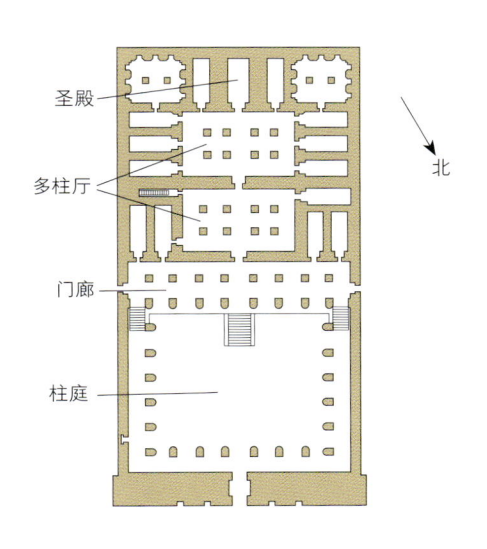

则供奉九神会和拉美西斯二世，这是一种平衡的方式。门廊后面是两个内多柱厅，环绕其周围的是其他神的小祠堂，底比斯众神（左侧）与阿拜多斯众神（右侧）各有自己的套房。每个套房的多柱内室都很特别，为装饰繁琐的雕像壁龛所围绕，其中一个壁龛中有一根有趣的人形杰德柱。在后墙中央的是圣殿，是用上好的石灰岩石块在砂岩地基上建成的，内有一组拉美西斯以及他的父亲塞提、阿蒙和两位女神的灰色花岗岩群雕。

由于屋顶已不在，游客可以特别清楚地看到神庙内的装饰，尽管暴露在外、风吹日晒，大部分浮雕的颜色都保存得很好。庭院内侧的墙壁上展开的是经典的献供巡行场景，神庙外墙北侧和西侧的浮雕是卡叠什之战（约公元前1285年，拉美西斯与赫梯人的交战）的一个版

左上图：拉美西斯二世在阿拜多斯的衣冠冢神庙与他在西底比斯的实际祭庙相似。

上图：拉美西斯二世衣冠冢神庙的雕像壁龛中，有罕见的国王立于奥赛里斯与人形杰德柱前的场景。

左图：拉美西斯衣冠冢神庙外墙上的卡叠什之战场景，生动地描绘了赫梯与埃及的战车。

档案

遗迹：塞提一世神庙
各种祠堂
"奥西里翁"

位置：中阿拜多斯

年代：第19王朝，塞提一世与拉美西斯二世统治时期

供奉对象

主神庙：阿蒙，塞提一世

祠堂：底比斯、阿拜多斯、孟菲斯的众神

"奥西里翁"：奥赛里斯–塞提一世

研究与报告

Mariette, A., Abydos, 2vols.(paris,1869–80)
Calverly, AM. et al., *The Temple of King Sethos I at Abydos*, 4 vols.(London and Chicago,1933–38)

本。尽管不像卢克索神庙、拉美西姆或阿布·辛贝尔神庙的那样完整，这些浮雕却在质量上超过了其他神庙（拉美西斯统治时期的最高水准）。一个独立的T形小祠堂是后来在神庙西北角附近增建的。

塞提一世神庙

由塞提一世开始建造、其子拉美西斯二世完成的神庙（即希腊人所谓的"门农伊姆"，Memnonium）以白色的石灰岩建成，是埃及最令人印象深刻的宗教建筑之一。进入神庙要穿过两个已经毁掉的外庭（第一庭院内有供祭司洗礼用的两口大水井），在神庙的左侧，有一排排泥砖储藏室，分布在一个石制入口大厅的两边。神庙外塔门、庭院以及第一多柱厅由拉美西斯二世完成并仓促地做了装饰，部分浮雕表现他在崇拜神庙的主三神会奥赛里斯、伊西斯和塞提一世。通往第一多柱厅的门廊的墙壁上最初有7个门道的入口，通向7条巡行通道，在簇拥的柱子之间通向神庙后面的7个祠堂。然而，当拉美西斯增建神庙外部时，大部分的门道都被填实了，这可能意味着神庙的最初计划后来受到了缩减。第二多柱厅因此成为祠堂的前厅，其中有36根莲花苞柱精心排列，组成通向多个圣殿的通道。柱子有些低矮，这是一些第19王朝时期建筑的典型特征，但塞提一世神庙这个部分的凸浮雕质量上乘，是埃及神庙中的精品。浮雕表现了许多类型的仪式场景，如塞提立于各种神的面前，献供、呈奉玛阿特等。从精心塑造的人物形象到小物件和圣书体文字中的最小细节，都是高质量的浮雕。为拉美西斯二世制作的浮雕大多是劣质的凹浮雕，但也包括一些不寻常的场景，比如年轻的国王和他

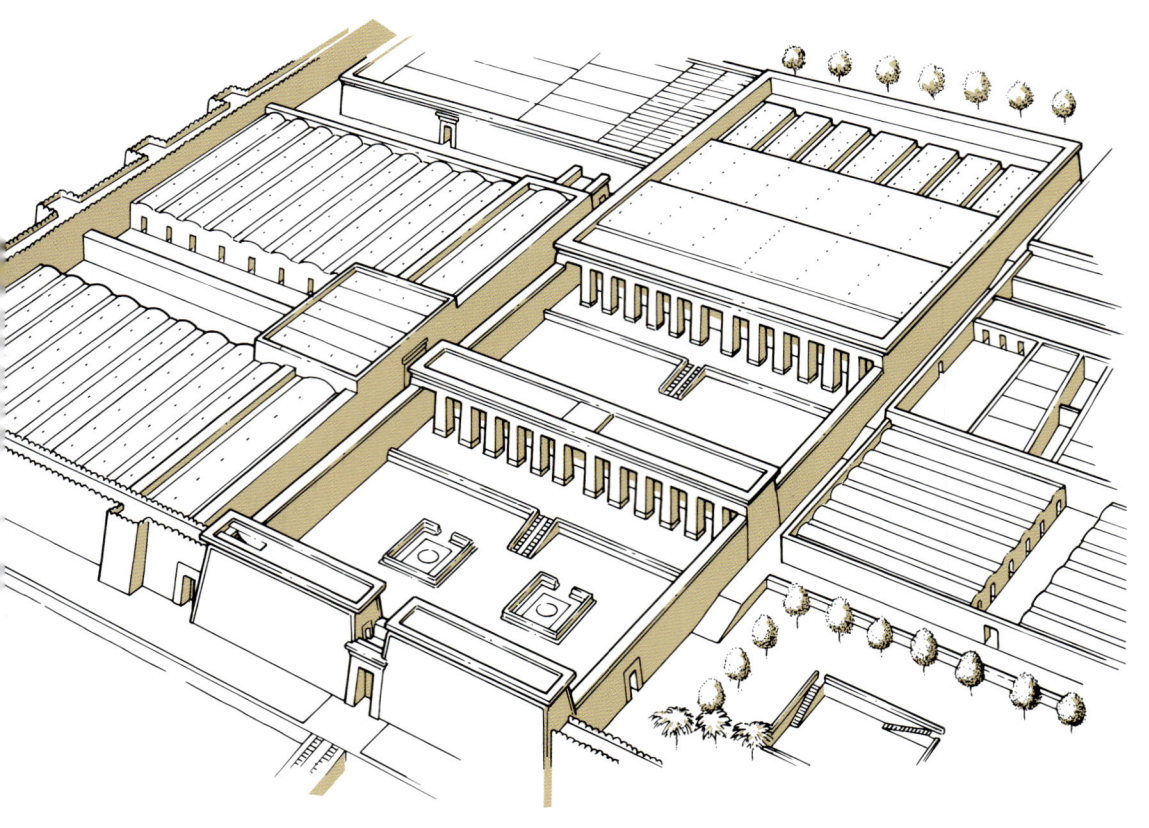

左图：阿拜多斯的塞提一世神庙复原图，神庙为附加建筑所包围。

对页图：阿拜多斯塞提一世神庙的平面图。独特之处在于神庙有七座祠堂，分别献给（从左至右）：塞提一世、普塔、拉–荷尔阿赫提、阿蒙、奥赛里斯、伊西斯和荷鲁斯。奥赛里斯的祠堂通向一组占据了七座祠堂背后空间的套房。在神庙后面是奥西里翁，与主神庙在同一轴线上。

左图：现在的塞提一世神庙入口是原来的第二门廊。这一区域前的入口塔门和第一门廊现在几乎完全被毁。

右图：阿拜多斯塞提一世神庙的第一多柱厅：立柱经过精心选位，以使巡行通道能够通往位于神庙核心的多座祠堂。

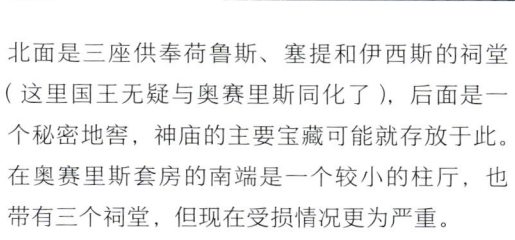

的父亲塞提一起套住一头公牛的生动画面，这个浮雕出现在神庙南翼的一条通道中。

七座圣祠独特地构成了主神庙的中心，它们分别（从南到北）供奉着神化的塞提一世、普塔、拉-荷尔阿赫提、阿蒙、奥赛里斯、伊西斯和荷鲁斯，每个祠堂都装饰着与各种节日相关的仪式场景。其中六个祠堂的后墙上有假门，但奥赛里斯的圣殿后却有一扇真正的门，通向一套专门献给他的房间，位于整排祠堂的后面。套房中第一个也是最大的房间是一个柱厅，装饰着国王向奥赛里斯献祭的各种场景。在它的北面是三座供奉荷鲁斯、塞提和伊西斯的祠堂（这里国王无疑与奥赛里斯同化了），后面是一个秘密地窖，神庙的主要宝藏可能就存放于此。在奥赛里斯套房的南端是一个较小的柱厅，也带有三个祠堂，但现在受损情况更为严重。

这座神庙特别的L形南翼中有孟菲斯神普塔-索卡尔和尼弗尔太姆的祭拜祠堂——他们是奥赛里斯在北方的对应神祇——以及一个保存神庙圣船的大厅，还有各种厢房与储藏室。特别有趣的是将第二多柱厅与这一翼相连的狭窄

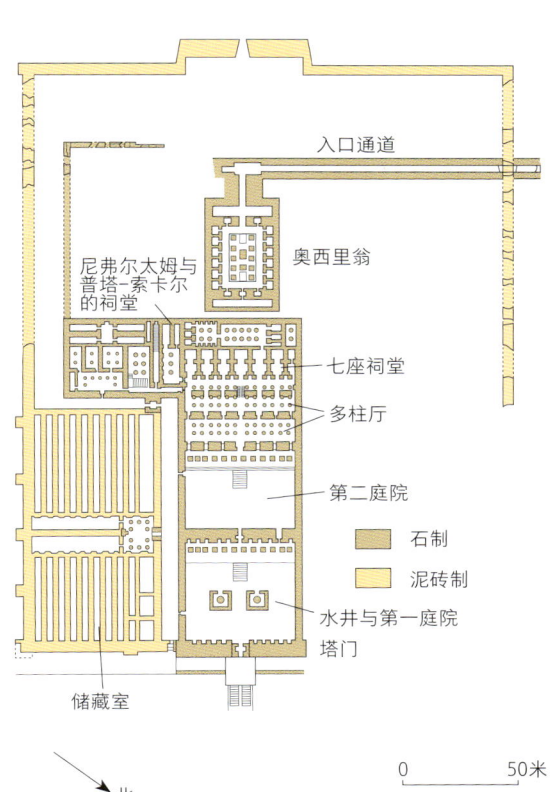

年轻的拉美西斯二世和他的父亲塞提一世一起套住了一头公牛，这是塞提一世神庙南翼墙上浮雕描绘的一个不同寻常的场景。

上图：从塞提一世神庙通往奥西里翁的通道。

右上图：巨大的花岗岩块构成了奥西里翁的结构核心，奥西里翁是奥赛里斯象征性的坟墓，毗邻塞提一世神庙。

走廊。在它的内壁上，一侧是塞提和儿子——年轻的拉美西斯二世一起套住一头公牛的精美浮雕，另一侧则是埃及为数不多的留存下来的王表之一。王表以埃及传统中的创立者美尼斯开始，以塞提结束，但经过了选编，删除了阿玛尔纳时期的国王等不受欢迎者。王表似乎与王室的祖先崇拜相关，但是置于这一狭窄通道的原因并不完全清楚。通道中的一个门道通向另一个走廊，走廊上有几段台阶，通向正西方的神庙衣冠冢（即奥西里翁）。

在神庙的后面、与神庙轴线精准对齐的是一座被称为"奥西里翁"的特别建筑，一座由塞提建造、主要由其孙美内普塔装饰的国王陵墓形式的衣冠冢。实际上，在与这一建筑的关系中，主神庙可看作是伫立在陵墓前的祭庙。一条装饰着《门之书》中场景和文字的长长的通道在其尽头急转，通向一个巨大的大厅。花岗岩建造的大厅（约30米×20米）与帝王谷国王陵墓的大型柱室外观相似，有着一种过时但又奇特地符合其象征目的的外观。在大厅的中央，假石棺和卡诺皮克匣（装有国王内脏的盒子）立在一个被象征着原初创世之水的地下水环绕的岛屿上。位于这座大厅两端的横向房间装饰着天文和墓葬文献内容，以及天空女神努特的图像。因此，无论是整体规划还是装饰，这个建筑都反映了新王国时期国王陵墓的许多元素，这些元素将它牢牢地固定于衣冠冢的角色之中。

森乌斯里特三世神庙

这座神庙只有少许遗存，位于塞提神庙东南约2公里的沙漠边缘。这位国王的衣冠冢遗迹（迪特尔·阿诺德认为这里是他真正的埋葬地）现在沙化了，位于靠近悬崖底西部的位置。

阿赫摩斯神庙

尽管发现了一些浮雕碎片，但阿赫摩斯的阶梯式神庙并没留下太多遗迹，神庙位于森乌斯里特衣冠冢东南1公里处，距阿拜多斯中心约4.75公里。

希乌

古代诺姆首府胡特-塞赫姆或胡特（科普特语为霍乌），即现代的希乌，位于尼罗河西岸，尼罗河在底比斯地区形成独特环流之后，在这里转向北流。该地已知年代可以追溯至森乌斯里特一世时期，虽然一些古代文献如拉美西斯三世统治时期的哈里斯纸草中提到过这里的数座神庙，但并没有在此发现法老时期的神庙。当地的地方神巴特是人形牛耳的女神（后来同化为哈托尔），女神无疑有一座神庙在此。两座希腊罗马时期神庙的遗迹依然存在。一座由托勒密六世建造，另一座建于罗马皇帝涅尔瓦与哈德良统治时期。在希腊罗马时期，希乌以狄奥斯波利斯·米克拉或狄奥斯波利斯·帕尔瓦之名为人所知。

丹德拉

丹德拉是埃及最重要的神庙遗址之一，是后期神庙极其丰富多样的特征的样本。神庙所在的区域是古代的伊乌奈特或塔恩特拉（希腊语为特恩提瑞斯，Tentyris）地区，在埃及历史上的几个时期，曾作为省会和重要的宗教中心。早期文献提到了丹德拉的一座在古王国时期重建的神庙，几位新王国时期的国王，如图特摩斯三世、阿蒙诺菲斯三世、拉美西斯二世和三世，都装饰了这座建筑。然而，今天矗立在遗址上的哈托尔神庙属于希腊罗马时期，是埃及这一时期保存最完好的神庙之一，但原本在哈托尔神庙旁的其配偶荷鲁斯和他们的孩子伊西或哈索姆图斯的神庙都已经损毁。

像大多数埃及神庙一样，丹德拉朝向尼罗河，但因为尼罗河在这里拐弯，所以神庙实际上是面向北方，而不是通常情况下的东西向。神庙区域前方有几个罗马时期的亭子和一个修建于图密善和图拉真统治时期的入口大门，大门安置在环绕围城的巨大泥砖墙中。尽管该遗址缺少一个柱廊和两个塔门——它们本应出现在内神庙前方——但有一堵未完成的石制内围墙围绕着一个露天庭院，庭院两侧有入口，位于提比略皇帝于公元1世纪增建的大多柱厅前。与早期神庙不同，这座多柱式建筑的正面建成了矮屏风墙的形式，柱间墙壁之上暴露出大厅的天花板，24根柱子上有独具哈托尔特色的叉铃柱头。每根柱子上都刻着牛耳女神脸的四面柱头，但每张脸都在古代遭到了破坏。大厅的天花板保留了大部分原本的颜色，被装饰成一幅复杂而精细的象征性的天象图，其中有黄道十二宫（由罗马人引入）的标志和天空女神努特的形象，女神在每天晚上吞下太阳圆盘，以在黎明时再次生下它。

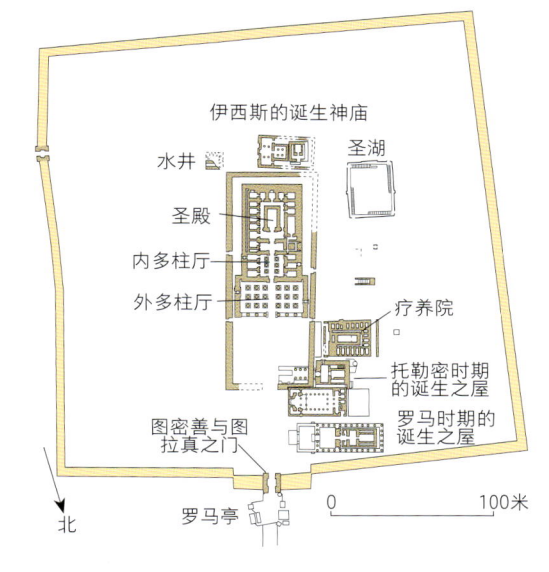

大厅通向一个更小的被称为"现身大厅"的六柱式内部建筑，因为在举行宗教仪式与巡行之时，女神的雕像就是在这里从她的圣殿中"现身"的。大厅的墙壁上描绘了国王参与神庙的奠基仪式的场景，两侧的门都通向用作日常仪式各方面准备区的三个房间。东外墙上有一个开口，可以由此运入供品，而一条平行的通道则从西面一个房间通向一口水井。

档案

遗迹：哈托尔神庙
祠堂
诞生之屋
伊西斯神庙
位置：现代凯纳附近的丹德拉
年代：希腊罗马时期
供奉对象
主神庙：哈托尔
祠堂：奥赛里斯和其他各种神
伊西斯神庙：伊西斯
研究与报告
Mariette, A., *Denderah*, 4 vols. (paris, 1870–73) Chassinat, E. and F. Daumas, *Le temple de Dendara*, I– (Cairo, 1934–)
Daumas, F., *Dendara et le temple d'Hathor* (Cairo, 1969)

左上图：出自不同时代的很多重要建筑坐落于丹德拉哈托尔主神庙的周围。

丹德拉哈托尔神庙多柱厅正面的独特之处在于它的比例与叉铃形壁柱。

左图：丹德拉哈托尔神庙中的浮雕，哈托尔坐像后有一个巨大的麦纳特项链形象。在仪式中使用的麦纳特包括一个充满细节的胸饰，还带有叉铃形状的装饰，用链子与挂在佩戴者背部的配重连在一起。

右图：著名的丹德拉黄道十二宫以融合埃及和外国观念的方式描绘了占星学图像与符号。原件被拿破仑远征队移走，现在在卢浮宫。

右图：作为丹德拉神庙标志的哈托尔柱或叉铃柱遭到了早期基督徒的严重破坏，大部分女神的面庞都被除去。

神庙的内部核心区是由几位晚期的托勒密国王建造的，墙上没刻名字的王名圈反映了其统治时期的不确定性。该区域包括一个供奉大厅、一个在巡行开始之前供其他神祇的雕像与哈托尔会合的"九神大厅"以及女神自己的圣殿。圣殿虽然是空的，但墙壁上的装饰表明，其中曾有一个供奉哈托尔雕像与移动圣船（在"到访节日"中可能还有配偶艾德福的荷鲁斯的圣船）的石制神龛。中央圣殿周围有11个与哈托尔有关联的神祇的祠堂，其中包括代表哈托尔主要属性特征的神圣叉铃与麦纳特项链。主圣殿后方的祠堂墙上有一个嵌入墙内的壁龛，它的外侧有一个"倾听之耳"神殿，女神能够借此"听到"对她的祈祷。

在神庙后部的房间的墙壁和地板下面，有许多储藏神庙珍宝的密室。这些密室中最为重要的物件是哈托尔的巴雕像，这座雕像会在当地庆祝重要的新年节时被抬至屋顶。供奉大厅西侧的一个楼梯（在右墙上刻有国王和各种祭司带着女神神龛上行的形象）通向神庙的屋顶和一个祠堂，女神在祠堂中过夜等待日出，以象征性地与太阳圆盘结合。屋顶东面的楼梯（带有对应的下行队伍的场景）用于巡行队伍的返回。内圣殿的屋顶在其东西两侧还有两组平行的房间，作为纪念奥赛里斯的死亡与复活的祠堂，其中还有努特女神和各种地下神祇的图像。其中一个祠堂内有黄道十二宫图（原件现在卢浮宫，祠堂里的是复制品）。多柱厅的屋顶通过另一段楼梯到达，楼梯墙上刻画着各种神祇，神庙的这一最高区域在古代为虔诚的朝圣者所使用，他们在那里等待着女神的迹象和奇迹。刻在石块上的游戏棋盘帮助这些信徒度过守夜的时光。

在神庙的正后方，狮头屋顶滴水嘴下的外

墙上有克里奥帕特拉七世和她与尤利乌斯·恺撒之子恺撒里昂（后作为托勒密十五世成为女王的共同摄政者）的巨大形象。在墙壁的中央，圣殿的正后方，带有巨型哈托尔标志的庞大假门已变得面目全非，因为几个世纪以来朝圣者都在自己最能接近哈托尔本人的地方刮取神圣石头，由此对假门造成了破坏。

在石制围墙外有各种外围建筑的废墟。从大门面向主神庙，在其西侧的是罗马时期诞生之屋的遗迹，在埃及并入罗马帝国后不久由奥古斯都修建。其中描绘奥古斯都的继任者图拉真向哈托尔供奉的场景，是在埃及发现的最为精致的相关图像之一。这座建筑是献给女神和她的孩子伊西的，柱头上方顶板上雕刻的贝斯神（分娩保护神）反映了这个诞生主题。

在这座诞生之屋的正南方，是公元5世纪的一座基督教大教堂的遗迹，以及一座更早的第30王朝和托勒密时期的诞生之屋。这个诞生之屋因罗马时期围墙的建造而被分成两部分，这道围墙也促成了后来新诞生之屋的修建。接下来是一座泥砖疗养院的遗迹，这是埃及神庙中已知的唯一一座疗养院，游客可以在这里以圣水沐浴或过夜，以获得女神所赐的治愈之梦。

在疗养院的西面曾经矗立着一座第11王朝门图荷太普二世的小祠堂，这座小祠堂似乎用于祭祀国王，而非献给哈托尔女神，因此，它可能是中王国时期主神庙的附属建筑。这座祠堂在现代被移走，并在开罗的埃及博物馆里被重新组建展示。再往南，在神庙的西南角坐落着为祭司洗礼提供水源的圣湖。圣湖四角各有一段下行台阶，内侧铺石，这是埃及神庙中保存得最好的一片仪式性水域。紧靠哈托尔神庙南边的是伊塞姆，即伊西斯的诞生神庙。这个建筑的设计非常奇特地展现出割裂性，主体结构和多柱厅朝东，但圣殿旋转角度朝北，面向哈托尔的主神庙。在圣殿的后墙上有一座由伊西斯和奈芙西斯的手臂扶持着的奥赛里斯雕像（现已毁）。

基福特（科普托斯）

此处是古代盖布图（希腊语为科普托斯，科普特语为科布托或科福特）的所在地，一个位于哈马马特干河谷入口附近的省会城市，也是在通往干河谷采石场和红海的路线之上的重要定居点。该地区的主神是敏，他被视为东部沙漠之神，后来伊西斯和荷鲁斯也在此受到崇拜。该地有三座神庙的遗迹。

在北部，敏和伊西斯的神庙是在托勒密二世统治时期修建的，后来又在托勒密四世、托勒密

丹德拉罗马时期诞生之屋柱子上的贝斯形象，贝斯是保护女性分娩的神。

左图：并入了丹德拉神庙建筑群的中王国门图荷太普祠堂的浮雕细节。

八世和罗马皇帝卡利古拉与尼禄的时代得到了增建，但神庙从未被完全装饰。发现于神庙北边、几乎可以确定是出自该神庙门道的石块最近被波士顿艺术博物馆重新组装。神庙显然建立在一个早期宗教建筑的遗址之上，一座后期埃及（阿玛西斯统治时期）奥赛里斯神殿的遗迹就位于其中一个内庭内。再往南一点，中间的神庙也是托勒密二世时期修建的，在卡利古拉、克劳狄乌斯和图拉真时期也有增建，但该遗址显示出许多早期特征，如图特摩斯三世的大门和森乌斯里特一世的各种石块；正是在这里，人们发现了第6、7王朝时期的石碑与著名的"科普托斯法令"，上面详细记载了为神庙及其工作人员提供的王室供给。

在围城南部的盖伯神庙似乎不那么古老，其元素可以追溯到后期之后。入口是由尼克塔尼布二世修建的，后来又有一些增建，现在的内神殿建于克里奥帕特拉七世和托勒密十五世统治时期。这座神庙显然是一座受欢迎的神谕所，神殿后面供一名祭司端坐的密室在今天依然可见。在基福特东北边的卡拉阿有一座小庙（约24米×16米），是克劳狄乌斯皇帝献给敏、伊西斯和荷鲁斯的。

库斯（阿波利诺波利斯·帕尔瓦）

古代的格萨（现代的库斯，希腊语为阿波利诺波利斯·帕尔瓦）就在基福特南部，同样位于哈马马特干河谷入口附近。在托勒密时期，这里建有荷尔欧里斯和赫克特的神庙，而在今天，两座被毁坏的塔门几乎是这座建筑的全部遗迹。

图赫（翁波斯）

图赫与现代的库斯隔尼罗河相望，即古镇努布特（希腊语为翁波斯），其历史可以追溯到前王朝时期。然而，这里的发现相对较少，尽管有一座供奉塞特神的神庙的遗迹，但年代是新王国时期，是由图特摩斯一世和三世、阿蒙诺菲斯二世和几位拉美西斯国王建造完成的。在这里发现的一件引人注目的物品是阿蒙诺菲斯三世的巨大"瓦斯"权杖，这是已知最大的费昂斯制品，由皮特里发现，现在存放在伦敦的维多利亚和阿尔伯特博物馆。

申胡尔

在库斯以南约6公里的申胡尔村有一座罗马时期的小神庙。虽然这座神庙现已所剩无几，但几位19世纪的学者曾造访过它，其中包括C.R.莱普修斯（1845年），他抄写了一些铭文。这座神庙呈现出有趣的"T"形布局，其中有一个由几个小房间围绕的圣殿，圣殿前面有两个横厅。一个更大的横向多柱厅是增建的，有16根柱子，与主轴成直角。这座神庙是在几位皇帝的统治下建成的，似乎是在奥古斯都时期开始修建，可能完工于尼禄统治时期。

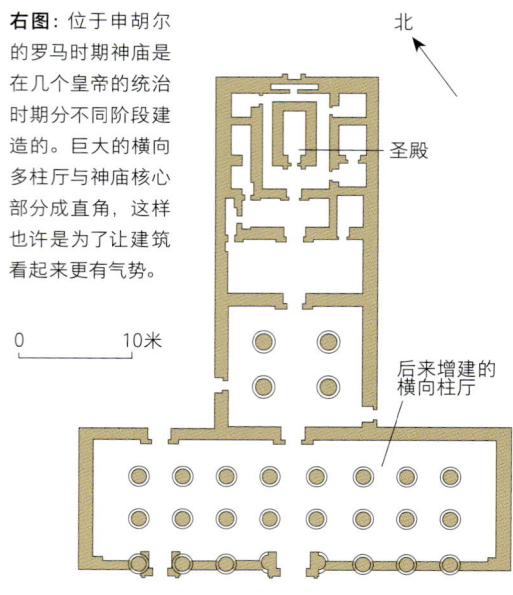

托勒密时期神庙墙壁上的浮雕细节，神庙位于靠近哈马马特干河谷入口的库斯。不幸的是，除了被毁坏的塔门外，这座神庙现在所剩无几。

右图：位于申胡尔的罗马时期神庙是在几个皇帝的统治时期分不同阶段建造的。巨大的横向多柱厅与神庙核心部分成直角，这样也许是为了让建筑看起来更有气势。

北

圣殿

0　10米

后来增建的横向柱厅

在底比斯以北一点的梅达姆德孟图神庙，托勒密七世的围廊式庭院和外多柱厅中布满了不同类型的立柱。

右下图：位于梅达姆德的希腊罗马时期神庙建筑群包括外部的孟图、拉艾特塔威和哈珀克雷特斯的神庙，以及紧靠该建筑后部的第二座供奉孟图神牛的神庙，后者中可能建有用于供养活物以及奉请孟图神牛神谕的各种房间。

梅达姆德

梅达姆德（即古时的马杜）位于卢克索东北约8公里处，是该地区早期历史上一位重要神祇（即隼鹰头神孟图）的崇拜中心。这里已知曾有一座中王国时期（可能更早）的孟图神庙，但在某个时刻被摧毁了。一座罗马时期神庙的遗址依稀可见，该神庙供奉着孟图、拉艾特塔威和哈珀克雷特斯，可能与上述神庙建于同一地点。

这座神庙被围墙环绕，墙上有一道提比略建造的大门，神庙的特殊之处在于其正面由托勒密十二世时期的三个亭子组成的三重大门。这个入口后面是一个大庭院，由安敦尼·庇乌斯装饰，通向托勒密八世的传统式多柱厅。今天，神庙完整遗存下来的只有围廊式庭院中的柱子。主神庙后面是一座献给孟图神牛的小圣殿，如今只有小部分外墙保留了下来。其上依然可见展现神谕传达时国王崇拜神牛的浮雕。

铭文显示，上述这些以及主神庙外墙都装饰于图密善与图拉真皇帝在位时期。神庙区包含一片圣湖，西南角曾有一座托勒密小祠堂，巡行大道由神庙主入口通向运河码头，而这条运河则连接着那座位于卡纳克的孟图神庙。

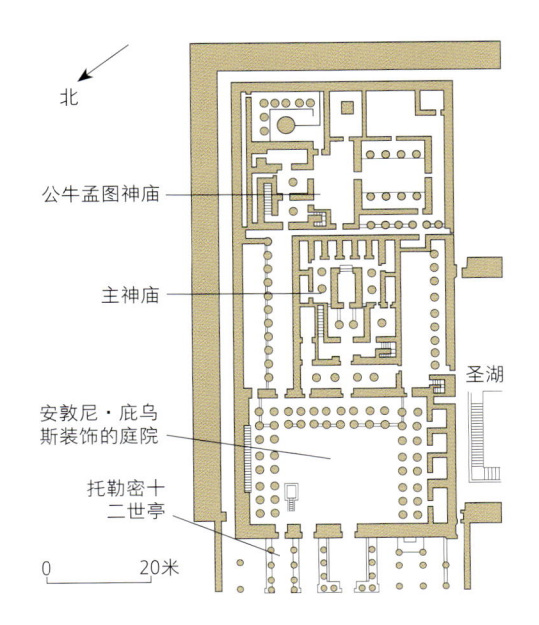

下图：一块雕刻砖，上有一个戴着繁复的阿太夫王冠的形象，出自梅达姆德。这座神庙的许多浮雕为早期基督徒所毁，他们凿除了国王和神祇的面部。

北

公牛孟图神庙

主神庙

圣湖

安敦尼·庇乌斯装饰的庭院

托勒密十二世亭

0　20米

卡纳克与卢克索

> 在埃及的底比斯，成堆的宝锭闪闪发光。底比斯，百门之都。
> ——荷马，《伊利亚特》，卷9

底比斯是古代世界最伟大的城市之一，中王国时期其重要性与日俱增，在新王国时期的大部分时间里底比斯都是埃及的政治首都；此后的几个世纪里，它一直是一个宗教首都。对传奇乃至神话般的底比斯的提及，从古典文学荷马史诗就开始出现，并在这个城市的真实位置和身份都被遗忘很久之后延续到了中世纪文学中。直到18世纪，卡纳克和卢克索的神庙才被认出是古代瓦塞特即底比斯的神庙；今天，它们和底比斯地区的许多其他神庙一起代表着埃及，甚至组成了世界上最大、最集中的神庙所在地。

在前景中可见的卢克索和卡纳克共同构成了古都底比斯的核心神庙区。在尼罗河对岸的西底比斯也有一些中王国、新王国时期国王的神庙，这两个地区共同构成了埃及神庙的最大集中地。

卡纳克

尽管遭到了严重破坏，但在埃及没有比卡纳克更令人印象深刻的遗址了。它是人类有史以来建造的最大神庙建筑群，代表了几代古代建造者的共同成就，占地面积极大。在现代城市卢克索以北约3公里的卡纳克，仅在它的许多区域里走一圈就需要半天时间，想要对它了如指掌则需要花费数年。

这座占地100多公顷的大型建筑群的现代名称取自附近的卡纳克村，但它的古代名称是伊佩特-伊苏特（ipet-isut），"最精选的地方"，这里不仅是伟大的阿蒙-拉神的所在地，还包括或者毗邻着许多专为不同神祇而设的祠堂和神庙。主要有三大建筑区：阿蒙及其附属神庙的主要区域位于中心；正南方是阿蒙配偶穆特的区域；北面是孟图神庙区——孟图是底比斯地区的原始隼鹰神，后被阿蒙取代。卡纳克三神会（阿蒙、穆特和洪苏）中的第三位成员洪苏的小神庙位于阿蒙主神庙区内，此外还有大约20座其他神庙和祠堂。

阿蒙大神庙

面对沿着两条轴线（东西向和南北向）建造的、杂乱蔓延的神庙废墟，必须经过仔细的研究才能了解其最初的设计与随后的发展。神庙最初的核心位于东西轴中心附近的一个土丘上，这里无疑是一个古老的圣地。从这里，神庙向外扩展，既朝向正常神庙扩展中的尼罗河方向，也沿着另一轴线向南方偏远的穆特神庙扩展。

西面的现代入口途经拉美西斯二世修建的码头，古代的一条与尼罗河相连的运河由此码头通向神庙。右侧矗立着哈克里斯（公元前393—前380年在位）的圣船小祠堂，用作神祇在巡行之旅中往返于河流的休息站。一条由羊首斯芬克斯像组成的巡行短道从码头一直延伸到神庙的第一塔门，斯芬克斯的羊头象征着阿蒙神，每个斯芬克斯像的狮爪之间都有一尊国王的雕像。这个巨大的入口建筑（即塔门）最初约40米高，但实际上并未完工，这可以从很多迹象看出，如塔门上部高度不等的表面，未装饰的表面上突出的未经切割的石块，以及仍然留在塔门内侧的泥砖建筑坡道残骸。这个塔门可能是尼克塔尼布一世在第30王朝修建的，他还建造了与塔门相连的提梅诺斯墙，但这一点尚不确定，可能就在同一地点有一座更早的塔门。在大门最厚部分的高处仍

档案

遗迹：阿蒙大神庙与许多相邻的祠堂及相关神庙

位置：卡纳克，底比斯（东岸）

年代：第18王朝（可能建于更早的神庙原址之上）至希腊罗马时期

供奉对象
主神庙：阿蒙-拉
附属神庙：洪苏、普塔等

发掘报告
Legrain, G., *Les temples de Karnak* (paris, 1929) Centre Franco-egyptien d'etude des temples de Karnak, *Cahiers de Karnak*, 6 vols. (1943-82)

墙壁装饰
见于各种铭文调查合集，*Reliefs and Inscriptions at Karnak* (Chicago, 1936-) 等

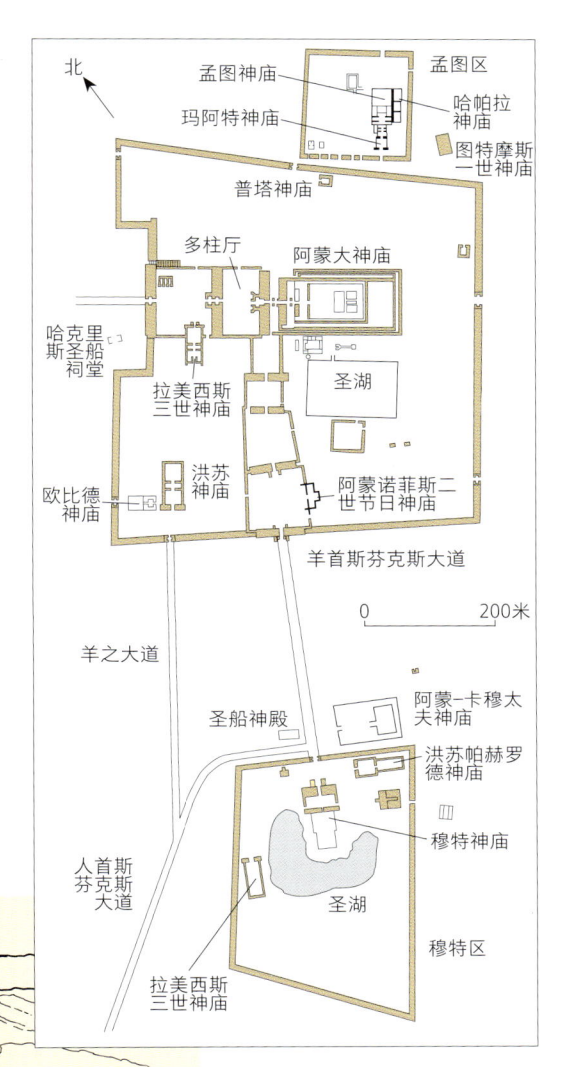

上图：卡纳克不仅有阿蒙大神庙，还有底比斯三神会其余成员穆特和洪苏的神庙。穆特区位于稍南一点的位置，孟图区则正好位于阿蒙建筑群的北墙之外。

右图：卡纳克西入口，从古代码头穿过羊首斯芬克斯大道，沿着神庙中轴线一直通向内圣殿和之后的地方。

阿蒙神庙的第一庭院，努比亚法老塔哈卡的10根中仅存一根的巨大纸草柱。后方是位于第二塔门之前的拉美西斯二世巨像，第二塔门可追溯至塞提一世时期。

右图：在古代便遭到拆解的"红色祠堂"的雕刻石块，表现哈特谢普苏特立于阿蒙神前。它在卡纳克露天博物馆中展出多年，现已与其他石块一起放回重建的原始祠堂中了。

然可以看到拿破仑远征队留下的涂鸦。

第一庭院圈入了一个原本在神庙外的区域，因此也纳入了一些沿巡行路线设置的羊首斯芬克斯像以及一些曾经孤立的建筑。左侧是塞提二世的花岗岩与砂岩的三重圣船祠堂，其中的三个房间分别供穆特（左）、阿蒙（中）和洪苏（右）的圣船使用。该建筑墙壁内的壁龛曾经摆放着国王雕像，以守候正在休憩的众神。圣船祠堂的对面是一个具有常见的图坦卡蒙特征的小斯芬克斯像。

在庭院中心是塔哈卡巨亭的遗迹——后来被萨姆提克二世盗用，又在托勒密时期得到修复。这个建筑最初由10根巨大的纸草柱组成，柱子由一道低矮的屏风墙连接并在东西两端开放，而现在只剩下了一根巨柱和一块巨大的祭坛状方解石块。虽然通常认为这个建筑只起到圣船神殿的功能，但它的露天设计表明，它实际上可能在神庙的某个仪式活动中有特殊作用，

可能是一种"与太阳结合"的仪式，如后来在丹德拉和其他地方举行的那种。

右侧是拉美西斯三世小神庙的入口。实际上，这是一个精心设计的圣船神殿，作为国王麦地奈特·哈布城祭庙（见第193页）的缩影。因此，该建筑的第一庭院排列着国王的奥赛里斯式雕像，墙壁上装饰着各种节日场景和文字。远处是门廊和小型多柱厅，以及光线昏暗的卡纳克三神会圣船神殿区。这个神庙的旁边，在东侧，是所谓的"布巴斯特之门"（Bubastite Portal），由此可以通往主神庙侧墙的南面，那里有舍尚克一世即《圣经》中著名的法老示撒（《列王纪》上 14:25—26）击打俘虏的著名场景。庭院的对面即北侧，有个大门通向一个露

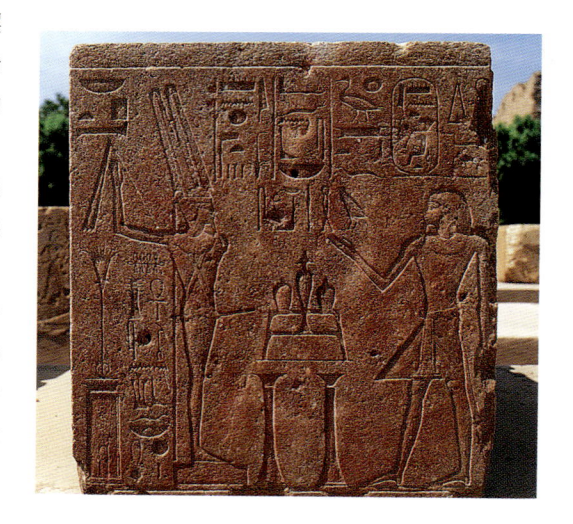

左图：拉美西斯三世的奥赛里斯式雕像成排立在他的圣船神殿庭院边上，圣船神殿以一座小型葬祭纪念性建筑物的形态并入了阿蒙神庙最外围的庭院之中。

右图：卡纳克的大多柱厅是古代世界中最令人印象深刻的建筑之一，其中有134根石柱，呈绽开或捆束的纸草形状。光线从高处的天窗射入巨大的连梁柱厅，如这里的大厅中心附近的景象所示。

天博物馆，在那里有许多用从神庙墙壁和塔门内发现的被挪用的石块复原重建而成的小型纪念物。这些建筑包括森乌斯里特一世精美且近乎完整的石灰岩祠堂、阿蒙诺菲斯一世和二世的神殿，以及最近刚刚重建的哈特谢普苏特红色石英岩的"红色祠堂"。

第二塔门的正面是拉美西斯二世的两座迈步姿态的巨像，现在只剩下其中一座的双脚。在这两座雕像的前面是国王的第三座雕像，一座站像，其中矮小的本特安塔公主站在他的双脚之间，这座雕像后来被拉美西斯六世（第20王朝）和祭司"王"皮努杰姆一世（第21王朝）盗用。塔门本身始建于荷伦布时期，但直到塞提一世时期才完工，从塔门的核心部分移出了许多出自一座埃赫纳吞早期神庙的砂岩"塔拉塔特"石块。

第二塔门通向巨大的多柱厅，这是整个卡纳克建筑群中最令人印象深刻的部分。这里是一片名副其实的石林，大厅里立满了134根纸草柱，中间12根更大（约21米高），柱头呈绽开状，其余122根柱头较小（约15米）且闭合。即使站在基座处也很难把握这些柱子的真实尺寸，因为那些最大的柱头上可以轻松站定50人。最初，这些巨大的柱子支撑着一个带有小天窗的屋顶，其中一些窗户留存了下来，为大厅所再现的原始纸草沼泽地营造柔和的光线。在古代，柱子之间挤满了诸神和国王的雕像，其中一些已于近期被放

塞提一世的"拉神之子名"刻于大多柱厅的过梁之下,依然保有大部分原始色彩。铭文宣称国王为"阿蒙神所爱"。

阿蒙神庙大多柱厅中展现圣船巡行的浮雕细节。阿蒙-拉的圣船由隼鹰首与豺狼首的形象以及国王高高抬起,护送神祇往来于神庙是国王的特权。

卡纳克的哈特谢普苏特方尖立碑

哈特谢普苏特在卡纳克竖立的四座方尖碑中,有两座已经完全消失,位于第四和第五塔门之间的两座方尖碑中,只有北部的那座(埃及最高的直立方尖碑)仍然保留在原地。

方尖碑上的铭文清楚地表明了女王捐赠这些纪念碑的原因,同时也强调了这样一个事实:每座方尖碑都是由一整块花岗岩制成的,并镀有大量黄金。纪念碑的每一面都以女王的名字和头衔开头,接着是捐赠的具体细节。其中,西面和东面的铭文尤其有趣,显示方尖碑是为了纪念哈特谢普苏特的父亲图特摩斯一世而献给阿蒙神的。铭文的这一方面和其他内容可能都反映出女王试图合法化自己的统治。女王被交替称为神之子和神之女。方括号内的文字是对铭文的解释性补充:

西面

荷鲁斯,卡之强大;两女神,持久之繁盛;金荷鲁

回原处。紧靠南部塔门墙壁的是一个低矮的雪花石膏块,上面装饰着埃及的敌人"九张弓",它是巡行过程中的一个圣船休息处。尽管大厅是阿蒙诺菲斯三世首先开始建造的,但装饰由塞提一世开始、拉美西斯二世完成,拉美西斯二世的凹浮雕是仓促完成的,不那么精细,很容易与大厅北半部的早期凸浮雕区分开来。内部浮雕展现了日常仪式场景以及巡行场景与神话主题,比如国王与各种神的互动。大厅的外墙覆盖着庆祝塞提和拉美西斯在叙利亚和巴勒斯坦的军事功绩的浮雕,其中就有拉美西斯的卡叠什之战。

第三塔门由阿蒙诺菲斯三世始建,但其入口门廊是拉美西斯时代建筑的一部分。在这座塔门内发现了大量再利用的石块,大部分"露天博物馆"的纪念物都以此重建。塔门后面,图特摩斯一世和三世在原来的内神庙入口处竖立了四座方尖碑,其中图特摩斯一世的只有一座留存。在第三和第四塔门之间,神庙第二轴线开始向南分支。

沿着主轴向东,第四和第五塔门是图特摩斯一世建造的,它们和它们之间狭窄的、曾经有立柱的区域共同构成了神庙现存的最古老的部分。然而,内神庙区后来又有了一些增建,如哈特谢普苏特的两座玫瑰色花岗岩方尖碑,其中一座仍然矗立在北面,另一座残破的则倒在南面。

图特摩斯三世修建的第六塔门几乎没有遗迹,不过墙壁上仍然保留着南方(南墙)和北方(北墙)被征服民族的名单。塔门位于一座庭院之前,庭院中有两个宏伟的花岗岩柱,上面刻着上、下埃及的花徽,分别位于南北两侧。庭院——其北面还有图坦卡蒙献给阿蒙和阿蒙奈特的两座巨像——又通向一个花岗岩圣船神殿。这一建筑是由亚历山大大帝的继承人菲利普·阿里达乌斯建造的,它似乎取代了图特摩斯三世的一个更早的神殿。圣船神殿分为两部分:外部是向神奉献供品的地方;内部仍然保留着停放圣船的基座。内墙装饰着供奉仪式的场景,阿蒙既以他通常的人形外表出现,也以另一种勃起的形态出现。外墙上有各种节日场景,有

斯，王冠之神圣；上下埃及之王，两地之主，玛阿特卡拉［真理是拉之卡］。

作为她给自己的父亲阿蒙——两地王座之主的纪念碑，她令人在庄严的大门［神庙塔门］前为他竖立了两座巨大的方尖碑，塔门被称作"阿蒙，伟大的陛下"。［它们上端的表面］由上乘黄金制成，像日轮一样照亮着两地。自世界之初就没有过这样的东西。为他做这些的是拉神之子，哈特谢普苏特·赫奈奈麦特·阿蒙，意为像拉一样永远被给予生命。

东面

荷鲁斯，卡之强大；上下埃及之王，玛阿特卡拉，为阿蒙-拉所爱。

女王陛下在这座不朽的纪念碑上记录了她父亲的名字。因为上下埃及之王，图特摩斯一世得到了恩宠，仰仗［阿蒙］神，这两座巨大的方尖碑是女王陛下第一次竖立起来的。因为这是众神之主所说的："你的父亲，上下埃及之王，图特摩斯一世下令竖立方尖碑，［因此］陛下应该加倍建造纪念物并永生。"

档案

遗迹：哈特谢普苏特方尖碑
位置：阿蒙大神庙，卡纳克，第四与第五塔门之间
材料：红色花岗岩
高度：29.5米
重量：323吨
供奉对象：阿蒙-拉与图特摩斯一世

图特摩斯一世（右）与哈特谢普苏特（左）的方尖碑，后者更大。两者各是一对中的一个。

些仍然保留了原有的鲜艳色彩。花岗岩神殿周围的砂岩房间由哈特谢普苏特建造，而最靠近这座建筑的墙壁是图特摩斯三世添加的，并装饰着他的军事行动"年鉴"和对神庙的奉献，其中包括国王呈献两座方尖碑的场景。

在这些残垣断壁的后面是所谓的"中央庭院"，一个开阔的露天区域，这里最早的神庙可能曾矗立于此，后来成为神庙的中心（即有神像的圣殿）。然而在古代，这座建筑曾因其石料而遭到掠夺，除了曾经矗立着神殿的巨大方解石或"雪花石膏"石板外，这里现在几乎没有什么值得注意的地方。中央庭院之外是相对完整的图特摩斯三世节日神庙，这是卡纳克更为有趣而不寻常的特色建筑之一。图特摩斯建造这个小建筑群是为了作为自己的纪念物以及崇拜祖先（他的祭庙就在西岸拉美西姆的北面），并称之为"最辉煌的纪念物"。入口位于建筑的西南角，最初两侧是两尊身着节日盛装的国王雕像。入口通向一个前厅，前厅右侧是储藏室和其他房间，左侧是神庙的大柱厅。这个大厅的屋顶外沿一圈由正方形的柱子支撑，但中心部分则由形状奇特的柱子支撑，这些柱子模仿了古代的帐篷杆（而不是许多书所称的帐篷"桩"）。尽管这种帐篷柱的建筑可能会让人想起古代的宗教棚屋，但它更可能象征着这位伟大的军人法老所熟悉的军用帐篷。在基督教时代，这座大厅被再次使用，当作教堂，在几根柱子的顶部附近仍然可以看到光环的图案。神庙的

图特摩斯三世的节日神庙，被称为"最辉煌的纪念物"，立于阿蒙神庙建筑群的后方。这一建筑在埃及神庙中具有一些独一无二的特征。

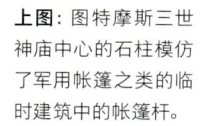

上图：图特摩斯三世神庙中心的石柱模仿了军用帐篷之类的临时建筑中的帐篷杆。

右上图：卡纳克南轴线第一庭院中的奥赛里斯式国王像与跨步式国王像。正是在这一区域，人们于1902年发现了雕像秘藏。

其他房间包括一个"祖先之屋"和一系列祠堂，分别供奉地下神索卡尔、清晨显现的太阳神和阿蒙。阿蒙的祠堂有一个曾经用来停放神龛的巨大石英岩基座，而这座"包容型神庙"的前厅是著名的"植物园"，以图像的形式描绘了图特摩斯对外征战中遇到的奇花异草与珍禽异兽。

图特摩斯建筑群的后墙大部分都被破坏了，可以由此出去察看紧贴神庙后墙修建的壁龛神殿，古代底比斯的居民将他们的祈愿带至此处以传递给阿蒙神庙区伟大的诸神。神殿的两边各有两座方尖碑的基座，而方尖碑早已被摧毁，后者原本是哈特谢普苏特在神庙后竖立的；再往东一点，穿过重建而成的年代较晚的"角形"祭坛，有一座小型"倾听之耳神庙"的遗迹，与拉美西斯二世建造的神殿用途相同。这个建筑也曾经在中轴线上立有一座方尖碑（可能是所谓的罗马"拉特兰方尖碑"），不同寻常的是它单独矗立在神庙的中轴线上。神庙几乎延伸到卡纳克建筑群的后门，这是一个由尼克塔尼布一世建造的近20米高的门户。此处是卡纳克东西方向主轴线的终点，但在北面，在坍塌的泥砖墙废墟内，可以看到第22王朝奥索孔四世的一座献给奥赛里斯-赫卡杰德"永恒的统治者"的小神庙的遗迹，以及其他几个小神殿。

向南走，游客可以走到充满着地下水的圣湖，它为祭司的洗礼和其他神庙需求提供水源。在那里发掘出的祭司居所遗迹现在位于圣湖东端为声光表演而设立的座位之下。圣湖的南侧，粗糙的石砌边缘为一个石头隧道所打断，通过这个隧道，驯养的阿蒙鹅从南面稍远的家禽场被放到湖中。湖的西北角是塔哈卡祠堂，一座相当奇特的建筑，其地下建筑的浮雕描绘了太阳神穿越大地的夜间旅程以及每天以圣甲虫形象重生的过程。这好像解释了从西岸阿蒙诺菲斯三世祭庙带来并放置于此的大圣甲虫雕像的意义。

哈特谢普苏特第二方尖碑的塔尖部分同样位于圣湖西北角，越过它，是卡纳克南北轴线上的第一个庭院。尽管这座庭院的塔门（第七座）是图特摩斯三世建造的，但侧墙是拉美西斯二世之子美内普塔的作品。正是在这里，21

世纪初在庭院的南端发现了有大约2万件雕像和石碑的卡纳克大秘藏。虽然大多数木制雕像都被地下水摧毁，许多青铜雕像也遭到破坏，但数百尊石像保存完好。

该轴线上其余的塔门目前正在由法埃联合小组进行修复。第八塔门由哈特谢普苏特建造，第九和第十塔门由荷伦布建造，他大量挪用了埃赫纳吞神庙的石头。

在最后两座塔门之间的南墙中，有一座阿蒙诺菲斯二世的赛德节或周年小神庙，最近由美国埃及学家查尔斯·范·西克伦三世复原重建。神庙的中央大厅有一些精刻的浮雕，保有大部分原始色彩，虽然阿蒙神的形象为埃赫纳吞的势力所亵渎破坏，但塞提一世后来对其进行了修复。范·西克伦认为这个建筑曾经位于第八塔门前的区域，并表明它显然是被荷伦布一块块移走的，国王扩建阿蒙大神庙南翼并增建第九塔门的时候在现址重建了它。

第十塔门是阿蒙区的南入口，穿过大门，经过两座石灰岩巨像（无疑是荷伦布的），可通向与穆特区相连的斯芬克斯像巡行大道。在阿蒙区的围墙内还有其他一些较小的神庙。

洪苏神庙

在阿蒙区的西南角，献给阿蒙和穆特之子月神洪苏的神庙是新王国时期神庙的一个虽小但相当完整的极好示例。该神庙从拉美西斯三世时期开始建造，由后来的一些统治者完成和装饰，如一些利比亚将军，他们在新王国末期基本上以上埃及国王的身份进行着统治。入口塔门由皮努杰姆一世装饰，浮雕描绘他出现在众神面前，铭文几乎将他描绘为国王。前院和多柱厅同样由较早的赫瑞荷尔将军装饰，他与拉美西斯十一世一起出现在柱厅中，但后来他篡夺了王位（据推测是在国王死后）。神庙的内殿部分在拉美西斯时代被装饰过，但浮雕也曾在托勒密时期经受加工，一些部分由罗马人进行了翻新。神庙后面是神的圣船神殿，神殿后部有一个雕刻的基座。楼梯从洪苏之屋这部

左下图：建于卡纳克南轴线上的阿蒙诺菲斯二世周年神庙中的装饰柱。

下图：洪苏神庙的这座入口大门通向连接南部穆特建筑群与卢克索的羊之大道。

右图：小欧比德神庙的圣殿区。通过后墙上的一扇门进入神庙。

下图：供奉河马女神欧比德的神庙，以及卡纳克建筑群西南角附近洪苏神庙的入口塔门。

分的东南角一直延伸到屋顶，屋顶上有太阳祠堂，19世纪艺术家大卫·罗伯茨的著名画作中捕捉到了可以从屋顶看到的卡纳克全景。这里和神庙的其他部分经常出现不匹配的、装饰倒置的石块（包括楼梯顶部上方的一辆上下颠倒的战车），显示出早期建筑中的石块在多大程度上被用在这个神庙的建造上。神庙围墙中的入口大门以巴布·阿玛拉之名为人所知，是托勒密三世建造的，向南通向穆特区和卢克索的羊之大道。

欧比德神庙

洪苏神庙后面是河马女神欧比德的一座希腊罗马时期小圣殿，欧比德作为妇女分娩的帮助者而受到崇拜。这个布局奇特的神庙主要由托勒密八世建造，并由后来的几位统治者（包括奥古斯都皇帝）装饰。尽管靠近巴布·阿玛拉门，但欧比德神庙自己也有穿过阿蒙区西部提梅诺斯墙的大门，显示出其重要性以及与其他崇拜体系间的互动。神庙由后墙上的一扇门进入，门通向圣殿，然后是外供奉厅。神庙内部的浮雕虽然被烟熏黑了，但保存得相当完好。虽然这个建筑名义上是献给欧比德的，但它实际上为阿蒙服务，尤其关注阿蒙从奥赛里斯处同化而来的神话式的复活循环。这个神庙的墙壁里隐藏着几间密室，此外还有一些更大的地下室，它们是阿蒙-奥赛里斯的"坟墓"以及神的复活节中所使用物品的储藏室。

普塔神庙

在阿蒙大建筑群的北边缘，就在通往孟图区的大门内，有一座孟菲斯创世神普塔的小神庙。像阿蒙大神庙一样，建筑朝向是由西向东。其核心是图特摩斯三世建造的，努比亚国王沙巴卡以及几位托勒密时期和罗马时期的统治者扩建和修复了这个区域。有趣的是，主持修复的托勒密统治者们并没有用自己的名字取代早先的王名圈，而是将原本建造者的名字补到了那些损坏缺失的部分。神庙有五座不同时期的大门，在北侧和南侧的门柱上分别有佩戴下埃及红冠、上埃及白冠的国王形象。大门通向一个有着花形柱头的石柱的小柱厅，后有三座祠堂，两座献给普塔，第三座（在南侧）献给哈托尔。一座无头的普塔雕像站立在中心祠堂内，但是在南边祠堂中的却不是哈托尔的雕像，而是普塔的"配偶"狮首女神塞赫迈特的雕像。光线透过屋顶上一个小孔照亮这座超越真人大小的黑色花岗岩雕像，令人感受到些许幽暗的古圣殿的氛围。

孟图区

阿蒙建筑群北面的孟图区是卡纳克三个带有围墙的建筑群中最小的一个。方形的围墙内有损毁了的底比斯地区旧隼鹰神孟图的神庙，以及一片圣湖与几个献给各种神祇的更小的祠堂。孟图神庙本身由阿蒙诺菲斯三世建造，但包括塔哈卡在内的其他几位国王对其规划进行了修改。神庙以南北轴线为中心，前面是神庙码头与托勒密三世和四世修建的一座入口大门（当地称之为巴布·阿布德，Bab el-Abd）。在入口大门之外，一排排人首斯芬克斯像沿着巡行入口通道向北延伸。与孟图神庙平行、紧贴其东侧而建的是孟图之子哈帕拉的一座小庙。孟图神殿的正后方是一个简单的玛阿特神庙，在同一轴线上但朝向相反，主要包括一个位于小柱厅之前的庭院。在围墙外的东面是图特摩斯一世小神庙的废墟，西面是一座更小的奥赛里斯小祠堂。

穆特区

在阿蒙大神庙的南面，以一条羊首斯芬克斯大道相连的是阿蒙配偶穆特的神庙区，大部分建筑都被毁掉了，其中有穆特神庙的遗迹、三面环绕神庙的圣湖伊舍汝（Isheru），以及几处较小的神庙。穆特神庙主要由阿蒙诺菲斯三世建造，后来在塔哈卡、尼克塔尼布一世和其他国王的命令下又得到了扩建。在第二塔门和神庙内部区域之前，一道巨大的塔门通向一个狭窄的庭院，然而建筑损毁严重，使人们无法详细了解其最初的

上图：狮子女神塞赫迈特的雕像，位于卡纳克普塔神庙内的南祠堂。雕像立于黑暗的圣殿之中，仅由一道狭长的光线照亮，让游客感受到埃及神庙内部最深处的幽暗。

左图：看向普塔神庙中的圣殿。在连续的几个门拱两侧，都有国王形象（北面戴红冠，南面白冠）向进入者宣布着净化。

样式和装饰。这座神庙最为著名的应该是阿蒙诺菲斯在其中安放的塞赫迈特女神黑色花岗岩雕像，据估计，最初有超过700个这样的雕像装饰着神庙区。

在圣湖的西边，拉美西斯三世建造了一座小神庙，神庙外墙上仍然保留着一些军事场景的浮雕，在入口前还有两尊国王的无头巨像。在大院内修建的其他神殿和祠堂中，只有洪苏帕赫罗德（孩童洪苏）的规模较大。这座神庙大部分是再次利用新王国时期的石块建成的，神庙浮雕还有一些保留了下来，如出生和割礼的场景。托勒密二世和三世修建了北部嵌入提梅诺斯墙的入口大门。另外两座建筑就在这个院落入口之外：东面是阿蒙—卡穆太夫（阿蒙，他母亲的公牛）神庙，西面是一座可以追溯到图特摩斯三世和哈特谢普苏特统治时期的小圣船神殿。然而，这些建筑大多只剩下地基。穆特区现在正由布鲁克林博物馆和底特律艺术学院继续研究和发掘。

埃赫纳吞神庙

尼克塔尼布门东边一点，在阿蒙区的围墙之外，是杰姆-帕-阿吞（Gem-pa-aten）的遗迹，这座神庙由阿蒙诺菲斯四世在他统治的前五年为他的新宗教而建——在他改名为埃赫纳吞并将首都迁至阿玛尔纳地区之前。1926年，亨利·切夫里埃首次提到了这座神庙的存在，他发现了神庙的一些小塔拉塔特建筑石块以及埃赫纳吞的巨像。1966年以来，唐纳德·雷德福德指导下的多伦多大学埃赫纳吞神庙项目对该遗址进行了调查。该项目从对仓库中已有的石块进行拍照和系统研究开始。从那时起，已有超过20季的发掘与研究在此完成了。

这项调查揭示了阿吞神庙的大量信息，但这个区域面积相当之大（约130米×200米），并且建筑群中部和东部大部分位于现代房屋之下，所以完整的平面图尚未能完成。毫无疑问，这座神庙朝向东方，西墙只有一扇小门（4米）通向据说是第18王朝宫殿所在地的通道遗迹。神庙本身似乎主要包括一个露天庭院，庭院周围有一个高达7米的方形砂岩柱柱廊。在南面，每根柱子的旁边都有一座埃赫纳吞巨像，采用的是他统治早期特有的怪异风格，并交替佩戴国王双冠与舒神的双羽头饰。在西侧柱廊沿线，每隔一段便会发现国王和王后的真人大小雕像的碎片，还发现了大量可能是摆放在雕像和巨像前的花岗岩供桌。经过复原的杰姆-帕-阿吞塔拉塔特上有阿蒙诺菲斯四世在他统治的第二或第三年庆祝赛德节的场景，还有宗教献祭、乐者、舞者、外国人以及最重要的对王室家族的描绘。国王的王后尼弗尔提提在装饰画面中是一个非常突出的人物，描绘她的石块比埃赫纳吞的更多，画面中她独自或与女儿们一起供奉。

当埃赫纳吞迁都阿玛尔纳时，这里所有的建筑工程都停止了，直到图坦卡蒙和阿伊的统治时期才短暂恢复（从一些带有他们形象与名字的塔拉塔特石块判断），最终在荷伦布统治期间，神庙被破坏，泥砖部分被烧毁，石头结构被拆除。用于建造杰姆-帕-阿吞的至少36000块塔拉塔特石块中有许多被发现再次使用于第九、第二，可能还有第三以及第十塔门，还被用于阿蒙大神庙多柱厅的建造。

右图：阿蒙诺菲斯四世（埃赫纳吞）雕像，立在东卡纳克阿吞神庙庭院南侧的柱子前。其中大多数毁于神庙被破坏之时。

对页图：卡纳克阿吞神庙的一座砂岩巨像，手握连枷和权杖，与该神庙中其他雕像一样，在形态上有些雌雄同体——对此有各种解读。这些雕像与发现于国王祭庙中的奥赛里斯式雕像十分相似。

阿蒙诺菲斯四世还在底比斯地区建造了其他建筑，尤其是所谓的胡特-本本（hut-benben）、鲁德-梅努（Rud-menu）与特尼-梅努（Teni-menu），但这些建筑的确切性质与位置我们都不得而知。从名字上看，胡特-本本或"本本之宅"中可能有赫利奥波利斯太阳崇拜中使用的那种金字塔，不过以其石块重建的神庙大部分仅由几根柱子组成，每根柱子高约9.5米，上面展示着尼弗尔提提和她的一个女儿在向阿吞供奉。

出自阿蒙诺菲斯四世/埃赫纳吞的一座神庙中的塔拉塔特石块，上有尼弗尔提提的形象。在埃赫纳吞死后神庙遭到拆除之时，数千个这样的石块被重复利用于卡纳克塔门以及其他宗教建筑的建造之中。

C神庙

在阿蒙建筑群东南角以东约75米处的是托勒密时期一座小神庙的遗迹。该建筑群包括一道泥砖提梅诺斯墙，东半部是一座仅被称为"C神庙"的小型砂岩建筑。商博良就是在这里发现了现藏于卢浮宫的"本特瑞什石碑"，据称石碑记录的是与拉美西斯二世时期一位公主有关的事件。最近在唐纳德·雷德福德指导下进行的发掘表明，神庙的前方是一个带有四根立柱的柱廊，位于内提梅诺斯墙之内，而内墙通过一条很短的巡行通道与外门相连。在神庙的南面也发现了各种房间，其中包括可能是疗养院的遗迹。发掘表明，神庙核心位于一座早期宗教建筑的区域内，建造或翻新于公元前3世纪。现在的前庭似乎是在公元前2世纪或公元前1世纪时增建的，这座神庙显然也曾在罗马时期开放。

由唐纳德·雷德福德复原的所谓C神庙的正立面；这座神庙开放于托勒密和罗马时期。

档案

遗迹：阿蒙神庙各种祠堂

位置：卢克索，底比斯（东岸）

年代：第18王朝（可能建于更早的神庙位置之上）至希腊罗马时期

供奉对象
主神庙：卢克索的阿蒙
祠堂：穆特、洪苏

发掘报告
见参考文献下的条目等

墙面装饰
铭文调查, Reliefs and Inscriptions at Luxor Temple, Volume 1–(Chicago, 1991–)

南方视角的卢克索神庙，背景是拉美西斯二世的塔门，可以看到图坦卡蒙时期完成的柱廊、阿蒙诺菲斯二世的列柱围廊式太阳庭院以及前方的神庙内部核心区，这一部分经历了数百年的建造与重建。

卢克索

卢克索神庙

卢克索神庙，底比斯东岸最南端的纪念物，位于古代底比斯的中心，与卡纳克一样是献给阿蒙或阿蒙-拉的。阿蒙神的一种特殊化身在这里受到崇拜。像卡纳克的阿蒙神一样，这里的神被描绘成两种主要形式，即蓝色的天空之神与黑色勃起的丰饶生育神，但他还保持着一个独立的身份，每年卡纳克的阿蒙都会前来"拜访"。这座神庙被称为南欧比德或"隔绝之地"，供奉的神祇阿蒙涅莫普被称作"欧比德的阿蒙"。

"隔绝之地"：3000年的发展

卢克索神庙为研究埃及神庙的发展和扩张提供了一个引人入胜的个案。虽然它可能建造于更早的神庙建筑的位置之上，但现在的建筑也已有了三千多年的发展历史。

哈特谢普苏特在卢克索神庙大兴土木，但她的大部分成果最终都被取代了。卢克索神庙现在的核心区是由第18王朝伟大的"太阳王"阿蒙诺菲斯三世修建的。神庙建造分为两个阶段：第一阶段，国王在一个凸起的平台上建造并装饰了一个多房间的建筑群，这是今天神庙最南端的部分。在统治后期，国王在北面增建了一个露天的列柱围廊式太阳庭院，并为其北面的一个大柱廊奠定了基础。

然而，由于阿蒙诺菲斯之子埃赫纳吞试图削弱或摧毁阿蒙神庙的势力，这项工程被中断了。因此，直到埃赫纳吞的最终继任者图坦卡蒙正式恢复底比斯阿蒙的崇拜之时，柱廊的建造和装饰才告完成。

在近乎半个世纪的时间里，神庙一直保持着这种形式，直到拉美西斯二世的再次扩建。这位多产的建筑者在一条新的轴线上建造了巨大的柱庭和塔门，该轴线向东倾斜，以便与位于卡纳克的阿蒙主神庙对齐，而卢克索神庙通过一条长长的巡行大道与之相连。拉美西斯还在一个早期的停靠站（由哈特谢普苏特修建）之上修建了一个三重神殿，为阿蒙、穆特和洪苏的圣船访问卢克索时停靠之用，同时国王还将巡行路线的南部封闭在其大庭之内。

虽然在接下来的几个世纪里没有类似规模的进一步扩建，但后期的沙巴卡国王似乎在拉美西斯的塔门前修建了一个大型柱亭，大约300年后，尼克塔尼布一世在塔门前的同一露天区域内增建了一个宽阔的庭院，并用数百个人首斯芬克斯像装点了神庙通往卡纳克的巡行大道。

在马其顿征服埃及后不久，以亚历山大大帝之名进行的中央圣船神殿的全面翻新，也体现了卢克索一直以来的重要性。当埃及在公元前1世纪成为罗马帝国的一个行省时，神庙里也设立了皇帝崇拜，并添加和修改了一些建筑特征。后来，在公元4至6世纪，整座神庙并入了一个罗马军事营地，营地石头铺成的大道与带有立柱的街道至今依然可见。

在罗马皈依基督教之后以及拜占庭时期，神庙区内及其周围修建了几座基督教教堂。公元6世纪，其中一座教堂建在拉美西斯庭院内，13世纪在同一座建筑之上修建了阿布·哈加格清真寺。这座清真寺至今仍在使用，并将卢克索神庙作为一个神圣区域的历史从它的起源即约公元前1500年以前一直延续到了现在，这中间是超过3000年的变化、发展和成长。

左上图：尼弗尔塔莉小巧优雅的雕像立于其夫拉美西斯二世的巨像脚边，卢克索第一庭院。

上图：卢克索内神庙的入口是封上的，两侧是科林斯式圆柱，这里是驻扎在卢克索的罗马军队的祭拜中心。

罗马军营的遗迹在卢克索的列柱围廊内庭西部依然可见。

纪念性建筑物与艺术作品

卢克索神庙设计紧凑,可以在一个多小时的时间内察看完毕;但洞悉这座建筑的复杂性和丰富性则要求数倍的时间。神庙的艺术作品中有一些埃及最为精美的浮雕,且由于神庙的大部分都被掩埋了好几个世纪,其艺术作品大都保存得非常完好。现在的入口穿过了拉美西斯二世的塔门,塔门前曾经有六座国王巨像(两个坐像,四个站像)和两座方尖碑。其中一座方尖碑和两座雕像在20世纪被运到了巴黎,但剩下的遗迹亦足以令人印象深刻。

塔门的外墙装饰于拉美西斯时期,描绘卡叠什之战(公元前1285年)的场景,大门内墙的浮雕是第25王朝努比亚国王沙巴卡添加的。越过塔门,神庙的大型列柱围廊庭院被两排闭合纸草柱包围,左边是哈加格清真寺,右边是拉美西斯供来访的卡纳克神祇阿蒙、穆特和洪苏使用的三重圣船神殿。回廊立柱之间的雕像是拉美西斯二世下令盗用或雕刻的,西南角的保存得尤为完好。

拉美西斯二世建于大庭院东柱廊的闭合纸草柱：在宗教巡行期间允许人们聚集的区域中，立柱之间矗立着刻有国王名字的巨像。

右图：卢克索多柱厅中巨大的纸草束石柱构成了通往神庙内部圣殿的巡行通道，远处是罗马时期驻扎在这里的军团的祭祀壁龛。

最左图：沿着带有斯芬克斯像的尼克塔尼布一世甬道向卢克索神庙的入口塔门望去。数百座这样的人首雕像排列在卢克索与卡纳克之间的巡行路线两侧。

左图：拉美西斯二世为前来拜访的卡纳克的阿蒙、穆特和洪苏建造的三重圣船神殿，就在他位于卢克索列柱围廊庭院内的西塔门后面。

左图：在卢克索神庙最深处圣殿的墙壁上，亚历山大大帝以法老的样子站在阿蒙面前。这座建于阿蒙诺菲斯三世圣殿内的圣船神殿是以亚历山大的名义建造装饰的。

下图：阿蒙诺菲斯三世的"诞生之屋"：墙上描绘了国王的神圣孕育与诞生场景，作为国王政治宣传的一种方式，它反映的可能是国王与王后"神之妻"在欧比德节期间举行的"圣婚"仪式。

阿蒙诺菲斯三世雄伟的巡行柱廊——其中巨大的纸草柱头的柱子每根超过19米高——曾经位于国王的神庙前，是卡纳克大多柱厅的建筑原型。它的墙壁由图坦卡蒙装饰，并保留了在此庆祝的欧比德节的场景。西墙描绘了从卡纳克向南行进的巡行队伍，而（保存得更好的）东墙描绘的是返回队列。

柱廊的另一边是阿蒙诺菲斯神庙的大太阳庭院，对它的装饰从阿蒙诺菲斯时期持续到了亚历山大时代。侧墙保留了一些最初的颜色，1989年正是在这里发掘出了一个壮观的雕像贮藏室。在南端，庭院现在几乎融入了由四排纸草柱组成的多柱厅，大厅的屋顶已经不复存在。多柱厅通向一个更小的、最初通向内神庙的八柱厅或柱廊，但后来驻扎在卢克索的罗马军团将后者改造成了服务于皇帝崇拜的祠堂。大厅——其两侧是穆特和洪苏的祠堂——通向供奉厅与呈圣船神殿形态的圣殿。在阿蒙诺菲斯的神庙里，这里原本是一个巨大的方形房间（柱子的底座仍然可以在地板上看到），但是现在的神殿是由亚历山大大帝在这一空间内建造的，神殿墙上有他装扮成法老的样子向勃起的阿蒙神供奉的场景。

圣船神殿的后方是阿蒙诺菲斯神庙最内部的房间，包括位于中心的最初的圣殿，或称"神圣之神圣"，这里有曾经支撑着神像的石块的底座。四周的房间构成了一套幽静的私密套房，使得神庙获得了欧比德或"内室"之名。这一区域与主神庙分隔开来，形成了一种庙中庙，这显然具有特殊意义，与卢克索阿蒙的特殊性质有关。房间都围绕着一个不同寻常的十二柱小厅——可能象征着一天中的时间，因为太阳神的日船和夜船的画面出现在房间的东墙与西墙之上。神庙最里面的部分位于一个低矮的土丘之上，这个土丘被认为是创世的原初地点，即从原初水域中升起的土丘，由此，主要神祇阿蒙和拉的角色以及创世和周期性太阳更新的概念在这里部分地交织在了一起。

圣船神殿的东面是"诞生之屋"，因其系列性的浮雕装饰而得名。西墙上描绘了阿蒙诺菲斯三世的神圣孕育与诞生，以及他后来被呈奉给诸神和被养育的场景，此外还有对未来国王统治地位的确认。这里描绘的场景可能反映了欧比德节日期间国王与"神之妻"即王后之间的一场仪式性"圣婚",但无论如何,它们证明了复新国王与神的活力是节日所庆祝的总主题。神庙这一区域所在的土丘还被认为是阿蒙的诞生地,因此诞生显然是神庙和节日共享的主题。

可以看到,内神庙区东墙的外侧有许多石块明显是随意雕刻了一些不相关的图像。这个"不走寻常路"的区域正是古代石匠和雕刻师学习神庙装饰技巧的"练习墙"。这些雕刻练习随后被涂上了灰泥,但几个世纪后,由于底层石头的暴露,又再次被揭示了出来。

欧比德节

欧比德节巡行的一幕,出自卢克索的柱廊大厅。

每年一次,在被称为"美丽的欧比德盛宴"的节日中,卡纳克的大神阿蒙-拉会造访位于南部约2公里的卢克索圣殿,这无疑是底比斯地区最重要的节日。在那里,在"内室"或"南部的欧比德",大神拜访了居住在卢克索神庙的阿蒙,以及底比斯三神会的其他成员穆特和洪苏。

阿蒙的圣船正在离开卡纳克,出自卡纳克阿蒙神庙的菲利普·阿里达乌斯圣殿。

欧比德节在泛滥季的第二个月举行,与尼罗河的汛期及其象征性的丰产联系在一起,尽管在第18王朝之前没有记载,但这一节日在新王国时期非常重要。已知的是,节日在图特摩斯三世统治期间持续大约11天,到拉美西斯三世统治时期则延长至将近一个月。

柱廊和卢克索神庙其他地方的墙壁上刻有详细描绘往返于卢克索圣殿的巡行的图像与文字,这使得我们可以在很大程度上复原节日的内容,尽管随着时间的推移,节日的庆祝过程发生了某些变化,且并非所有细节都很清楚。新王国早期,我们知道在哈特谢普苏特统治时期,瓦布祭司会肩扛着移动圣船由陆路把阿蒙神像运到南部的神庙里。而回程则经由尼罗河上的水路,阿蒙神的仪式圣船由国王的王船护送。在新王国后期,确切地说在图坦卡蒙时期,南北两次旅行有时都是通过水路进行的,底比斯三神会的成员阿蒙、穆特和洪苏各自在圣船中,由帆船和一群沿尼罗河河岸前行的纤夫拖着逆流南行。从这一时期开始,图像显示有各种显要人物以及成批的乐者、舞者和歌者参与巡行。

到达卢克索后,神受到带着礼物与供品的王子和其他显贵人物的迎接,从河流到神庙的路线两旁都是供奉摊和前来欢迎的神庙人员,其中还有为神表演的杂技舞蹈团。巡行队伍在哈特谢普苏特建造的三重神殿前停下,这座神殿原本就在神庙外面。休息后,神像就从这里移动到神庙内的神殿里,盛大节日的各种仪式也开始了。我们还未完全了解这个特殊节日中的宗教仪式,但其中可能包括庆祝圣婚的仪式,暗示着国王的神圣血统。庆祝活动还起到了更新国王角色与力量的作用,因为其中有对加冕仪式的仪式性重复,国王会跪在神像前接受各种各样的王冠。在整个欧比德庆典期间,国王会献上特殊的供品来报答神赐予国王的复新(指恢复活力),因此,这一活动可同时视为神与国王的更新的节日,以及对埃及宇宙观中众神与其臣民之间的联系的一次重申。

西底比斯

西底比斯有约36处保存状况不一的神庙遗迹，年代从早王朝时期涵盖到希腊罗马时期，大多数建于第18王朝至第20王朝。

现代卢克索地区的尼罗河东岸和西岸都属于古底比斯。新王国早期的城市集中在东岸，而阿蒙诺菲斯三世在西岸的马尔卡塔建造了自己的大宫殿，到了第19王朝，西底比斯已经成为埃及这一地区的行政管理中心。根据尼罗河的当地走向，该地区的神庙通常呈东西向，虽然尼罗河东岸的神庙是"神"庙而西岸的则是"祭"庙的说法一般并不准确，但在西底比斯，这一划分似乎是恰当的。几乎所有沿着尼罗河西岸泛滥平原边缘建造的神庙都是用于国王祭祀的。少数例外，如图特山的早期神庙，则不那么显眼，也很少被访客们看到。

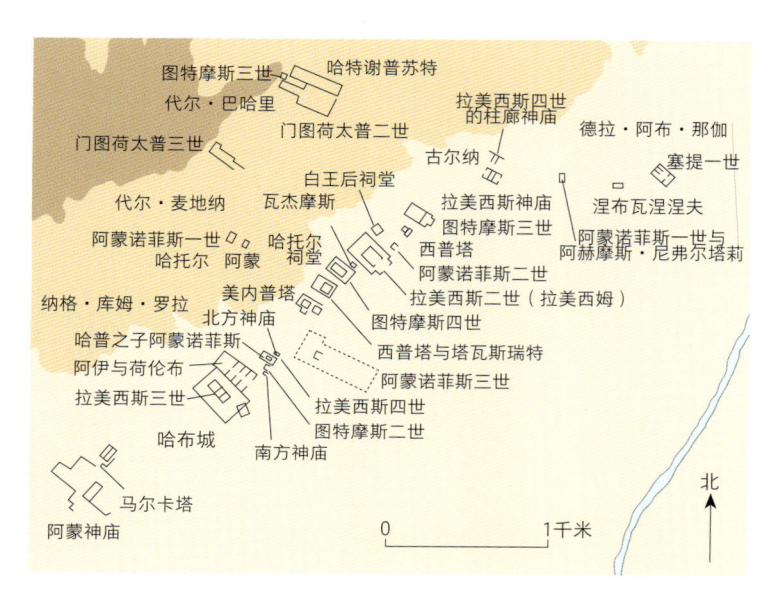

图特山

荷鲁斯神庙

在西底比斯背后的大平原南坡的高处，第11王朝法老门图荷太普三世建造了一座偏远的神庙，而国王及其父亲的祭庙则位于代尔·巴哈里南部。这座建筑的遗迹直到20世纪初才为人所知，在1904年由杰奥·斯温弗特发现，在1909年由皮特里进行了勘察。皮特里关于神庙是赛德节祠堂的判断是不正确的，由吉泽·沃雷什领导的罗兰大学匈牙利考察队（1995—1998年）在此进行了发掘，并发现虽然这一地区确有一座有石柱的赛德节建筑，但神庙本身是一座荷鲁斯小神庙。这座砖砌建筑建在人造高台之上，由一个入口塔门、一个围墙围绕的独立内部圣殿以及三个这一时期的典型房间组成。奠基物与奠基文献的碎片以及出自神庙石灰岩门框的奉献铭文都已被发现，此外还发现了部分有僧侣体涂鸦的过梁，这表明神庙在第11王朝末就可能已经因为地震而坍塌了。特别有趣的是，发

西底比斯的图特山上有两处神庙：中王国时期的门图荷太普三世神庙以及一座更早的、位于第11王朝建筑之下的远古圣殿。

掘者认为神庙经过了精密定位，以朝向天狼星偕日升的上升点，而天狼星是作为荷鲁斯神被崇拜的，后者正是该神庙的供奉对象。

早王朝神庙

匈牙利考察队对图特山的发掘揭示出一座不为人所知的神庙，它位于中王国时期门图荷太普三世的建筑之下，是底比斯地区已知最古老的神庙。这座早王朝时期的小神庙在设计上与取代它的建筑相似，但只有一个单室的圣殿。早期的神庙在轴向上也有轻微的偏移（向南偏了2度多），朝向公元前3000年左右天狼星偕日升的上升点。

德拉·阿布·那伽

塞提一世神庙

塞提一世神庙位于新王国时期修建的神庙的连线北端，在德拉·阿布·那伽山的南部，是该地区的主要纪念物之一。如今，这个建筑的塔门和庭院基本都已毁坏，使得它看起来不像以前那般壮观了。然而神庙的遗迹依旧非同寻常。由塞提始建、其子拉美西斯二世完成的这座砂岩神庙被称为"底比斯西部的光荣塞提"。

一排斯芬克斯像将塔门入口与内神庙连接起来，第二庭院后面的一个门廊通向塞提与拉美西斯共治时期完成的中央多柱厅；但（至少神庙这一部分的）凸浮雕装饰与塞提那些以高品质闻名的纪念物一样制作精良。

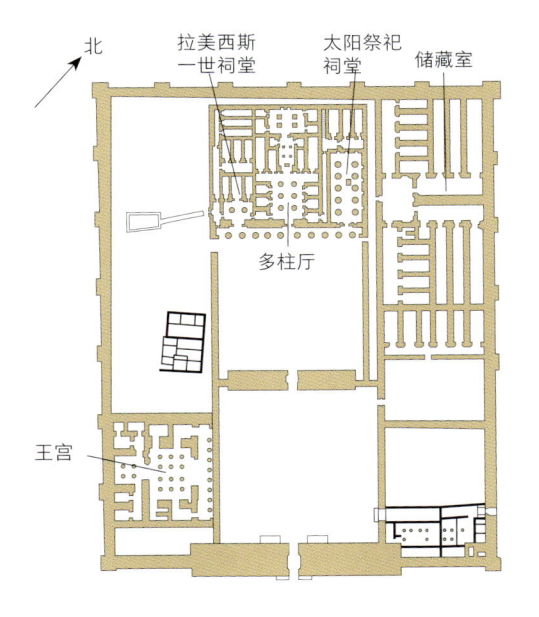

塞提一世的祭庙是西底比斯鲜有人参观的纪念物之一，但祭庙本身有几处有趣的特征，还有一些塞提统治时期的精美凸浮雕。

一幅 19 世纪的塞提一世神庙绘画,由恩斯特·威顿巴哈绘制,出自莱普修斯的《埃及和埃塞俄比亚的古迹:1849—1859 年》。

大厅的两侧是献给底比斯三神会与奥赛里斯相关神祇以及塞提的祠堂。在多柱厅的南面,由门廊进入的是一座献给塞提之父拉美西斯一世的小祠堂(拉美西斯一世的在位时间太短,尚未来得及修建祭庙),圣殿后面有一扇保存完好的假门。在多柱厅的北侧,同样有自己入口的是一个太阳神祠堂,配有柱庭和中央祭坛。在这里等同于塞提的阿蒙神是神庙祭祀的中心。神庙后面是穆特、阿蒙和洪苏的圣船神殿,还有最里面的圣殿,以及就在阿蒙圣船神殿后面供国王使用的假门。在圣殿的南面有与国王祭祀有关的祠堂。

外部建筑群是由德国考古研究所发掘的,其工作成果大大丰富了我们对这个建筑的了解。沿着遗址北侧,围绕着一个柱厅,有一排排储藏室,建筑群中还有一座王宫,建在第一庭院的南侧,就在入口塔门内。这是新王国时期神庙中建有王宫的已知最早例子,尽管这座建筑在本质上似乎是仪式性的,但许多后来的神庙都对其进行了模仿复制。在塞提死后加上去的塔门,大部分是用未烧制的砖块建造的,而这些砖块无力抵挡该地区发生的周期性洪水。

塞提祭庙是每年在底比斯庆祝的重要的"美丽河谷节"的西岸第一站,神庙一直承担着这一功能,直到罗马时期。然而在基督教时期,北部庭院的一部分被改造成了科普特教堂,而且像许多西岸神庙的情况一样,利用可以轻易获得的大量早前神庙的石材,神庙区内建造了大量房屋。今天,与西岸更为著名的纪念物相比,这个建筑很少有人参观,但却值得花些时间进行考察。

涅布瓦涅涅夫神庙

涅布瓦涅涅夫是丹德拉的欧努里斯与哈托尔的大祭司,在拉美西斯二世统治第一年被任命为阿蒙第一先知。涅布瓦涅涅夫是底比斯为数不多的被授予祭庙的个人之一,他的小神庙建在德拉·阿布·那伽的斜坡下面,靠近由拉美西斯完成的塞提神庙。两座破碎的拉美西斯二世巨像躺在庭院的入口处,神庙现在已毁。

阿蒙诺菲斯一世与阿赫摩斯·尼弗尔塔莉神庙

这位新王国早期统治者的陵墓的确切位置仍然不能确定,他和王后的小型祭庙位于德拉·阿布·那伽南边的泛滥平原边缘,而他可能是第一位——或者至少是新王国时期第一位——将祭庙安置在陵墓以外地方的国王。各种各样的赛德节场景石块已被复原,此外还有各色雕像和石碑的碎片,然而神庙现在已没有任何实质遗存。

代尔·巴哈里

代尔·巴哈里的岩石"圆形剧场"与卡纳克的阿蒙大神庙隔河相望,是西岸地势的天然焦点,对于任何意图将底比斯的高崖纳入自己纪念物建筑方案的雄心壮志的统治者而言,也是诱人的神庙建筑场所。第一位实现这一目标的埃及国王是中王国时期的门图荷太普二世,他的神庙后来成为这里和其他地方类似建筑的模板。但是代尔·巴哈里最伟大的成就是哈特谢普苏特祭庙,这一建筑现在统领着整个地区,即使处于毁坏的状态,也是埃及伟大的纪念物之一。

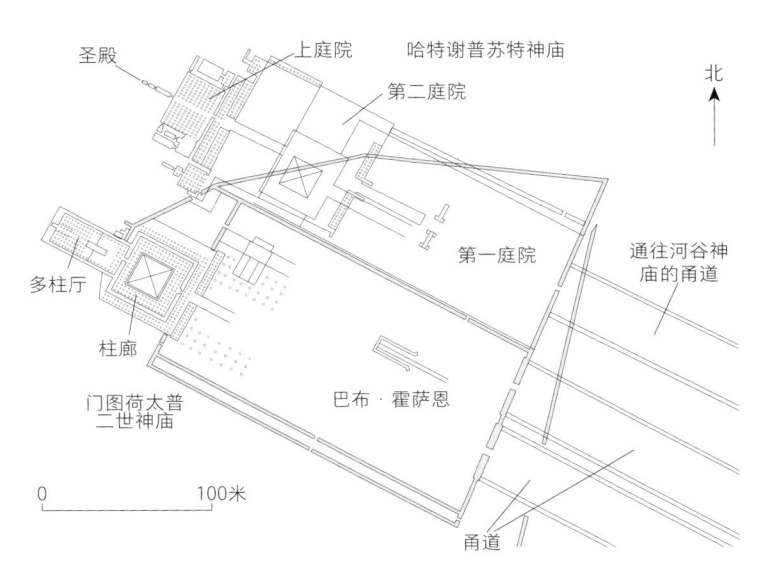

上图:代尔·巴哈里主要神庙平面图:哈特谢普苏特的神庙(顶)是最大的,其次是门图荷太普二世的神庙(底)。图特摩斯三世的小神庙夹在其中,位于后方。

代尔·巴哈里山坳鸟瞰图,展现了位于高崖底部的哈特谢普苏特神庙、图特摩斯三世神庙和门图荷太普二世神庙,高崖构成了这一古老神圣区域的醒目背景。后面是帝王谷的东西分支。

档案

遗迹：哈特谢普苏特祭庙 各种祠堂

位置：代尔·巴哈里，底比斯（西岸）

年代：第18王朝

供奉对象

主神庙：阿蒙、哈特谢普苏特

祠堂：哈托尔、阿努比斯、哈特谢普苏特的双亲

发掘报告

Naville, E, *The Temple of Deir el Bahari* VI. EEF, 12–14,16,19,27,29. vols. 1–7 (London, 1894–1908) Winlock, H.E, *Ecavations at Deir el Bahri, 1911–1931* (New York, 1942)

墙壁装饰

参看延伸阅读中的 Pawlicki 与 Wysocki 条目

哈特谢普苏特神庙由宽阔的上升阶梯平台与通向内神庙区的庭院组成，内神庙区依山而建，嵌入悬崖。

哈特谢普苏特神庙

> 这是神的官殿，用金银铸造，用它的光辉照亮[人民的]面庞。
> ——哈特谢普苏特的官员杰胡提的墓志铭

哈特谢普苏特位于代尔·巴哈里的阶梯式岩凿神庙被埃及人称为杰瑟尔-杰瑟鲁（Djeser-djeseru，"神圣之神圣"），是西底比斯最令人印象深刻的纪念物之一。这个建筑正靠着代尔·巴哈里的岩坳，不仅在设计上与周围悬崖的线条相呼应，还与其融为一体，仿佛是背景的自然延伸。这个建筑在爱德华·纳维尔（1891年）发掘时不过是一片废墟，后来又由赫伯特·温洛克和埃米尔·巴拉伊兹发掘，但波埃合作团队自1961年以来已完成神庙的大量重建工作。

这个建筑的建造历时15年，现代研究表明在建造过程中神庙经历了许多结构的改变。在完成的结构中，通往神庙的通道是一条斯芬克斯甬道，宽约37米，从山谷一直通向现已消失的塔门。神庙设计成多层建筑，由三个宽阔的庭院组成，庭院由柱廊隔开，由向上的斜坡连接，以经过装饰的石灰岩墙为界。哈特谢普苏特记载称，她把自己的神庙建成了"我父亲阿蒙的花园"——第一庭院曾拥有从蓬特（可能是南苏丹或厄立特里亚）带来的异域树木和灌木。门廊北面装饰着下（北）埃及的沼泽场景，南面则是在上（南）埃及开采与运输女王的大方尖碑的场景。第二庭院的门廊南面雕刻着哈特谢普苏特的著名蓬特远征队的浮雕场景，北面是著名的、制作精美的"诞生"场景，表现女王的神圣诞生（以及在此基础上的合法统治），这可能成为后来卢克索神庙中这类场景的模仿对象。

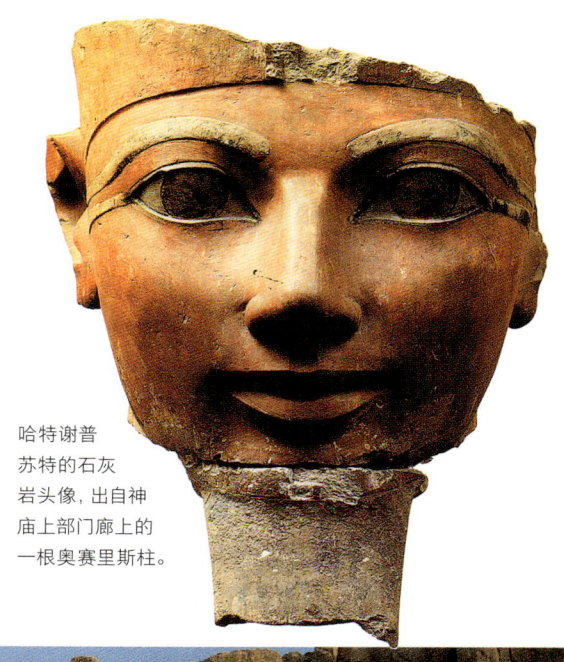

哈特谢普苏特的石灰岩头像，出自神庙上部门廊上的一根奥赛里斯柱。

左及下图：哈特谢普苏特远征蓬特，出自其神庙的"蓬特门廊"。蓬特国王和王后在接待埃及远征队，背景是该石块所在的浮雕场景的线图。蓬特的确切位置仍然未知，不过它显然是非洲东海岸的一个地区，也许是现代的索马里、南苏丹、埃塞俄比亚或厄立特里亚。

左下图：哈特谢普苏特神庙的浮雕表现士兵们在向女神致敬。

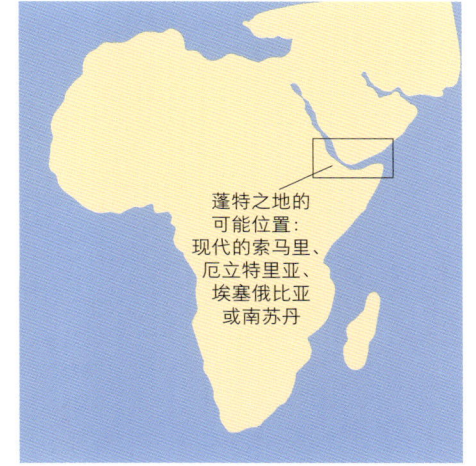

蓬特之地的可能位置：现代的索马里、厄立特里亚、埃塞俄比亚或南苏丹

代尔·巴哈里地区长期以来一直是哈托尔女神的圣地，在第二柱廊的南端有一座完整的哈托尔祠堂，最初还有自己的入口。祠堂有一个门厅，门厅内有标志性的哈托尔首石柱、一个十二柱的多柱厅和多个装饰有哈特谢普苏特与哈托尔的各种场景的内室，以及女王宠臣塞奈姆特的隐秘形象。在同一个柱廊的北端有一个较小的阿努比斯祠堂，同样配有一个十二柱的大厅和多个内室。

阶梯平台上层有一个入口门廊，每根柱子前都装饰着女王的奥赛里斯式雕像，但这些雕像大多已被破坏。门廊通向一个柱庭，左侧有一个祭祀国王（此处为哈特谢普苏特和图特摩斯一世）的祠堂，右侧是太阳祭仪的祠堂（有

哈特谢普苏特神庙西南角的哈托尔祠堂内矗立着精致的哈托尔式或叉铃式立柱。

自己的露天庭院和祭坛）。太阳庭院中的一座附属小祠堂被认为是献给哈特谢普苏特父母的。在中庭的最后面，神庙最里面的部分嵌入了悬崖表面。18个祭祀壁龛（每侧9个）位于阿蒙岩石圣殿的两侧，这是整个建筑群的焦点，在一年一度的"美丽河谷节"庆祝活动中，负责接收神之圣船。

托勒密时期，阿蒙圣殿受到了翻新与扩展，增建了两位伟大建筑师的祭祀祠堂：哈普之子阿蒙诺菲斯，即阿蒙诺菲斯三世的熟练监工；伊蒙荷太普，即乔赛尔阶梯金字塔的建造者。这二人也与智慧和医学相关，而上庭院实际上可能曾被用作疗养院，常有病人光顾。后来在公元7世纪，神庙区成为一座科普特修道院，即"北方修道院"，现代阿拉伯语名称"代尔·巴哈里"就是从这里派生出来的。

可悲的是，由于哈特谢普苏特的非正统统治以及与其前监护人图特摩斯三世之间的紧张关系，神庙遭受了许多破坏与损毁。哈特谢普苏特统治结束后，她的名字和众多图像都被毁掉了。阿玛尔纳时期，在埃赫纳吞的命令下，阿蒙的许多形象也遭到了破坏，在第19王朝，哈特谢普苏特的奥赛里斯式雕像甚至遭到了进一步的破坏。早期的科普特人热衷于摆脱旧的异教偶像，也破坏了许多神灵的形象，以至于神庙中的艺术作品鲜有未遭破坏的。但多年的修复工作已经成功地复原了许多场景，而在神庙中工作的波埃团队最近已经能够用七十多块复原的雕刻石块修复上层平台的墙壁了。新修复的格层描绘了阿蒙的圣船巡行，埃及文物局的官员计划向公众开放这一长期封闭的区域。

哈特谢普苏特的河谷神庙（其形制与早期金字塔建筑群中发现的河谷神庙相似）最初矗立于从悬崖处的神庙延伸至河谷平原边缘的长甬道脚下。这一建筑在古代被毁掉，但霍华德·卡特发现了它的奠基物，神庙墙壁的石块（现在纽约大都会博物馆）上发现了建筑师普伊米拉的名字，以僧侣体写于石块底部。

代尔·巴哈里与神庙关键元素的位置

不同时期的神庙往往以不同的方式对其结构布局中的某些关键要素进行组合。例如，古王国时期的金字塔神庙经常按照预期的模式将入口大厅、露天庭院、雕像壁龛和圣殿组合在一起。在新王国时期的祭庙中，主要从哈特谢普苏特在代尔·巴哈里的纪念物开始，也出现了一个清晰的模式，不仅是针对神庙基本元素的布局，还与奉献给不同神或个人的祠堂有关。在这种新王国时期的布局中，一个有自己祭坛的太阳庭院通常置于神庙右侧，阿蒙的一间祠堂或一套祠堂通常位于神庙的中央后方，已故国王的祠堂通常位于左侧，同理还有为王室祖先或奥赛里斯而设的祠堂。

这一基本三分法［1）国王/祖先/奥赛里斯；2）阿蒙；3）拉/拉-荷尔阿赫提］对新王国时期的神圣王权神学至关重要，并与在这一时期国王陵墓装饰中发现的模式相似。这一范式在代尔·巴哈里得到了明确的确立，

哈特谢普苏特神庙内部区域的规划和装饰遵循了新王国时期其他国王祭庙中可辨识的特定模式。这种模式最早发现于代尔·巴哈里，可能起源于此。

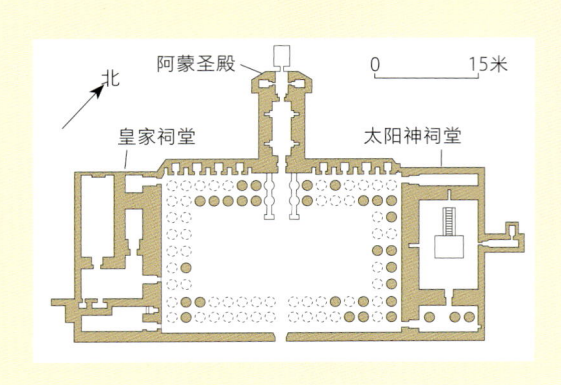

从底比斯悬崖上看图特摩斯三世小庙的遗迹，这座小庙建于哈特谢普苏特神庙和门图荷太普二世神庙之间，位于后方。在右上角可以看到哈特谢普苏特的哈托尔祠堂。

图特摩斯三世神庙

位于代尔·巴哈里悬崖突起岩石上的图特摩斯三世神庙发现于1961年，当时正在对哈特谢普苏特与门图荷太普纪念物之间的区域进行修复和清理工作。这个建筑建于图特摩斯三世统治末期，是献给阿蒙神的，很可能是为了在"美丽河谷节"期间接待神的圣船，从而在功能上取代哈特谢普苏特神庙。

与哈特谢普苏特的神庙一样，这个建筑也有一座哈托尔祠堂，设计相似，有一系列甬道和阶梯平台。然而这个建筑似乎在第20王朝末废弃了——可能是由于山体滑坡的严重破坏。后来，神庙被当作采石场，更晚的时候则被毗邻的科普特修道院用作墓地。在加德维加·利宾斯卡的指挥下，波埃团队从遗址中复原出了一些有精美雕刻和彩绘的石块（其中两块在卢克索博物馆展出），该团队在继续研究并尽可能修复着这个建筑。

哈特谢普苏特神庙的上层平台，以及一些仅存的女王的奥赛里斯式巨像，巨像与最上方的门廊的柱子相连。

又出现在了之后的新王国时期祭庙中，这时祭庙的规模足以容纳所有必要的结构元素，这点可以通过比较塞提一世和拉美西斯三世的祭庙看出。

图特摩斯三世头戴阿太夫王冠，出自代尔·巴哈里图特摩斯三世神庙中一块华丽的浮雕石块，现藏于卢克索博物馆。

右图：位于代尔·巴哈里山坳南侧的门图荷太普二世祭庙。围绕神庙上层建筑中央上部结构的密集柱基仍然清晰可见，同样可见的还有从下层庭院和国王陵墓入口向上的坡道。上层建筑曾经被认为是金字塔形的，但其实有可能是平坦的。

门图荷太普二世神庙

涅布赫帕特拉-门图荷太普即门图荷太普一世或二世，第11王朝的第一位统治者，在中王国初期重新统一了埃及并统治了大约50年，在此期间，他规划和建造了一个大型的葬祭建筑：阿克-苏特-涅布赫帕特拉（Akh Sut Nebhepetre），"涅布赫帕特拉的壮观之处"。这是第一座建在代尔·巴哈里的大建筑，就在门图荷太普的祖先的萨夫（排）墓南部。为什么国王为他的神庙选择山坳内的位置，而不是后来哈特谢普苏特选择的更高的、看似更好的区域？我们不得而知，但选址和定位的象征性问题可能影响了决定。这个建筑是达芬爵士在其埃及之行（1859—1869年）期间发现的，由爱德华·纳维尔与C.克瑞里（1903—1907年）以及赫伯特·温洛克（1920—1931年）先后发掘。最近的研究由德国考古研究所和波埃团队进行。

尽管规模较小，保存状况也不如它的著名邻居，但门图荷太普的神庙却引起了人们的极大兴趣。这个建筑的多层结构和平面设计都非常新颖，而且与后来的底比斯祭庙不同的是，它也起到了陵墓的作用。一条巡行甬道从河谷神庙通向一个高大的、四面是绿树的庭院，庭院下面凿出了一口很深的竖井。1900年，霍华德·卡特在他的马跌跌撞撞地进入满是瓦砾的入口时发现了这条倾斜的竖井，竖井通向原本打算作为国王陵墓的未完工的房间。而当人们向后更紧靠悬崖建造神庙时，竖井被改造成了奥赛里斯的衣冠冢（在那里卡特发现了一尊亚麻布包裹的国王雕像，现藏开罗博物馆）。通往上层平台的斜坡两侧设有柱廊，而上层平台的三面都有柱廊。在这里，林立的八角形石柱围绕着一个巨大的方形建筑，多年来它一直被当成一座金字塔的底部，但近来被认为是一个类似马斯塔巴的低矮建筑，代表着"神亭"或葬礼祠堂，甚至象征着创世之丘。围城内还有六座祠堂以及为门图荷太普的妻子和家庭成员修建的陵墓。第18王朝时，北面的岩石被凿掉，以建造哈托尔的彩绘小祠堂，还有一尊母牛女神的雕像，该雕像现已移至开罗的埃及博物馆。

神庙的内部有一个柱庭，在其下方是凿入岩石的国王陵墓入口，这里的国王陵墓也是之后在山另一边的帝王谷建造的国王墓的前身。在平台上，（迄今为止规模最大的）多柱厅的尽头是国王祭祀圣殿，石壁上的壁龛中有一尊国王的雕像，然而这一区域大部分都被破坏了。同样被破坏的还有建筑群的河谷神庙，很可能是被拉美西斯四世夷为平地的，因为他在原址

众神怀抱中的门图荷太普二世，出自国王在代尔·巴哈里的墓庙，现藏于伦敦大英博物馆。

上修造了一座新的建筑。

想要理解门图荷太普的神庙并非易事，特别是在浮雕留存不到5%的情况下。建筑的大部分装饰似乎都是标准的金字塔神庙风格，如在沼泽地狩猎、农业活动、国王践踏敌人等主题；但这一时期日益强大的奥赛里斯崇拜对神庙装饰、雕像与设计都产生了影响，特别是如果将中心结构视为奥赛里斯"林"中的一座土丘或葬礼亭的话。无论如何，门图荷太普的墓庙无疑是古王国时期经典金字塔建筑群与新王国时期祭庙和陵墓之间的过渡。

门图荷太普三世神庙

门图荷太普三世在他统治的12年间进行了许多建筑工程，其中包括数个神庙的建造（如他在图特山上的神庙）。然而他自己的祭庙虽已开建但从未完工。这座建筑开始于代尔·巴哈里山坳的南端，在古尔纳山后，距离其父的神庙只有几百米。除了一条甬道的遗迹外，几乎没有留下什么，甬道的尽头是神庙平台，还有一条切入岩石表面的倾斜通道。通道通向一个由红色石英岩块建造的叠涩顶房间。这一地区的僧侣体涂鸦似乎是国王的葬仪祭司们书写的，表明尽管纪念物尚不完整但国王的葬礼还是完成了。

古尔纳

拉美西斯四世的柱廊神庙

拉美西斯四世在哈特谢普苏特河谷神庙北面的代尔·巴哈里山坳入口处建造了这个建筑。卡特、斯皮尔伯格和其他人对遗址进行过考察，但只发现了它的奠基物以及一些刻有铭文的砂岩墙体块，一些小物件已被复原。建筑本身则完全被破坏了。

拉美西斯神庙

就在前一座建筑的南面，拉美西斯四世似乎已经开始建造一座大型祭庙，但很快决定将祭庙建得再靠南一些。拉美西斯五世和六世可能对这座神庙做了增补，但似乎尚未完成。这里发现了拉美西斯四世的奠基物，以及出自一系列早期神庙（包括图特摩斯二世、阿蒙诺菲斯二世、哈特谢普苏特、拉美西斯二世、美内普塔和拉美西斯三世的神庙）的许多重复使用的石块。与这个地区的其他建筑一样，神庙现在被破坏了。

图特摩斯三世神庙

在代尔·巴哈里入口的南面，古尔纳山下，图特摩斯三世修建了他的祭庙。这个建筑始建于图特摩斯三世统治早期，当时仍然是哈特谢普苏

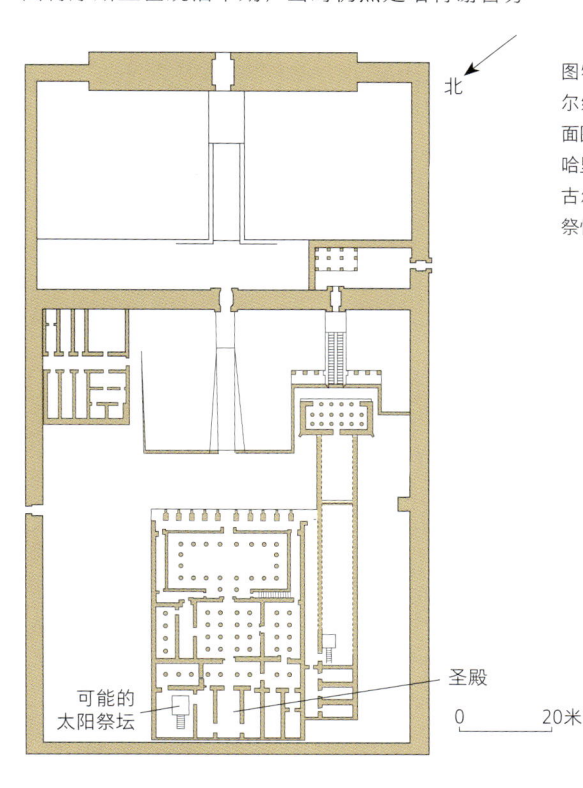

图特摩斯三世位于古尔纳的神庙的复原平面图。与他在代尔·巴哈里的阿蒙神庙不同，古尔纳神庙是一座葬祭性的纪念建筑。

可能的太阳祭坛　圣殿　0　20米

档案

遗迹：拉美西斯二世祭庙
毗邻的图雅与尼弗尔塔莉的祠堂

位置：古尔纳，底比斯（西岸）

年代：第19王朝，拉美西斯二世统治的第2—22年

供奉对象
主神庙：拉美西斯二世、阿蒙神
图雅与尼弗尔塔莉神庙：国王之母与正妻

研究与报告
刊物 Memnonia: Bulletin edite par l'Association pour la Sauvegarde du Ramesseum, ed. Christian Leblanc (Cairo,1991—) 是该神庙的研究专辑。第二卷（1991年）中提供了拉美西姆研究的大量参考书目

特摄政时期，他还没在卡纳克阿蒙神庙建筑群内修建自己的纪念神庙。西岸的神庙被称为赫恩赫特-安赫（Henkhet-Ankh）或"供奉生命"，虽然发掘在20世纪早期就已进行，但几乎没有什么发现，后来的重新调查也没有增加太多对这个建筑的了解。神庙区的围墙部分是用当地开采的岩石建成的，部分用砖砌成。神庙本身有一些奥赛里斯柱和一座哈托尔祠堂。圣殿的后墙上有一扇以国王之名奉献的假门，而这间屋子的有趣之处在于一个拱形天花板，上面装饰着象征昼夜各小时的图像，这一结构特征与在帝王谷的一些国王陵墓中发现的装饰非常相似。有学者认为这个建筑中可能还有一座庭院，里面有一座太阳神祭坛。

西普塔神庙

第19王朝末期，美内普塔西普塔开始在图特摩斯三世神庙与拉美西姆之间修建一座小型纪念物。这个遗址由皮特里发掘，他考察了这个地区所有的小神庙的遗迹，但是除国王和总督巴依的奠基物之外这一建筑几乎没有任何可以复原的东西。

阿蒙诺菲斯二世神庙

阿蒙诺菲斯二世在后来建有拉美西姆的地点北面建造了一个建筑，神庙庭院的四周都有列柱门廊围绕。在很早的时候这个建筑的石块就被拆去做建材，但考虑到国王至少统治了26年，它看起来还是不够大。皮特里发现了神庙的奠基牌匾。

白王后祠堂

在上述遗址的西面，就在拉美西姆的墙外，皮特里发掘出了一个小型建筑的遗迹，即"白王后"祠堂。这座建筑的名字来源于在那里发现的一尊拉美西斯二世的女儿兼妻子迈瑞特-阿蒙的浅石灰岩胸像，其角色为"穆特的叉铃演奏者"和"荷鲁斯的舞者"。

拉美西姆

> 拉美西姆……就伟大的纪念物而言，是底比斯最高贵和纯洁的。
>
> ——商博良，1829年

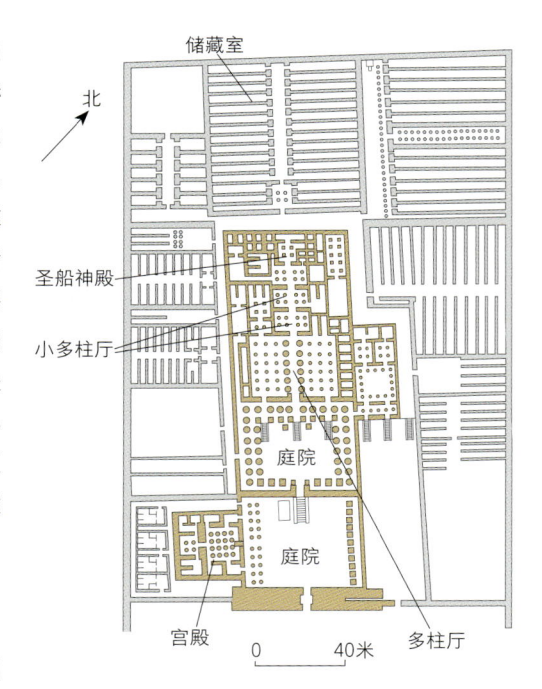

拉美西斯大帝在他统治的第二年开始修建自己的祭庙，直到大约20年后才完工。"与阿蒙之域的底比斯城结合在一起的乌瑟-玛阿特-拉赛太普恩拉（User-Maat-Re Setepenre，拉美西斯的登基名）的百万年之屋"的规划即使按照拉美西斯的标准来看也是雄心勃勃的；尽管遭到毁坏和

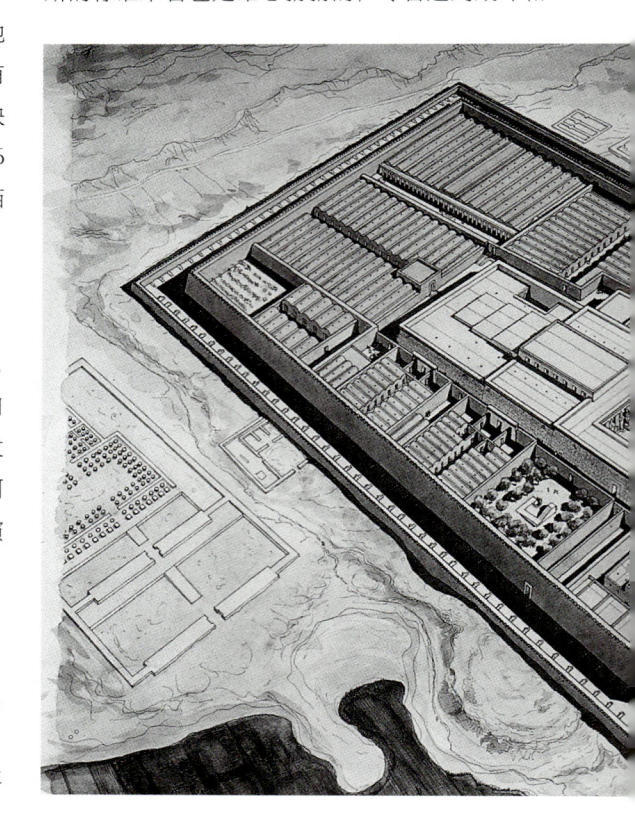

左图：拉美西姆建筑群的平面图显示了神庙略微倾斜的轴线、较小的毗连神庙、王宫以及大量相关的储藏室、工坊和管理性建筑。

右图：拉美西姆的鸟瞰图显示出，现在只有部分塔门和神庙的后半部分，以及神庙泥砖储藏室的一些部分基本上完好无损。

抢劫，这个建筑仍然是埃及的一座伟大纪念物。西西里的狄奥多罗斯将其称为奥兹曼斯迪亚斯（源自乌瑟-玛阿特-拉）的"陵墓"，斯特拉波将其命名为门农尼乌姆（Memnonium），这一名字广为流传，直到时间将其遗忘。在拿破仑远征中，神庙建筑群也被称为门农尼乌姆。建筑群最初是由两个神庙、一座宫殿和许多管理性建筑组成的，商博良首次将其称为"拉美西姆"，并认为它可能是底比斯历代累积的所有纪念物中最伟大的一座。

我们很幸运地可以了解到拉美西姆的许多历史。它是由两名建筑工头——科普托斯的彭拉和阿拜多斯的阿蒙涅蒙那——为拉美西斯建造的，并有许多原创特征。例如，此前的神庙塔门均由泥砖建造，而拉美西姆则首次使用了石头；其巨像"奥兹曼斯迪亚斯"是埃及有史以来最大的独立雕像。拉美西斯不遗余力地将这座建筑建成他众多纪念物中最辉煌的一座。不幸的是，和底比斯西部的许多葬祭建筑群一样，这个建筑并不长寿。到了第22王朝，神庙已被用作底比斯神职人员的墓场，几位公主和神圣崇拜者被埋葬于此。从第29王朝开始，拉美西姆遭到了进一步破坏，其墙壁、柱子和其他结构遭到拆解，许多石块被用于麦地奈特·哈布城的后期增建。公元1世纪，神庙的其余核心部分被改造成了一座基督教教堂，许多浮雕被锤掉，墙壁上绘刻了许多涂鸦。此后的几个世纪里，拉美西姆一直是一片杂乱无章、破碎不堪、令人费解（然而浪漫）的废墟，它所遭受的难以置信的破坏与它幸存下来的建筑一样令人印象深刻。

拉美西姆自现代被重新发现以来一直备受关注。在拿破仑远征队和商博良的勘探之后，

左图：拉美西姆的重建图显示了围墙和通过一条运河将神庙与尼罗河连接起来的码头，以及其他已经基本消失的内部结构。

183

"奥兹曼斯迪亚斯，王中王"——巨像之最

埃及有史以来最大的巨像的破碎头颅和肩膀，位于拉美西斯第二庭院的院墙边。这座宏伟的雕像可能是雪莱的浪漫主义诗歌《奥兹曼斯迪亚斯》的灵感来源，且可能是计划中的一对雕像中的第一座，但从未有第二座与之匹配。

档案

遗迹：拉美西斯二世的坍塌巨像
位置：最初在底比斯西岸拉美西姆的第一庭院（现在位于第一与第二庭院）
材质：玄质灰岩
高度：原始高度超过20米
重量：原始重量超过1000吨
供奉对象：神化的拉美西斯二世
雕像名："拉美西斯，外国统治者的太阳"

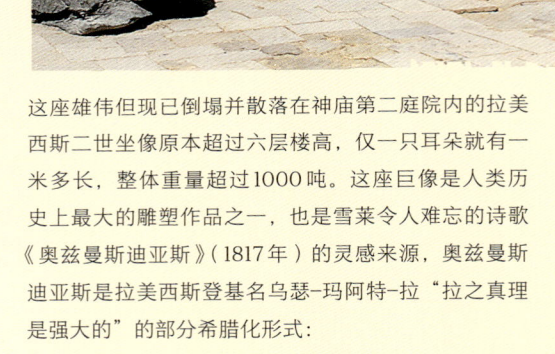

这座雄伟但现已倒塌并散落在神庙第二庭院内的拉美西斯二世坐像原本超过六层楼高，仅一只耳朵就有一米多长，整体重量超过1000吨。这座巨像是人类历史上最大的雕塑作品之一，也是雪莱令人难忘的诗歌《奥兹曼斯迪亚斯》（1817年）的灵感来源，奥兹曼斯迪亚斯是拉美西斯登基名乌瑟-玛阿特-拉"拉之真理是强大的"的部分希腊化形式：

> 我遇见一位来自古国的旅人
> 他说：有两条巨大的石腿
> 半掩于沙漠之间
> 近旁的沙土中，有一张破碎的石脸
> 抿着嘴，蹙着眉，面孔依旧威严
> 想那雕刻者，必定深谙其人情感
> 那神态还留在石头上
> 而斯人已逝，化作尘烟
> 看那石座上刻着字句：
> "我是万王之王，奥兹曼斯迪亚斯
> 功业盖物，强者折服"
> 此外，荡然无物
> 废墟四周，唯余黄沙莽莽
> 寂寞荒凉，伸展四方。

事实上，巨像的双腿并非完好无损——尽管它的底座（其上并没有雪莱想象的铭文）仍然可见于拉美西姆第一庭院。在巨大的头部和躯干上仅存的原始铭文是国王的王名圈，然而雕像的大小与拉美西斯的名字本身就暗示着雪莱所描绘的力量。雪莱的《奥兹曼斯迪亚斯》的残酷性和嘲弄性是诗人的一种文学修饰，而这种埃及神王灵魂的巨大化身在古代则被视为可以带来帮助和保护的仁慈之源。此外还发现有一些还愿碑，表明人们崇拜着"聆听他们祈祷"的巨像。雕像的名字是"拉美西斯，外国统治者的太阳"，体现着神王无处不在的力量和仁慈。

雕刻这座巨像的石灰岩块是从底比斯以南约400公里的阿斯旺采石场切割而来的。移动和运输巨大岩块的工作量肯定是巨大的，与运送最大的方尖碑相当。

虽然只能确定在拉美西姆第二庭院入口的南侧建有一座巨像，但有迹象表明，根据正常的神庙平面设计，入口北侧曾计划建造第二尊同等大小的巨像，这一点可以从巨像的位置以及神庙第三庭院入口两侧的第二对较小巨像看出。事实上，这座巨像在规模上无可匹敌。

1844年卡尔·理查德·莱普修斯研究了该遗址，然后是1899年的弗林德斯·皮特里和詹姆斯·奎贝尔，1900年至1908年，霍华德·卡特和埃米尔·巴雷泽在这里开展了工作。近几十年来，拉美西姆一直是法国和埃及研究小组的深入研究对象，我们现在对这座纪念物的了解比对该地区大多数神庙的了解都要多。

主神庙

神庙的入口塔门上装饰着卡叠什之战（公元前1285年）的场景，塔门由于神庙前院持续的洪水泛滥和随之而来的地基侵蚀而倒塌，现在于第一庭院前摇摇欲坠。最初，庭院的北侧有一排柱子，而在南面，柱廊立于神庙的宫殿门前。正是在这座庭院的后面，竖立着国王的巨大坐像，侧面是他母亲图雅王后的雕像。从这里有楼梯通向第二庭院。

第二塔门也遭到了严重破坏，其南墙的残余部分为倒塌的巨像碎块所覆盖。遗留的北墙之上再次出现了庆祝卡叠什之战的场景，同时还有敏神节的场景。目前的游客入口位于第二

拉美西斯多柱厅中的纸草形石柱有着复杂装饰刻字的柱头。

一个有奥赛里斯柱的门廊构成了拉美西姆多柱厅的入口。入口前是曾经耸立在这里的两尊国王雕像之一的巨大黑色花岗岩头部。

在国王统治永恒延续的神话仪式中,拉美西斯二世坐在神圣的伊什德(ished)树前,众神在树上刻下了国王的名字和统治年份。

庭院的北侧,庭院最初三面都有门廊,东侧和西侧的柱子边上都有国王的奥赛里斯雕像。这里也竖立了巨像,但只有一座巨像的黑色花岗岩头部留存了下来;被称为"年轻的门农"的另一座巨像的上部在1816年被贝尔佐尼费尽周折地移走,现藏大英博物馆。这是在英国可以见到的第一座国王巨像,它彻底改变了欧洲人对埃及艺术的赏鉴趣味。

神庙的多柱厅由48根精美的纸草柱支撑着,与卡纳克阿蒙大庙的多柱建筑一样,它只有高侧窗可让光线射入,并且被设计成模仿原初创世沼泽地的样子。东墙显示了诸如国王和他的儿子们攻击赫梯要塞(Dapur)的军事场景,而西墙则是拉美西斯在众神面前的各种场景。多柱厅后面是所谓的"天象室"或"圣船厅",装饰着"美丽河谷节"的场景,还有一个天象天花板,描绘星座、旬星或者夜空的划分。

这座小多柱厅之后是另一个多柱建筑,即"祝祷文大厅",其中有与太阳(拉-荷尔阿赫提)崇拜和冥世(普塔)相关的仪式供奉场景。之后还有一个八柱房间、一个保管圣船的四柱大厅以及圣殿。尽管这部分和主庙的其余部分都已毁坏,但仍可看出阿蒙圣殿的左侧似乎是国王祭祀祠堂,右侧则是太阳崇拜祠堂。

特别的是,拉美西姆的平面可被看作一个平行四边形,而不是预期的真正矩形。其原因可能是按照拉美西斯之母图雅的一座早前建造的祠堂对神庙进行了定向,同时又将塔门斜置,以理想化地对齐尼罗河东岸的卢克索神庙。

巨大的、迷宫般的储藏室矩阵和管理性建筑三面环绕着神庙。盗用石料的人对神庙建筑群的外围结构没什么兴趣——在这种建筑中,石头通常只用于建造门柱和门槛——故而这些部分比神庙本身保存得更好。神庙的贮存物放在储物室中,一些大房间有木制屋顶,另一些较小的则采用拱形砖砌屋顶。有些储物室的屋顶上每隔6米有一处孔洞,以供粮食倒入。在王宫西面的第二庭院外有一口井,建筑群内可能曾有圣湖,但目前尚未发现。

图雅与尼弗尔塔莉神庙

在北侧与主神庙相邻的小"毗连神庙"可能位于一座早期祠堂的原址之上,似乎是献给拉美西斯之母图雅和他的正妻尼弗尔塔莉的。神庙在后期被法老哈克里斯拆毁,但是建筑的基础平面中有明显的两重设计,反映出有两个供奉对象。

图特摩斯四世神庙

图特摩斯四世的祭庙就建在拉美西姆西南一点儿的地方。两座塔门位于狭窄的庭院之前,一个有一排支柱与一排石柱的门廊位于多柱庭院之前。接着是一座横向大厅以及内部圣殿与其相关房间。

这个建筑的独特之处在于,它的结构似乎为图特摩斯的继承人阿蒙诺菲斯三世建造的神庙(例如他的祭庙)以及卢克索神庙的核心区

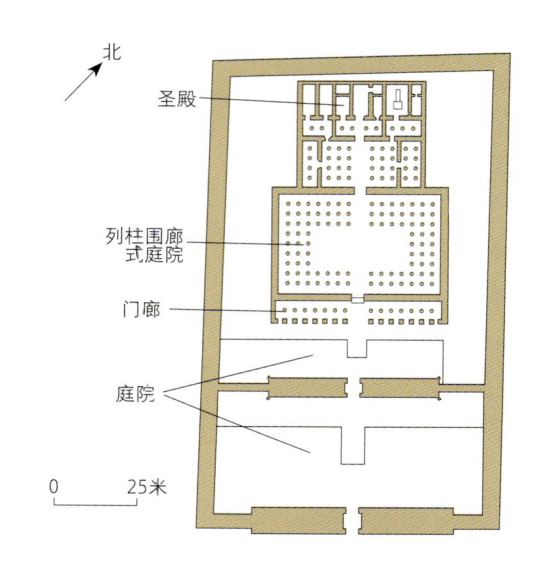

晚期洪苏神庙的遗迹，不远处可以看到拉美西姆神庙。这座位于塔瓦斯瑞特神庙北部的泥砖神庙大部分已被毁坏，只有一段单独的立面墙是显著的地标。

域提供了一个范本。

瓦杰摩斯神庙

拉美西姆和图特摩斯四世的神庙之间有一座小神庙，是为第18王朝图特摩斯一世的儿子瓦杰摩斯修建的，一些学者如斯蒂芬·奎尔克则认为这座建筑实际上是图特摩斯本人的神庙。在这里发现了许多石块、石碑和雕像碎片，其中很多是图特摩斯三世时期的，但我们对这个建筑的历史所知甚少。

塔瓦斯瑞特神庙

在美内普塔神庙的正北面，遗留着第19王朝最后一位统治者塔瓦斯瑞特女王的纪念性神庙的废墟。皮特里在1896年对该遗址进行了简单的考察，而亚利桑那大学的发掘则表明，女王神庙的形态要比皮特里原先认为的成熟得多，只是后来的统治者又将它破坏了。

美内普塔神庙

已毁坏的拉美西斯二世之子美内普塔的祭庙显然遵循了其父的大型祭庙拉美西姆的设计，只是规模缩小了很多。与拉美西斯的纪念物一样，神庙的前院侧面有柱廊，与南墙相邻的是一座宫殿，第二庭院至少在其内侧设有奥赛里斯柱。一间十二柱多柱厅之后是一个单独的八柱厅、一个内圣殿和相关祠堂，还有一个有大太阳祭坛的庭院。储物室和其他泥砖建筑沿神庙两侧排列，在庭院扩展区域的南面有一个小圣湖。建造这个建筑时使用了很多阿蒙诺菲斯三世的石块，其面积

美内普塔祭庙和拉美西姆之间，瓦杰摩斯祭庙散落的石块和奠基石。

左图：图特摩斯四世祭庙的平面规划可能影响了其继任者阿蒙诺菲斯三世的神庙设计。

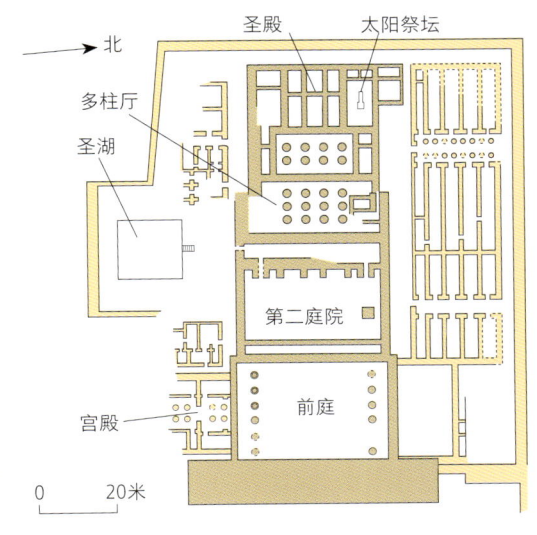

右图：在平面规划上，美内普塔祭庙与拉美西姆相似，但规模小了很多。

187

仅为拉美西姆的一半多一点儿，显示出后来的纪念物规划中规模缩减的程度。

美内普塔的神庙由皮特里发掘，1896年考古学家在第一庭院中发现了著名的"以色列石碑"。现藏开罗埃及博物馆的这块石碑最初是为阿蒙诺菲斯三世制作的，在另一边重刻了一段描述美内普塔战胜利比亚人和其他外国民族的文字，其中有已知最早的对以色列人历史的提及。皮特里的发掘表明，建造这个神庙时主要使用了附近阿蒙诺菲斯三世祭庙的石块和柱子。

阿蒙诺菲斯三世神庙

位于麦地奈特·哈布城以北几百米处，几乎直接与卢克索神庙隔河相望的库姆·赫坦是阿蒙诺菲斯三世祭庙的所在地。这是当时建在底比斯西岸最伟大的神庙。不幸的是，这座曾经伟大的建筑除了矗立在其入口处的两座巨大的"门农巨像"外，几乎什么都没有留下。阿蒙诺菲斯三世的这些巨大的砂岩雕像的两侧是他母亲和妻子泰伊的小像，巨像高近18米，在古代，巨像的举世闻名不仅是因为其尺寸，还因为在公元前27年的一次地震之后，由于石头的膨胀，北侧巨像在日出时分发出了如钟声一般的巨响。希腊旅行者因此将这尊雕像当作黎明女神欧若拉的儿子门农，但罗马皇帝塞维鲁统治时期对雕像的修复使这一声音永远消失了。据说巨像的石材开采于现代开罗附近的格贝尔·阿赫玛。

在这些庞然大物的背后，有两个包含其他巨大坐像的庭院，根据贝特西·布莱恩的说法，这也许是史上最大的雕塑工程。最终，一条类似于卢克索神庙的巡行大道从最里面的塔门延伸至一个巨大的列柱围廊式太阳庭院。一块被重新竖立于此的巨大石英石碑可能曾是庭院入口处的一对石碑之一，其上记述了阿蒙诺菲斯的建筑成就。尽管已杂草丛生，太阳庭院内依然保留着许多柱基，此外还有一些曾经屹立于此的国王巨像的碎片。该遗址的一些巨像基座上有重要的外国地名名单，例如其中一个基座上就出现了包括爱琴海在内的遥远地区的地名。

一座献给普塔-索卡尔-奥赛里斯的独立石灰岩小庙矗立在大院北部，神庙自己的大门两侧是国王的石英岩立像。然而建筑群的石头遭到了彻底的拆除挪用，所以对于这个建筑的其他结构我们所知甚少。

该建筑位于河谷平原，这个位置十分有趣而

右图：作为阿蒙诺菲斯三世巨大神庙所在地的标志物，"门农巨像"展现出这座巨大纪念物的原始规模。

下图：阿蒙诺菲斯三世祭庙是埃及最大、最宏伟的宗教建筑之一。然而讽刺的是，祭庙如今只有最显著的特征为人所知。

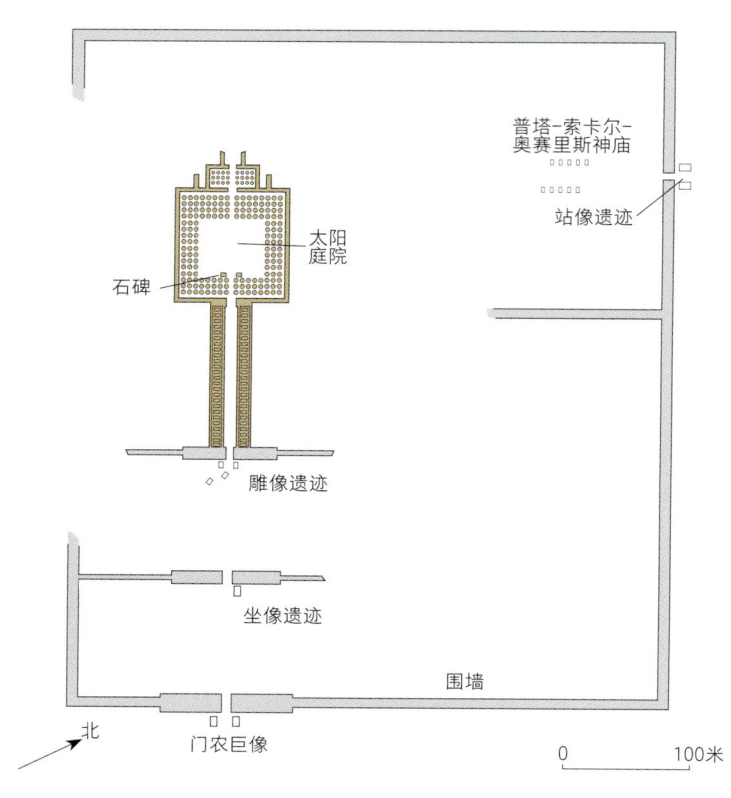

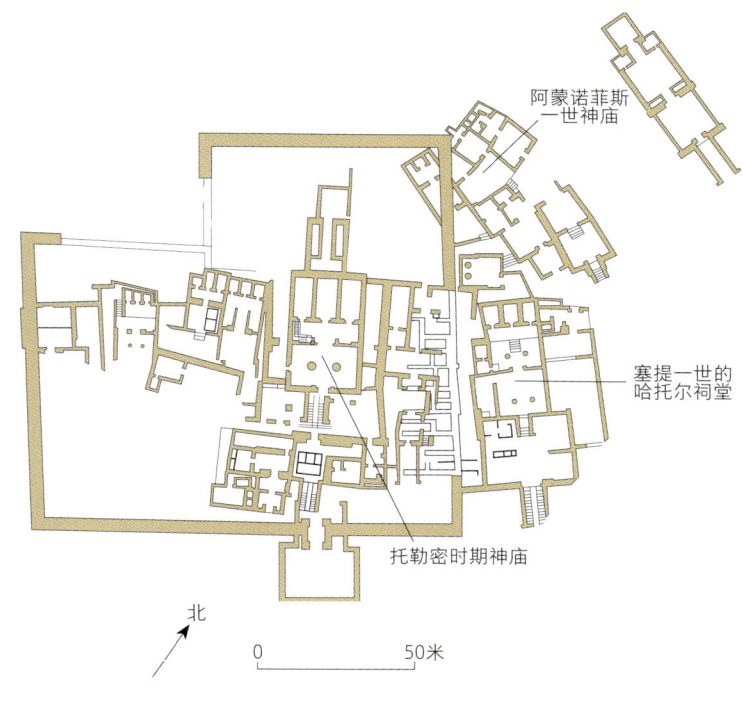

独特。神庙的地平面很低，而且是特意这样建造的，如此尼罗河每年的泛滥会淹没神庙的外部庭院和大厅，可能只剩下位于一个低矮小丘之上的内部圣殿高于水面。因此，当河水退去时，整个神庙象征着世界从原初造物之水中出现。

代尔·麦地纳

在阿蒙诺菲斯三世神庙西北部，山麓中的一个小山谷是建造帝王谷国王陵墓的工匠的村庄所在地。在村庄的北侧建有几个建筑，其中最大的一座是阿蒙诺菲斯三世时期开始修建的，在后来又几乎经历了完全的重建和扩建，这发生在村庄被造墓者遗弃了很久之后。

阿蒙诺菲斯一世神庙

阿蒙诺菲斯一世的祭庙位于托勒密时期神庙围城上方的平台上（见下文），在其北边的角落。最初的建筑规模很小，许多周围的墙壁都是后来修建的。

塞提一世的哈托尔祠堂

在托勒密时期神庙的北面，塞提一世为村里的工匠建造了一座祠堂。它比先前阿蒙诺菲斯一世的建筑要大得多，在一座三重圣殿之前有一系列其他元素。

托勒密时期的哈托尔神庙

这个建筑区内有几处早期神庙建筑的遗址，在现存的托勒密神庙前的是拉美西斯二世的楼梯。神庙是托勒密四

上图：代尔·麦地纳的神庙建筑群中有阿蒙诺菲斯一世统治时期到托勒密时期的许多独立神庙的遗迹。

右图：托勒密时期哈托尔神庙的宏伟入口大门和泥砖墙靠近代尔·麦地纳的造墓者村庄。

花卉立柱和哈托尔式立柱以及密集的装饰是代尔·麦地纳哈托尔神庙的特色，自托勒密时期以来，神庙几乎完好无损。

世和后来的几位托勒密国王在公元前3世纪建造和装饰的，现在几乎完好无损。柱厅通向一个狭窄的门厅，门厅后有三个圣殿，中央的一座是献给哈托尔的，东边（右边）的是献给阿蒙-拉-奥赛里斯的，西边的则属于阿蒙-索卡尔-奥赛里斯——其中有一个更常出现在陵墓而非神庙中的奥赛里斯审判场景。在这里，正如在代尔·巴哈里的哈特谢普苏特神庙一样，也有供奉埃及传统中的典型建造者伊蒙荷太普与哈普之子阿蒙诺菲斯的祠堂。一段楼梯从门厅左侧通向神庙屋顶。几个很小的祈愿祠堂的遗迹矗立在围城北墙周围。神庙显示出，在与之相关的住所被废弃很久之后，这片圣地仍然保持着圣洁。最终，建筑群被改造成了一座科普特修道院，而这个地方现在的名字代尔·麦地纳，即"城镇的修道院"，就是从这里衍生而来的。

阿蒙神庙

在托勒密神庙围城的山谷对面，是拉美西斯二世建造的一座献给阿蒙与底比斯三神会其他成员（穆特与洪苏）的神庙。

纳格·库姆·罗拉

纳格·库姆·罗拉村分布在麦地奈特·哈布城周围，它的周边建筑覆盖了北起阿蒙诺菲斯三世神庙南至马尔卡塔王宫遗址之间的地区。除了拉美西斯三世的神庙外，该地区还修建了许多较小的祭庙，如阿伊与荷伦布的那两座，以及已不存在的图坦卡蒙祭庙。

拉美西斯四世神庙

这个建筑与阿蒙诺菲斯三世神庙隔现代公路相对，就位于现在的文物督察办公室后面。建筑本身很小，且基本没有遗迹留存。

北方神庙

一座已被摧毁的、部分与拉美西斯四世神庙建于同一地点的小神庙以"北方神庙"的简单名字为人所知。尽管规模很小，但神庙结构包含了所有成熟神庙形态中的元素，并有一座三重圣殿。在这个建筑的南边一点，有一座与之平行的相似建筑。

哈普之子阿蒙诺菲斯神庙

哈普之子阿蒙诺菲斯是阿蒙诺菲斯三世的一名高级宫廷官员，他建造了国王的祭庙以及其他几座纪念物，如下努比亚巨大的索莱布神庙。他比所有其他的国王侍从都更受尊敬，得到了国王赏赐的一座祭庙，这座庙就建在国王祭庙后面偏西一点的位置。

与国王的巨型神庙相比，这个建筑的规模非常小，但设计非常华丽，占地面积与图特摩斯三世在古尔纳的神庙相同。在入口塔门后面有一个大庭院，其中有一片树木环绕的水池，在第二塔门和庭院前还有一个门廊。内神庙里有许多房间，整个建筑的布局近乎完美对称。哈普之子的名望在他死后持续增长，其神庙授予法令的一份第21王朝副本表明，对哈普之子的崇拜在大约300年后仍然兴盛。哈普之子因其智慧而神化，正如我们所见，代尔·巴哈里的哈特谢普苏特神庙和代尔·麦地纳的托勒密时期哈托尔神庙中都设立了献给他的祠堂。

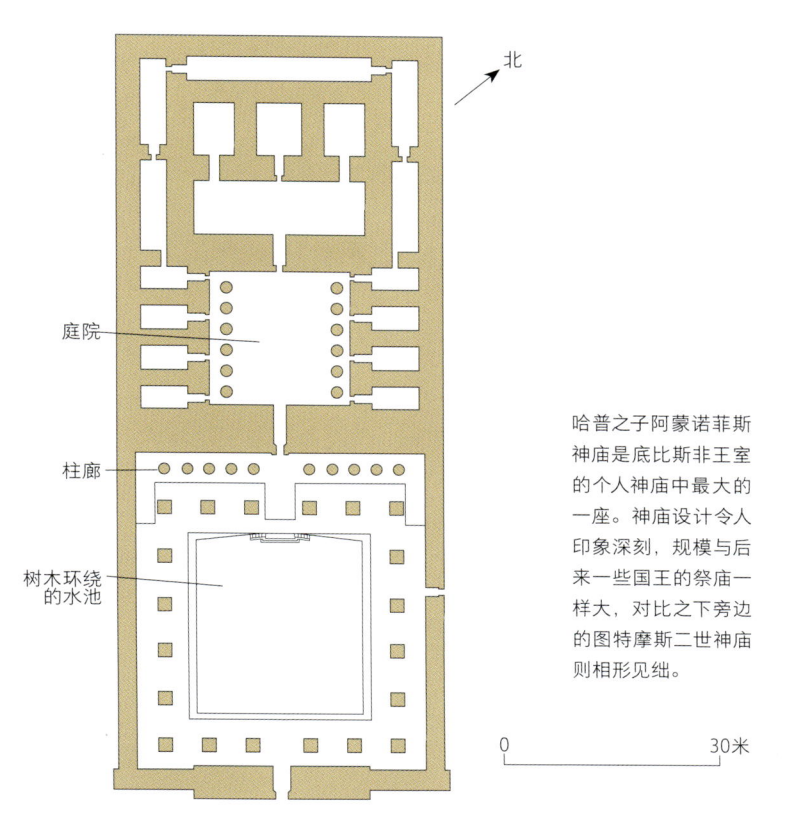

哈普之子阿蒙诺菲斯神庙是底比斯非王室的个人神庙中最大的一座。神庙设计令人印象深刻，规模与后来一些国王的祭庙一样大，对比之下旁边的图特摩斯二世神庙则相形见绌。

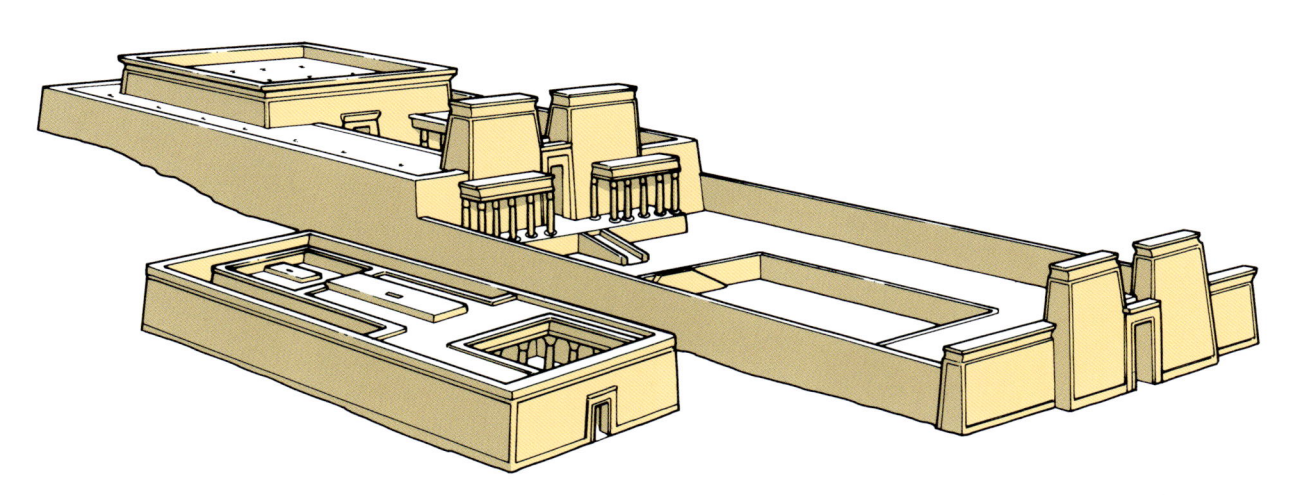

图特摩斯二世神庙

这座小庙位于后来的麦地奈特·哈布城神庙的北部，唯一发现的只有神庙轮廓的痕迹。神庙不过几十米长，在旁边的圣人哈普之子阿蒙诺菲斯的纪念物面前相形见绌。这座名为舍斯佩特·安赫（Shespet ankh，"生命祠堂"）的神庙由国王之子图特摩斯三世完成。

南方神庙

在图特摩斯二世神庙以南几米处的这座建筑，除去圣殿区域的房间为横向布置之外，与前文提到的"北方神庙"十分相似。尽管已经知道它的基本平面规划，但像"北方神庙"一样，建筑本身现在荡然无存。

阿伊与荷伦布神庙

图坦卡蒙的继任者阿伊在西底比斯山丘前的国王祭庙一线南端修建了自己的祭庙。但阿

第18王朝哈普之子阿蒙诺菲斯神庙与较小的图特摩斯二世神庙的复原图。反常的是，阿蒙诺菲斯神庙的后部建在了斜坡之上。

哈布城北部阿伊-荷伦布神庙中的柱基。这个建筑由阿伊开始建造，其继任者荷伦布完成并盗用了它。

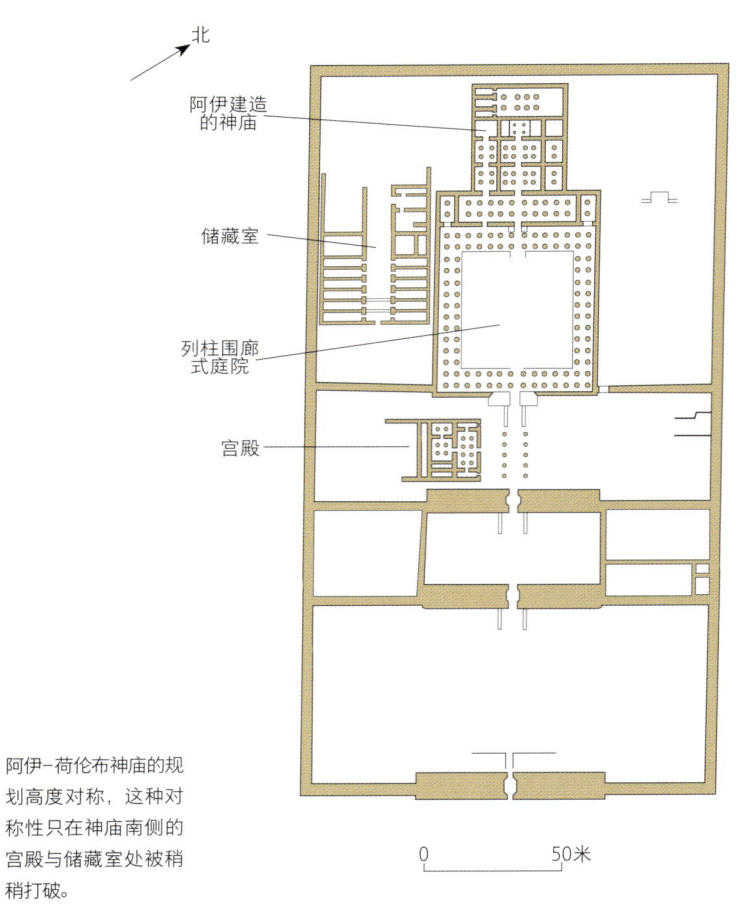

伊的纪念物很快被他的继任者荷伦布占有并重新使用。内神庙是由阿伊建造的，而外部区域则是荷伦布加上去的，他还抹去了神庙中出现的前任的名字，并以自己的名字取而代之。完整的建筑有三个塔门庭院——第三个庭院中还有一座宫殿——以及一个大型柱式庭院与圣殿前的一系列柱厅和房间。神庙核心部分建在后方高出地面8米的斜坡上，主体使用砂岩建成，周边区域则由砖块砌成。

图坦卡蒙神庙

尽管尚未发现图坦卡蒙的祭庙，但纽约大都会艺术博物馆的一块石碑碎片上出现了国王葬祭大祭司乌瑟哈特的名字，在大英博物馆里还有国王的一位名叫派里的瓦布祭司的乌沙布提（墓葬雕像）。

这位年轻国王的祭庙可能建于麦地奈特·哈布城附近，靠近或位于阿伊与荷伦布神庙的废墟之下，也是在这里发现了两座被重新利用的图坦卡蒙石英巨像。图坦卡蒙神庙几乎可以肯定是在荷伦布统治时期被拆毁的。

阿伊-荷伦布神庙的规划高度对称，这种对称性只在神庙南侧的宫殿与储藏室处被稍稍打破。

北
阿伊建造的神庙
储藏室
列柱围廊式庭院
宫殿

0　　50米

麦地奈特·哈布城

作为埃及最令人印象深刻的神庙之一，麦地奈特·哈布城既是一个神庙区，又是一片神庙组成的建筑群，因为这片庞大的地产上既有拉美西斯三世的主神庙，也有一些早期和晚期的较小建筑。主神庙本身是底比斯所有祭庙中保存最完好的一座，墙壁上经过装饰的表面超过7000平方米，是新王国时期神庙形式与规划的成熟范例。神庙大致呈东南—西北向，但根据传统，面向尼罗河的东南侧被称为东面。

该地的现代名称，麦地奈特·哈布或"哈布城"通常被认为起源于北部几百米处的哈普之子阿蒙诺菲斯神庙；但从历史上看，这不太可能，而名字的实际含义也并不确定。古时候，埃及人把这个地方称为贾梅特（Djamet），而根据民间信仰，其圣地是第一批原始神八神会的埋葬之地。因此远在拉美西斯神庙的建造之前，它便是一个特别神圣的地方，并在神庙废弃之后的很长时间里依旧保持着这一地位。新王国时期，在每年的"十日节"期间，卢克索（八神会诞生之处）的阿蒙神由他的神庙来到此处，为这些原始神重新举行墓葬仪式，以更新他们，

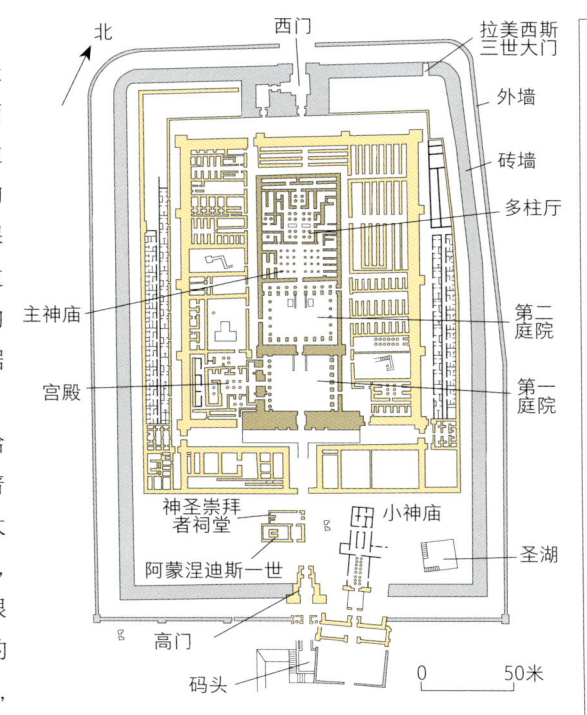

档案

遗迹：拉美西斯三世神庙
小神庙
塞易斯时期神殿
位置：哈布城，底比斯（西岸）
年代：第18王朝至罗马时期
供奉对象
主神庙：拉美西斯三世，以及阿蒙-拉、拉-荷尔阿赫提、奥赛里斯、敏、拉美西斯二世等
小神庙：阿蒙-拉
神圣崇拜者祠堂：阿蒙的崇拜者
发掘报告
Holscher, Medinet Habu, 1924–1928 (Chicago, 1929)
Holscher, u. The Ecavation of Medinet Habu, vols. 1–5 (Chicago, 1934–54)
墙壁装饰
铭文调查，Medinet Habu, vols. 1–8 (Chicago, 1930—1970)

哈布城神庙建筑群平面图（顶）和重建图（左）展现了拉美西斯三世的主神庙，以及神庙入口右侧后来增建的小神庙。中间期的一些建筑，如后期的神圣崇拜者祠堂，并未显示出来。

西南视角的拉美西斯三世主神庙：神庙左侧是与拉美西斯纪念物相邻的两层大型宫殿建筑群的遗迹。

进而更新创世本身。

在拉美西斯三世统治期间，甚至在国王祭祀衰落之后，麦地奈特·哈布城一直是西底比斯的行政中心。例如，建造帝王谷国王陵墓的工匠们在罢工时，就是来到这里要求报酬的；而在第20王朝末期后的上埃及内战与其他动乱时期，许多该地区的居民就在这片极易防御的建筑群中避难。最终，建筑群的巨墙在一次持续的攻击中被攻破，而后来，在基督教时期，整个地区为科普特城镇杰米所覆盖，甚至连大神庙本身也挤满了民居，其中一个庭院被用作教堂。该地区行政管理与军事防御的价值远比对拉美西斯纪念物的祭拜影响持久，而这里也躲过了许多于其他神庙而言不可避免的劫掠。

高门

在古代，麦地奈特·哈布城前有一个令人印象深刻的码头，经过连接神庙和尼罗河的运河，来到这里的船只可以停泊于此。码头位于建筑群东面的主入口前，这是一个设计独特的大门，仿照西亚的密格多（migdol）或要塞而建。大门前有门卫室，两侧装饰着国王践踏埃及的敌人以及站在俘虏头颅之上的形象。这里的普塔神大浮雕也起到了中介的作用，它有能力将那些不能进入神庙之人的祈祷传递给里面的阿蒙神。

门楼的上层房间尤其引人注意，因为它们

是国王的私密之地或后宫，里面充满了国王与年轻女子一起娱乐的画面。很可能就是在这里，拉美西斯三世的一位侧室企图对他实施暗杀；虽然阴谋被察觉，凶手被绳之以法，但国王在审判过程中去世了，是自然死亡还是暗杀的结果，我们不得而知。

神圣崇拜者祠堂

大门内的左侧是在第25、26王朝期间为阿蒙的神圣崇拜者修建的几个葬祭祠堂的遗迹，阿蒙的神圣崇拜者在当时至少在名义上代表国王统治着上埃及。第一座祠堂，即阿蒙涅迪斯祠堂，保存得最完好，其中有一个有供桌的前院以及一个葬祭内祠堂，其下方是一个隐藏的地下密室，神圣崇拜者便被埋葬于此。这座纪念物上的浮雕制作精美，且大部分相当完好。在这些祠堂入口上方的过梁上仍然可以看到"对生者的呼吁"，鼓励过路人和游客为这些神圣崇拜者的灵魂宣读供奉公式，即有关来世供养的古祈祷文。

右上图：哈布城建筑群内塞易斯时期的神圣崇拜者祠堂。

右图：神圣崇拜者阿蒙涅迪斯一世，她的名字写在她面前的王名圈中。出自其埋葬祠堂的墙壁。她的祠堂是哈布城建筑群中保存最完好的塞易斯时期祠堂。

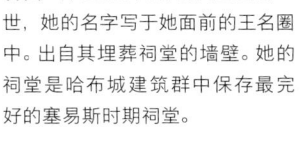

左图：拉美西斯三世神庙壮观的东入口模仿了近东密格多或要塞大门的形制，这里很可能是拉美西斯三世遭遇暗杀的地点。

小神庙

入口右侧是所谓的"小神庙",始建于第18王朝,在之后的王朝屡经扩建和盗用。虽然这座纪念物的核心是哈特谢普苏特和图特摩斯三世开始建造的,但女王的名字为她的前任图特摩斯一世和图特摩斯二世的名字所取代。这座建筑被并入了拉美西斯的神庙建筑群中,其入口后来为努比亚国王沙巴卡的塔门所取代,然后又被他的侄子塔哈卡盗用。第26王朝时修建了一座小的正门,在第29王朝时被尼克塔尼布一世盗用。托勒密时期,内柱廊得到进一步修建,一同被修建的还有一个石面塔门(其中有许多出自拉美西姆的再利用石块)和一个大门。最后,在罗马时期,安敦尼·庇乌斯开始修建柱廊和庭院,但并未完成。这个建筑超出了大神庙围墙的范围,也是后来这座庞大建筑群中唯一仍在使用的部分。

哈布城的小神庙始建于第18王朝的哈特谢普苏特和图特摩斯三世时期,在罗马时期依然处于扩建之中。最终它成为哈布城宗教建筑群中唯一仍在运作的神庙。

小神庙的北面是圣湖以及所谓的"尼罗河水位尺",即尼克塔尼布一世建造的一口水井,内有通向地下水面的通道。

主神庙

被称为"在西底比斯与阿蒙之永恒结合在一起的乌瑟-玛阿特-拉梅利阿蒙(拉美西斯三世的登基名)的神庙"的伟大纪念物是令人印象深刻的。巨大的外塔门可能是埃及所有神庙中最为壮观的,上面装饰着国王在众神面前惩罚被俘敌人的巨像。在北塔门上,国王戴着下(北部)埃及的红冠,在南塔门上戴着结合了南部白冠的双冠,以此体现出神庙装饰中经常出现的定向二元论主题。

神庙外墙也描绘了历史上重要的战役和胜利场面,展现了拉美西斯和他的军队战胜国王统治期间袭击埃及的利比亚人和海上民族的场

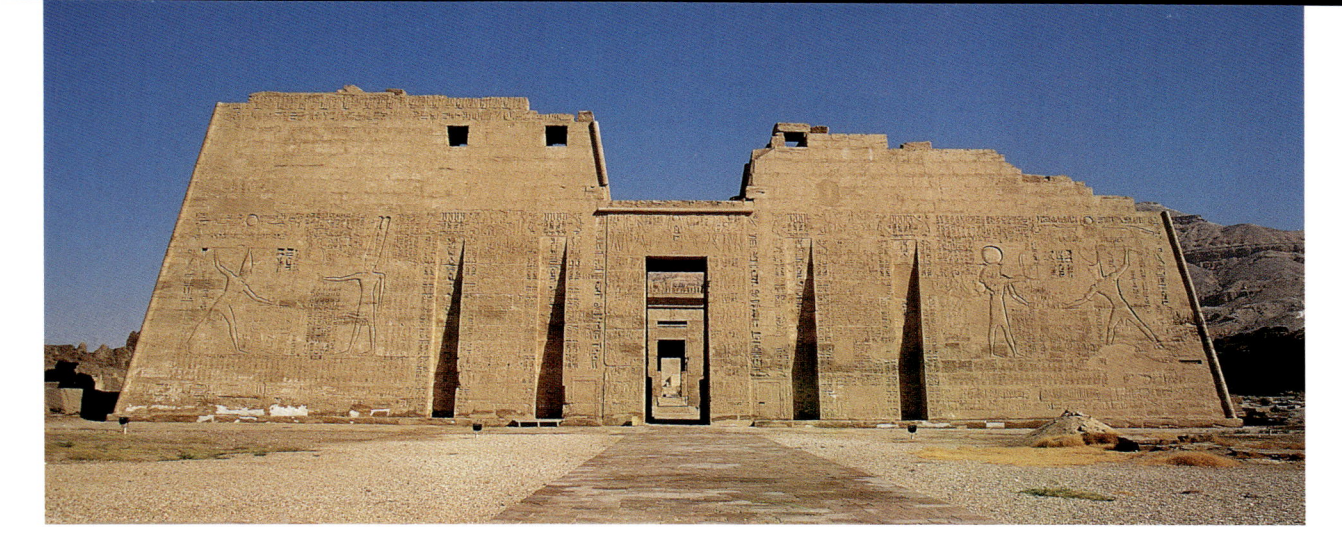

景。这些主题在神庙的第一庭院内得到了延续，其中的浮雕内容是士兵清点死去敌人的右手与生殖器的场景，尽显战争残酷恐怖的一面。庭院的北侧是作为奥赛里斯的神王的大型壁柱雕像，在南侧是一个有"显现之窗"的柱廊，国王在正式仪式和庆典中站立或端坐其内。

在基督教传播的早期，科普特教徒无情地摧毁了第二庭院中的大型奥赛里斯式雕像，并将该区域改造成了一座基督教教堂，但许多当时被粉刷覆盖的原始浮雕实际上保存得相当完好。这些浮雕描绘了与勃起形象的生殖丰饶之神敏有关的各种仪式，门廊的后墙上则是国王众多儿女的队列。

多柱厅和其他区域大部分都遭到了破坏，但一些侧室仍在，其中供奉着各种神祇（如神化的拉美西斯二世，拉美西斯三世在很多方面对其祭庙进行了复制），并满足了神庙管理的需要。这些房间中有几处保存完好的场景，特别令人感兴趣的是南面的藏宝库（拉美西斯与图特在阿蒙-拉面前称量黄金）、北面的拉-荷尔阿赫提内神庙拉美西斯三世神庙巨大的入口塔门已经失去了一些上层的砖石结构，但仍是埃及这类建筑中最雄伟的之一。

左图：费昂斯瓷砖上的利比亚、努比亚和叙利亚的俘虏，出自哈布城王宫。

下图：哈布城主庙的第二庭院：庭院改为基督教教堂时，早期基督教徒砍掉了国王奥赛里斯形态的壁柱雕像。

在哈布城主神庙太阳祠堂的过梁上，国王跪拜在太阳神面前，陪伴他的还有象征性的狒狒，它们黎明时的叫声被埃及人解读为对旭日的崇拜。

拉美西斯三世从伟大的阿蒙神那里接受永恒的更新，旁边是阿蒙神之子洪苏和配偶穆特，阿蒙、穆特与洪苏是底比斯三神会的三位成员。

（国王和狒狒膜拜太阳船以及国王在拉神的卡和巴之前供奉），以及位于西南的奥赛里斯套房或内神庙（包括图特与伊乌姆太夫站在神化的国王和拟人化为女神的神庙面前）。

神庙后面的底比斯三神会成员阿蒙、穆特和洪苏的神殿之后有一道巨大的假门，国王的灵魂可以通过这扇门进出他的神庙，此外还有一些密室，可能用来储存神庙最重要的、无法公开保存在藏宝库的宝物。

王宫

主神庙为众多建筑遗迹所包围：房屋、储藏室和仓库、工坊、营房、管理处等；但这些

海上民族

附属建筑中最重要的是位于神庙南侧的王宫。如今能看到的只有这座宫殿的最底层和一些经过修复的建筑结构，但这座原有两层的建筑规模相当宏大，里面有许多不同功能的房间。事实上，这座宫殿似乎既是拉美西斯到访神庙主持仪式时的实际住处，又是国王在来世的灵魂居所。因此，像神庙本身一样，宫殿里有一扇假门，以供国王的灵魂往来。这座建筑通过门道与"显现之窗"直接与神庙的第一庭院相连。

发掘、研究与记录

对于麦地奈特·哈布城的考古勘探开始于1859年，之后的活动分别由奥古斯特·马里埃特（1859—1863年）、乔治·达瑞西（1888—1899年）和西奥多·戴维斯（1912年）主持进行，最终在1926—1932年，德国考古学家乌沃·霍尔谢尔代表芝加哥大学东方研究所进行了考察，由此发现了很多这座纪念物以前鲜为人知的历史。东方研究所的持续记录与研究使得拉美西斯大庙的铭文与建筑得到了完整的归档记录，成为埃及少数被详细记录的神庙之一。

海上民族是一个松散的移民联盟，似乎起源于爱琴海、小亚细亚和东地中海的其他地区，他们在大规模的东移中几乎两次推翻了埃及的统治。第一次进攻发生在第19王朝美内普塔统治的第五年，当时他们与利比亚人结盟，席卷了埃及三角洲。对埃及来说幸运的是，美内普塔的军队以粉碎性的力量进行了反击，杀死了六千多名入侵者，并击溃了其余入侵者。

但是海上民族的行动还远未停止。大约33年后，即拉美西斯三世统治的第8年，他们再次进攻埃及；第二次战争的战场场景被雕刻在哈布城主庙的北墙上，展现拉美西斯部署军队以反击来自陆地和海上的敌人。埃及军队再次获胜，拉美西斯的海军在三角洲海岸击败了敌军船只，他的陆军打败了敌人在陆地的部队。敌方民族名单被列在了拉美西斯的祭庙中，包括德宁人（Denen，即《伊利亚特》中的达奈人）、佩勒赛特人（Peleset，即非利士人）、舍科勒什人（Shekelesh，可能是西西里人）、舍登人（Sherden）、特耶克尔人（Tjekel）、特蕾斯人（Teresh）和韦斯威什人（Weshwesh）。

除了刻于哈布城的场景，哈里斯纸草（现藏于大英博物馆）也赞扬了拉美西斯对海上民族的胜利，这份纸草曾经是神庙官方档案的一部分。纸草的制作目的在于罗列国王对埃及各地神庙的恩惠，在列出这些赠予诸神的礼物之后，文件在结尾部分提供了许多海上民族袭击埃及的历史证据。

拉美西斯与海上民族的战斗被描绘于其神庙的墙壁之上，其中有海战（下）以及海上民族中的一些人被俘（左下）的场景。

代尔·舍尔维特

伊西斯神庙

在尼罗河西岸麦地奈特·哈布城以南3公里处有一个罗马时期的伊西斯小庙。大门为加尔巴、奥托和韦帕芗所装饰，核心结构（包括前立面、圣殿与三个相连的房间以及通往屋顶的楼梯）装饰于哈德良和安敦尼·庇乌斯时期。

马尔卡塔

阿蒙神庙

阿蒙诺菲斯三世在底比斯西岸麦地奈特·哈布城西南几百米处修建了一座巨大的宫殿城市，这一地区现被称为马尔卡塔。建筑群中有一座大型阿蒙神庙，它建在中央宫殿区以北比国王祭庙（见第188页）更高的高地上。除了在名义上供奉阿蒙，这个建筑中还有一座拉神圣殿，但该地区除了随处可见的碎片之外，几乎没有任何遗存。

阿蒙诺菲斯三世建造的阿蒙神庙的地基，神庙位于马尔卡塔王宫东北、哈布城以西的荒芜之地。

从底比斯到阿斯旺

上埃及南部

上埃及南部，即底比斯和阿斯旺之间的地区，在埃及掌控努比亚和南部诸地之前，这里是埃及本土的最南端。该地的尼罗河谷在被侵蚀的悬崖间大大缩窄，露出地表的岩石为埃及神庙的建造提供了大量石材。砂岩在这里占主导地位，所以这个地区的许多神庙都保存得很好，不像其他地区用石灰石建造的纪念物——石灰石常被拆了用来烧石灰。该地区历史悠久，不仅是底比斯地区早期神祇孟图和其他一些神祇的故乡——在托勒密和罗马时期有许多为他们而建的重要神庙——而且也是最古老的聚落奈赫布和奈肯（卡布和库姆·阿赫玛）的所在地，也许也是埃及最早神庙的所在地。

阿曼特

古代的伊乌尼（希腊罗马时期的赫尔墨西斯）位于尼罗河西岸卢克索以南约15公里的地方。在古代，这里是隼鹰头的战神孟图最重要的祭祀中心之一，其影响遍及整个底比斯地区。至少从第11王朝开始，这里就有一座孟图的神庙，并在中王国和新王国时期继续发展。然而，神庙在后期的某个时候被破坏了，在这座建筑中只有图特摩斯三世的塔门遗迹留存下来。后来的一座神庙似乎建于第30王朝（尼克塔尼布二世），此外，克里奥帕特拉七世和她的儿子恺撒里昂也在此建造了一座带湖的诞生之屋。建筑工程在罗马时期依然继续着。不幸的是，19世纪的穆罕默德·阿里将这里以及象岛的所有神庙夷为平地，以建造制糖厂，现在这个地方的神庙几乎什么都没有留下。

托德

托德，即古代的杰尔提（希腊罗马时期的图菲姆），位于卢克索南部二十多公里处的东岸，这里有一座第5王朝时期的小型泥砖神庙，从中王国时期起，当地就有了对孟图神的崇拜。与孟图崇拜相关的主要建筑活动是由门图荷太普二世、三世与森乌斯里特一世完成的，但他们的神庙现在大部分都被破坏了。这里也有一座第5王朝乌瑟尔卡夫统治时期的小祠堂，这座祠堂以及后来建造的建筑中的石块可以在该遗址中一个小型露天储藏室里看到。1936年，法国考古学家比松·德拉罗克发现了一个丰富的秘藏，即所谓的"托德宝藏"，在中王国时期神庙地板下的四个青铜箱子中有金、银和青金石的各种物品。其中许多都是外国制造的，显示出埃及与美索不达米亚和爱琴海等地区的直接或间接的贸易。

托德现存的纪念物出自新王国时期和更晚

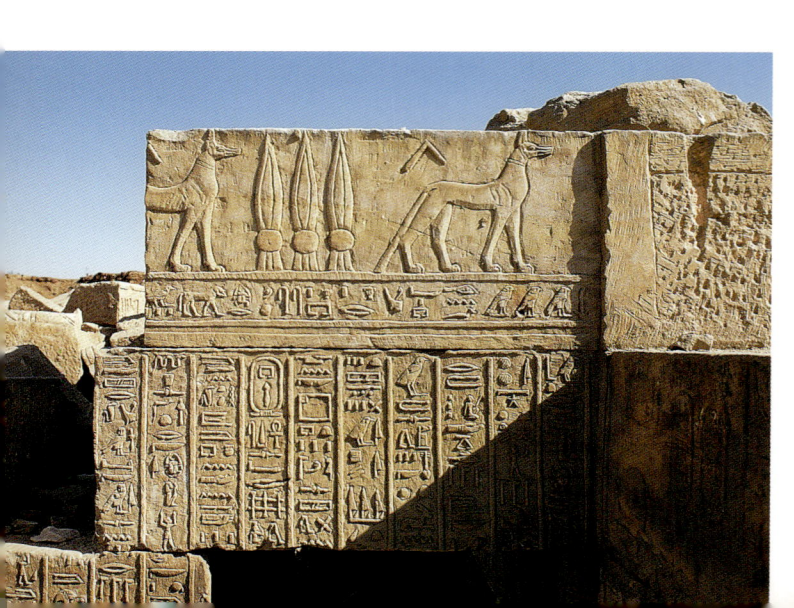

下图：阿曼特神庙遗迹的断壁残垣，神庙在19世纪被有组织地拆除，作为现代建筑的建材。

右图：托勒密时期的托德神庙。在此处已毁的中王国神庙中发现了以"托德宝藏"之名为人所知的丰富秘藏。

的时期。在托勒密和罗马时期修建的一座小神庙前，图特摩斯三世修建了一座现在部分保存完好的孟图圣船神殿，阿蒙诺菲斯二世、塞提一世、阿蒙梅斯以及拉美西斯三世和四世对其进行了修复。至今依然存在的托德主神庙由托勒密八世开始修建，由一个柱庭、一个大厅还有各种房间组成，大厅南侧祠堂上方还有一个藏宝室。这个神庙建在森乌斯里特一世的早期建筑之前，并与之相连，而现在只有前墙留存了下来，并且后来多次遭受盗用与改动。托勒密时期神庙附近有一个罗马亭。

格贝林

格贝林位于尼罗河西岸卢克索以南约28公里处，即古代的耶纳提（Yenerty，"两座山"），这个名字反映了当地的地形，并解释了其现代阿拉伯语名称的来源。这个地区被希腊人称为阿芙洛狄特波利斯与帕西里斯（Pathyris，出自佩尔·哈托尔或"哈托尔之域"），在东山上有一座女神的古庙。这个建筑似乎早在第3王朝就已经存在了，并在希腊罗马时期仍然发挥着作用，但后来因为自身的石灰岩石材而遭到破坏。此处发现的许多世俗体和希腊语的纸草使我们可以详细了解托勒密时期格贝林的日常生活。

艾斯纳

艾斯纳建于古拉托波利斯地区，是卢克索以南（55公里）首个重要的现存神庙。它的埃及名字是伊乌尼或塔–赛奈特（Ta-senet，科普特语的"Sne"和阿拉伯语的"Isna"均源自这里）。这个建筑现位于现代城镇的中心，比周围的建筑平面低约9米，可以追溯到托勒密和罗马时期，也是古埃及最后的建筑之一。它供奉赫努姆和其他几位神祇，其中最著名的是奈特和赫卡（名字意为"魔法"）。神庙只有多柱厅留存了下来，但保存完好。后墙是这座建筑最古老的部分，是旧托勒密神庙的正面，上有托勒密六世和八世的浮雕。在此之上，罗马人增加了现在的建筑结构，其装饰可以追溯到公元3世纪。大厅的屋顶由高大的柱子支撑，柱头是设计多样的复合式花型柱头；多柱厅的正面采用了柱间屏风墙的形式，类似于丹德拉神庙和艾德福神庙——这座神庙在最初的完整状态下可能与它们相似。

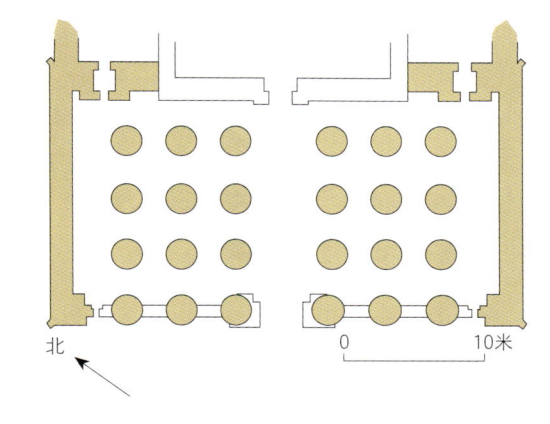

档案

遗迹：赫努姆神庙
位置：艾斯纳，卢克索以南
年代：希腊罗马时期
供奉对象：赫努姆与奈特、赫卡以及各种其他的小神祇
报告
Downes, D., *The Ecavations at Esna 1905–1906* (Warminster, 1974)
Saureron, S., *Esna*, I – (Cairo, 1959–1967)

左上图：希腊罗马时期艾斯纳神庙的多柱厅扩建于一座更早的托勒密神庙的基础上。

艾斯纳赫努姆神庙的正面，侧门是祭司平常使用的入口。

艾斯纳神庙的装饰和铭文通常制作精良，有一些还特别有趣。北墙上描绘的国王网捕野禽（代表邪灵）的场景延续了古埃及的主题，但是其他的，比如大厅右后方一根柱子上呈现的国王向众神献上月桂花环的场景，显然具有晚期特征。神庙中的一些文本也很有意思，如全套的神圣历法和两首献给赫努姆的加密赞美诗，其中一首几乎完全是用羊的象形文字符号写成的，另一首用的则是鳄鱼符号。这些都在大厅的前角，紧挨着祭司进出神庙的小门。整个建筑在设计上极为规整，对称性仅被入口南侧的一个嵌壁式小房间打破，这里也许是一间供祭司使用的更衣室，这一结构也曾发现于艾德福。神庙最初通过一条仪式通道与尼罗河相连，人们仍然可以看到它的古老码头（有马可·奥勒留的王名圈）。

卡布

艾斯纳以南约32公里处的卡布，或自古所知的奈赫布，是埃及历史上最为重要的遗址之一，也和尼罗河对岸的奈肯（库姆·阿赫玛）一样是前王朝时期的重要定居地。卡布是秃鹫女神奈赫贝特（"奈肯的她"）的故乡，女神是上埃及的守护神，与下埃及的眼镜蛇神瓦吉特相对。卡布很可能从早王朝开始就有一处简单的神庙建筑；中王国时期的统治者当然也在这里有建筑活动，而现在的遗迹主要是新王国和新王国之后的神庙。

位于卡布的大型砖围墙（约550米×550米）之中的中心神庙实际上有着许多相互紧挨又彼此结合的结构，若没有平面图则难以理解。剩

卡布的主神庙建筑群中有很多不同的结构。

右上图：卡布的图特神庙，始建于第18王朝。

下图：图特摩斯三世祠堂的一处浮雕细节。

下的两个建筑中较古老的一个，图特神庙，建于第18王朝的阿蒙诺菲斯二世和其他统治者的时期，外塔门区主要由拉美西斯二世完成。在这个建筑的东面与之毗连的是奈赫贝特神庙，它也是分多个阶段建造的，大部分完成于后期的第29和30王朝。在这两座神庙的废墟中，可以看到许多被重新利用的中王国、新王国时期石块。神庙区还有一个诞生之屋和一个罗马时期小神庙的遗迹，以及一些其他的附属建筑和一个圣湖。

神庙以北约750米处，在河流和山丘之间，有一个图特摩斯三世小祠堂的遗迹。在城镇东面干河谷中还有一座托勒密时期神庙和一座阿蒙诺菲斯三世献给哈托尔和奈赫贝特的小祠堂——前者是托勒密八世至十世时期建造的，可能建在了一座早期神庙的遗址上，有两个柱厅和一个嵌入悬崖表面的圣殿。阿蒙诺菲斯的小神庙更远，距离现代公路约4公里，实际上是奈赫贝特访问此地时的圣船停靠站。这个祠堂中的一些壁画（修复于托勒密时期）表现了国王与他的父亲图特摩斯四世一同登基。

库姆·阿赫玛（赫拉康波利斯）

在卡布对岸的尼罗河西岸、现代穆伊萨特村西南约1公里处的是库姆·阿赫玛，即"红丘"。这是埃及最重要的遗址之一古代奈肯的所在地。奈肯与奈赫布一起代表着上埃及，与下埃及的姊妹城镇佩和代普（三角洲的太尔·法拉因·布托）相对。这座城镇的希腊名字是赫拉康波利斯，"隼鹰之城"，因为这里是一位极为古老的隼鹰神奈肯尼（"奈肯的"）的崇拜地，对他的崇拜与祭祀似可追溯至埃及宗教的源头。

赫拉康波利斯的考古故事必须从库姆·阿赫玛的城镇围墙说起，围墙中有一个神庙建筑群，部分由詹姆斯·奎贝尔和F.W.格林于1897—1899年发掘。这些发掘发现，神庙建筑群环绕着一个上面用石板保护起来的净沙之丘，一些埃及学家认为，可能有一座早王朝时期的神殿立于其上，但事实也可能并非如此。后来在早期的土丘位置上修建有一座泥砖神庙，可能直到中王国时期才开始动工，土丘以南的后期建筑则完成于新王国（图特摩斯三世的一座石制神庙）和之后的时期。神庙建在土丘上的中王国时期部分中有一座五室圣殿。在中央房间的地板下埋藏着一个神像，即著名的隼鹰像，隼鹰的头上立有一对羽毛，全部是纯金打造的，现在藏于开罗的埃及博物馆，无疑表现了该地的主神。

所谓的"主奠基物"中也发现了早期祭祀活动的证据，这是一个位于大土丘东侧古王国时期神庙建筑群的两堵墙之间的秘藏。这一秘藏包括许多前王朝时期的仪式性物品，如纳尔迈调色板和蝎王权标头，这两件也是早期保存下来的最著名的文物。虽然秘藏的确切日期仍不得而知，但其中发现的一些物品，如纳尔迈调色板等，已可表明从王朝时期初便在这里受

左上图：卡布以东的托勒密时期神庙。

上图：发现于赫拉康波利斯中王国和新王国时期圣殿的圣鹰像的金制头部与羽饰。

出自赫拉康波利斯"主奠基物"的前王朝时期纳尔迈调色板（背面）。掌控着国王的一个"沼泽地"敌人的隼鹰无疑是"奈肯"古神的某种形态。

到崇拜的隼鹰神的重要性。

但对于神庙发展史来说，最重要的是近年来在奎贝尔和格林的神庙遗址以西，沙漠边缘的前王朝聚居区发现的遗迹。从1985年起，在美国考古学家迈克尔·霍夫曼的发掘工作中，埃及已知最早的神庙开始现身于贫瘠的沙漠地表。这座神庙是用木头与芦苇席建造的，建筑风格后来为乔赛尔的阶梯金字塔建筑群所模仿。神庙的核心是一个带有倾斜屋顶的三室大圣殿，前面有一个入口，有4根至少12米高的巨大木柱，即使神庙的年代如此之早，也几乎可以肯定这些柱子是从很远的地方进口而来的。这个令人印象深刻的建筑立在一个有土丘的庭院前，土丘上只有一根长杆，毫无疑问，杆上曾设有隼鹰神的神物或象征物。

这个已知最早建筑群的布局让人怀疑奎贝尔和格林发现的神庙的土丘之上最初是否建有一座神殿，尤其一些其他遗址（如最早的梅达姆德的那些，见第22页）的考古证据都表明，土丘加上独立神庙结构的模式可能已广泛存在。可以确定的是，后来肯定建造过一座——或许是作为对一个历史悠久的圣地的增建。如果是这样的话，那么在古王国时期的金字塔建筑群中，将"祭庙"置于金字塔之前可能就是这一最古模式的反映。诚然，关于赫拉康波利斯最早纪念物的性质和年代还存在许多疑问，如被称为"要塞"的位于沙漠中的砖砌建筑也可能是埃及宗教建筑早期发展中的重点；但无论如何很明显的是，在埃及神庙演变的最早期阶段，库姆·阿赫玛地区是最为重要的。

米亚干河谷

在艾德福郊外的北侧，红海之滨，通往马萨阿拉姆的公路与古代去往巴拉米亚金矿区的路线是一致的。在这条路上距艾德福约50公里处有一座塞提一世的小型岩凿庙。建造此神庙是为纪念国王在此地区凿井，以及重启因缺水而无法通行的古道。

艾德福

古代的杰巴（科普特语为艾特博，阿拉伯语为艾德福）是神话传统中荷鲁斯与塞特之战的发生地，这个供奉荷鲁斯的托勒密时期砂岩神庙是埃及所有神庙中保存最完好的。托勒密时期的建筑沿南北轴而建，建于一个东西向的

南方视角的位于艾德福的托勒密时期荷鲁斯神庙。神庙的双子塔门装饰有托勒密十二世打击敌人的场景，几乎完全互为镜像。

新王国时期神庙遗址之上，因此旧神庙入口塔门的遗迹与其入口成90度。由于保存于此的建筑铭文极多，我们得以了解有关这座较新神庙的许多历史细节。神庙由托勒密三世于公元前237年开始修建，于180年后的公元前57年竣工。建筑的内部及其装饰于公元前207年完成。上埃及的政治动荡（特别是托勒密四世和五世时期）使得神庙的奉献仪式直到公元前142年才举行，一些最后的工作直到公元前140年才完成。在随后的几十年中，建成了多柱厅（竣工于公元前122年），还增加了最外层的建筑元素——列柱围廊式庭院和入口塔门，并最终在公元前57年完工，时值托勒密十二世也就是最后的克里奥帕特拉之父的统治时期。

不寻常的是，神庙入口塔门的双子塔被设计成无论在建筑上还是在其表面雕刻的奇特场景上都互为完美镜像的样子。入口大门两侧有两尊隼鹰形态的荷鲁斯雕像，塔门后，在入口两侧的墙壁底部，都是描绘艾德福的荷鲁斯与丹德拉的哈托尔结合的"美丽相会节"的场景。柱廊式庭院现在被按照原始的样子重新铺砌，周围柱廊的立柱被精心布置成各种形式的成对柱头。庭院内的四个角落各有大门通向通道一样的回廊，这实际上是一个更为狭窄的内庭，位于内神庙和周围的围墙之间。墙壁上装饰着各种各样的场景和铭文，其中有一份神话奠基文本和一篇格外有趣的荷鲁斯击败敌人塞特的"戏剧"仪式文本。

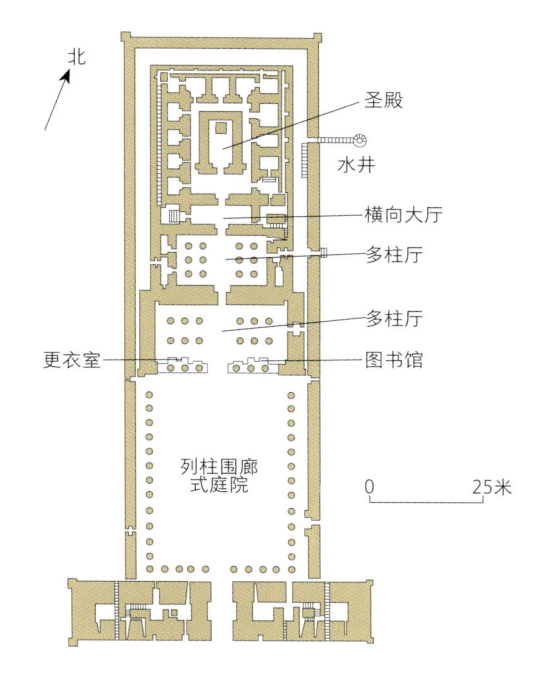

多柱厅的正面矗立着著名的荷鲁斯巨像，

档案

遗迹：荷鲁斯神庙诞生之屋
位置：艾德福，卢克索与阿斯旺之间
年代：托勒密时期，公元前237—前57年
供奉对象
主神庙：荷鲁斯
小祠堂：其他神祇
报告
de Rochemontei, M. and E Chassinat, *Le temple d'Edfou*, 14 vols (paris, 1892; Cairo, 1918-)
Michalowski, K. et al. *Tell Edfou*, 4 vols. (Cairo, 1937–50)

艾德福的荷鲁斯神庙平面图（左上），神庙中有众多神祇的祠堂，围绕着中心圣船神殿。艾德福列柱围廊庭院的柱廊（下）有32对各种类型的柱子。

艾德福神话剧

仪式戏剧中的场景，描绘荷鲁斯战胜了河马形态的塞特神，出自艾德福的托勒密时期荷鲁斯神庙外回廊。

荷鲁斯在神话中战胜了主要敌人塞特（塞特抢夺了荷鲁斯的合法王位），这一胜利以宗教"剧"的形式在艾德福每年的"胜利节"中上演。圣殿回廊墙壁上的文字和插图对这场戏剧做了概述，并将塞特塑造成河马（对埃及人来说，河马通常是一种邪恶的生物）。塞特被荷鲁斯一步步杀死，荷鲁斯使用了10支鱼叉，每一支都刺穿了他身体的不同部分。第一支鱼叉刺穿了口鼻部（在表现制服危险形象的画面中这个部分通常被删除），随后的倒钩从前到后刺进了其他部位。

艾德福铭文中小插图里的塞特河马是一种矮小、相当可怜的动物；但根据埃及艺术家的程式化手法，这种表现是必要的，因为艺术家会避免通过形象将力量赋予剧中的反派。在举行仪式的时候，一个河马模型会被代表荷鲁斯的国王或祭司杀死。在艾德福仪式的最后，一块河马形状的糕饼会被郑重地切分并吃掉，以此象征着塞特的彻底毁灭。

即一只头戴埃及双冠的巨鹰，巨像具体表现了这个古代神祇的威严以及它和王权制度的融合。正立面本身及其柱间屏风墙和壁柱与丹德拉的没什么不同，而随着向内部的深入，这座神庙与丹德拉越发相似。第一个多柱厅的南墙上有两个小房间，一间是图书室，另一间是一个类似艾斯纳样式的更衣室。大厅内有12根令人印象深刻的立柱，虽然它们所支撑的天花板上没有装饰，但侧墙上有一些传统场景，如神庙奠基仪式的场景。第二个较小的多柱式建筑中也有12根立柱，位于一间长度大于宽度的房间内。东面有一个通向神庙水井的出口和一个储存液

左图：黑色花岗岩的荷鲁斯隼鹰巨像，头戴象征埃及王权的双冠，立于艾德福第一多柱厅入口前的庭院内。

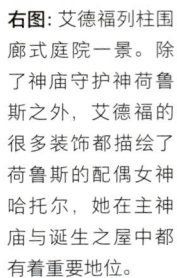

右图：艾德福列柱围廊式庭院一景。除了神庙守护神荷鲁斯之外，艾德福的很多装饰都描绘了荷鲁斯的配偶女神哈托尔，她在主神庙与诞生之屋中都有着重要地位。

体供品的房间，而西面的一扇门则通向一个固体供品的房间。还有一扇门通往一个用于准备熏香的"实验室"。

在两个多柱建筑之后，是横向的供奉大厅、门厅以及圣殿本身，圣殿内还保留着一个尼克塔尼布二世的花岗岩内殿式神殿，这是神庙中最古老的部分，并且显然是为了新建筑的延续性而从该地的早期神庙中保存下来的。主圣殿周围有许多祠堂，如敏、奥赛里斯、洪苏、哈托尔和拉的祠堂，以及"亚麻之屋"和"诸神宝座之屋"。圣殿后面的祠堂内有一个神之圣船的现代复制品，以供人们了解它的大小和整体外观，只是无法展现它珍贵的原始材料。在圣殿入口的东面，有一扇门通往小庭院，接着通向在新年节日中用于登上神庙屋顶的楼梯，这里的节日庆祝方式与丹德拉类似。相似地，楼梯间的墙壁浮雕上是祭司与举神旗者的队列形象，但现在可以进入的只有圣殿西侧的楼梯（原本的下行楼梯）。神庙屋顶缺少许多在丹德拉仍然可以发现的建筑特征，不过其中一些可能最初也存在于此。屋顶没有祭祀祠堂的遗迹，仅存的建筑是储藏室，其中几间的内部或旁边还带有密室。

在荷鲁斯神庙的南部，巡行通道的入口外，有一座诞生之屋。就像仿照它建造的丹德拉罗马时期诞生之屋一样，该建筑与主神庙成直角，两座诞生之屋有着相同的整体设计，但艾德福这座的前部更多地保留了下来。例如，柱廊多是完整的，其柱间屏风墙上装饰着相当奇特的、有时会在后期建筑中出现的法老时期与古典时期图案的混合体。诞生之屋为多柱回廊所围绕，柱子被低矮的墙壁连接在一起（奇怪的是，这些柱子在古代被砍掉了一半），某些地方保留了原有的颜色，特别是在建筑物的南侧。这里发现的许多图案与装饰丹德拉诞生之屋的图案相同：如立柱顶板上矮人神贝斯的形象，过梁上则是受到成对神灵崇拜的婴孩哈索姆图斯（荷鲁斯和哈托尔的后代）。诞生之屋内有国王（托勒密八世）和诸神的各种供奉和仪式场景，在南北墙的上部有诞生以及哈索姆图斯被各种女神照料的场景。在南墙的中央，图特神宣布确立国王的统治，国王的母亲、妻子和儿子都跟随着他，这是一种经常与诞生之屋联系在一起的统治合法化场景。在其他地方，荷鲁斯和哈托尔两位神祇的圣船场景巧妙地令人联想到二者结合的"美丽相会节"。

左上图：艾德福的诞生之屋是后来丹德拉诞生之屋的模板。

上图：诞生之屋中展现小哈索姆图斯在沼泽地中受哈托尔哺育的场景。

艾德福圣殿中的尼克塔尼布二世内殿式神殿高约4米，由一整块灰色花岗岩建造。

207

上图：荷伦布位于阿斯旺以北格贝尔·西尔西拉的大斯皮欧斯或岩凿圣殿。神庙供奉了七位神祇，包括神化了的荷伦布本人。

左图：格贝尔·西尔西拉的岩凿庙供奉的七位神祇中有几位出现在入口门廊的柱子上。

格贝尔·西尔西拉

　　该地位于阿斯旺北部约65公里处，在古代以砂岩采石场闻名，从新王国时期到希腊罗马时期一直受到开采，石材被用于修建神庙。这里的尼罗河西岸有第18王朝荷伦布的大斯皮欧斯（Speos，岩凿庙），以国王的名义供奉七位神祇。这座神庙可能建在一个废弃的采石场上，在正面有几个入口隔间。五道不同宽度的大门通向一个长长的横向大厅，中心的门道通向位于轴线上的圣殿。在这个内部圣殿后面的壁龛中，有七尊坐像代表该祠堂所供奉的七位神祇，包括阿蒙、当地的鳄鱼神以及荷伦布本人。

　　塞提一世、拉美西斯二世和美内普塔也在荷伦布岩凿庙的南部建造了三座岩凿小祠堂，作为小衣冠冢。其中的第一座在某次地震时被震成了两半，地震还摧毁了神殿前的码头。

库姆·翁姆波

库姆·翁姆波位于阿斯旺和艾德福之间，是古城帕-索贝克（Pa-Sobek，"索贝克之域"）的所在地（鳄鱼神索贝克自前王朝时期起就受到崇拜），也是属于古老隼鹰神荷鲁斯的上埃及地区的一部分。新王国时期，这里可能在更早的建筑遗址上建造了一座神庙，但直到托勒密时期这一地区才逐渐显赫起来，几乎所有现存的纪念物都出自这一时期。神庙对等地供奉双神：索贝克与荷尔欧里斯（哈尔维尔）或"大荷鲁斯"，及其他相关神祇。神庙建筑位于被两条干涸的小河截出的高原上，小河将遗址隔离了出来，其环境是埃及所有临河神庙中最为壮观的。事实上，神庙的部分前庭已被河水侵蚀，但现代对河水的治理已经遏制了进一步的破坏，神庙的大部分得以保留下来。

根据基于河流方向的"当地北方"，神庙为东西向，在今天可通过神庙区西南部托勒密时期的遗迹入口进入。神庙残存部分的左侧是一个诞生之屋的遗迹（如其他地方一样，与主神庙成直角），右侧是"吹笛者"托勒密十二世的大门遗迹。

在神庙的东侧有一个独立的哈托尔小祠堂，西边是一口特别深的井和一个小池塘遗迹，据说池塘里曾养过索贝克的神圣鳄鱼。一些动物木乃伊和它们的陶制棺材一起存放在哈托尔祠堂中。

神庙本身是由托勒密六世（至少他是其中提到的最早的统治者）开始修建的，但大部分装饰直到托勒密十二世时期才得以完成，最外围的区域直到罗马时期才建成。这个建筑是由驻扎于此的军队用当地砂岩建造的（库姆·翁姆波是军队用来训练非洲象的一个场地）；尽管神庙的布局与丹德拉或艾德福相似，但它稍小的

档案

遗迹：索贝克与荷尔欧里斯的联合神庙
哈托尔祠堂
诞生之屋

位置：库姆·翁姆波，阿斯旺以北

年代：希腊罗马时期

供奉对象
主神庙：鳄鱼神索贝克与"大荷鲁斯"荷尔欧里斯

报告
de Morgan,j., et ai., Kom Ombos, 2 vols. (Vienna, 1909)

库姆·翁姆波的多柱大厅与内部房间被系统划分给了两位神祇。

上图：库姆·翁姆波的索贝克与荷尔欧里斯神庙及其形态不规则的建筑群。

左图： 库姆·翁姆波双子圣殿中的一座。索贝克与荷尔欧里斯神庙内厅的排布虽然非典型，但却是神庙建筑的一个范例。

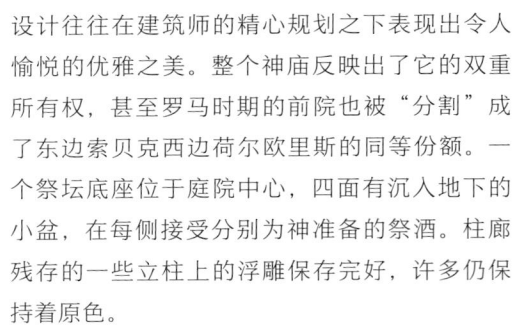

右图： 库姆·翁姆波神庙始建于托勒密时期，但大部分的装饰完成于公元前1世纪。神庙中还有一些具有历史意义的铭文，如一篇希腊语铭文，记载了军队以托勒密六世与克里奥帕特拉二世的名义为神庙捐赠。

设计往往在建筑师的精心规划之下表现出令人愉悦的优雅之美。整个神庙反映出了它的双重所有权，甚至罗马时期的前院也被"分割"成了东边索贝克西边荷尔欧里斯的同等份额。一个祭坛底座位于庭院中心，四面有沉入地下的小盆，在每侧接受分别为神准备的祭酒。柱廊残存的一些立柱上的浮雕保存完好，许多仍保持着原色。

多柱厅的正面，以及其柱间屏风墙和供祭司使用的小侧门，都是该时期的典型建筑结构，内柱的柱头则大都采用了巧妙的复合形式。大厅和神庙其余部分的装饰也为两位神所分割，东面是索贝克，西面是荷尔欧里斯。第二个多柱厅是同样的设计，只是规模略小，并有两条独立的巡行通道，通向三个狭窄的横向大厅或前厅后面的内部圣殿。

这两座圣殿和神庙的大部分内部区域一样，都已被破坏，但仍有停放两艘圣船的基座保存了下来。内殿房间腾空后，下面的密室暴露了出来，祭司们在那里偷听请愿或代表神灵传达神谕。事实上，神庙内部的大部分地方都带有地下室和隐藏的通道，如蜂窝一般，参观神庙的游客可以探索许多这样的地方。与丹德拉和艾德福一样，圣殿的房间被较小的祠堂包围，但与这两个地点不同的是，在内神庙与建筑外墙之间，有一条小的内部走廊围绕着内神庙的外沿。这一区域的后墙上有六个小房间，在通向屋顶的楼梯井两边各有三个，装饰程度各不相同。像艾德福一样，围绕着这一区域的外部回廊装饰着品质不等的罗马时期场景，但在后部的左端，有一个著名的争议性场景，表现国王呈奉了一组仪式器具和/或手术器具。其中一些工具无疑是在祭祀中使用的，但其他的则可能与医学有关；据知，朝圣者会前来祈求治愈者荷尔欧里斯治愈他们的疾病。他们显然是在神庙的走廊里等待着神像，因为那里的石头地板上刻画了游戏棋盘。

然而，神庙后部最引人注目的部分是位于圣殿区后墙中心的假门，这里经过了形式上的修改和扩建，添加了一个中央壁龛，两侧是倾听之耳与注视之眼，以及手拿狮首权杖或指挥棒的索贝克（左）与手拿奇怪的人腿小刀的荷尔欧里斯（右）。在两位神祇之间的是颂扬他们的双重赞美诗；壁龛之上，伴着托举天空的玛阿特，四方之风以狮子、隼鹰、公牛与多首大蛇的形象出现——与后来基督教中以狮子、雄鹰、公牛与人的形象代表四福音书作者的做法奇特地相似。神庙围墙的外表面上装饰着巨像浮雕,毋庸多言,在两位神祇各自的区域有着不同的主题。

象岛

象岛位于尼罗河中游,就在第一瀑布的北方,现代阿斯旺的旁边。古时候的象岛是上埃及第一诺姆的首府,是埃及和南部地区之间的真正边界,有着重要的战略和商业意义。对于与尼罗河和沙漠地区有关的神祇而言,这里也是一个在宗教上相当重要的地区。

象岛的主城和神庙区坐落在岛的南端,德国考古队在发掘中发现这个区域自早王朝时期以来几乎一直有人定居。千年以来,这里无疑有过许多神庙,其中几座的存在是已知的,但这些建筑在今天没有一座保持完整。一些是最近才消失的,一座阿蒙诺菲斯二世的小神庙在1820年还算完整,图特摩斯三世的一个建筑亦是如此。

主要神庙遗址中唯一可见的是象岛之主羊首的赫努姆的神庙,从岛东南角附近的罗马时

上图:象岛在古代具有军事与商业的双重战略重要性,曾建有许多不同时期的神庙。然而如今这些建筑的遗迹已所剩无几。

左图:象岛一块带浮雕的石块描绘了国王在当地主要的三神赫努姆、萨提斯与阿努基斯前供奉的场景。

象岛赫努姆神庙的大门是该建筑群中仅存的几个完整保存下来的建筑元素之一。

期码头的方向看，神庙为东西朝向。这个建筑前面残存的路面实际上是在古代晚期添加的，围绕拉美西斯二世的柱子而建。今天，上述建筑中只有零星的部分和一些祭坛保存了下来，其中一些祭坛刻有希腊语的铭文。神庙内部有一个花岗岩大门，是唯一还矗立着的实体元素（大部分石灰岩墙壁都被烧成了石灰）。这之后的区域遗迹混乱，除了尼克塔尼布二世于第30王朝开始修建但从未完成的大型花岗岩神殿外，几乎没有可辨认的结构。

再往北一点，在文物博物馆的后面，是赫努姆之配偶萨提斯的神庙遗迹。这座新王国时期图特摩斯三世建造的神庙近年来由德国考古研究所重建，其遗址也是十分重要的。由于地形的限制，古代的建筑者将该地早先的神庙封印在了层层地板之下。首先，在第18王朝的地板下发现了第12王朝和第11王朝的建筑遗迹。接着出现了一座建于第6王朝的古王国时期神庙。最终，在所有这些古老建筑最下面的，是早王朝时期的一座神殿。

这个建筑代表了在埃及发现的最早的一批神庙，它有一座小圣殿，利用了周围岩石的自然壁龛，并由此扩建了几个小房间，在这些房间里发现了一些小的还愿物。这些手工艺品并没有指明在这里受到早期崇拜的是哪位或哪些神祇，但是到了第11王朝，该地区的三主神赫努姆、萨提斯与阿努凯特（即阿努基斯）都得到了证实。

在萨提斯神庙遗址后面有一座中王国时期的赫卡伊布祠堂，赫卡伊布是神化的该地区长官，而在岛的南端有一座小祠堂，以罗马时期卡拉布沙神庙挪用的托勒密时期石块重建而成——在20世纪罗马神庙拆除迁移之时，人们才发现曾经存在这样一座托勒密时期的祠堂。祠堂具有历史意义，因为曾在公元前3世纪统治这一地区的努比亚"法老"阿卡玛尼对它进行了装饰。外墙浮雕上有奥古斯都的形象，表明罗马人在决定拆除这座祠堂之前已经完成了对它的装饰。

阿斯旺

阿斯旺市位于尼罗河东岸，与象岛相对，是

象岛上的新王国时期萨提斯（赫努姆配偶）神庙最近得到了重建。

一个重要的贸易区和采石区，其发展晚于象岛。它分享了岛屿的战略和商业地位，但阿斯旺的现代名称似乎出自古埃及语斯维涅特（swenet），即"贸易"一词。

这里有几处神庙遗址。离河不远，靠近城市的南边，有一座托勒密三世和四世建造的伊西斯神庙。现在这座庙像艾斯纳神庙一样已经下沉，远远低于现代居住区的水平面，但保存得很好，并有几个有趣的特征。在神庙的南面有狮首滴水嘴（其他侧面的还没有完工）；中央祠堂的后墙上描绘了一位托勒密国王在左侧向赫努姆、萨提斯和阿努基斯献供，在右侧向奥赛里斯、伊西斯和荷鲁斯献供的场景，汇总了这一地区其他神庙中发现的神祇。这座神庙附近还有一座已被破坏的罗马时期小神庙的遗址。

菲莱

几个世纪以来，菲莱岛以其丰富的神庙遗产闻名于世，而现在却淹没在阿斯旺以南的纳赛尔湖水之下。然而值得庆幸的是，在20世纪60年代阿斯旺大坝建成时，岛上的神庙被拆除了，然后重建于附近地势较高的阿吉尔奇亚岛，这座岛经过精心的准备和美化，看起来与原来的菲莱十分相似。

对于古埃及人而言，菲莱的名字有这样一个含义，"拉之时期（即所谓创世）的岛屿"；但该岛的历史却相当短。宗教建筑的最早证据仅能追

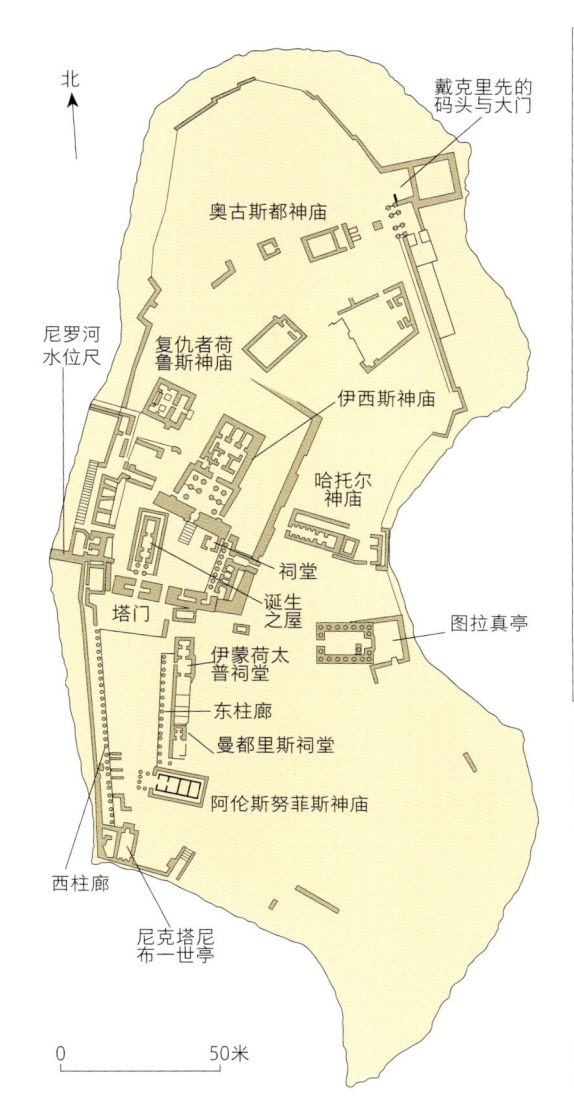

档案

遗迹：伊西斯神庙与许多其他建筑

位置：新菲莱岛，阿斯旺以南

年代：希腊罗马时期

供奉对象

主神庙：伊西斯

报告

Lyons. H.G., *A Report on the Island and Temples of Philae* (London, 1897).
Junker, H. and E. Winter, Phila, 1– (Vienna, 1958–)
Vassilika, E., *Ptolemaic Philae* (Leuven, 1989)

阿斯旺大坝建造之时，菲莱岛上的神庙都被拆除并移至附近的阿吉尔奇亚岛。

大卫·罗伯茨的浪漫主义水彩画，描绘了1838年的菲莱岛。

菲莱的西柱廊：菲莱的许多神庙结构保存得非常好，因为从神庙口移至他处使用的石头相对较少。

菲莱伊西斯神庙的第一塔门，右侧是托勒密二世的大门，左侧是东柱廊的后墙。

菲莱纪念物众多。首先，以现在船只登陆的岛西南角古代码头为起点，第一个建筑是尼克塔尼布一世的亭子，也是依然矗立的建筑中最为古老的。在北面，巡行道路通向伊西斯主神庙。柱廊的西半部更为宽阔，穿插着一些原本朝向比加岛的窗户；此处的悬崖下有一个尼罗河水位尺。

柱廊的东侧从未完工，只延伸到对面已毁的神庙。这是身份模糊的努比亚神祇阿伦斯努菲斯的神庙，他作为伊西斯的同伴在此受到崇敬。东柱廊后还有其他建筑，尤其是南端的努比亚神祇曼都里斯的已毁祠堂，还有北面保存更好的伊蒙荷太普（神化了的乔赛尔主建筑师）的祠堂。

主神庙的入口之前是托勒密十二世的塔门，塔门上装饰着国王击杀敌人的经典场景，其中有一个（更早的）主门，在塔门西侧还有一个辅门，通向托勒密六世和之后统治者的诞生之屋。诞生之屋在规划装饰上与丹德拉和艾德福相似，但几乎与主神庙在同一轴线上。其最引人注目的是后墙外的伊西斯在沼泽地中照料婴孩荷鲁斯的场景以及同一面墙内侧荷鲁斯凯旋的场景。前庭东侧是带有精美雕刻石柱（该神庙中的大多数柱子都是这样）的、经过装饰的柱廊，之后是许多房间，其中有一间献给图特的"图书室"。一座罗马时期祠堂立于庭院的东北角，位于第二塔门之前，塔门建造于自然凸起的岩石之上，与外部入口成一定角度。第二塔门通向主神庙的多柱厅，其前部是露天的，如此实际上形成了柱廊与多柱厅的融合。

之后是内神庙的房间（虽然布局有些异常，但总体还是标准的）与圣殿，圣殿中依然有着由托勒密三世及其妻贝尔尼克供奉的伊西斯圣船的基座（花岗岩神殿在19世纪被移到了欧洲的博物馆）。与希腊罗马时期的其他神庙一样，屋顶上有一个奥赛里斯祠堂和其他一些房间，它们位于屋顶的四角处，沉到了屋顶平面以下。奥赛里斯祠堂有自己的门厅，装饰有众神为死去的奥赛里斯哀悼的场景，里面的房间中有与收集神的肢体碎片有关的场景。

伊西斯神庙的西面建有一些法老时期的附属建筑物。哈德良皇帝的一道大门位于通往河

溯到塔哈卡时期（第25王朝），直到希腊罗马时期菲莱才变得重要起来。菲莱曾是伊西斯最为显赫的崇拜中心，而伊西斯在罗马世界的大部分地区广受尊崇；作为古老异教最后的一个前哨，直到查士丁尼统治的公元550年神庙才被正式关闭。

边的阶梯前，其中有几个与死亡及奥赛里斯的最终神化有关的有趣场景，如伊西斯目睹一条鳄鱼将她丈夫的尸体驮至象征着比加丘的地方，比加丘就位于大门对面的尼罗河中。北面一点是复仇者荷鲁斯（哈伦多提斯）神庙的遗迹，再往北是其他建筑的遗迹，包括一座奥古斯都的神庙与戴克里先的码头和大门。

伊西斯神庙的东面是一座哈托尔神庙的遗迹，这座神庙由托勒密六世和七世建造，保存了许多浮雕。在其中的一个场景中，一位国王在女神面前欢呼雀跃，此外还有贝斯的形象，以及一只弹奏着一种类似吉他的乐器的猴子。

位于南面的是菲莱最著名的纪念物图拉真亭，绰号"法老床"。这个建筑可能曾有木制屋顶，现在早已不见踪影，但它依然气势恢宏。14根由屏风墙连接的柱子支撑着横跨整个建筑的巨大过梁，建筑本身曾经是岛的正式入口。

比加

比加岛位于新菲莱岛的南面，在原菲莱岛的西边一点。希腊罗马时期伊始，这里便被视为奥赛里斯的坟墓和尼罗河的源头，人们认为尼罗河是从岛下深处的一个洞穴里流出来的。在古代，这里建造了一个特殊的圣殿，但该地却是禁止人们进入的，因此在希腊语中被称为阿巴顿（Abaton），即"禁地"。虽然比加岛的宗教意义一开始盖过了附近的菲莱岛，但它始终徘徊于神庙建设和发展的正常周期之外，菲莱岛倒是发展了起来。这座小庙的遗迹位于岛东侧，与菲莱原来的位置相对。

图拉真入口亭的内部一览，该亭以"法老床"之名为人所知，是菲莱最为知名的纪念物之一。

菲莱附近的比加神庙，由大卫·罗伯茨绘制于1838年，神庙的一部分曾被改造为基督教教堂。

从阿斯旺到格贝尔·巴卡尔

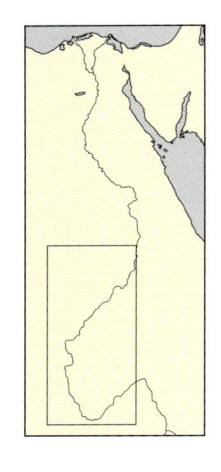

努比亚

努比亚,即尼罗河第一瀑布以南的土地,对古埃及人来说是一个具有很高战略、经济价值的关键地区。努比亚不仅是保护埃及南部边境的缓冲区,也是许多贸易品从非洲其他地方到达埃及的门户。在古代,该地区的控制权在埃及人和土著民族之间轮转,前者视其为埃及的一个省,而后者则视其为自己的土地。古王国时期,埃及在努比亚的势力都是暂时性的,但在中王国时期,埃及的控制范围扩大到了第二瀑布;在新王国时期,埃及的有效控制区域推至第四瀑布和更远的地方。有趣的是,在新王国时期,意识到科尔马和格贝尔·巴卡尔地区的努比亚人崇拜一位羊神之后,埃及人接受了这位努比亚神祇,作为阿蒙的一种形式。在此之后,努比亚人得以参加重要的埃及宗教活动如欧比德节,并在很大程度上被埃及人接受为同教中人。努比亚建有许多埃及神庙,虽然大部分神庙展现了埃及传统的建筑设计与装饰方案,但许多供奉的都是在埃及其他地区并不常见的神祇,有些甚至融入了更多本地的异域元素。由于20世纪60年代阿斯旺大坝的修建,努比亚的许多神庙都受到了新形成的纳赛尔湖水面上涨的威胁。通过一次大规模的国际合作拆除和迁移项目,许多神庙转移到了湖水够不到的更高处,还有一些被作为礼物送给了参与合作项目的外国政府,远迁国外。

科尔塔西的罗马亭于1960年被移至新卡拉布沙地区。

达博德

在阿斯旺大坝(西岸)以南约10公里的达博德有一处阿蒙小神庙,由麦罗埃国王阿迪哈拉玛尼于公元前3世纪上半叶修建。几位托勒密国王(托勒密六世、八世和十二世)扩建了神庙,并将其重新献给了女神伊西斯,神庙在奥古斯都和提比略时期被最后装饰。20世纪60年代遭到拆解后,神庙被赠给了西班牙人民,并于马德里重建。

科尔塔西

位于西岸大坝以南约30公里处的科尔塔西罗马亭于1960年迁移到了新卡拉布沙。虽然这座小神庙并不完整且大部分未刻写铭文,但四根复合式内立柱与两根哈托尔式入口立柱赋予了它极为典雅的外观。

塔法

在尼罗河西岸科尔塔西以南几公里处的塔法有两座罗马时期神庙。最北边一座未经装饰的神庙在1960年被拆解并交给了荷兰莱顿的国家古物博物馆,另一座神庙毁于19世纪晚期。

贝特·瓦里

在阿斯旺大坝以南约50公里卡拉布沙神庙(现迁至阿斯旺周边的神庙新址)的不远处,矗立着另一个建在砂岩山坡上的拉美西斯二世努

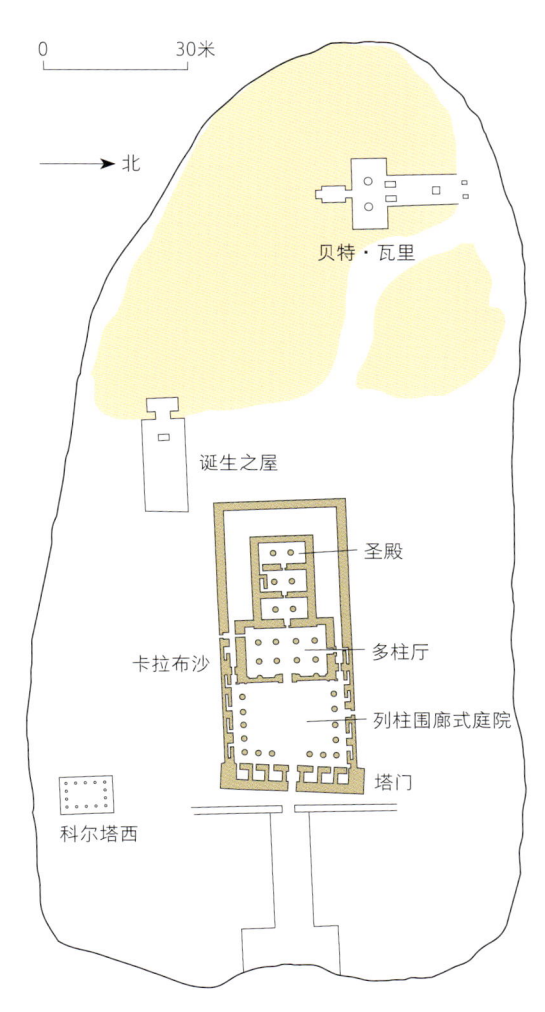

左图：卡拉布沙、科尔塔西与贝特·瓦里的神庙都重新安置在阿斯旺大坝向南一点的新卡拉布沙岛，以躲避大坝建成后的洪水。前两个建筑可以追溯到罗马时期，而贝特·瓦里的岩凿神庙是拉美西斯二世建造的。

上图：贝特·瓦里神庙内部的墙壁浮雕中，拉美西斯二世在呈奉供品。

左下图：贝特·瓦里神庙内部的神殿完全切入了悬崖表面的岩石。

下图：卡拉布沙神庙的码头和入口塔门，重建于阿斯旺大坝以南的新址。

比亚纪念物。这座岩凿神庙最初以砖砌的塔门为正面，供奉着阿蒙和其他神祇；神庙有一个入口大厅，装饰着拉美西斯战胜各种敌人的胜利场景；还有一个有两根前多立克风格柱子的宽阔柱厅；以及圣殿，其中有阿斯旺与下努比亚地区诸神伊西斯、荷鲁斯、赫努姆、萨提斯和阿努基斯的雕像。尽管圣殿的雕像在基督教传播早期就被毁坏了，但神庙内部色彩鲜艳的浮雕保存得很好。

卡拉布沙

卡拉布沙（古代的塔奥米斯）神庙，最初位于阿斯旺大坝以南约50公里处，于1962—1963年被拆为13000个石块，然后迁至新水坝南部的更高处（新卡拉布沙）。这座神庙是下努比亚最大的独立神庙，建于最后几位托勒密国王和奥古斯都的统治时期（但可能早在新王国时期就有一座神庙立于此地），供奉努比亚神荷鲁斯-曼都里斯和伊西斯以及奥赛里斯。神庙虽然并未完工，但仍被视为努比亚埃及建筑中最

卡拉布沙：神庙庭院与通向多柱厅的入口。神庙虽然建在努比亚，但像阿布·辛贝尔的神庙一样，遵循的是典型的埃及建筑风格。

好的一例。神庙完全由砂岩建造，考虑到这种石材的精细作业难度，可以说其内部的装饰是十分巧妙的。神庙中还有一些晚些时候的具有历史意义的铭文，如当地国王西尔科用蹩脚的希腊语描述了他在公元5世纪战胜威胁该地区的游牧部落的事迹。在拆除过程中发现的花岗岩大门被转移到了柏林的埃及博物馆。大门通向塔门（塔门奇怪地与建筑的其余部分成一定角度）、一个柱庭和一个多柱式建筑，接着是三个内部的双柱式房间，其中最里面的一间起到了圣殿的作用，后来被用作基督教教堂。与托勒密时期的许多神庙一样，多柱厅两侧的大门通向一个围绕着建筑内部的封闭空间。在这个区域之后，神庙区还包括一个小的诞生之屋和一个似乎是托勒密九世建造的独立祠堂。

丹杜尔

丹杜尔神庙最初位于尼罗河左岸，在卡拉布沙以南不到20公里、阿斯旺以南约77公里处，1963年埃及政府将丹杜尔神庙拆除并赠予了美国政府，作为对美国政府在拯救因大坝水位上涨而受到威胁的努比亚古迹中所起作用的认可。它现在重建于纽约大都会博物馆。这座神庙最初是奥古斯都为纪念佩提瑟与皮赫尔两兄弟而建的，两兄弟在丹杜尔获得了神圣地位，但神化原因不明。神庙很小，布局简单：小庭院前有一座塔门，后有多柱前殿、内厅与圣殿。主建筑的面积仅有13.5米×7米，但却是此类建筑的一个典范。浮雕表现国王（奥古斯都）站在各位神祇面前，包括神化了的两兄弟，以及太阳神曼都里斯、象岛的萨提斯和伊西斯的"伙伴"阿伦斯努菲斯，这些神在许多努比亚神庙中都受到尊崇。

右图：在纽约大都会艺术博物馆重建的丹杜尔神庙的大门和圣殿。这座神庙是埃及政府赠予美国的，以感谢美国对努比亚神庙拯救计划的支援。

戈夫·胡塞因

在尼罗河西岸（但现在被纳赛尔湖淹没）丹杜尔以南几公里处的戈夫·胡塞因有一座拉美西斯二世的神庙，这座神庙部分是独立的，建筑后部则嵌入了岩石表面。其设计与阿布·辛贝尔的神庙非常相似，只是规模较小。这座神庙供奉着普塔、普塔–坦特、哈托尔以及神化的拉美西斯本人，并像阿布·辛贝尔一样，在圣殿后面的祭祀壁龛里摆放着这些神祇的坐像。

达卡

最初在阿斯旺大坝以南约100公里处的达卡（埃及语为赛尔克特，希腊语为赛尔基斯）的图特神庙，在1962年至1968年间被迁到上游四十多公里处的塞布阿。神庙在公元前220年左右由麦罗埃国王阿卡玛尼开始修建，建筑工程在托勒密四世、托勒密八世、奥古斯都和提比略皇帝的统治时期继续进行。

这座装饰精美的神庙中有两座圣殿，一座是早期的阿卡玛尼圣殿，另一座是奥古斯都增建的。当神庙被移走时，人们发现其中有被重复使用的石块，出自哈特谢普苏特和图特摩斯三世修建的献给巴基（库班）的荷鲁斯的早期建筑。

库班

这个地区（埃及语为巴基，希腊语为康特拉·赛尔基斯）位于达卡对岸的尼罗河东岸。在

上图： 戈夫·胡塞因的拉美西斯二世神庙前院。国王的巨像以努比亚艺术中常有的沉重、有力的风格雕刻而成。整个神庙现在都被淹没了。

右图： 位于达卡的希腊罗马时期图特神庙的浮雕。1962—1968年，这座神庙被迁到了一个新的位置。

新王国时期，它是努比亚较为重要的埃及中心之一，建有几座神庙。该地现在已被纳赛尔湖淹没。

塞布阿

塞布阿位于尼罗河西岸新阿斯旺大坝以南约140公里处。在新王国时期这里建有两座埃及神庙：一座是拉美西斯二世的神庙，后被移至西北几公里处的新址；另一座是更早的阿蒙诺菲斯三世神庙，它被留在原处，现已为纳赛尔湖所淹没。两座神庙都是部分独立，部分嵌入周围岩石。阿蒙诺菲斯神庙最初供奉的是荷鲁斯神的一种努比亚形态，后来是阿蒙神。神庙在阿玛尔纳时期遭到毁坏，后由拉美西斯二世修复。拉美西斯自己的神庙供奉的是阿蒙-拉和拉-荷尔阿赫提，有一条斯芬克斯通道通往三座塔门，国王的巨像立于现存的石制塔门之前。内部庭院中还有十尊拉美西斯雕像，这些雕像采用的是该地区常用的厚重、圆润的风格，并与庭院的柱子相结合。在岩石中，一个十二柱大厅立于横向门厅和圣殿房间前。中央壁龛的入口装饰有拉美西斯在其中崇拜诸神（可能是阿蒙-拉、拉-荷尔阿赫提与拉美西斯本人）的场景，但古代基督教徒对其进行了改建，把神庙改成了教堂，拉美西斯则转而向圣彼得供奉。

位于塞布阿的阿蒙与拉-荷尔阿赫提神庙（右平面图）正面有两个庭院以及许多人首斯芬克斯像。神庙的建造者拉美西斯二世最初的四座巨像之一仍然矗立在内塔门前。

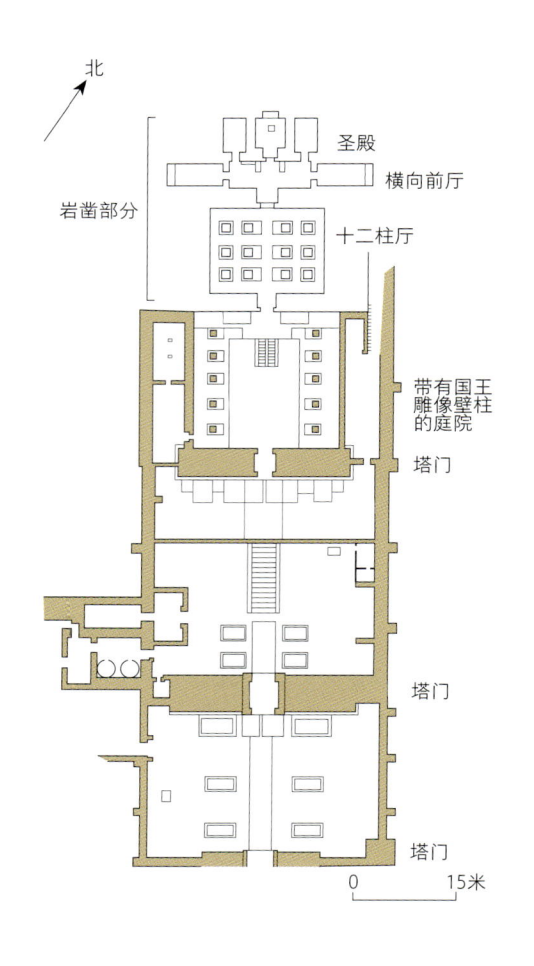

阿玛达

阿玛达神庙位于大坝以南约180公里处，供奉着重要的新王国时期神祇阿蒙-拉和拉-荷尔阿赫提，神庙由图特摩斯三世和阿蒙诺菲斯二世修建，多柱厅由图特摩斯四世增建。塞提一世、拉美西斯二世和其他几位第19王朝国王也对神庙进行了小规模扩建或修复。由于阿斯旺大坝修建导致的水位上升，神庙在1964—1975年被移到了原址约2.5公里的更高的新址。尽管在第18王朝时期遭到了阿吞信徒的破坏，神庙依旧保留了大部分彩绘浮雕。神庙中还有一些重要的历史铭文。其中之一是雕刻于阿蒙诺菲斯二世在位第三年的圣殿后墙上的石碑，描述了埃及在亚洲的军事行动。另一份刻于入口门道北侧的石碑之上，描述了美内普塔在位第四年利比亚入侵埃及的情景。神庙的第19王朝涂鸦中有努比亚总督梅苏伊的形象，总督额头上似乎有国王独享的眼镜蛇图案。

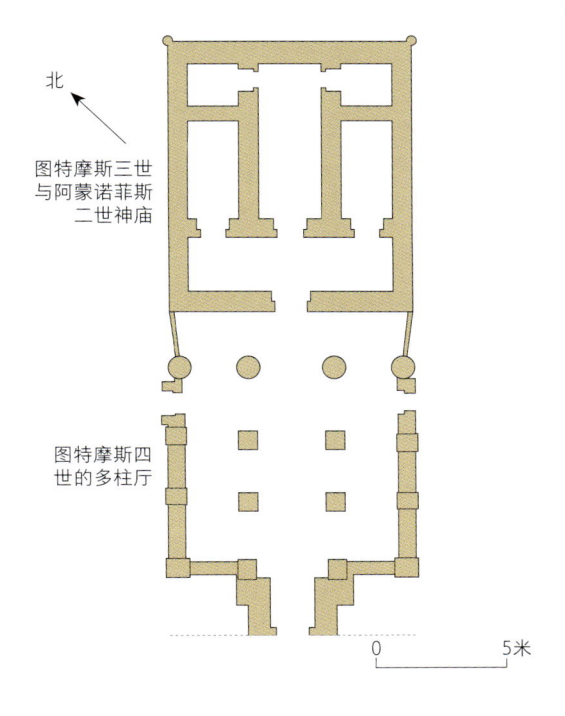

北

图特摩斯三世与阿蒙诺菲斯二世神庙

图特摩斯四世的多柱厅

0　　5米

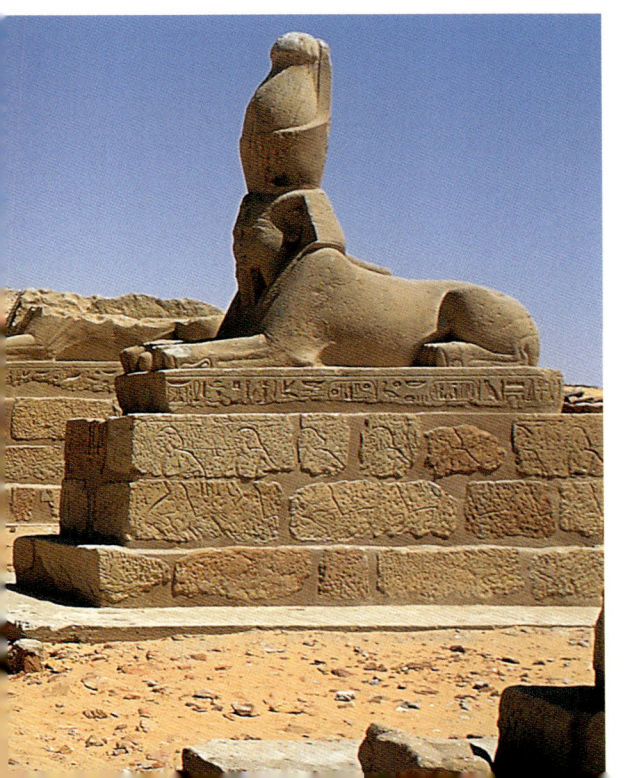

左上图：阿玛达的阿蒙-拉与拉-荷尔阿赫提小神庙建于第18王朝，其中有许多重要的历史铭文。

上图：阿玛达神庙中的阿蒙浮雕：阿吞信徒将神的名字从建筑中抹除，直到第19王朝才得以恢复。

上图：位于德尔的拉美西斯二世神庙的第一柱厅，柱子底部保留着奥赛里斯雕像壁柱的遗迹。这座神庙在很多方面都与国王在阿布·辛贝尔的更大的神庙十分相似。

左图：德尔神庙中经过装饰的柱子。经过近几年的清理和修复，这座神庙的浮雕装饰异常鲜亮，生动的色彩描绘出国王与各种神祇在一起的常见场景。

德尔

在阿玛达以西几公里处（由于此处河道的逆转，神庙建在了尼罗河东岸），拉美西斯二世修建了一座类似阿布·辛贝尔的岩凿神庙——但入口处没有巨大的坐像。神庙中有两个柱厅。第一个是横向的，有三排柱子，每排四根，第三排是奥赛里斯雕像壁柱。第二大厅沿神庙中轴线通向三个祠堂，中间的一座内有神庙四位主神的祭拜雕像：普塔、阿蒙-拉、拉美西斯二世与拉-荷尔阿赫提。由于早期基督徒将神庙作为教堂使用，神庙损失了部分装饰，但仍保留了许多浮雕场景，如国王之子们的行列队伍，绘画部分也有多处鲜活地保存了下来。神庙于1964年被拆除，然后被迁至阿玛达神庙附近的新址。

莱斯亚

就在德尔上游不到20公里处，位于尼罗河同侧的莱斯亚是图特摩斯三世小岩凿祠堂的所在地，祠堂在20世纪60年代的拯救计划中被迁走了，现在重建于意大利都灵的埃及博物馆。尽管只是一个单室建筑，祠堂的装饰却十分有趣, 其中有国王在努比亚神代德温和神化了的森乌斯里特三世面前的场景。在祠堂的后墙上有一个壁龛,其中原本有图特摩斯与米亚姆(阿尼巴)的荷鲁斯以及象岛的萨提斯的雕像;但这些雕像在阿玛尔纳时期遭到破坏,在拉美西斯二世修复之后,它们变成了阿蒙、阿尼巴的荷鲁斯和国王本人。

阿尼巴

位于卡斯尔·伊布里姆对岸下游(阿斯旺以南约230公里)的阿尼巴有一座米亚姆的荷鲁斯神庙,现在已毁。这座神庙可能早在中王国时期(森乌斯里特一世)就已建造起来,但剩下的遗迹主要出自第18王朝的哈特谢普苏特、图特摩斯三世、阿蒙诺菲斯二世和三世,以及其他王朝的拉美西斯二世和十世的时期。

卡斯尔·伊布里姆

莱斯亚上游几公里处(阿斯旺以南约235公里)尼罗河同侧的卡斯尔·伊布里姆(希腊语为普利米斯,拉丁语为普利玛)在法老时期与罗马时期曾是要塞之地,并至少有一座新王国时期的神庙,只是建造它的统治者的名字和供奉神祇的名字都没有保存下来。这座小石头神庙显然是塔哈卡(用泥砖)修复的,后来在基督教早期被改作教堂。

阿布·辛贝尔

大神庙

拉美西斯二世位于尼罗河西岸的阿布·辛贝尔神庙,是他在努比亚修建的七座岩凿神庙中最伟大的一座,也是该地区所有埃及纪念物中最令人印象深刻的。欧洲人直到19世纪才见到这座神庙,1813年J.L.布克哈特发现了神庙,1817年乔瓦尼·贝尔佐尼打开了神庙。在20世纪60年代阿斯旺大坝建设期间,通过国际合作,

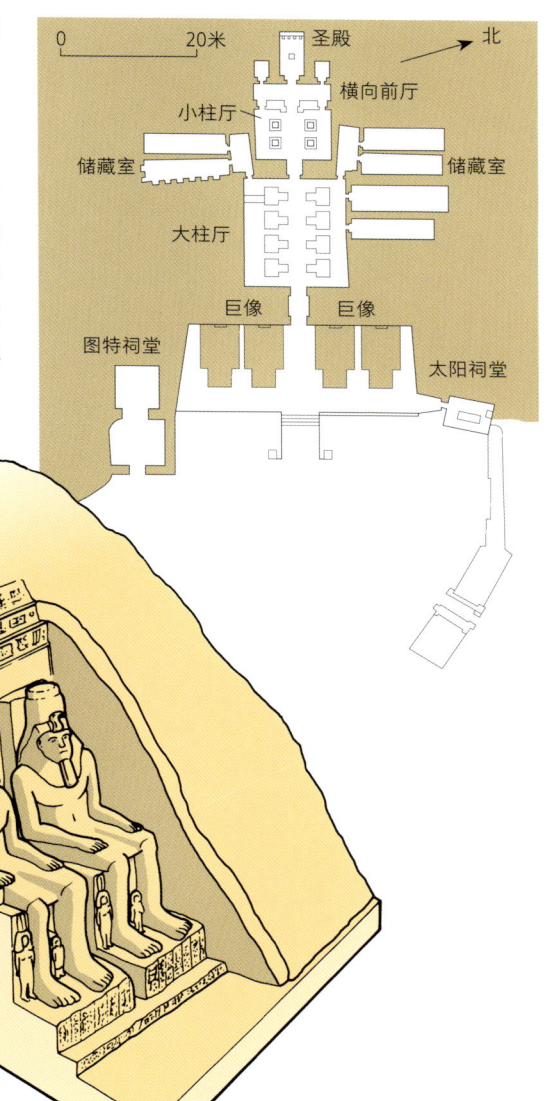

档案

遗迹:
大神庙: 拉美西斯二世的岩凿神庙
小神庙: 尼弗尔塔莉-哈托尔的岩凿神庙

位置: 阿布·辛贝尔,下努比亚

年代: 第19王朝

供奉对象
大神庙: 拉美西斯二世、阿蒙、普塔、拉-荷尔阿赫提
小神庙: 尼弗尔塔莉-哈托尔

研究与报告
MacQuitty, W., *Abu Simbel* (London, 1965) Desroches-Noblecourt, C. and C. Kuentz, *Le petit temple d'Abou Simbel*, 2 vols. (Cairo, 1968) Save-SOderbergh, T. (ed.), *Temples and Tombs of Ancient Nubia* (London and New York, 1987)

阿布·辛贝尔的拉美西斯二世大神庙的平面图。在神庙主入口的左侧是一个独立的献给图特的祠堂,右侧是一个用于太阳崇拜的室内庭院的遗迹。

大神庙的剖面图:在岩凿立面之后,神庙的内室延伸了约60米,直到内部圣殿。

拉美西斯二世的巨大坐像位于他在阿布·辛贝尔的神庙的入口两侧，高约 21 米，是埃及制造的最大的雕像之一。巨像位于埃及南部边境，或许很好地向南方邻国传递了埃及国力强大的信号。

巨大的岩凿神庙和小神庙被迁到了更高的地方。在今天，这个建筑是埃及最著名的纪念物之一。

　　神庙显然是在拉美西斯漫长统治的早期开始修建的，始建于国王在位第5年之后的某个时间，但直到在位第35年才建成。在这段时间里，纪念物的用途可能在某种程度上发生了变化，神庙最内部的神殿中的祭拜像被重新雕刻，加入了拉美西斯本人的形象，此外还有新王国晚期埃及的三大国家神，赫利奥波利斯的拉－荷尔阿赫提、孟菲斯的普塔以及底比斯的阿蒙－拉的形象。在完工之时，神庙被简单地称为胡特－拉美西斯－梅利阿蒙（Hut Ramesses Meriamun），即"阿蒙之爱拉美西斯的神庙"。

　　神庙前面的前院中有两个供祭司洗礼的水池，位于通往入口阶梯的台阶两旁。在这个阶梯平台的北边有一座很小的太阳神祠堂，南边是图特祠堂。主神庙巨大的正面为四座拉美西斯巨像所主宰，这些巨像高约21米，属于埃及制造的雕像中最高的一批。在这些巨像下雕刻着象征埃及边境敌人的被捆绑的黑人（南边）和亚洲人（北边）俘虏的形象。在国王巨像的旁边是拉美西斯家族成员，他的正妻尼弗尔塔莉和母亲图雅以及几个孩子的雕像站在他的脚边。入口上方拉的形象（有拉美西斯在两旁敬拜）不仅以字谜的形式拼出了国王的登基名，即乌瑟－玛阿特－拉，还强调了外神庙的太阳崇拜性质。外面平台南端的一块石碑记录了拉美西斯的一次外交胜利，即他与赫梯国王哈图西利斯三世之女的联姻。

拉美西斯的四尊巨大坐像雕刻成了佩戴着象征埃及王权的双冠与尼美斯头饰的样子，这是国王巨像最常用的样式。

大神庙内的柱厅，柱子的内侧刻有巨大的国王奥赛里斯雕像。这座大厅为神庙的装饰引入了冥界主题，它与入口的向阳面融为一体。

阿布·辛贝尔大神庙：光与暗的融合

右图：雕刻于神庙正面上方的拜日狒狒装饰带。

下图：神庙入口上方是一尊太阳神拉的雕像，拉手握权力（乌瑟）和真理（玛阿特）的符号，以此形成了拉美西斯的登基名。

阿布·辛贝尔大神庙在许多方面都是"神"庙和祭庙的融合体，神庙面向东方而建，因此每次日出之时阳光都会照亮建筑的正面。阳光首先照亮的是沿悬崖表面顶部雕刻的一排狒狒（太阳神的象征性问候者），然后，随着太阳升起，光线照亮了国王四尊巨像的脸庞以及拉神的中央壁龛像，这尊雕像也是拉美西斯登基名的字谜形式。最后，太阳光进入了神庙本身。神庙主轴线的校准使得太阳光会在每年的2月和10月穿过约60米长的内部大厅，直射到岩凿神庙的最深处，在那里照亮神化的拉美西斯和其他陪同神祇的雕像，只有地下神普塔的雕像仍会处于部分阴影之中。

下图：在阿布·辛贝尔中心的圣殿里有四位神的雕像：普塔、阿蒙、神化了的拉美西斯和拉。当阳光穿透圣殿时，左侧的普塔仍然处于部分黑暗之中。

在神庙内，随着楼层的上升，房间变得越来越小，在某种程度上以缩减的方式遵循了神庙设计的基本传统。然而第一大厅规模惊人，有八个国王的奥赛里斯雕像壁柱。墙壁有浮雕装饰，表现了战斗中的国王（如北墙的卡叠什之战，南墙的叙利亚、利比亚和努比亚的相关战争）以及向神灵献上战俘的画面。墙上的雕刻保留了一些原来的颜色。一系列储物间以第一大厅为中心呈辐射状分布；第一大厅后面是一个较小的带有仪式奉献场景的第二柱厅，其后是横向前厅与圣殿，圣殿旁边有专门存放祭祀物品的储藏室。圣殿中有一个小祭坛，在其后方的壁龛中，分别（从左至右）有普塔、阿蒙-拉、神化了的拉美西斯以及拉-荷尔阿赫提的四尊雕像。虽然阳光会每年两次在日出时照亮雕像（通过在迁移神庙时的精确定位，现在依然如此），但这些事件的具体日期并不像人们通常认为的那么重要，因为这种朝南的建筑在一年中的某个或某几个时间点都会出现这种现象。然而，事件的发生本身很重要，因为它象征性地融合了这座伟大神庙所庆祝的太阳之力和冥界之力。

小神庙

在主神庙北面的一座规模较小但仍令人印象深刻的神庙是为了纪念拉美西斯之妻尼弗尔塔莉与女神哈托尔而建的，后者是古埃及与王后关联最密切的神祇。与拉美西斯自己的神庙一样，悬崖表面被削去，以模仿塔门的倾斜墙壁，并且刻有拉美西斯（四尊）和尼弗尔塔莉（两尊）的巨大站像（大约10米高），以及其他王室成员的小像。尼弗尔塔莉神庙的规模更小，设计也更为简单，只有一个立柱大厅，侧面刻有面朝多柱厅中心的哈托尔形象，一个两端配有附属房间的前厅，以及一座圣殿。虽然圣殿本身已经完工，但其侧壁上留有两处空间，以作为通往尚未凿出的房间的门户。内室中有许多国王夫妇与神祇的图像。在后墙上，哈托尔以凸浮雕的形式被描绘为一头从"西山"出现

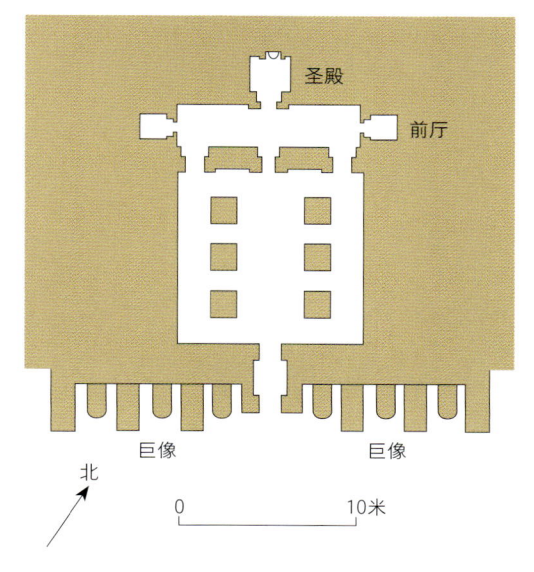

左图：虽然小于拉美西斯二世的神庙，但供奉尼弗尔塔莉和哈托尔的这座神庙中包含了它大部分的基本元素。

下图：小神庙的正面有六尊国王和王后的站立巨像，每尊雕像两侧都有较小的王室子女雕像。

卡叠什之战

拉美西斯二世在卡叠什：虽然在这里被描绘为一个看似无懈可击的领袖，但国王在这场关键的战斗中险些战败被俘。这张阿布·辛贝尔浮雕图为I.罗斯里尼所作。

的母牛，国王站在她的下巴下面。在左墙上，尼弗尔塔莉在穆特和哈托尔面前敬拜；在右墙上，拉美西斯在他神化了的自我与自己的妻子面前敬拜。这部分建筑和整个神庙都突显了尼弗尔塔莉的重要地位，多次表现她与国王平等地参与神圣仪式。

阿巴胡达

荷伦布的一座献给阿蒙与图特的岩凿小神庙矗立于此，就在阿布·辛贝尔对面的尼罗河东岸。神庙由一个带有两间侧面祠堂的四柱大厅和一个圣殿组成，圣殿内有国王位于众神面前的场景。在基督教传播早期，神庙被改造成了一座教堂，墙上还增添了一些科普特语涂鸦和图像。阿斯旺的努比亚博物馆正在组装从这个建筑上拆下来的石块。

右图：位于法拉斯的图坦卡蒙神庙的平面图，神庙大部分已毁，且现在为纳赛尔湖所淹没。

法拉斯

这一地点最初位于尼罗河西岸，处于阿布·辛贝尔与哈尔法干河谷之间，但自1964年以来一直浸没于纳赛尔湖之下，在这里有一座损毁了的图坦卡蒙神庙和一座新王国早期的伊布舍克（或许是该地的埃及名字）的哈托尔的岩凿祠堂。虽然不能确定确切的建造日期，但已知祠堂在图坦卡蒙和拉美西斯二世时期得到

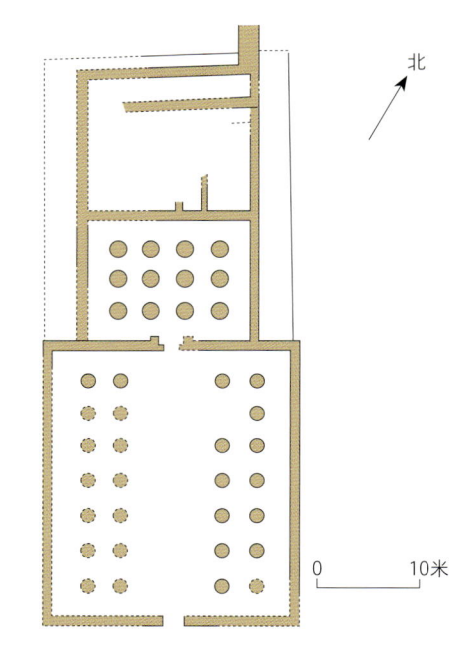

在位第四年的夏天，拉美西斯大帝在叙利亚黎凡特进行了一次成功的军事行动，以此巩固了他对该地区的控制，并将其作为埃及与日益强大的赫梯帝国力量之间的有效缓冲区。至第二年春天，显然赫梯人将很快从他手中夺走这些成果，同年4月，国王开始直面赫梯人的威胁。在这次远征中，拉美西斯派出了一支约20000人的军队，这是至当时为止在埃及或整个近东地区出现的最大规模的军队之一。军队分成四个部，每个部大约有5000人，都有步兵和战车，并以埃及的主神命名：阿蒙、拉、普塔和塞特。军队先沿着迦南海岸行进，然后向内陆的贝卡谷方向进发，在出发后一个月内，军队到达距卡叠什不到16公里的奥龙特斯河。在这里，一对被俘的间谍声称，赫梯的主力军仍在北方190公里的阿勒颇附近，因此拉美西斯率领他的阿蒙部，后面跟着拉部，渡过了奥龙特斯河，在卡叠什城外建立了一个营地。就在那时，实际上就藏在卡叠什城后的赫梯主力军发动了进攻。敌人的兵力更加强盛，有两个分别由18000人和19000人组成的庞大队伍，以及2500辆战车。

在随之而来的恐慌中，埃及人几乎被击溃了，但拉美西斯亲自率领他所能召集的军队向敌人发起了进攻。幸运的是，拉美西斯的由另一条路线抵达卡叠什的精锐卫队此时出现并加入了战斗，赫梯人发现自己被两翼夹击，于是撤退。战斗在第二天继续进行，但以近乎两败俱伤的僵局结束。

在两军分开之时，拉美西斯和赫梯国王穆瓦塔利斯都有理由宣称自己的胜利，最终，在来之不易的相互尊重的基础上，双方建立了持久的和平。在埃及，拉美西斯在全国各地修建的许多神庙的墙上用散文、诗歌和叙事图像对这场大战进行了详细描述。在阿拜多斯、卡纳克、拉美西姆（两例）、卢克索（三例）以及努比亚的阿布·辛贝尔和德尔都保存着这些遗迹。拉美西斯选择在努比亚以及他的祭庙和底比斯大神庙中庆祝这场战争并非巧合。无论胜利与否，卡叠什之战都是拉美西斯最伟大的军事成就，这一主题正适合阿布·辛贝尔这个大岩凿神庙，它位于埃及与躁动不安的南部地区的边界处，在这个神庙中，拉美西斯被描绘成埃及众神的保护者。

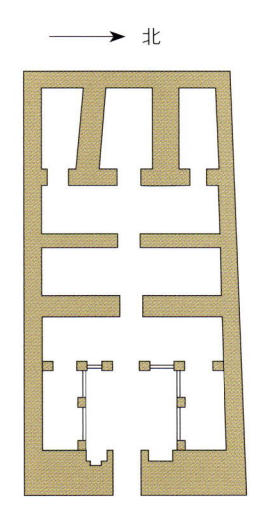

了扩建。该地发现的数百个重复使用的图特摩斯石块可能出自第二瀑布旁的布恒神庙。

阿克沙（塞拉西）

阿克沙位于尼罗河西岸哈尔法干河谷以北约25公里处，有拉美西斯二世的一座神庙和各种祠堂，其中国王被描绘成与阿蒙及拉神在一起，出现在他自己的神化形态面前。从1961年开始，这座神庙被迁到了哈尔图姆。

布恒

布恒是中王国时期著名的要塞之地，守卫着尼罗河第二瀑布，位于河流西岸，是一处重要的边防哨所。该镇有阿蒙诺菲斯二世修建的伊西斯和敏神神庙（可能在一座更早的阿赫摩斯神庙的位置上）与哈特谢普苏特和图特摩斯三世修建、塔哈卡后又增建的布恒的荷鲁斯（努比亚四荷鲁斯之一）神庙。1909—1910年，兰德尔-麦基弗和莱昂纳多·伍利对这些神庙进行了记录。1960—1961年，R.卡米诺斯做了记录。两座神庙都在1962—1963年间迁到了哈尔图姆。

位于下努比亚要塞前哨布恒的神庙：该地那些规模小但相对完整的神庙在20世纪60年代被拆解，然后迁移到了哈尔图姆。

米尔吉萨

米尔吉萨位于尼罗河西岸哈尔法干河谷以南约15公里的第二瀑布区，有一座新王国时期的哈托尔小神庙，该神庙可能取代了该地更早的中王国时期建筑。此地现在已被纳赛尔湖淹没。

位于米尔吉萨的新王国时期哈托尔小神庙的平面图。神庙现在为纳赛尔湖所淹没。

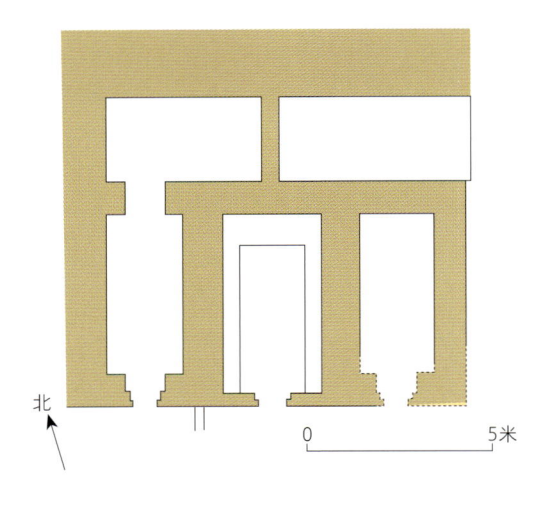

河西岸，在第二瀑布南侧哈尔法干河谷以南约80公里处。该地区有一座供奉神化了的国王和努比亚神代德温的森乌斯里特三世神庙。图特摩斯一世和图特摩斯三世以及哈特谢普苏特翻新过神庙，后来的塔哈卡也做过一些工作。这座神庙现在也在哈尔图姆。

阿玛拉西

尼罗河西岸（因为河流在此转向北方）哈尔法干河谷以南约250公里、靠近第三瀑布的地方是一个第19王朝城镇的所在地，这里有拉美西斯二世的一座神庙。神庙主要供奉阿蒙以及其他当地神祇——后者的形象出现在附属祠堂当中。这座神庙中刻有许多有趣的铭文，如亚洲与非洲的国家名表，在神庙入口的两侧有拉美西斯二世记梦碑与联姻纪念碑（与赫梯公主）的复制品。

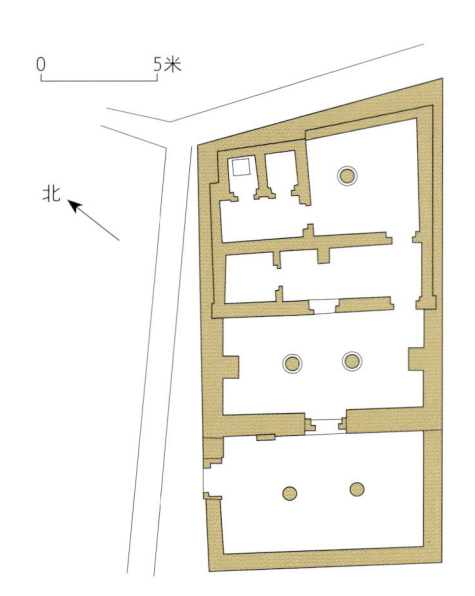

乌罗纳尔提

这座位于塞姆纳北部的小岛（阿拉伯语为格基雷特·梅雷克）上有一座图特摩斯三世的泥砖神庙（但可能建于中王国时期），供奉的是底比斯战神孟图和努比亚神祇代德温。

库玛（塞姆纳东）

这个中王国时期的要塞之地上建有一座新王国时期的赫努姆神庙，神庙可追溯至图特摩斯二世、图特摩斯三世和阿蒙诺菲斯二世统治时期。神庙在新阿斯旺大坝建成、遗址被淹没之前迁移到了哈尔图姆。

塞姆纳

另一个中王国时期的要塞之地，位于尼罗

塞德因伽

在尼罗河西岸阿玛拉以南约20公里的地方有阿蒙诺菲斯三世的一座小庙。很明显，阿蒙诺菲斯的正妻泰伊是这座神庙的供奉对象，也许是作为哈托尔的一种形式。但神庙现在已毁。

右图：库玛的新王国时期赫努姆神庙被迁到了哈尔图姆。

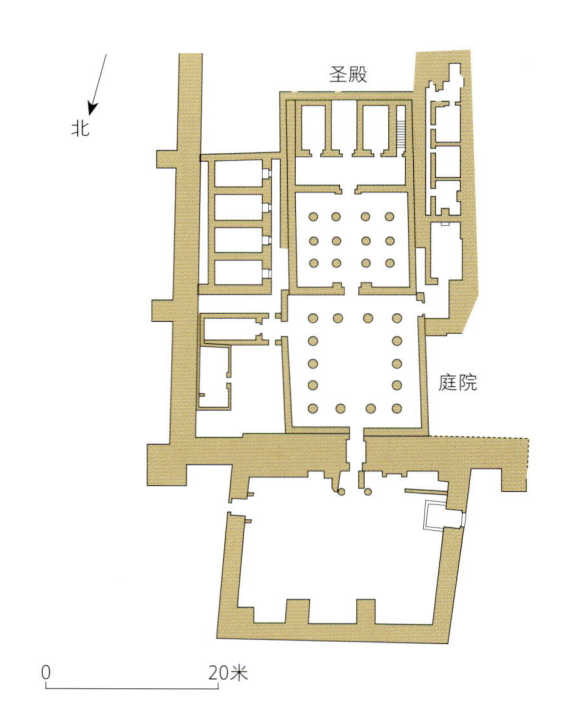

最右图：阿玛拉西的献给阿蒙与当地神祇的神庙。

塞德因伽神庙的废墟：神庙的供奉对象是阿蒙诺菲斯三世之妻泰伊，她在这里可能是作为哈托尔的太阳神属性的一种神化形式。哈托尔柱头与泰伊作为雌性斯芬克斯的形象依然可见。

左下图：格贝尔·多莎的一座新王国时期小岩凿祠堂显示出埃及神庙形式的巨大多样性。

下图：阿蒙诺菲斯三世在索莱布的砂岩神庙是上努比亚较为重要的遗址之一。

格贝尔·多莎

在塞德因伽以南几公里处，位于尼罗河同一侧的格贝尔·多莎有图特摩斯三世的一座小岩凿祠堂。

索莱布

就在第三瀑布南面、尼罗河西岸的索莱布保存着阿蒙诺菲斯三世的一座重要砂岩神庙的遗迹。这座神庙是阿蒙诺菲斯雄心勃勃的建筑计划中最南端的主要纪念物，明显与位于东部三角洲阿斯里比斯（太尔·阿特里布）的最北面纪念性建筑物平行相对。最初，这座神庙似乎遵循了柱廊式庭院、多柱厅和圣殿的标准规划；但与卢克索神庙一样，索莱布也进行了扩建，在内部神庙

231

左图：索莱布神庙与阿蒙诺菲斯三世在底比斯的祭庙一样由哈普之子阿蒙诺菲斯设计，供奉对象为阿蒙-拉与神化了的阿蒙诺菲斯三世本人。

右图：卡瓦的塔哈卡神庙中的花岗岩阿蒙雕像，阿蒙以跪着的公羊形态保护着国王。

下图：和塞瑟比相邻的塞提一世阿蒙、穆特与洪苏神庙。

区域完工之后，又增建了一个太阳庭院和一条缩短了的柱廊。神庙供奉的首先是居住在索莱布的阿蒙-拉，其次是努比亚之主涅布玛阿特拉，即神化了的阿蒙诺菲斯三世本人，他被描绘成一位具有阿蒙和月神的属性的神祇。神庙的装饰中有国王第一次赛德节的场景，以及在庆祝国王周年之前举行的"开门"和"照亮祭台"仪式。这些和其他一些图像象征着神庙中有趣的二元性：作为埃及神话中"太阳之眼"的阿蒙-拉与作为"月之眼"的阿蒙诺菲斯。月之眼还与狮子女神泰芙努特-梅西特（其名意为满月）有关，阿蒙诺菲斯的两尊著名红色花岗岩狮子像（后来搬到了格贝尔·巴卡尔，现在大英博物馆）可能是为了表明国王与月神之间的象征性联系。

塞瑟比

位于索莱布以南约80公里的新王国时期城镇中有一座埃赫纳吞修建的阿吞神庙，以及一座稍晚的塞提一世献给底比斯三神会（阿蒙、穆特和洪苏）的神庙。

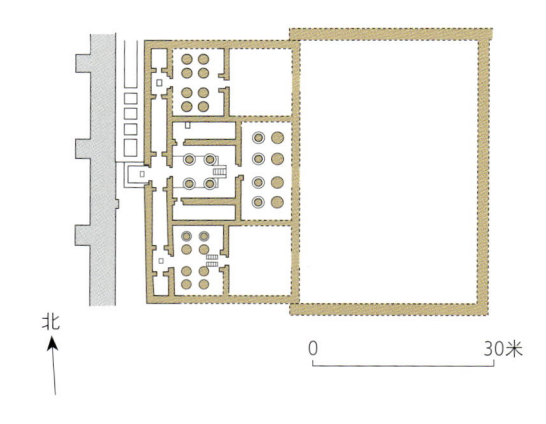

↑ 北

0　　　　　30米

阿尔戈岛

位于塔博附近，该地有一座塔哈卡在第25王朝利用新王国时期石块建造的小庙。

卡瓦

卡瓦位于尼罗河东岸，与东格拉隔河相对，有数座由阿蒙诺菲斯三世、图坦卡蒙、塔哈卡以及多位纳帕塔国王与麦罗埃国王建造的阿蒙神庙。塔哈卡神庙很是重要，因为它也建有一

座阿蒙圣殿，从而创造了格贝尔·巴卡尔之外的第二个库什崇拜的重要场所。

萨纳姆

该地位于纳帕塔和麦罗埃之南（即下游），有塔哈卡建造的第25王朝阿蒙-拉神庙的遗迹。

格贝尔·巴卡尔

格贝尔·巴卡尔是埃及最南端的主要神庙建造地，位于哈尔图姆以北约400公里处，纳帕塔和麦罗埃古都区第四瀑布的南方。该地是埃及和中部非洲之间陆路上一个重要的河流交汇处，建有数座宫殿和至少13座神庙。

欧洲人对格贝尔·巴卡尔的描述首次出现于19世纪20年代。1916年，乔治·A.赖斯纳为哈佛-波士顿探险队开始了发掘工作，清理了一些建筑物，并给每个建筑物分配了一个以百（100）为基础、带有字母B前缀的编号。从20世纪70年代至今，来自罗马大学的工作队在塞尔吉奥·多纳多尼的指导下进行了进一步发掘；从20世纪80年代起，发掘工作由来自波士顿美术馆的另一团队在蒂莫西·肯德尔的指导下进行。

埃及人因为此地的一个高达74米的大砂岩丘而将这里命名为格贝尔·巴卡尔，即"纯净之山"。岩丘独特的南部尖顶对埃及人而言似乎特别重要，可能作为代表阿蒙再生能力的阳具的象征，但也可能是因为从东方看去，尖顶类似国王白冠之下的埃及眼镜蛇标志。从西方看去，同样的地形特征好似戴着太阳圆盘的神蛇。蒂莫西·肯德尔已经证明，靠近岩石西侧底部的小神庙供奉的是通常与后一种神蛇形态有关的诸女神，而最近在东侧发现的神庙结构似乎与王冠神祇有关。

上图：格贝尔·巴卡尔复原图。从B200神庙向东看去，一些神庙位于大砂岩丘下，而该地的发展正是围绕砂岩丘展开的。

下图：格贝尔·巴卡尔的B700神庙在建筑和装饰上属于埃及风格。尽管今天神庙所剩无几，但19世纪的绘画为我们再现了这座神庙的入口门廊。

绿洲与偏远地区

埃及控制的尼罗河谷以外地区有很多，但都分散在荒芜的沙漠地带。点缀着尼罗河以西利比亚沙漠的绿洲，从旧石器时期起就有人居住，在埃及历史的大部分时间里，绿洲都是重要贸易路线上的关键中转站。在许多地方都有为当地常驻居民修建的神庙，其中有一些，如哈加绿洲的希比斯神庙，是重要的纪念性建筑物。在埃及东部，西奈半岛有类似但规模较小的埃及文明偏远前哨，这些地方通常与该地区的采矿业有关；北非和黎凡特海岸沿线的其他边缘地区都有埃及人的神庙，通常是为这些偏远地区的驻军建造的。绿洲和偏远地区总共有数百个，这里只谈那些最为重要的。

绿洲

西瓦

西瓦是西部绿洲中较为偏远的一个，但却是最为著名的，因为公元前331年亚历山大大帝曾到此请示神谕。位于海平面以下约17米的风蚀洼地中的西瓦地区距离现在的利比亚国界只有50公里。洼地长约80公里，宽度为3至30公里不等。这里便是伟大的阿蒙神谕所（最初也许与埃及的阿蒙神没有联系）的所在地，随着其名声在外，几座埃及神庙也在此建立。公元前525—前522年，波斯国王冈比西斯在征服埃及的过程中，派遣了一支5万人的军队前去摧毁西瓦的神谕所。然而，军队在沙漠中消失了，这无疑提高了神谕所的声望。大约200年后，亚历山大大帝造访西瓦，在此，阿蒙宣布他为自己的儿子，这也是在孟菲斯正式加冕为埃及国王之前的神圣认证。亚历山大对西瓦的造访无疑进一步提升了这个地方的声誉，但到了罗马时期，它的名气已经开始下降。

距离现代城镇约4公里的中部绿洲地区的阿格胡尔米，有一座被认为接受过亚历山大的参观、可追溯到第26王朝和托勒密时期的神庙。这个建筑位于岩石断崖的边缘，内有小前院、前厅和圣殿。圣殿右侧有一条狭窄的走廊，可能供传达神谕的祭司使用。装饰简单，但有趣的是在各处墙壁上都有埃及国王阿玛西斯二世和西瓦总督供奉神灵的场景，显示出后者在这一偏远地区的崇高地位。

阿格胡尔米南部一点的乌姆·乌贝达有一座晚些时候尼克塔尼布二世所建的小神庙，然而已为地震所破坏，并在19世纪被炸毁以获取石材。在绿洲周围的其他地方还建有许多小神庙，通常都是未经装饰的。

著名的"神谕神庙"（右）坐落在西瓦阿格胡尔米的岩石上，据称亚历山大大帝在公元前331年曾到访这里，之后，四德拉克马银币上的亚历山大就被添上了阿蒙角（下）。

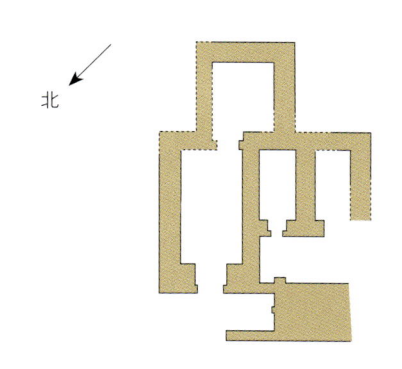

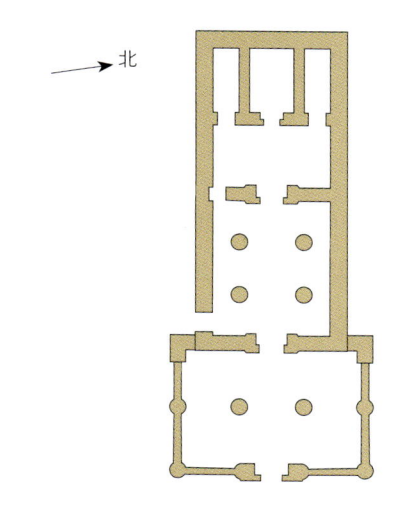

最左图：位于西瓦的阿玛西斯二世神庙的设计可能在某些方面反映了当地的建筑传统。

左图：位于达赫拉绿洲的代尔·哈加尔的罗马时期神庙是该地区较为完整的纪念物之一。

巴哈利亚

巴哈利亚洼地位于西瓦和尼罗河谷之间略偏南的地方。在卡斯尔·巴哈利亚，洼地的北端，有一座毁坏了的第26王朝神庙。西面有四座由阿普里斯建造的祠堂，其中包括一座比较少见的供奉家神贝斯的祠堂。浮雕上有国王和地方长官一起供奉供品的场景。卡斯尔·巴哈利亚南部约16公里处的卡斯尔·阿拉姆有一座亚历山大大帝的小神庙。

该建筑群有些不同寻常，包括一个被巨墙环绕的双室圣殿。在圣殿的后面有两个祭司之屋，其余的部分是储藏室和服务室。

达赫拉

达赫拉在阿拉伯语中意为（达赫拉绿洲与哈加绿洲的）"内部者"，位于卢克索正西350公里处，经由起自阿苏特和哈加的公路到达。该地在旧石器时期就有人居住，还有古王国时期的定居点，但几乎没有现存的纪念物。在绿洲东侧的巴拉特有一座新王国时期小神庙的遗址，再往西一点的伊斯曼特·哈拉布（古代的科里斯）矗立着一座罗马时期小神庙。这是已知唯一的图图圣殿，直到1920年还矗立于此，但现已毁坏。在绿洲中心附近的穆特·哈拉布有一座被摧毁的阿蒙配偶穆特的神庙的少量遗迹——当地依然沿用着这位女神的名字。在西北部，卡斯尔·达赫拉有一座希腊罗马时期的图特神庙，现埋于村庄的房屋之下。大门现在是一个私人住宅的入口，故依然可见，而在其他住宅的墙壁上也可以看到出自该建筑物的刻字石块。代尔·哈加尔位于绿洲尽头卡斯尔·达赫拉以西几公里处，保存着一座罗马时期石制神庙的遗迹，神庙可追溯到尼禄、韦帕芗、提图斯和图密善皇帝的统治时期。尽管未被修复，但这是达赫拉地区唯一一座有大量遗迹留存的神庙。艾因·阿木尔几乎位于达赫拉绿洲和哈加绿洲之间，有一座罗马时期小神庙的遗迹。这一地区的纪念物一直是一支由加拿大、澳大利亚以及其他国家的学者组成的国际埃及学考察队的研究对象。

哈加

哈加在阿拉伯语中意为（达赫拉绿洲与哈加绿洲的）"外部者"，位于阿苏特以南约220公里处。洼地将近100公里长，从史前时期起就有人居住。几份古文献显示，新王国时期这里曾

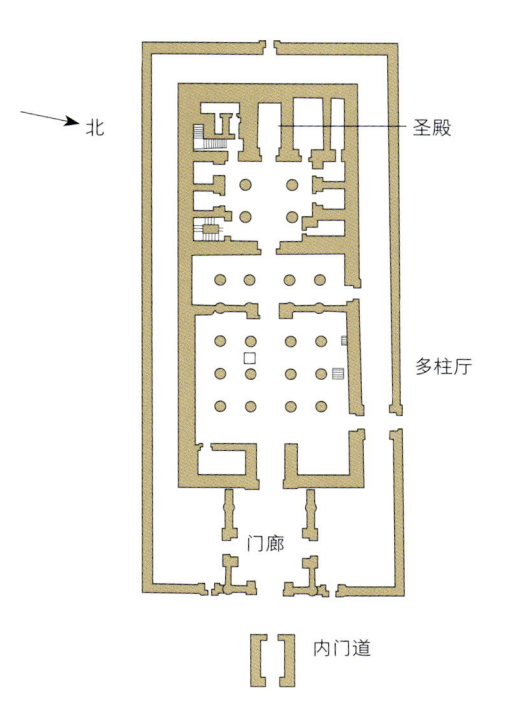

希比斯神庙是哈加绿洲最大且保存最好的神庙，也是波斯时期埃及神庙最为优秀的范例之一，不过其外部元素是在希腊罗马时期添加的。

建有一座阿蒙-拉神庙，但至今未发现该神庙的任何痕迹。该地区已知的神庙都可以追溯到波斯时期及以后。

希比斯（埃及语为赫贝特，即"犁"）位于现代城市哈加以北2公里处，是著名且保存完好的阿蒙神庙的所在地。尽管神庙的地基可能始建于第25王朝，但墙壁是由波斯国王大流士装饰的，他通常也被认为是修建这些墙壁的功臣。在尼克塔尼布二世统治时期和托勒密时期，神庙也得到了扩建。这座神庙的规划、建筑和装饰在许多方面都不同寻常。在古代，神庙周围有一个以当地斑驳的石灰岩修建的湖泊，不过现在已经消失了。一条斯芬克斯像大道穿过一系列大门，通向柱廊、列柱围廊式庭院、多柱厅和圣殿。与许多希腊罗马时期的神庙一样，屋顶上有专门供奉给奥赛里斯的区域，并描绘了该神的埋葬。神庙中的许多图像都很有特色，不仅在于其大胆的风格，还在于其主题，比如圣殿中的神祇目录，以及多柱厅中长有翅膀的塞特战胜阿波菲斯大蛇的场景，这一幕被一些艺术史学家看作圣乔治与龙这一主题的先驱。

神庙由纽约大都会艺术博物馆在20世纪早期进行了发掘与修复，但是一直受到当地地下水位的影响。埃及文物部最近对这个建筑进行了维修，目前计划将其移至他处。尤金·克鲁兹-乌里韦研究了神庙的许多涂鸦。

在哈加南部的其他许多地方都有小神庙的遗迹。在希比斯神庙东南约2公里的科梅尔·那都

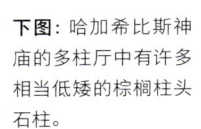

下图： 哈加希比斯神庙的多柱厅中有许多相当低矮的棕榈柱头石柱。

右下图： 希比斯神庙的浮雕，描绘了将莴苣献给敏神的场景，沙漠与绿洲中的神殿很多都供有敏神。

左图：希比斯的阿蒙神庙有一系列大门（包括大流士一世的内门），通向神庙的门廊与多柱厅。

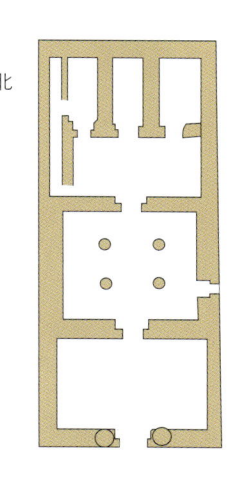

→ 北

拉的一座小山上，有一座罗马时期（安敦尼·庇乌斯统治时期）石制神庙的少量遗迹，周围有泥砖结构。在哈加以南约25公里处的卡斯尔·胡艾达有一座献给底比斯三神会（阿蒙、穆特和洪苏）的神庙。这个建筑可能始建于第25王朝，由大流士一世装饰，但完工于托勒密时期。和这个地区的大多数神庙一样，圣殿是用石头建造的，而神庙的周围区域是用泥砖建造的。在哈加以南约30公里的卡斯尔·扎伊雅恩（希腊语为特科涅米利斯）有一座通常被认为属于安敦尼·庇乌斯的托勒密与罗马时期阿蒙神庙。外部泥砖塔门的大部分及其石制门道，同部分内部泥砖墙和石制圣殿一起保存了下来。在绿洲的南端，哈加以南约85公里，卡斯尔·多赫（古代胡艾达的阿蒙、穆特与洪苏神庙。

已毁坏的那都拉神庙的南入口。

下图：卡斯尔·扎伊雅恩的阿蒙神庙。

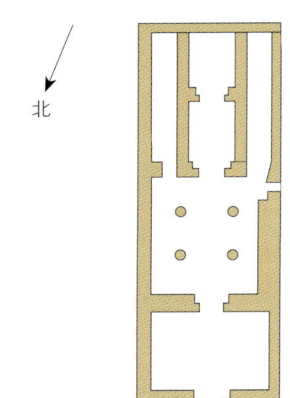

公里的地区是埃及的大规模铜矿开采地，因其所谓的历史关联（"所罗门王的矿山"）以及神庙遗迹而受到关注。除了早期的闪族圣殿外，贝诺·罗森伯格于1969年在这里发现了一座哈托尔神庙。从塞提一世到拉美西斯五世统治时期，涵盖了150年历史的铭文显示出该地祭祀活动的巅峰。这座完全是异国沙漠环境产物的神庙混合了许多埃及与当地的特征。在神庙遗迹的第四层（也是最后一层）发现了一条令人印象深刻的头部镀金的青铜蛇。

塞拉比特·哈迪姆

塞拉比特·哈迪姆位于半岛西海岸中部内

上图：经过装饰的圣殿后外墙，位于哈加盆地的卡斯尔·多赫神庙。

右图：卡斯尔·多赫小神庙的平面图：外墙是泥砖制的，内圣殿是石制的。

北

的基西斯）地区有一座塞拉皮斯与伊西斯神庙，可以追溯到图拉真在位第19年（公元117年）。经过部分装饰的内部石制结构，以及相当大的外部砖砌房间与墙壁都保存了下来。

西奈半岛

埃及在西奈半岛的活动从早王期时期开始就已为人所知，从古王国到新王国时期，该地区因其矿藏——特别是绿松石和铜矿——而被勘探开采。虽然已知在许多遗迹中都有埃及人活动的证据，但这里只修建了少量神庙，其中最重要的位于塞拉比特·哈迪姆。除了埃及众神中的主要神祇外，这些偏远神庙中最重要的神是长期以来与西奈半岛联系在一起的"绿松石夫人"哈托尔，以及东部沙漠之主索普杜。

提姆那

这个位于阿卡达湾北部、距离艾拉特约25

238

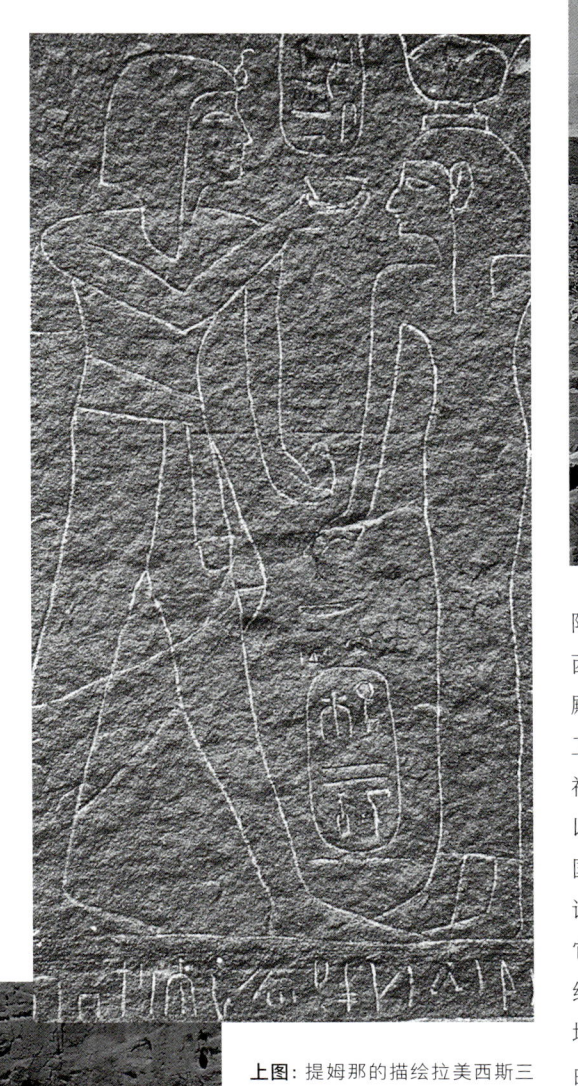

陆，穆哈拉干河谷以北约10公里处，是埃及在西奈半岛活动的最重要据点，有非同寻常的圣殿与神殿建筑群。这些宗教建筑主要供奉铜矿工与绿松石矿工的守护女神哈托尔。哈托尔主神庙最早的部分是岩凿的，有前庭和门廊，可以追溯到第12王朝初期；这一核心区域在新王国时期由哈特谢普苏特、图特摩斯三世和阿蒙诺菲斯三世进行了扩建。神庙的规划格外特殊，它由最早的岩凿壁龛向西扩展，变成了奇特的细长形建筑，这一部分构成了建筑群的后期区域。神庙北侧是受当地人尊敬的国王们的神殿，由阿蒙涅姆赫特三世建造，以及一面有着众多石碑的墙。在哈托尔神庙的南面，建有一座供奉东部沙漠之神索普杜的较小的神殿。皮特里曾于1905年在塞拉比特·哈迪姆遗址工作，就是在这里，他发现了被认为是字母文字早期先驱的"原始西奈语"文字。

上图： 提姆那的描绘拉美西斯三世向哈托尔献祭的石刻。

左上图： 出自提姆那的哈托尔费昂斯还愿面具。

左图： 提姆那的哈托尔神庙，贝诺·罗森伯格于1969年发现，建在一块有祭祀象征意义的悬垂岩石之下。

西奈半岛最重要的埃及人活动据点塞拉比特·哈迪姆的哈托尔神庙遗迹，以及几座依然矗立的神庙石碑。东部沙漠之神索普杜，以及图特和几位神化的国王也在这里受到崇拜。

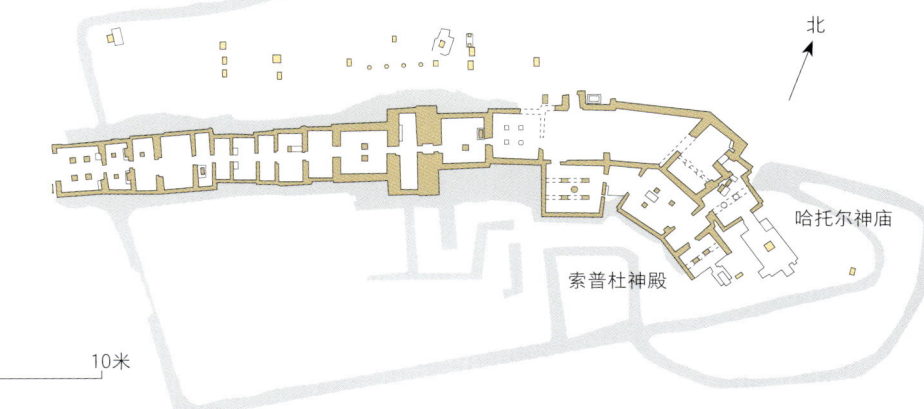

塞拉比特·哈迪姆特殊的细长神庙建筑群，从最初的岩凿壁龛延伸出了一系列后来的建筑。

哈托尔神庙

索普杜神殿

北

0　　10米

结语：今天的探索与保存

现代探索

尽管人们普遍认为埃及探索的辉煌时期已经过去，但未确认或未发现的神庙依然不断现身于埃及（见图特山，第172页；或阿拜多斯，第143页），而且或许更为重要的是，埃及学家一直在提出关于这些早已屹立在众目睽睽之下的神庙的新发现。埃及本土就有越来越多训练有素的考古学家从事这一领域的工作，而与其他地方一样，埃及政府也允许和鼓励国际社会参与其古庙的研究和修复工作。

埃及考察学会等机构在组织和支持古埃及的研究方面继续出色地发挥着作用，世界各地的大学和博物馆赞助实地考察，定期在埃及遗址进行研究。德国考古研究所在象岛和古尔纳等神庙遗址做了大量工作，同样的还有卡纳克的法矣团队。在过去的几年里，人们才刚刚在赫拉康波利斯对已知最古老的埃及神庙遗迹进行了勘测（见第204页），还在象岛（见第211页）和其他地方发现了完全未知的神庙"层"。尽管许多遗址仍在继续发掘中，且还有更多的地方有待充分考察，但在许多情况下，对神庙古迹进行完整记录是更迫切的需求。芝加哥大学东方研究所是在中东地区工作的最早、持续

下图：一支匈牙利团队在底比斯图特山上的泥砖神庙中发掘。

上图：法埃团队的卡纳克第九塔门重建工程。

最久的田野考察队，通过其位于卢克索尼罗河东岸地区的埃及总部"芝加哥之家"进行这种研究。自1924年以来，在几座陵墓之外，芝加哥之家团队还记录了卡纳克神庙、卢克索神庙以及哈布城拉美西斯三世神庙的所有浮雕和铭文。记录这些神庙中的任何一座都是一项艰巨的任务，但是东方研究所的"铭文调查"经过多年的耐心努力已为这些神庙的铭文和浮雕场景绘制了非常精确的线稿。作为这项研究的结果，已有关于底比斯地区神庙的多卷文集出版。

记录神庙文本与图像的"芝加哥之家方法"的第一步是对正在研究的墙壁或其他结构进行拍照。第二步，由艺术家在墙边用铅笔在照片上画出各种细节，以排除意外的痕迹或损坏。第三步，用墨水重描这些线条，漂掉感光乳剂，只留下线图。最后，学者们将这幅精心制作的线图与原始表面进行对照检查。其他考察队使用了一些不同的方法来追踪和记录原始图像，但都力求达到精确记录神庙场景所需的严格标准。

尽管只是在埃及神庙中进行研究和记录的学术和其他机构之一，但芝加哥之家的目标和方法显示出了古代宗教遗址的现代研究中的一些关注点和范式。

由英国埃及学家巴里·坎普领导的一个小组在阿玛尔纳的小阿吞神庙完成了在新基座上重新竖立古代石柱以及其他的重建工作。在这里，一根柱子是由焊接在内部铁框架上、用玻璃纤维强化过的混凝土面板组装成的。这些面板的铸造模具是根据遗址中的古代柱子碎片制成的。

"铭文调查"

芝加哥大学东方研究所的卢克索"铭文调查"，1924年至今：

田野主管：

哈罗德·H.纳尔逊（1924—1948年）*
（1940—1946年因第二次世界大战而中断——芝加哥之家关闭）
理查德·A.帕克（1948—1949年）
乔治·R.休斯（1949—1958年）
约翰·A.威尔逊（代理，1958/1959年）
乔治·R.休斯（1959—1964年）
查尔斯·F.尼姆斯（1964—1972年）
爱德华·F.温特（1972/1973年）
肯特·R.威克斯（1973—1976年）
查尔斯·C.范·西克伦三世（代理，1976/1977年）
兰尼·D.贝尔（1977—1989年）
彼得·F.多尔曼（1989—1997年）
小W.雷蒙德·约翰逊（1997—2022年）

*以及东方研究所的卢克索"建筑调查"田野主管：乌沃·霍尔谢尔（1927—1933年）。

芝加哥大学东方研究所，"铭文调查"的大本营。

海外的埃及神庙

为了感谢各国在拆除和迁移努比亚神庙，以保护它们免受阿斯旺大坝造成的水面上涨的影响中给予联合国教科文组织的帮助，埃及政府慷慨地赠送了一些较小的努比亚神庙。

神庙原址	元素	新址	城市	国家
达博德	神庙	城市公园	马德里	西班牙
丹杜尔	神庙	大都会艺术博物馆	纽约	美国
莱斯亚	岩凿神庙	埃及博物馆	都灵	意大利
卡拉布沙	大门	埃及博物馆	柏林	德国
塔法	神庙	国家古物博物馆	莱顿	荷兰

修复与保存

鉴于埃及各地存在大量保存程度不一的神庙，保护这些古迹可能被视为一项紧迫但几乎不可能完成的艰巨任务。许多神庙只遗留了一部分，而许多保存下来的神庙正因为人类侵入、水位上升、空气污染和现代文明的许多其他问题而遭到破坏。如上文所述，准确记录现有神庙是保护的关键一步，但在许多情况下，必须进行物理修复、加固甚至重新安置以保护古老纪念物的脆弱遗产。埃及政府已承诺为这项任务提供资源，但这远非一个国家能够实际处理的，因此已经成为一个国际性项目。

20世纪60年代修建阿斯旺大坝时埃及神庙的搬迁就是一个典型的例子。早在1898年，人们就开始修建跨越尼罗河的堤坝，但由于其规模和位置，大坝有可能使埃及南部的许多古庙被永久淹没。联合国在1960年发起的一场大规模运动拯救了许多神庙。在联合国教科文组织的努力下，阿布·辛贝尔和卡拉布沙神庙等古迹被拆除，然后重新组装安置在高于纳赛尔湖上涨水面的新地点。另一些较小的神庙也被拆除，作为埃及政府的礼物运到了更远的外国。

然而，原址上的神庙保护并不总是那么简单。多年来，人们一直在计划拆除哈加绿洲的希比斯神庙然后移至附近的高地，以保护建筑免受不断上升的地下水的破坏。不幸的是，尽管人们在大约40年前就首次注意到了神庙情况的恶化，但迄今为止，纠正这一问题的措施并没有成功，或者干脆没有实行。

另一方面，保护和修复的工作远不止对现存的神庙建筑进行迁移。1923年，为波士顿美术博物馆工作的考古学家道斯·邓纳姆在古科普托斯（见第151页）发现了砂岩块，埃及方面将这些岩块赠予博物馆，博物馆在1995年之前分两次将岩块作为墙和大门的一部分进行了展示。在过去的几年里，埃及学家南希·托马斯和戴安娜·沃尔夫·拉金认出这些石块实际上是同一个建筑的一部分，岩块现已被重新组装成了一个5.2米高、24吨重的部分完整的大门。在清除了嵌入的灰尘和污垢之后，大部分的原始涂绘甚至金箔都重见天日；重建后的神庙大门现在是美国第二大的埃及建筑，仅次于纽约大都会艺术博物馆的丹杜尔神庙。

一些古庙几乎没有剩下什么可以修复。在许多地方，几乎没有任何高于地面的东西保存下来，近乎所有精致的石块都被拆去用于其他地方的建造活动，许多泥砖被挖走用作农田的肥料。但即使在这种情况下，一些看似不可能的事情也能够达成。例如，在阿玛尔纳，上述情况在异端国王埃赫纳吞的神庙中普遍存在，而巴里·坎普正在利用现代材料尽可能准确地重建一些古代建筑结构。

在阿玛尔纳与萨卡拉，法埃团队长期致力于重建几乎被毁灭的建筑，在埃及的其他许多地区，现代重建是让古老的宗教场所得以重生的一种方式。但是，这些努力并非出自晦涩或感性的原因——埃及神庙的故事是一个通过持续性的保护和重建、探索与研究来丰富和阐释的故事。不可避免的是，我们对于神庙的理解正是随着对神庙的保护而加深的。

对页图：遭到拆除的埃赫纳吞神庙中的小型塔拉塔特石块，被塞进了后来的埃及国王在卡纳克阿蒙大神庙建造的塔门的内核。这里可以看到从卡纳克第九塔门中移走之前的塔拉塔特。

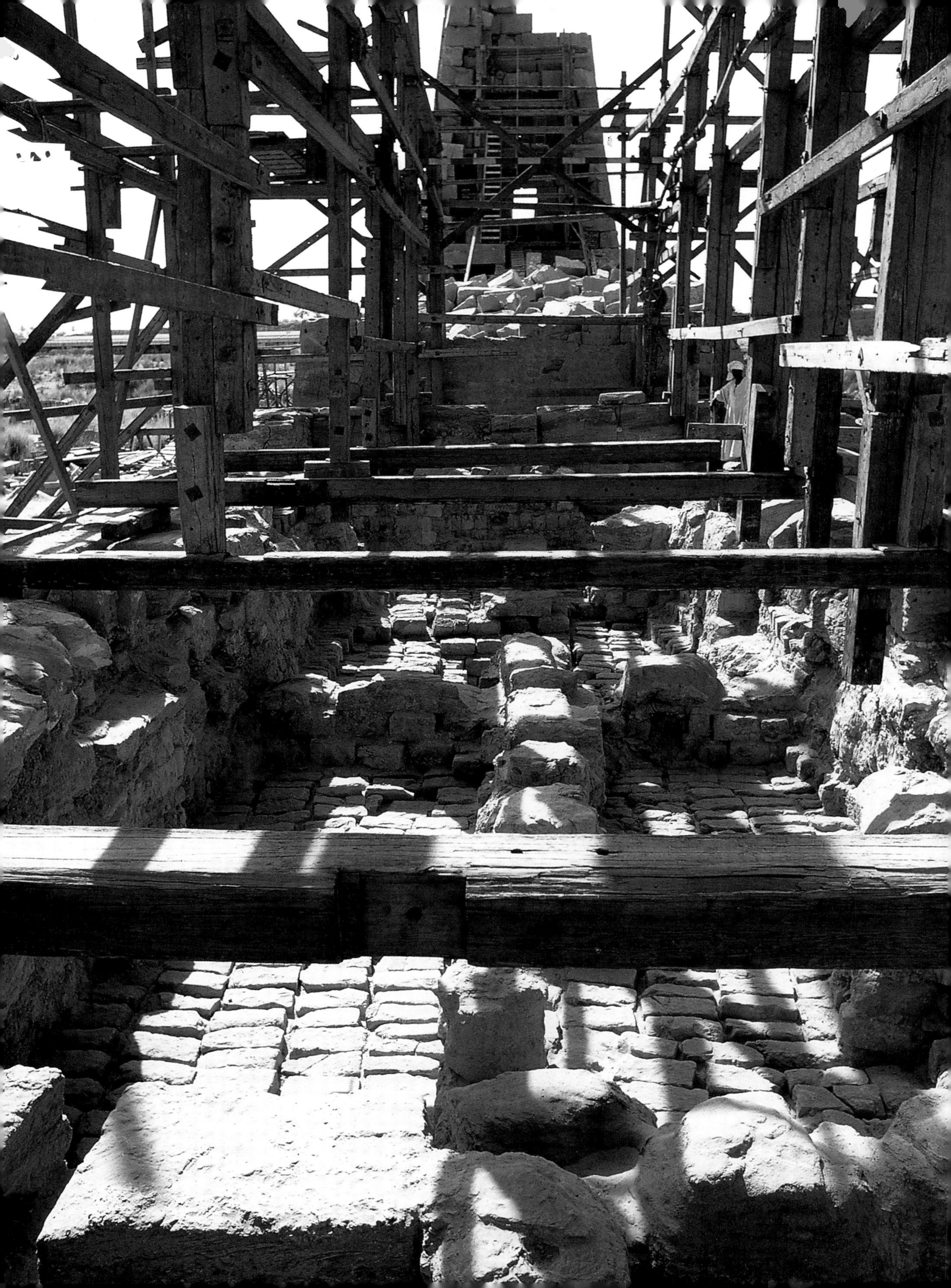

参观神庙

针对埃及数以百计的神庙遗址推荐详细的行程或做出选择，这超出了下面一小部分内容所能涵盖的范围，尽管如此，我们仍可从主要遗迹与参观准备方面提出一些一般性的建议。

主要遗址

埃及最早历史时期的神庙无一例外都已不复存在，它们的遗迹大多被覆盖或限制在受管辖的考古遗址内，几乎不为人所见。游客最先可以接近的是古王国时期的纪念物和神庙，这些建筑主要局限于中埃及的金字塔建筑群。对于中王国时期来说，很难找到可以看见且依然矗立的建筑遗迹，不过重建了的卡纳克森乌斯里特一世圣船神殿是这一时期的精美石雕中一个很好的例子。

随着新王国时期的到来，情况发生了变化，这一时期几处最好的神庙都保存得相对完好——虽然依旧没有一座是完整的。大多数集中在古代底比斯，即现代的卢克索地区，其中的许多纪念物是成熟神庙形式的最佳例证。在东岸，卢克索神庙虽然在某些方面不同寻常，但保存得相对完好，是一个可以安排在游览庞大的卡纳克阿蒙神庙之前的入门篇。卡纳克的浩瀚需要数年时间来探索，仅仅是它的巨大规模就展现了这座神庙以及其他大型神庙机构的强大力量。在底比斯西岸，有十几个保存状态不一的新王国时期祭庙。虽然位于代尔·巴哈里的哈特谢普苏特阶梯神庙才最能代表岩凿类结构，但哈布城的拉美西斯三世祭庙也提供了一个近乎完整的独立神庙的例子，可与拉美西斯二世遗存的葬祭建筑（拉美西姆）和人迹罕至的塞提一世神庙相媲美。

在底比斯以外的地区，阿拜多斯的塞提一世衣冠冢是埃及最好的新王国时期祭庙之一；阿布·辛贝尔的神庙则是最令人印象深刻的岩凿神庙。后期埃及的神庙一般都没有保存下来，不过有些脱离常规旅游线路的希比斯神庙是当时神庙的一个相对完整的例子。从希腊罗马时期起，许多神庙得以保存；艾德福、库姆·翁姆波、菲莱和丹德拉的神庙都是晚期神庙风格的典范。

在尼罗河谷之外，大多数西部绿洲的神庙都相对容易到达，不过许多都需要驾车穿越漫漫沙漠。在埃及本土边界之外，努比亚的神庙虽然参观费用不菲，但现在已比过去更容易看到了。

有定期航班从开罗和卢克索飞往阿布·辛贝尔，除此之外，下努比亚的神庙现在也可以通

过环纳赛尔湖的游船巡游进行参观，游船可以在该地区大部分的神庙重新安置之处停留。

提前规划

在试图通过实地参观来理解埃及神庙时必须记住，同一时期的神庙在规划和保存状态上往往有很大不同，因此，准备一趟有限的行程需要与书本研读相结合，如你手上这本，以平衡神庙类型与遗存的建筑特征。例如，哈布城拉美西斯三世祭庙的塔门和外庭保存得非常完好，但内厅和圣殿区域的保存情况并不好。这与阿拜多斯塞提一世神庙的情况正好相反，那里的外塔门和庭院被破坏了，但内神庙却保持着相当宏伟的状态。只有参观了这两个地点或其他类似地点，才能真正感受到新王国时期祭庙的外观。

在参观之前，尤其是第一次参观之前，先研究一下它们的平面规划并阅读有关其特征的基本描述通常是有帮助的，因为许多神庙都像迷宫一样，很容易错过重要区域。这也有助于根据光线条件规划遗址参观——不仅仅是为了摄影，还为了抓住纪念物及其装饰的最佳观看时机。通常，观看暴露在外的神庙墙壁的最佳光线出现于清晨或下午晚些时候，此时斜角光线和柔和的阴影令文字和图像显现于清晰的浮雕之中。

门票可以在大多数主要神庙的入口处购买（摄影通常需要额外的许可证），但偏远地区纪念物的门票通常必须提前在最近的主要遗址处或文物办公室购买。有些地方还需要政府的特别许可或护送才能参观，在参观沙漠地区较偏远的神庙时，最好提前告知他人目的地和预期返回时间。

设备

除了必要的宽边帽、水瓶和一般旅游装备外，还需要精良的地图或知识渊博的当地导游才能到达一些远离常规旅游线路的偏远神庙。如前所述，通常还必须提前购买门票。鉴于目的地的位置，在没有充足的水和其他基本用品的情况下，不建议参观这类地点。很多时候，手电筒非常有用，既可用于黑暗的通道和房间，也可用于墙壁浮雕极度背光的区域——在靠近光亮区域时，这些地方通常很难看到或拍照。对于详细的研究，小型、轻型的双筒望远镜可用于观看大神庙高墙上的文本和图像，以及细看远处的建筑。

摄影经常需要各种各样的胶片——ISO感光度为100、400、800或1000的都可用于拍摄神庙。一套镜头或一个广角变焦镜头也很有用，因为大多数神庙呈现的景致范围都小至精细的特写，大到广阔的全景。偏光和其他滤镜在控制外墙表面大量的反射光时特别有用。

参观卡纳克神庙的现代游客。

主要译名对照表

神灵

阿波菲斯——Apophis
阿格忒斯代蒙——Agathos Daimon
阿哈——Aha
阿伦斯努菲斯——Arensnuphis
阿蒙——Amun
阿蒙奈特——Amaunet
阿纳特——Anat
阿努比斯——Anubis
阿努基斯——Anukis
阿努凯特——Anuket
阿皮斯——Apis
阿什——Ash
阿斯克勒庇俄斯——Asklepios
阿斯塔特——Astarte
阿图姆——Atum
奥赛里斯——Osiris
巴尔——Baal
巴特——Bat
贝斯——Bes
大荷鲁斯——Horus the Elder
代德温——Dedwen
盖伯——Geb
哈尔维尔——Harwer
哈伦多提斯——Harendotes
哈皮——Hapy
哈珀克雷特斯——Harpocrates
哈沙菲斯——Harsaphes
哈托尔——Hathor
荷尔阿赫提——Horakhty
荷尔欧里斯——Haroeris
赫卡——Heka
赫拉克里斯——Herakles
赫努姆——Khnum
洪苏——Khonsu
霍尔赫克努——Horhekenu
霍兰——Horan
杰胡提——Djehuty
卡叠什——Qadesh
卡罗玛玛——Karomama
卡皮托里三主神——Capitoline Triad
凯普利——Khepri
肯提-赫姆——Khenty-khem
肯提-伊尔提——Khenty-irty
拉——Re
拉艾特塔威——Rattawy
雷皮特——Repyt
玛阿特——Maat
迈瑞特——Merit
迈瑞特塞格尔——Meretseger
曼都里斯——Mandulis
美尔-维尔——Mer-Wer
孟图——Montu
米霍斯——Mihos
穆特——Mut
纳布——Nabu
奈芙西斯——Nephthys
奈赫贝特——Nekhbet
奈特——Neith
尼弗尔太姆——Nefertem
涅布玛阿特拉——Nebmaatre
努特——Nut
欧努里斯——Onuris
帕赫特——Pakhet
帕奈布塔威——Panebtawy
佩提瑟——Peteese
皮赫尔——Pihor
普塔——Ptah
普塔-坦特——Ptah-Tenen
瑞奈努太特——Renenutet
瑞舍普——Reshep
萨提斯——Satis
塞夫赫特-阿布威——Sefkhet-abwy
塞赫迈特——Sekhmet
塞奈姆特——Senenmut
塞莎特——Seshat
赛德——Sed
塞特——Seth
苏太赫——Sutekh
索贝克——Sobek
索卡尔——Sokar
索普杜——Sopdu
泰芙努特——Tefnut
泰芙努特-梅西特——Tefnut-Mehit
特尔穆西斯——Termuthis
特里菲斯——Triphis
图特——Thoth
图图——Tutu
瓦吉特——Wadjit
瓦塞特——Waset
威普瓦威特——Wepwawet
谢姆舒赫——Shemsuher
伊西——Ihy
因胡尔——Inhur

人物

C. 克瑞里——C. Currely
D.G. 霍格思——D.G. Hogarth
F.W. 格林——F.W. Green
I. 罗斯里尼——I. Rosellini
J.L. 布克哈特——J.L. Burckhardt
J.S. 霍拉德——J.S. Holladay
R. 卡米诺斯——R. Caminos
W. 库尔森——W. Coulson

阿布·哈加格——Abu el Haggag
阿迪哈拉玛尼——Adikhalamani
阿尔西诺——Arsinoe
阿赫摩斯·尼弗尔塔莉——Ahmose Nefertari
阿卡玛尼——Arkamani
阿蒙梅斯——Amenmesse
阿蒙涅迪斯一世——Amenerdis I
阿蒙涅蒙那——Amenemone
阿蒙涅莫普——Amenemope
阿蒙涅姆赫特——Amenemhet
阿蒙诺菲斯——Amenophis
阿伊——Ay
埃赫纳吞——Akhenaten
埃里克·赫尔农——Erik Hornung
埃米尔·巴拉伊兹——Émile Baraize
埃米尔·巴雷泽——Émile Baraize
艾米丽·提特——Emily Teeter
爱德华·纳维尔——Edouard Naville
安敦尼·庇乌斯——Antoninus Pius
安胡——Ankhu
奥古斯特·马里埃特——Auguste Mariette
奥索孔——Osorkon
巴依——Bay
贝尔尼克——Berenike
贝肯松——Bekenchons
贝诺·罗森伯格——Beno Rothenverg
贝特西·布莱恩——Betsy Bryan
本哈——Benha
本尼·苏夫——Beni Suef
本特安塔——Bent'anta
本特瑞什——Bentresh
比松·德拉罗克——Bisson de la Roque
彼得·卢卡斯——Peter Lucas
伯特利——Bethel
布西里斯——Busiris
查尔斯·范·西克伦三世——Charles Van Siclen III
达芬——Dufferin
大卫·罗伯茨——David Roberts
戴安娜·沃尔夫·拉金——Diana Wolfe Larkin
道斯·邓纳姆——Dows Dunham
狄奥多西——Theodosius
迪特尔·阿诺德——Dieter Arnold
恩斯特·威顿巴哈——Ernst Weidenbach
菲利普·阿里达乌斯——Philip Arrhidaeus
弗朗西斯·弗里斯——Francis Frith
弗雷德里克·诺登——Frederik Norden
弗林德斯·皮特里——Flinders Petrie
伏尔尼——Volnay
冈瑟·罗德——Gunther Roeder
格兰杰——Granger
哈夫拉——Khafre
哈克里斯——Hakoris
哈姆瓦塞特——Khaemwaset
哈普——Hapu
哈特谢普苏特——Hatshepsut
荷鲁斯·奈杰尔利赫特——Horus Netjerykhet
荷伦布——Horemheb
赫伯特·温洛克——Herbert Winlock

赫恩杰尔——Khendjer
赫瑞荷尔——Herihor
亨利·切夫里埃——Henri Chevrier
霍华德·卡特——Howard Carter
吉泽·沃雷什——Győző Vörös
加德维加·利宾斯卡——Jadwiga Lipinska
杰奥·斯温弗特——Geo Sweinfurth
杰代夫拉——Djedefre
杰德卡拉–伊瑟西——Djedkare-Isesi
杰尔——Djer
杰胡提——Djehuty
卡尔·理查德·莱普修斯——Carl Richard Lepsius
卡塞海姆威——Khasekhemwy
克劳德·西卡尔——Claude Sicard
克里奥帕特拉——Cleopatra
拉比·哈巴齐——Labib Habachi
拉马拉伊——Ramarai
拉奈布——Raneb
拉内弗拉夫——Raneferef
莱昂纳多·伍利——Leonard Woolley
兰德尔–麦基弗——Randall-Maclver
雷纳·斯塔德尔曼——Rainer Stadelmann
理查德·波科克——Richard Pocoke
路德维西·博恰特——Ludwig Borchardt
马克·莱纳尔——Mark Lehner
马克桑斯·德·罗什蒙泰克斯——Maxence de Rochemonteix
马可·奥勒留——Marcus Aurelius
迈克尔·霍夫曼——Michael Hoffman
迈瑞特–阿蒙——Merit-Amun
曼弗雷德·比塔克——Manfred Bietak
曼尼托——Manetho
梅苏依——Messuy
美内普塔——Merenptah
门图荷太普——Mentuhotep
门图荷太普二世——Nebhepetre Mentuhotep
蒙特——Monett
南希·托马斯——Nancy Thomas
尼弗尔提提——Nefertiti
尼弗尔伊瑞卡拉——Neferirkare
尼科——Necho/Nekau
尼克塔尼布——Nectanebo
纽赛尔——Niuserre
涅布瓦涅涅夫——Nebwenenef
欧尼阿斯——Onias
帕里布森——Peribsen
帕提伊斯特——Pa-ti-Ist
佩杰–舍什——pedj-shes
彭拉——Penre
皮努杰姆——Pinudjem
普伊米拉——Puimre
乔赛尔——Djoser
乔瓦尼·贝尔佐尼——Giovanni Belzoni
乔治·A.赖斯纳——George A. Reisner
乔治·达瑞西——George Daressy
萨胡拉——Sahure
萨姆提克——Psamtik
萨姆提克二世——Psammetichus II
塞尔吉奥·多纳多尼——Sergio Donadoni

塞弗林——Chephren
塞姆——Semi
塞内弗——Sennefer
塞特纳赫特——Sethnakhte
塞提——Sethos
赛美尔赫特——Semerkhet
赛太普恩拉——Setepenre
森乌斯里特——Senwosret
舍普塞斯卡夫——Shepseskaf
舍普塞斯卡拉——Shepseskare
斯蒂芬·奎尔克——Stephen Quirke
斯尼弗鲁——Sneferu
斯特拉波——Strabo
苏森尼斯——Psusennes
索贝克荷太普——Sobekhotep
索贝克尼弗鲁——Sobekneferu
塔哈卡——Taharqa
塔克洛特——Takelot
塔瓦斯瑞特——Tawosret
泰提——Teti
泰伊——Tiye
唐纳德·雷德福德——Donald Redford
图特摩斯三世——Tuthmosis III
瓦杰摩斯——Wadjmose
瓦伦提尼安——Valentinian
韦帕芗——Vespasian
维拉蒙特——S. Villamont
维万特·德农——Vivant Denon
乌伽荷尔斯内——Udjahorresne
乌瑟尔卡夫——Userkaf
乌瑟尔-玛阿特-拉赛太普恩拉——User-Maat-Re Setepenre
乌瑟哈特——Userhat
乌沃·霍尔谢尔——Uvo Hölshcer
西奥多·戴维斯——Theodore Davis
西尔科——Silko
西普塔——Siptah
西亚蒙——Siamun
蝎王——Scorpion
谢努特——Shenute
雅克·德·摩根——Jacques de Morgan
扬·阿斯曼——Jan Assmann
伊蒙荷太普——Imhotep
因太夫——Intef
尤金·克鲁兹-乌里韦——Eugene Cruz-Uribe
约翰内斯·杜米琴——Johannes Dumichen
詹姆斯·布鲁斯——James Bruce
詹姆斯·亨利·布雷斯特德——James Henry Breasted
詹姆斯·奎贝尔——James Quibell

地点

阿巴胡达——Abahuda
阿拜多斯——Abydos
阿波利诺波利斯·帕尔瓦——Apollinopolis Parva
阿布·古罗布——Abu Ghurob
阿布·罗阿什——Abu Roash
阿布·辛贝尔——Abu Simbel
阿布西尔——Abusir
阿曼特——Armant

阿尔戈岛——Island of Argo
阿芙洛狄特波利斯——Aphroditopolis
阿格胡尔米——Aghurmi
阿赫米姆——Akhmim
阿卡达湾——Gulf of Aqada
阿克力思——Akoris
阿克沙——Aksha
阿勒颇——Aleppo
阿玛达——Amada
阿玛尔纳——Amarna
阿玛拉——Amara
阿玛西斯——Amasis
阿尼巴——Aniba
阿什姆林——Ashmunein
阿斯里比斯——Athribis
阿斯旺——Aswan
阿苏特——Asyut
阿苏伊特——Assuit
埃赫塔吞——Akhetaten
艾德福——Edfu
艾拉特——Eilat
艾斯纳——Esna
艾特博——Etbo
艾因·阿木尔——Ain Amur
艾兹贝特·鲁什迪——Ezbet Rushdi
安提诺波利斯——Antinoopolis
奥西里翁——Osireion
奥西姆——Ausim
巴顿·伊里——Batn Ihrit
巴哈利亚——Bahariya
巴赫——Ba'h
巴基——Baki
巴克利亚——Baqliya
巴拉米亚——Barramiya
巴拉特——Balat
巴尼特——Banit
拜赫贝特·哈加尔——Behbeit el-Hagar
贝赫代特——Behdet
贝卡——Bekka
贝尼哈桑——Beni Hasan
贝特·瓦里——Beit el-Wali
比布罗斯——Byblos
比加——Biga
布巴斯提斯——Bubastis
布恒——Buhen
布托——Buto
查卢——Tcharu
达博德——Dabod
达赫拉绿洲——Dakhla Oasis
达卡——Dakka
达曼胡尔——Damanhur
达米埃塔河——Damietta
达舒尔——Dahshur
代尔·巴哈里——Deir el-Bahri
代尔·贝尔沙——Deir el-Bersha
代尔·哈加尔——Deir el-Hagar
代尔·麦地纳——Deir el-Medina
代尔·舍尔维特——Deir el-Shelwit

丹德拉——Dendera
丹杜尔——Dendur
德尔——Derr
德拉·阿布·那伽——Dra Abu el-Naga
狄奥斯波利斯·米克拉——Diospolis Mikra
狄奥斯波利斯·帕尔瓦——Diospolis Parva
迪麦——Dimai
迪斯克——Disuq
迪亚——Dja
底比斯——Thebes
帝王谷——Valley of the Kings
东格拉——Dongola
法库斯——Faqus
法拉斯——Faras
法雍——Fayum
菲莱——Philae
盖布图——Gebtu
戈夫·胡塞因——Gerf Hussein
格贝尔·阿赫玛——Gebel Ahmar
格贝尔·巴卡尔——Gebel Barkal
格贝尔·多莎——Gebel Dosha
格贝尔·西尔西拉——Gebel el-Silsila
格贝林——Gebelein
格基雷特·梅雷克——Geziret el-Melek
格萨——Gesa
古尔纳——Gurna
哈尔法干河谷——Wadi Halfa
哈尔图姆——Khartoum
哈格·卡恩迪尔——Hagg Qandil
哈加——Kharga
哈马马特干河谷——Wadi Hammamat
哈塔那——Khata'na
哈瓦拉——Hawara
哈瓦塔——Hawata
赫贝特——Hebet
赫恩特–梅努——Khent-menu
赫尔墨西斯——Hermonthis
赫拉康波利斯——Hierakonpolis
赫拉克利奥波利斯——Herakleopolis Magna
赫利奥波利斯——Heliopolis
赫米斯——Khemmis
赫摩波利斯·帕尔瓦——Hermopolis Parva
赫摩波利斯——Hermopolis
赫姆恩——Khmun
赫奈恩·奈苏特——Henen-nesut
红色祠堂——Chapelle Rouge
胡塞尼亚——Huseiniya
胡特–赫里–伊布——Hut-hery-ib
胡特–塞赫姆——Hut-sekhem
基福特——Qift
基西斯——Kysis
吉艾福——Gi'eif
吉萨——Giza
杰巴——Djeba
杰布涅杰——Djebnetjer
杰代特——Djedet
杰尔提——Djerty
杰米——Djeme

卡布——Kab
卡拉布沙——Kalabsha
卡拉尼斯——Karanis
卡纳克——Karnak
卡斯尔·阿拉姆——Qsar Allam
卡斯尔·达赫拉——Qasr el Dakhla
卡斯尔·多赫——Qasr Douch
卡斯尔·胡艾达——Qasr el Ghueida
卡斯尔·卡伦——Qasr Qarun
卡斯尔·萨哈赫——Qasr es-Saghah
卡斯尔·伊布里姆——Qasr Ibrim
卡斯尔·扎伊雅恩——Qasr Zaiyan
卡特拉尼——Katrani
卡瓦——Kawa
卡乌·凯比尔——Qaw el-Kebir
凯纳——Qena
坎提尔——Qantir
科布托——Kebto
科尔马——Kerma
科尔塔西——Qertassi
科福特——Keft
科里斯——Kellis
科梅尔·那都拉——Komel-Nadura
科普托斯——Coptos
库班——Quban
库玛——Kumma
库姆·阿布·比罗——Kom Abu Billo
库姆·阿赫玛——Kom el Ahmar
库姆·阿卡里布——Kom el-'Aqarib
库姆·奥什姆——Kom Aushim
库姆·赫坦——Kom el-Hetan
库姆·卡拉阿——Kom el-Qal'a
库姆·拉比阿——Kom el-Rabi'a
库姆·麦地奈特·胡拉布——Kom Medinet Ghurab
库姆·翁姆波——Kom Ombo
库姆·西森——Kom el-Hisn
库斯——Qus
拉赫米拉——Rekhmire
拉洪——Lahun
拉霍蒂斯——Rakhotis
拉美西姆——Ramesseum
拉托波利斯——Latopolis
莱昂托波利斯——Leontopolis
莱斯亚——Lessiya
莱托波利斯——Letopolis
里什特——Lisht
卢克索古埃及艺术博物馆——Luxor Museum of Ancient Egyptian Art
罗塞塔——Rosetta
马尔卡塔——Malqata
马哈拉·库布拉——Mahalla el Kubra
马拉维——Mallawi
马萨阿拉姆——Marsa-Alam
玛兹胡那——Mazghuna
迈丹马萨拉——Midan el-Massala
麦地奈特·法雍——Medinet el-Fayum
麦地奈特·哈布——Medinet Habu
麦地奈特·玛迪——Medinet Madi
麦罗埃——Meroe

249

曼苏拉——Mansura
梅达姆德——Medamud
美杜姆——Meidum
门德斯——Mendes
米亚姆——Miam
米尔吉萨——Mirgissa
米特·伽姆尔——Mit Ghamr
米特法利斯——Mit Faris
米特拉希纳——Mit Rahina
米亚干河谷——Wadi Mia
明亚——Minya
穆哈拉干河谷——Wadi Mughara
穆特·哈拉布——Mut el Kharab
穆伊萨特——Muissat
那图伦——Naturun
纳布塔·普拉亚——Nabta Playa
纳尔摩西斯——Narmouthis
纳格·库姆·罗拉——Nag Kom Lolah
奈赫布——Nekheb
奈肯——Nekhen
内塔胡特——Nayta-hut
尼贝拉——Nibeira
尼科拉什——Niqrash
努布特——Nubt
诺克拉提斯——Naukratis
帕诺波利斯——Panopolis
帕–索贝克——Pa-Sobek
帕西里斯——Pathyris
佩尔–索普杜——Per Sopdu
皮–拉美西斯——Pi-Ramesse
普利玛——Prima
普利米斯——Primis
萨·哈加——Sa el-Hagar
萨夫特·希那——Saft el-Hinna
萨卡拉——Saqqara
萨曼努德——Samannud
萨纳姆——Sanam
塞本尼托斯——Sebennytos
塞布阿——Sebua
塞德因伽——Sedeinga
塞拉比特·哈迪姆——Serabit el-Khadim
塞拉西——Serra West
塞姆纳——Semna
塞瑟比——Sesebi
塞易斯——Sais
赛尔基斯——Pselchis
赛尔克特——Pselqet
赛伊尼——Syene
舍伊赫·伊巴达——Sheikh 'Ibada
申胡尔——Shenhur
圣·哈加——San el-Hagar
斯皮欧斯·阿提米多斯——Speos Artemidos
索哈格——Sohag
索克诺派欧·奈索斯——Soknopaiou Nesos
索莱布——Soleb
塔奥米斯——Talmis
塔博——Tabo
塔法——Tafa

塔拉纳——Tarrana
塔尼斯——Tanis
塔珀西里斯——Taposiris Magna
塔瑞姆——Taremu
太尔·阿特里布——Tell Atrib
太尔·巴拉蒙——Tell el-Balamun
太尔·巴斯塔——Tell Basta
太尔·贝达维——Tell Bedawi
太尔·达巴——Tell el-Dab'a
太尔·法尔温——Tell Far'un
太尔·法拉因——Tell el-Fara'in
太尔·拉塔巴——Tell el-Retaba
太尔·卢巴——Tell el-Rub'a
太尔·玛斯胡塔——Tell el-Maskhuta
太尔·穆克达姆——Tell el-Muqdam
太尔·那巴沙——Tell Nabasha
太尔·齐尔卡法——Tell el-Qirqafa
太尔·乌姆·布莱伽特——Tell Umm el-Breigat
太尔·希森——Tell Hisn
太尔·亚胡迪亚——Tell el-Yahudiya
坦塔——Tanta
特科涅米利斯——Tchonemyris
特瑞努提斯——Terenuthis
提赫那·格贝尔——Tihna el-Gebel
提姆那——Timna
提耶布——Tjebu
提耶库——Tjeku
图菲姆——Tuphium
图赫——Tukh
图密拉特——Tumilat
图特山——Thoth Hill
托德——Tod
瓦尼那——Wannina
瓦塞特——Waset
翁波斯——Ombos
乌罗纳尔提——Uronarti
乌姆·卡布——Umm el-Qab
乌姆·乌贝达——Umm el Ubeida
西瓦——Siwa
希阿达菲亚——Theadelphia
希巴——Hiba
希比斯——Hibis
希乌——Hiw
象岛——Elephantine
辛贝拉温——Simbellawein
亚历山大——Alexandria
伊布舍克——Ibshek
伊拉洪——Illahun
伊梅特——Imet
伊姆——Imu
伊那西亚·麦地纳——Ihnasya el-Medina
伊普——Ipu
伊塞姆——Iseum
伊斯麦利亚——Ismailiya
伊斯曼特·哈拉布——Ismant el-Kharab
伊乌奈特——Iunet
伊乌尼——Iuny
伊乌努——Iunu

约瑟夫河——Bahr Youssef
扎加齐格——Zagazig
扎乌提——Zawty

文本资料
阿纳斯塔西纸草——Papyrus Anastasi
埃及观察——Observations on Egypt
埃及和埃塞俄比亚的古迹——Denkmäler aus Aegypten and Aethiopien
埃及记述——Description de l'Égypte
奥赛里斯大赞美诗——The Great Hymn to Osiris
范迪埃纸草——Papyrus Vandier
古埃及地图集——Atlas of Ancient Egypt
古埃及风俗习惯——Manners and Customs of the Ancient Egyptians
哈里斯纸草——Papyrus Harris
卡诺普斯法令——Decree of Canopus
门之书——Book of Gates
孟菲斯神论——Memphite Theology
萨奥特纸草——Papyrus Salt
亡灵书——Book of the Dead

物品
阿太夫王冠——Atef Crown
诞生之屋——mammisi
还愿碑——votive stela
罗塞塔石碑——Rosetta Stone
马斯塔巴——mastaba
麦纳特项链——menat necklace
纳尔迈调色板——Narmer Palette
尼美斯——nemes
权标头——macehead
神亭——divine booth
饰板——plaques
舒提——shuty
伊什德树——ished tree

其他
阿黑门尼德王朝——Achaemenid
登基名——throne name
地平线——akhet
叠涩顶——corbel-roofed
独辫——sidelock
发散论/散发——emanation
费昂斯——Faience
含提乌舍——Khentiu-she
赫利乌涅斯提——Heriu-nesti
赫姆奈杰尔——Hemu-netjer
杰德——djed
卡——ka
卡叠什之战——Battle of Kadesh
卢克索窖藏——Luxor Cachette
诺姆——Nome
欧比德节——Opet Festival
圣隼加冕礼——Coronation of the Sacred Falcon
瓦斯——was
维西尔——vizier
巡行大道——processional routes

延伸阅读

缩写说明：

AAWLM   *Abhandlungen der Akademie der Wissenschaften und der Literatur in Mainz*
ÄAT   *Ägypten und Altes Testament*
ÄF   *Äyptologisches Forschungen*
AH   *Aegyptiaca Helvetica*
ASAE   *Annales du Service des Antiquités de l'Égypte*
BdÉ   *Bibliothèque d'Étude*
BIFAO   *Bulletin de l'Institut français d'archéologie orientale*
BRL   *Bulletin of the John Rylands Library*
BSFE   *Bulletin de la Société Française d'Égyptologie*
CdÉ   *Chronique d'Égypte*
EES   *Egypt Exploration Society*
GM   *Göttinger Miszellen*
HÄB   *Hildesheimer ägyptologische Beiträge*
JARCE   *Journal of the American Research Center in Egypt*
JEA   *Journal of Egyptian Archaeology*
JNES   *Journal of Near Eastern Studies*
JSSEA   *Journal of the Society for the Study of Egyptian Antiquities*
KMT   *KMT: A Modern Journal of Ancient Egypt*
LÄ   Helck, W. and E. Otto (eds), *Lexikon der Ägyptologie* (Wiesbaden, 1975–)
MAS   *Münchner Ägyptologische Studien*
MDAIK   *Mitteilungen des Deutschen Archäologischen Instituts, Abteilung Kairo*
NARCE   *Newsletter of the American Research Center in Egypt*
NAWG   *Nachrichten von der Akademie der Wissenschaften zu Göttingen*
OIP   *Oriental Institute Publications (Chicago)*
OLA   *Orientalia Lovaniensia Analecta*
OLP   *Orientalia Lovaniensia Periodica*
PÄ   *Probleme der Ägyptologie*
PMMA   *Publications of the Metropolitan Museum of Art Egyptian Expedition*
RAIN   *Royal Anthropological Institute News*
SAK   *Studien zur altägyptischen Kultur*
SO   *Studia Orientalia*
ZÄS   *Zeitschrift fur Ägyptische Sprache und Altertumskunde*

引言

年表

整本书中使用的日期主要遵循了来自以下著作的年表：Baines, J. and J. Málek, *Atlas of Ancient Egypt* (Oxford and New York, 1980), 36–7.

神庙、土地与宇宙

Arnold, D., *Die Tempel Ägyptens: Götterwohnungen Kultstätten, Baudenkmäler* (Zürich, 1992)
Quirke, S. (ed.), *The Temple in Ancient Egypt: New Discoveries and Recent Research* (London, 1997)
Shafer, B. (ed.), *Temples of Ancient Egypt* (Ithaca, 1997)
Snape, S., *Egyptian Temples* (Princes Risborough, 1996)
Spencer, P., *The Egyptian Temple: A Lexicographical Study* (London, 1984)

第一章   永恒之屋

神庙的起源

Adams, B. and K. Cialowicz, *Protodynastic Egypt* (Princes Risborough, 1997)
Brinks, J., *Die Entwicklung der königlichen Grabanlagen des Alten Reiches. Eine strukturelle und historische Analyse altägyptischer Architektur*, HÄB 10 (Hildesheim, 1979)
Fairservis, W.A., *The Hierakonpolis Project. Season January to March 1978. Excavation of the Temple Area on the Kom el Gemuwia* (Poughkeepsie, 1983)
Hoffman, M.A., *Egypt Before the Pharaohs: The Prehistoric Foundations of Egyptian Civilization* (Austin, 1979)
Holmes, D.L., 'Chipped Stone-Working Craftsmen, Hierakonpolis and the Rise of Civilization in Egypt'. In R. Friedman and B. Adams (eds), *The Followers of Horus: Studies Dedicated to Michael Allen Hoffman* (Oxford, 1992), pp. 37–44
Kemp, B., *Ancient Egypt: Anatomy of a Civilization* (London and New York, 1989)
O'Connor, D., 'The Status of Early Egyptian Temples: An Alternate Theory'. In R. Friedman and B. Adams (eds), *The Followers of Horus: Studies Dedicated to Michael Allen Hoffman* (Oxford, 1992), pp. 83–98
Williams, B., 'Narmer and the Coptos Colossi', *JARCE* 25 (1988), pp. 35–59

古王国与中王国时期的发展

(另见第五部分中的个别神庙条目)
Arnold, D., 'Totentempel II', *LÄ* VI (1985), c. 699–706
Goedicke, H., 'Cult-Temple and "State" during the Old Kingdom in Egypt'. In E. Lipinski (ed.), *State and Temple Economy in the Ancient Near East*, vol. 1 (Leuven, 1978), pp. 113–31
Lehner, M., *The Complete Pyramids* (London and New York, 1997)
Stadelmann, R., 'Taltempel', *LÄ* VI (1985), c. 189–94
—'Totentempel I', *LÄ* VI (1985), c. 694–9

新王国时期的神庙

(另见第五部分中的个别神庙条目)
Arnold, D., *Wandbild und Raumfunktion in ägyptischen Tempeln des Neuen Reiches* (Berlin, 1962)
Barguet, P., *Le Temple d'Amon Ré à Karnak. Essai d'exégése* (Cairo, 1962)
Bell, L., 'Luxor Temple and the Cult of the Royal *ka*', *JNES* 44:4 (1985), pp. 251–94
Brand, P., *The Monuments of Seti I and their Historical Significance: Epigraphic, Art Historical and Historical Analysis*, Ph.D. Dissertation (Toronto, 1998)
Murnane, W.J., *United with Eternity: A Concise Guide to the Monuments of Medinet Habu* (Chicago and Cairo, 1980)
Mysliwiec, K., *Eighteenth Dynasty Before the Amarna Period* (Iconography of Religions, 16: Egypt, 5) (Leiden, 1985)
Stadelmann, R., 'Totentempel III', *LÄ* VI (1985), c. 706–11

辉煌的衰落

(另见第五部分中的个别神庙条目)

Arnold, D., *Temples of the Lost Pharaohs* (Oxford, 1999)
Ball, J., *Egypt in the Classical Geographers* (Cairo, 1942)
Bell, H.I., *Cults and Creeds in Graeco-Roman Egypt* (New York, 1953; repr. Chicago, 1975)
Dunand, F., 'Les syncrétismes dans la religion de l'Égypte romaine'. In F. Dunand and P. Lévèque, *Les syncrétismes dans les religions de l'antiquité* (Leiden, 1975), pp. 152–85
Evans, J.A.S., 'A Social and Economic History of an Egyptian Temple in the Graeco-Roman Period', *Yale Classical Studies*, No. 17 (New Haven, 1961), pp. 149–283
Kákosy, L., 'Temples and Funerary Beliefs in the Graeco-Roman Egypt'. In *L'Égyptologie en 1979*, 1 (1982), pp. 117–27
Winter, E., *Untersuchungen zu den ägyptischen Tempelreliefs der griechisch-römischen Zeit* (Vienna, 1968)

基督教和伊斯兰教时期

Bernard, Y., 'L'Égypte: d'Amon à Allah', *Archéologia* 214 (1986), pp. 60–7
Brandon, S.G.F., 'The Life-Giving Significance of Lustration in the Osirian Mortuary Ritual and in Primitive Christian Baptism'. In *Proceedings of the XIth International Congress of the International Association for the History of Religions, 2: Guilt or Pollution and Rites of Purification* (Leiden, 1968), pp. 52–3
Griggs, C.W., *Early Egyptian Christianity: From its Origins to 451 C.E.* (Coptic Studies, 2) (Leiden, 1991)
Leclant, J., 'Histoire de la diffusion des cultes égyptiens', *Annuaire, École Pratique des Hautes Études, V section: Sciences religieuses* 84 (1975–76)

早期旅行者与现代复原

Clayton, P., *The Rediscovery of Ancient Egypt* (London and New York, 1982)
David, R., *Discovering Ancient Egypt* (New York, 1993)
Dawson, W.R., E. Uphill and M.L. Bierbrier, *Who Was Who in Egyptology* (London, 3rd ed., 1995)
Fagan, B.M., *The Rape of the Nile* (New York, 1975)
Greener, L., *The Discovery of Egypt* (New York, 1966)
James, T.G.H. (ed.), *Excavating in Egypt: The Egypt Exploration Society 1882–1982* (Chicago, 1982)
Jomard, E.F., *Description de l'Égypte* (Paris, 1809–28)
Kaiser, W., *75 Jahre Deutsches Archäologisches Institut Kairo 1907–1982* (Mainz, 1982)
Sievernich, G. and H. Budde, *Europa und der Orient: 800–1900* (Berlin, 1989)
Thomas, N., *The American Discovery of Ancient Egypt* (Los Angeles, 1996)

第二章 量身打造的神之建筑

选择神圣空间

Posener, G., 'Sur l'orientation et l'ordre des points cardinaux chez les Égyptiens', *NAWG* 2 (1965), pp. 69–78
Vittmann, G., 'Orientierung', *LÄ* IV (1982), c. 607–9
Vörös, G. and R. Pudleiner, 'Preliminary Report of the Excavations at Thoth Hill, Thebes: The pre-11th dynasty temple and the western building (season 1996–1997)', *MDAIK* 54 (1998), pp. 335–40
Wells, R., 'Sothis and the Satet Temple on Elephantine: A Direct Connection', *SAK* 12 (1985), pp. 255–302
Zába, Z., *L'Orientation Astronomique dans l'Ancienne Égypte, et la Précession de l'Axe du Monde* (Prague, 1953)

奠基仪式

Blackman, A.M. and H.W. Fairman, 'The Consecration of an Egyptian Temple according to the Use of Edfu', *JEA* 32 (1947), pp. 75–91
Engelbach, R., 'A Foundation Scene of the Second Dynasty, *JEA* 20 (1934), pp. 183–4
Helck, W., 'Tempelbenennungen', *LÄ* VI (1986), c. 363–5
Montet, P., 'Le rituel de fondation des temples', *Comptes-Rendus de l'Academie des Inscriptions et Belles-Lettres* (1960), pp. 172–9
Weinstein, J., *Foundation Deposits in Ancient Egypt* (Ann Arbor, 1973)
Zibelius-Chen, K., 'Tempelgründung', *LÄ* VI (1986), c. 385–6

建造技术

Arnold, D., *Building in Egypt: Pharaonic Stone Masonry* (New York and Oxford, 1991)
—*Lexikon der ägyptischen Baukunst* (Munich, 1994)
Clarke, S. and R. Engelbach, *Ancient Egyptian Construction and Architecture* (London, 1930)

Klemm, D. and R., *Steine der Pharaonen* (Munich, 1981)
Lucas, A. and J.R. Harris, *Ancient Egyptian Materials and Industries* (London, 4th. ed.), 1962)
Said, R., *The Geology of Egypt* (Brookfield, VT, 1990)
Spencer, A.J., *Brick Architecture in Ancient Egypt* (Warminster, 1979)

装饰神庙

Arnold, D., *Wandbild und Raumfunktion in ägyptischen Tempeln des Neuen Reiches* (Berlin, 1962)
Gundlach, R., 'Tempelrelief', *LÄ* VI (1986), c. 407–11
Jaksch, H., *Farbpigmente aus Wandmalereien altägyptischer Gräber und Tempel*, Univ. dissertation (Heidelberg, 1985)
Kurth, D. (ed.), *Ägyptologische Tempeltagung. Systeme und Programme der ägyptischen Tempeldekoration* (ÄAT 33.1) (Wiesbaden, 1995)
Mysliwiec, K., *Eighteenth Dynasty Before the Amarna Period* (Iconography of Religions, 16: Egypt, 5) (Leiden, 1985)
Niwinski, A., 'Untersuchungen zur ägyptischen religiösen Ikonographie der 21. Dynastie, 1: Towards the Religious Iconography of the 21st Dynasty', *GM* 49 (1981), pp. 47–59
Wilkinson, R., 'The Turned Bow in Egyptian Iconography', *Varia Aegyptiaca* 4:2 (1988), pp. 181–7
—'The Turned Bow as a Gesture of Surrender in Egyptian Art', *JSSEA* XVII:3 (1991), pp. 128–33
Winter, E., *Untersuchungen zu den ägyptischen Tempelreliefs der griechisch-romischen Zeit* (Vienna, 1968)

涂鸦

Edgerton, W.F., *Medinet Habu Graffiti Facsimiles* (OIP 36) (Chicago, 1937)
Thissen, H. J., 'Graffiti', *LÄ* II (1977), c. 880–2

发展、增强与变化

Andrews, C.A.R., 'Some Temple Accounts (P.BM 10225)'. In C. Eyre (ed.) *The Unbroken Reed: Studies in Honour of A.F. Shore* (EES Occasional Publications, 11) (London, 1994), pp. 25–34
Bleiberg, E., 'The Redistributive Economy in New Kingdom Egypt: An Examination of *b3kw(t)*', *JARCE* 25 (1988), pp. 157–68
Epigraphic Survey, *The Temple of Khonsu, 1: Scenes of King Herihor in the Court* (Chicago, 1979)
Evans, J.A.S., 'A Social and Economic History of an Egyptian Temple in the Graeco-Roman Period', *Yale Classical Studies*, No. 17 (New Haven, 1961), pp. 149–283
Haring, B.J.J., *Divine Households: Administrative and Economic Aspects of the New Kingdom Royal Memorial Temples in Western Thebes* (Leiden, 1997)
Helck, W., 'Tempelwirtschaft', *LÄ* VI (1986), c. 414–20
—'Usurpator', 'Usurpierung', *LÄ* VI (1986), c. 904–05, 905–06
Spalinger, A., 'Some Revisions of Temple Endowments in the New Kingdom', *JARCE* 28 (1991), pp. 21–40

第三章 世界中的世界

一般性文献

Gundlach, R. and M. Rochholz (eds), *Ägyptische Tempel-Struktur, Funktion und Programm* (HÄB 37) (Hildesheim, 1994)
Helck, W., 'Tempeldarstellungen', *LÄ* VI (1986), c. 377–9
Spencer, P., *The Egyptian Temple: A Lexicographical Study* (London, 1984)

神庙入口

Coche-Zivie, C.M., 'Sphinx', *LÄ* V (1984), c. 1139–47
Derchin, P., 'Réflexions sur la décoration des pylônes', *BSFE* 46 (1966), p. 17ff.
Habachi, L., *The Obelisks of Egypt* (Cairo, 1984)
Spencer, A.J., *Brick Architecture in Ancient Egypt* (Warminster, 1979)

外庭

Arnold, D., *Die Tempel Ägyptens: Gotterwohnungen Kultstätten, Baudenkmäler* (Zürich, 1992)
—'Tempelarchitektur', *LÄ* VI (1986), c. 359–63
El-Saghir, M., *The Discovery of the Statuary Cachette of Luxor Temple* (Mainz, 1991)
Gundlach, R. and M. Rochholz, *Ägyptische Tempel: Struktur, Funktion und Programm* (HÄB 37) (Hildesheim, 1994)
Jarosi, P. and D. Arnold, 'Säule', *LÄ* V (1984), c. 343–8

内厅与圣殿

Arnold, D., *Wandbild und Raumfunktion in ägyptischen Tempeln des Neuen Reiches* (Berlin, 1962)
—'Hypostyle Halls of the Old and Middle Kingdoms'. In P. der Manuelian and R. Freed (eds), *Studies in Honour of William Kelly Simpson*, 2 vols (Boston, 1996), pp. 39–54
—'Kapitell', *LÄ* III (1980), c. 323–7
Grothoff, T., *Die Tornamen der ägyptischen Tempel* (Aachen, 1996)
Jarosi, P, and D. Arnold, 'Säule', *LÄ* V (1984), c. 343–8
Müller, M., 'Schrein', *LÄ* V (1984), c. 709–12

其他神庙结构

Daumas, F., *Les mammisis des temples égyptiens* (Annales de l'Université de Lyon, 3ieme série, 32) (Paris, 1958)
—'Geburstshaus', *LÄ* II (1977), c. 462–75
Ghalioungui, P., *The House of Life, Per Ankh* (Amsterdam, 1973)
Gessler-Lohr, B., *Die heiligen Seen ägyptischer Tempel* (*HÄB* 21) (Hildesheim, 1983)
Jaritz, H., 'Nilmesser', *LÄ* IV (1982), c. 496–8
Philips, A.K., 'Observation on the Alleged New Kingdom Sanatorium at Deir el-Bahari', *GM* 89 (1986), pp. 77–83

神庙象征体系

Allen, J.P., *Genesis in Egypt: The Philosophy of Ancient Egyptian Creation Accounts*, Yale Egyptological Studies 2 (New Haven, 1988)
Baines, J., '*Bnbn*: Mythological and Linguistic Notes', *Orientalia* 39 (1970), pp. 399–404
—'Temple Symbolism', *RAIN* 15 (1976), pp. 3, 10–15
Brovarski, E., 'The Doors of Heaven', *Orientalia* 46 (1977), pp. 107–15
Brunner, H., 'Die Sonnenbahn in ägyptischen Tempeln'. In *Archäologie und Altes Testament: Festschrift fur Kurt Galling* (Tubingen, 1970), pp. 27–34
Graefe, E., 'Der Sonnenaufgang zwischen den Pylonturmen', *OLP* 14 (1983), pp. 55–79
Hoffmeier, J.K., 'The Use of Basalt in Floors of Old Kingdom Pyramid Temples', *JARCE* XXX (1993), pp. 117–24
Hornung, E., *Idea into Image* (New York, 1992)
Reymond, E.A.E., *The Mythical Origin of the Egyptian Temple* (Manchester, 1969)
Ringgren, H., 'Light and Darkness in ancient Egyptian Religion'. In *Liber Amicorum: Studies in honor of C.J. Bleeker* (Leiden, 1969), pp. 140–50
Saleh, A.A., 'The So-called "Primeval Hill" and Other Related Elevations in Ancient Egyptian Mythology', *MDAIK* 25 (1969), pp. 110–20
Wilkinson, R.H., *Symbol and Magic in Egyptian Art* (London and New York, 1994)
— 'Symbolism', *The Oxford Encyclopedia of Ancient Egypt* (Oxford, 2000)

第四章　天地之间

埃及众神与其祭祀崇拜

这一领域有大量文献。这里所能做的只是提及一些概述性作品，以及一些与文本所涉具体问题有关的著作。

Assmann, J., *Egyptian Solar Religion in the New Kingdom: Re, Amun and the Crisis of Polytheism* (Tr. A. Alcock, London, 1994)
Baines, J., '"Greatest God" or Category of Gods?', *GM* (1983), pp. 13–28
Cerny, J., *Ancient Egyptian Religion* (Westport, CT, 1979)
David, R., *A Guide to the Religious Ritual at Abydos* (Warminster, 1981)
Giveon, R., 'New Material Concerning Canaanite Gods in Egypt'. In *Proceedings of the Ninth World Congress of Jewish Studies, Jerusalem, 1985* (Jerusalem, 1986), pp. 1–4
Goedicke, H., 'God', *JSSEA* 16 (1986), pp. 57–62
Hart, G., *A Dictionary of Egyptian Gods and Goddesses* (London, 1986)
Hoffmeier, J.K., *Sacred in the Vocabulary of Ancient Egypt: The term dsr, with special reference to Dynasties I–XX* (Göttingen, 1985)
Hornung, E., *Conceptions of God in Ancient Egypt: The One and the Many* (Tr. J. Baines, Ithaca, 1982; London, 1983)
Morenz, S., *Egyptian Religion* (Tr. A.E. Keep, London and Ithaca, 1973)
Mysliwiec, K., 'Amon, Atun and Aton: The Evolution of Heliopolitan Influences in Thebes'. In *L'Egyptologie en 1979, 2: Axes priorities de recherches* (Cairo, 1983), pp. 285–9
Quirke, S., *Ancient Egyptian Religion* (London, 1992)
Redford, D.B., 'The Sun-Disc in Akhenaten's Program: Its Worship and Antecedents', *JARCE* 13 (1976), pp. 47–61
Shorter, A.W., *Egyptian Gods: A Handbook* (Boston, 1981)
Silverman, D.P., 'Divinity and Deities in Ancient Egypt'. In B.E. Shafer (ed.), *Religion in Ancient Egypt: Gods, Myths, and Personal Practice* (Ithaca and London, 1991)
te Velde, H., 'Some Remarks on the Structure of Egyptian Divine Triads', *JEA* 57 (1971), pp. 80–6
Watterson, B., *The Gods of Ancient Egypt* (London, 1984; repr. Gloucestershire, 1996)

国王的角色

Assmann, J., *Der König als Sonnenpriester: Kosmographischer Begeisttext zur kulttischen Sonnenhymnik in thebanischen Tempeln und Gräben* (MDAIK, Ägyptologische Reihe, 7) (Glückstadt, 1970)
Barta, W., *Aufbau und Bedeutung der altägyptischen Opferformel* (*ÄF*, 24) (Glückstadt, 1968)
Bell, L., *Mythology and Iconography of Divine Kingship in Ancient Egypt* (Chicago, 1994)
Frankfort, H., *Kingship and the Gods* (Chicago, 1978)
Hoffmeier, J.K. 'The King as God's Son in Egypt and Israel', *JSSEA* XXIV (1994), pp. 23–38
Posener, G., *De la divinité du pharaon* (Paris, 1960)
Quaegebeur, J. (ed.), *Ritual and Sacrifice in the Ancient Near East* (Leuven, 1993)
Spiegelberg, W., *Der demotische Text der Priesterdekrete von Kanopus und Memphis (Rosettana) mit den hieroglyphischen und griechischen Fassungen und deutscher Übersetzung* (Heidelberg, 1922; repr. 1990)
Teeter, E., *The Presentation of Maat: The Iconography and Theology of an Ancient Egyptian Offering Ritual* (Chicago, 1990)
Wildung, D., *Ni-user-Ré Sonnenkönig – Sonnengott* (Munich, 1984)

祭司与神庙人员

另一个存在大量文献的领域。以下仅列出了一小部分概述性著作以及筛选过的详细研究。

Altenmüller-Kesting, B., *Reinigungsriten im ägyptischen Kult* (Hamburg, 1968)
Blackman, A.M., *Gods, Priests and Men: Studies in the Religion of Pharaonic Egypt* (London, 1992; 2nd ed. London, 1995)
Brovarski, E., 'Tempelpersonal I', *LÄ* VI (1986), c. 387–401
Bryan, B.M., 'Non-royal women's titles in the 18th Dynasty', *NARCE* (1984)
Fisher, H.G., 'Priesterin', *LÄ* IV (Wiesbaden, 1982), c. 1100–5
Galvin, M., *Priestesses of Hathor in the Old Kingdom and the 1st Intermediate Period* (Ann Arbor, 1981)
—'The Hereditary Status of the Titles of the Cult of Hathor', *JEA* 70 (1984), pp. 42–9
Johnson, J., 'The Role of the Egyptian Priesthood in Ptolemaic Egypt'. In L.H. Lesko (ed.) *Egyptological Studies in Honour of Richard A. Parker* (Hanover, NH, 1986), pp. 70–84
Kees, H., *Die Hohenpriester des Amun von Karnak von Herihor bis zum Ende der Äthiopenzeit* (PÄ, 4) (Leiden, 1964)
Lesko, B.S. (ed.), *Women's Earliest Records from Ancient Egypt and Western Asia* (Atlanta, 1989)
Martin-Pardey, E., 'Tempelpersonal II', *LÄ* VI (1986), c. 401–7
Moursi, Mohamed I., *Die Hohenpriester des Sonnengottes von der Frühzeit Ägyptens bis zum Ende des Neuen Reiches* (*MÄS* 26) (Munich, 1972)
Naguib, S.-A., *Le Clerge féminin d'Amon Thebain à la 21e Dynastie* (Leuven, 1990)
Robins, G., 'The god's wife of Amun in the 18th dynasty in Egypt'. In A. Cameron and A. Kuhrt (eds), *Images of Women in Antiquity* (London and Canberra, 1983), pp. 65–78
—*Women in Ancient Egypt* (London and Cambridge, MA, 1993)
Sauneron, S., *The Priests of Ancient Egypt* (New York, 1960)
Ward, W.A., *Essays on Feminine Titles of the Middle Kingdom and Related Subjects* (Beirut, 1986)

神庙节日

Altenmüller, H., 'Feste', *LÄ* II (1977), c. 171–91
Assmann, J., *Ägyptische Hymnen und Gebete* (Bibliothek der Alten Welt: Der Alte Orient) (Zurich and Munich, 1975)
Blackman, A. M., 'The Significance of Incense and Libations', *ZÄS* 50 (1912), pp. 69–75
Bleeker, C.J., *Egyptian Festivals: Enactments of Religious Renewal* (Studies in the History of Religions, Supplements to Numen, XIII) (Leiden, 1967)
Dittmar, J., *Blumen und Blumensträusse als Opfergabe im alten Ägypten* (*MÄS*, 43) (Munich, 1986)

Grimm, A., *Die altägyptischen Festkalender in den Tempeln der griechisch-römischen Epoche* (ÄAT, 15) (Wiesbaden, 1994)
Husson, C., *L'Offrande du miroir dans les temples égyptiens d'époque gréco-romaine* (Lyon, 1977)
Poo, M.-C., *Wine and Wine Offerings in the Religion of Ancient Egypt* (London, 1995)
Radwan, A., 'The `nh-Vessel and its Ritual Function'. In *Fs Mokhtar* 2 (Cairo, 1985), pp. 211–17
Ryhiner, M.-L., *L'offrande du Lotus dans les temples égyptiens de l'époque tardive* (Rites égyptiens, 6) (Brussels, 1986)
—*Altägyptische Festdaten* (AAWLM, 10) (Wiesbaden, 1950)
Schott, S., *Das schöne Fest vom Wüstentale: Festbräuche einer Totenstadt* (AAWLM, 11) (Wiesbaden, 1953)
—*Ritual und Mythe im altägyptischen Kult* (Studium Generale, 8) (Berlin,1955)
Smith, G.E., 'Incense and Libations', *BRL* 4 (1921), pp. 191–262
Wiebach, S.,'Die Begegnung von Lebenden und Verstorbenen im Rahmen der thebanischen Talfestes', *SAK* 13 (1986), pp. 263–91
Wild, R.A., *Water in the Cultic Worship of Isis and Sarapis* (Études preliminaires aux religions orientales dans l'empire romain, 87) (Leiden, 1981)
Yeivin, S., 'Canaanite Ritual Vessels in Egyptian Cultic Practices', *JEA* 62 (1976), pp. 110–14.

普通人在崇拜中的角色

Baines, J., 'Practical Religion and Piety', *JEA* 73 (1987), pp. 79–98
—'Society, Morality and Religious Practice'. In B.E. Shafer (ed.), *Religion in Ancient Egypt: Gods, Myths, and Personal Practice* (Ithaca, 1991)
Pinch, G., *Votive Offerings to Hathor* (Oxford, 1993)

第五章　神与国王之庙宇

这里甚至连埃及各地数百座神庙的代表性参考书目都不可能给出。读者可参考B. Porter和R.L.B. Moss所著Topographical Bibliography of Ancient Egyptian Hieroglyphical Texts, Reliefs, and Paintings I–VII (Oxford, 1927–51; 2nd rev. ed., Oxford, 1964–)的相关章节，以了解各个地理区域。这里给出的引用大都是有关主要神庙的标准性著作，以及自Topographical Bibliography出版以来被发现或研究的神庙的相关著作。

也可参考以下的埃及通用指南：

Baines, J. and J. Málek, *Atlas of Ancient Egypt* (Oxford and New York, 1980)
Bard, K. (ed.), *Encyclopedia of the Archaeology of Ancient Egypt* (New York, 1999)
Murnane, W., *The Penguin Guide to Ancient Egypt* (Harmondsworth, 1983; rev. ed. 1996)
Shaw, I. and P. Nicholson, *The British Museum Dictionary of Ancient Egypt* (London, 1995)

三角洲：从地中海到孟菲斯

Bietak, M., *Tell el-Dab'a II* (Vienna, 1975)
de Meulenaere, H. and P. MacKay, *Mendes II* (Warminster, 1976)
el-Sayed, R., *Documents relatifs à Saïs et ses divinités* (Cairo, 1975)
Fraser, P.M., *Ptolemaic Alexandria*, 3 vols (Oxford, 1972)
Habachi, L., *Tell Basta* (Cairo, 1957)
Hansen, D.P., 'Excavations at Tell el-Rub'a', *JARCE* VI (1967), pp. 5–16
Hogarth, D.G., H.L. Lorimer and C.C. Edgar, 'Naukratis, 1903', *Journal of Hellenic Studies* XXV (1905), pp. 105–36
Montet, P., *Les Enigmes de Tanis* (Paris, 1952)
Naville, É., *The Shrine of Saft el Henneh and the Land of Goshen 1885* (London, 1887)
Petrie, W.M.F., *Tanis II, Nebesheh (Am) and Defenneh (Tahpanhes)* (London, 1888)
Porter, B. and R.L.B. Moss, *Topographical Bibliography of Ancient Egyptian Hieroglyphical Texts, Reliefs, and Paintings*, vol. IV (2nd rev. ed., Oxford, 1964–)
Steindorff, G., 'Reliefs from the Temples of Sebennytos and Iseion in American Collections', *Journal of the Walters Art Gallery* VII–VIII (1944–45), pp. 38–59
Uphill, E.P., *The Temple of Per Ramesses* (Warminster, 1984)

中埃及：从孟菲斯到阿苏特

Anthes, R. et al., *Mit Rahineh 1955 and 1956* (Philadelphia, 1959, 1965)
Arnold, D., 'Das Labyrinth und seine Vorbilder', *MDAIK* 35 (1979), pp. 1–9
Boak, A.E.R. (ed.), *Karanis, The Temples, Coin Hoards, Botanical and Zoological Reports, Seasons 1924–31* (New York, 1933)
Edel, E. and S. Wenig, *Die Jahreszeitenreliefs aus dem Sonnenheiligtum des Königs Ne-user-Re* (Berlin, 1974)
el-Sayed Mahmud, A., *A New Temple for Hathor at Memphis* (Wiltshire, 1978)
Fakhry, A., *The Monuments of Sneferu at Dahshur*, 2 vols (Cairo, 1959–61)
Holthoer, R. and R. Ahlqvist, 'The "Roman Temple" at Tehna el-Gebel', *SO* 43:7 (1974)
Lauer, J.P., *Saqqara: The Royal Cemetery of Memphis* (London, 1976)
Lauer, J.P. and J. Leclant, *Le temple haut du complexe funéraire du roi Téti* (Cairo, 1972)
Naville, É., *Ahnas el Medineh (Heracleopolis Magna)* (London, 1894)
Newberry, P.E., F.L. Griffith et al., *Beni Hasan*, 4 vols. (London, 1893–1900)
Peet, T.E., C.L. Woolley, J.D.S. Pendlebury et al., *The City of Akhenaten*, 3 vols (London, 1923, 1933, 1951)
Petrie, W.M.F. et al., *Memphis*, 4 vols (London, 1909–13)
Petrie, W.M.F. and E. Mackay, *Heliopolis, Kafr Ammar and Shurafa* (London, 1915)
Porter, B. and R.L.B. Moss, *Topographical Bibliography of Ancient Egyptian Hieroglyphical Texts, Reliefs, and Paintings*, vol. IV (2nd rev. ed., Oxford, 1964–)
Ranke, H., *Koptische Friedhofe bei Karara und der Amontempel Scheschonks I bei el Hibe* (Berlin and Leipzig, 1926)
Reisner, G., *Mycerinus: The Temples of the Third Pyramid at Giza* (Cambridge, MA, 1931)
Ricke, H. et al., *Das Sonnenheiligtum des Königs Userkaf*, 2 vols. (Cairo, 1965; Wiesbaden, 1969)
Roeder, G., *Hermopolis 1929–1939* (Hildesheim, 1959)
Rübsam, W.J.R., *Götter und Külte in Faijum während der griechisch-römisch-byzantinischen Zeit* (Bonn, 1974)
Spencer, A.J., *Excavations at el-Ashmunein* (London, 1989)
Zivie, A.P., *Hermopolis et le nome de l'Ibis* (Cairo, 1975)

上埃及北部：从阿苏特到底比斯

Bakry, H.S.K., 'The Discovery of a Temple of Sobk in Upper Egypt', *MDAIK* 27 (1971), pp. 131–46
Bisson de la Roque, F. and J.J. Clére et al., *Rapport sur les fouilles de Medamoud (1925–32)* (Cairo, 1926–36)
Calverly, A.M. et al., *The Temple of King Sethos I at Abydos*, vols I–IV (London and Chicago, 1933–38)
Chassinat, E. and F. Daumas, *Le Temple de Dendara*, I– (Cairo, 1934–)
Daumas, F., *Dendara et le temple d'Hathor* (Cairo, 1969)
David, A., *A Guide to the Religious Ritual at Abydos* (Warminster, 1981)
Fischer, H.G., *Dendera in the Third Millennium B.C.* (New York, 1968)
Frankfort, H., *The Cenotaph of Seti I at Abydos* (EES Memoirs 39) (London, 1933)
Mariette, A., *Denderah*, 4 vols (Paris, 1870–73)
—*Abydos*, 2 vols (Paris, 1869–80)
Petrie, W.M.F., *Athribis* (London, 1908)
—*Koptos* (London, 1896)
—*The Royal Tombs of the First Dynasty/Earliest Dynasties* (London, 1900–01)
Porter, B. and R.L.B. Moss, *Topographical Bibliography of Ancient Egyptian Hieroglyphical Texts, Reliefs, and Paintings*, vol. VI (2nd rev. ed., Oxford, 1964–)
Wegner, J.W., *The Mortuary Complex of Senwosret III: A Study of Middle Kingdom State Activity and the Cult of Osiris at Abydos*. Ph.D. dissertation (Philadelphia, 1996)

底比斯的神庙

东岸

Barguet, P., *Le Temple d'Amon Ré à Karnak. Essai d'exégése* (Cairo, 1962)
Bell, L., 'Luxor Temple and the Cult of the Royal ka', *JNES* 44:4 (1985), pp. 251–94
Brunner, H., *Die Südlichen Räume des Tempels von Luxor* (Mainz, 1977)
Dorman, P. and B.M. Bryan (eds), *Sacred Space and Sacred Function in Ancient Thebes* (Chicago, 2007)
Epigraphic Survey, *The Temple of Khonsu*, 2 vols (OIP 100, 103) (Chicago, 1979, 1981)
Epigraphic Survey, *Reliefs and Inscriptions at Karnak*, 4 vols (OIP 23, 25, 74, 107) (Chicago, 1936–1986)
Epigraphic Survey, *Reliefs and Inscriptions at Luxor Temple*, 2 vols (OIP

Gayet, A., *Le Temple de Louxor* (Cairo, 1894)
Golvin, J.-C. and J.-C. Goyon, *Karnak, Ägypten: Anatomie eines Tempels* (Tübingen, 1990)
Helck, W., 'Ritualszenen in Karnak', *MDAIK* 23 (1968), pp 117–37
Murnane, W.J., 'False-doors and Cult Practices Inside Luxor Temple'. In *Fs Mokhtar* 2 (Cairo, 1986), pp. 135–48
Nelson, H.H. (artist); W.J. Murnane (ed.), *The Great Hypostyle Hall at Karnak, Vol. 1, Pt. 1: The Wall Reliefs* (Chicago, 1981)
Osing, J., 'Die Ritualszenen auf der Umfassungsmauer Ramses' II. in Karnak', *Or* 39 (1970), pp. 159–69
Porter, B. and R.L.B. Moss, *Topographical Bibliography of Ancient Egyptian Hieroglyphical Texts, Reliefs, and Paintings*, Vol. II (2nd rev. ed., Oxford, 1964–)
Traunecker, C., 'Les rites de l'eau à Karnak d'après les textes de la rampe de Taharqa', *BIFAO* 72 (1972), pp. 195–236
— *La chapelle d'Achôris à Karnak* (Paris, 1995)
Wit, C. de, *Les inscriptions de temple d'Opet, à Karnak* (Biblioteca Aegyptiaca 11) (Brussels, 1958)

西岸

Arnold, D., *Der Tempel des Königs Mentuhotep von Deir el-Bahari, Vol. I: Architektur und Deutung; Vol. II: Die Wandreleifs des Sanktuares'*, *MDAIK* (Mainz, 1974–81)
Epigraphic Survey, *Medinet Habu*, 8 vols (Chicago, 1930–70)
Karkowski, J., 'Studies on the Decoration of the Eastern Wall of the Vestibule of Re-Horakhty in Hatshepsut's Temple at Deir el-Bahri', *Études et Travaux* 9 (1976), pp. 67–80
Lipinska, J., *Deir El-Bahari: The Temple of Tuthmosis III*, 4 vols (Warsaw, 1977)
Murnane, W.J., *United with Eternity: A Concise Guide to the Monuments of Medinet Habu* (Chicago and Cairo, 1980)
Naville, É., *The Temple of Deir el Bahari*, 6 vols (London, 1894–1908)
Nims, C.F., 'Ramesseum Sources of Medinet Habu Reliefs'. In J.H. Johnson and E.F. Wente (eds), *Studies in Honor of George R. Hughes, January 12, 1977* (Chicago, 1976)
Oriental Institute, University of Chicago, *Medinet-Habu*, vols. I–VIII (Chicago, 1930–70)
Osing, J., *Der Tempel Sethos' I. in Gurna. Die Reliefs und Inschriften*, I– (Mainz, 1977–)
Petrie, W.M.F., *Six Temples at Thebes* (London, 1897)
Porter, B. and R.L.B. Moss, *Topographical Bibliography of Ancient Egyptian Hieroglyphical Texts, Reliefs, and Paintings*, Vol. II (2nd rev. ed., Oxford, 1964–)
Vörös, G. and R. Pudleiner, 'Preliminary Report of the Excavations at Thoth Hill, Thebes: The pre-11th dynasty temple and the western building (season 1996–1997)', *MDAIK* 54 (1998), pp. 335–40
— 'Preliminary Report of the Excavations at Thoth Hill, Thebes: The temple of Montuhotep Sankhkara', *MDAIK* 53 (1997), pp. 283–7
Wysocki, Z., et al., *The Temple of Queen Hatshepsut: Results of the Investigations and Conservation Works of the Polish–Egyptian Archaeological and Preservation Mission, Deir el-Bahari*, vols 1–3 (Warsaw, 1980–85)
Zivie, C.M., *Le Temple de Deir Chelouit. III. Inscription du Naos* (Cairo, 1986)

上埃及南部：从底比斯到阿斯旺

Adams, B., *Ancient Hierakonpolis*, with *Supplement* (Warminster, 1974)
Bisson de la Roque, F., *Tôd (1934 à 1936)* (Cairo, 1937)
Bresciani, E. and S. Pernigotti, *Assuan. Il tempio tolemaico di Isi. I blocchi decorati e iscritti* (Pisa, 1978)
Caminos, R.A. and T.G.H. James, *Gebel es-Silsilah*, I– (London, 1963–)
Cauville, S., *Essai sur la théologie du temple d'Horus à Edfou* (BdE, 102) (Cairo, 1987)
de Rochemonteix, M. and E. Chassinat, *Le Temple d'Edfou*, 14 vols (Paris, 1892; Cairo, 1918–)
de Morgan, J. et al., *Kom Ombos*, 2 vols (Vienna, 1909)
Derchain, P., *Elkab*, Vol. I: *Les Monuments religieux à l'entrée de l'Ouady Hellal* (Brussels, 1971)
Downes, D., *The Excavations at Esna 1905–1906* (Warminster, 1974)
Edel, E., *Die Felsengraber der Qubbet el-Hawa bei Assuan*, I– (Wiesbaden, 1967–)
Fairservis, W.A., Jr. et al., 'Preliminary report on the first two seasons at Hierakonpolis', *JARCE* 9 (1971–72), pp. 7–68
Germond, P., *Les invocations à la bonne année au temple d'Edfou* (AH, 11) (Geneva, 1986)
Jaritz, H., *Elephantine III: Die Terrassen Vor Den Tempeln Des Chnum Und Der Satet: Architektur Und Deutung* (Berlin, 1980)
Junker, H. and E. Winter, *Philä*, I– (Vienna, 1958–)
Labrique, F., *Stylistique et theologie à Edfou: Le rituel de l'offrande de la campagne; Étude de la composition* (OLA, 51) (Leuven, 1992)
Lyons, H.G., *A Report on the Island and Temples of Philae* (London, 1897)
Meeks, D., *Le grand texte des donations au temple d'Edfou* (Cairo, 1972)
Mond, R. and O.H. Myers, *Temples of Armant: A Preliminary Survey* (London, 1940)
Porter, B. and R.L.B. Moss, *Topographical Bibliography of Ancient Egyptian Hieroglyphical Texts, Reliefs, and Paintings*, vols V, VI (2nd rev. ed., Oxford, 1964–)
Quibell, J.E. (vol. II with F.W. Green), *Hierakonpolis*, 2 vols (London, 1900, 1902)
Reymond. E.A.E., 'Worship of the Ancestor Gods at Edfou', *CdE* 38, 75 (1963), pp. 49–70
Sauneron, S., *Esna*, I– (Cairo, 1959–)
— *Les fêtes réligieuses d'Esna aux derniers siècles du paganisme* (Esna, vol. 5) (Cairo, 1962)
Sauneron, S. and H. Stierlin, *Die letzten Tempel Ägyptens. Edfu und Philae* (Zürich, 1978)
Zabakar, L.V., 'Adaptation of Ancient Egyptian Texts to the Temple Ritual at Philae', *JEA* 66 (1980), pp. 127–36

努比亚：从阿斯旺到格贝尔·巴卡尔

Aldred, C., *The Temple of Dendur* (New York, 1978)
— 'The Temple of Dendur', *Metropolitan Museum of Art Bulletin* XXXVI:1 (Summer, 1978)
Almagro, M., *El templo de Debod* (Madrid, 1971)
Blackman, A.M., *The Temple of Derr* (Cairo, 1913)
Caminos, R.A., *The New Kingdom Temples of Buhen*, 2 vols. (EES Archaeological Survey of Egypt 33) (London, 1974)
Curto, S., *Il tempio di Ellesija* (Turin, 1970)
Fairman, H.W., 'Preliminary Report on the Excavations at Sesebi (Sudla) and 'Amarah West, Anglo-Egyptian Sudan, 1937–8', *JEA* 24 (1938), pp. 151–6
Gauthier, H., *Le Temple de Ouadi es-Seboud* (Cairo, 1912)
— *Le Temple d'Amada* (Cairo, 1913–26)
Hinkel, F.W., *The Archaeological Map of the Sudan* (Berlin, 1977)
Kendall, T., *The Gebel Barkal Temples 1989–90: A Progress Report on the Work of the Museum of Fine Arts, Boston, Sudan Mission* (Geneva, 1990)
— 'Kings of the sacred mountain: Napata and the Kushite twenty-fifth dynasty of Egypt'. In D. Wildung (ed.), *Sudan: Ancient Kingdoms of the Nile* (Paris and New York, 1997)
Knudstad, J., 'Serra East and Dorginarti: A Preliminary Report on the 1963–64 Excavations of the University of Chicago Oriental Institute Sudan Expedition, *Kush* 14 (1966), pp. 165–86
MacAdam, M.F.L., *The Temples of Kawa*, 2 vols (London, 1949–55)
Porter, B. and R.L.B. Moss, *Topographical Bibliography of Ancient Egyptian Hieroglyphical Texts, Reliefs, and Paintings*, vol. VII (2nd rev. ed., Oxford, 1964–)
Reisner, G., 'Inscribed Monuments from Gebel Barkal', *ZÄS* 6 (1931), pp. 76–100
Ricke, H., G.R. Hughes and E.F. Wente, *The Beit el-Wali Temple of Ramesses II* (Chicago, 1967)
Roede, G. and W. Ruppel, *Der Tempel von Dakke*, 3 vols (Cairo, 1913–30)
Schneider, H.D., *Taffeh: Rond de wederopbouw van een Nubische tempel* (The Hague, 1979)
Siegler, K.G., *Kalabsha: Architektur und Baugeschichte des Tempels* (Berlin, 1970)
Smith, H., *Preliminary Reports of the Egypt Exploration Society Nubian Survey* (Cairo, 1962)
Steindorff, G., *Aniba*, 2 vols (Glückstadt, 1935–37)

荒漠神庙：绿洲与偏远地区

Fakhry, A., 'Oase', *LÄ* IV (1982), c. 541

—*The Oases of Egypt*, 2 vols (Cairo, 1973–74)
Gardiner, A.H. et al., *The Inscriptions of Sinai*, 2 vols. (London, 1952–55)
Giveon, R. 'Tempel, ägyptische, in Kanaan', *LÄ* VI (1986), c. 357–8
Kaper, O.E., *Temples and Gods in Roman Dakhleh: Studies in the Indigenous Cults of an Egyptian Oasis* (Groningen, 1997)
Rothenberg, B. (ed.), *The Egyptian Mining Temple at Timna* (London, 1988)
Wimmer, S., 'Egyptian Temples in Canaan and Sinai'. In S. Israelit-Groll (ed.), *Studies in Egyptology Presented to Miriam Lichtheim* (Jerusalem, 1990)
Winlock, H., *The Temple of Hibis in el Khargeh Oasis* (*PMMA* 13) (New York, 1941)

结语：今天的探索与保存

Bell, L., B. Fishman and W.J. Murnane, 'The Epigraphic Survey (Chicago House)', *NARCE* 118 (1982), pp. 3–23, and 119 (1982), pp. 5–13
der Manuelian, P., 'Digital Epigraphy: An Approach to Streamlining Egyptological Epigraphic Method', *JARCE* 35 (1998), pp. 97–114
Gammal, M. Hassan el, *Luxor, Egypt: Balancing archeological preservation and economic development*. Ph.D. dissertation (Philadelphia, 1991)
Quirke, S. (ed.), *The Temple in Egypt: New Discoveries and Recent Research* (London, 1997)
Traunecker, C., 'Aperçu sur les dégradations des grès dans les temples de Karnak', *Cahiers de Karnak* 5 (1970–72), pp. 119–30

插图出处

缩写说明：
a=上；b=下；c=中；l=左；r=右；t=顶。

AKG London/Photo: Erich Lessing 42a
Cyril Aldred 126–7
Archivio White Star: M. Bertinetti 59a; G. Veggi, 61br, 178–9
Donald Bailey 56b, 234br
Bibliothèque Nationale, Paris 103l
British Museum, London 74, 85c, 90ar, 91br, 93ar, 107bl, 110c, 180
Photo: Harry Burton, courtesy Metropolitan Museum of Art, New York 86bl
Cairo Museum 63b, 64cr, 82br, 90bl, 99br, 121bl, 126bl, 203br
Peter Clayton 46–7, 75ar, 83a, 90–1, 134al, 139b, 171a, 208a, 234bl
Cleveland Museum of Art 97l
Eugene Cruz-Uribe 236–7, 237b, 238t
Courtesy of the Archive of the Czech Institute of Egyptology, Prague 26b, 75al, 109ar, 110t, 124r, 138b, 171b, 236br
Martin Davies 219a
Aidan Dodson 85t, 116bl, 123ar, 123c, 128b, 129b, 130b, 130–1, 134–5, 140l, 143a, 217tr
Egypt Exploration Society 105b, 105c, 106br; photo: Barry Kemp 241a
Dina Faltings/Anja Stoll 104–5
© Chr. Favard-Meeks 27l, 104br
Werner Forman Archive/The Egyptian Museum, Cairo 112r, 128t
Photo: Francis Frith, courtesy The Collection of the Center for Creative Photography, University of Arizona 33r
German Archaeological Institute, Cairo 27r
M. Girodias 83b
Heidi Grassley © Thames & Hudson Ltd., London 6-7, 8, 14–15, 28, 34–5, 44bl, 44br, 52-3, 55a, 58a, 62a, 63al, 64b, 67r, 69r, 71l, 76–7, 80–1, 115t, 118a, 118b, 119, 120br, 121ar, 122a, 122b, 125b, 126al, 131br, 135a, 149b, 168, 175, 183, 188–9, 203al, 204, 206a, 206br, 207al, 207ar, 209, 210al, 210ar, 214a, 215a, 224, 225, 226
Griffith Institute, Ashmolean Museum, Oxford 33l
Richard Harwood 136, 136–7, 179t, 180–1, 187a, 187b, 188–9, 189, 201, 236bl, 236–7, 237c
Photo: Hirmer 12–13, 23ar, 45ac, 62b, 127br, 147br, 159, 166, 203ar
George Johnson 151ar, 194–5, 202br, 206bl, 212b, 227
Könemann Verlagsgesellschaft mbH, Köln/photo: Andrea Jemolo 112l, 151b, 168–9
Kurt Lange 18al
Image © 1999 by Learning Sites Inc.; reprinted with permission (archaeological data and interpretation by Timothy Kendall) 233ar, 233br
Jürgen Liepe, Berlin 84–5, 165t, 176c, 177a, 197c
Louvre, Paris 94l
Metropolitan Museum of Art, New York: Gift of George F. Baker 1891, 30l; Michael Duigan 133a
Museum of Fine Arts, Boston 141t
Paul Nicholson 55b, 73bl, 89ar, 91a, 107ar
David O'Connor 19b
Oriental Institute, Chicago 199a, 241b
Robert Partridge, Ancient Egypt Picture Library 23al, 94r, 172b, 179br, 190, 212a, 216, 222a, 222b
John Ross 7, 9, 29, 46al, 57, 59b, 63ar, 64al, 65b, 66, 75br, 78b, 79, 100–1, 165t, 170b, 194, 214b, 243, 244–5
Photos courtesy of Beno Rothenburg 238c, 238–9, 239l
Royal Scottish Museum, Edinburgh 87b
Alberto Siliotti, Image Service by Geodia 49, 98, 108–9

William Schenck 69t, 88, 92–3, 93b, 96, 109br, 145b, 150br, 177cl, 192, 208b, 218, 239ar
Albert Shoucair 124–5, 127ar,
Hourig Sourouzian, Cairo 108
Jeffrey Spencer 19a, 39a, 106a
Jeremy Stafford-Deitsch 152l, 155, 156al, 156br, 157, 158b, 163a, 169br, 184, 185, 200l, 200r, 202a, 205, 207br, 211b, 219br, 220-21, 221
Courtesy of Gyösö Vörös 173
Joachim Willeitner, Munich 97r
Derek Welsby 231a, 231bl, 231br, 232a, 233al
Fred Wendorf 16l
Richard Wilkinson 17a, 37a, 43b, 44–5, 45b, 47, 51, 54l, 60, 67l, 68, 69bl, 70a, 71r, 72, 76ar, 77, 89b, 99bl, 99a, 113, 114-5, 115ar, 115br, 118–19, 141br, 143b, 144, 145a, 146–7, 147ar, 148l, 148r, 153a, 153br, 156–7, 158a, 160, 161, 162, 163b, 167, 169a, 170a, 176b, 177br, 186a, 195a, 195b, 196, 197a, 197b, 198al, 198b, 199b, 217bl, 217br, 218–19, 240a

绘画和地图

James Bruce *Travels to Discover the Source of the Nile*, 1768–73, 31br
Judi Burkhardt 24, 43, 54r, 58, 61ar, 73, 165
From Champollion & Rossellini *Monuments of Egypt & Nubia*, 46b, 228
After David O'Connor 18b
From Vivant Denon *Voyages*, 1802, 139a
Description de l'Égypte, 1809, 4–5, 31t, 31c, 142b, 150ar
Courtesy Egypt Exploration Society 93al
B. Garfi after A. Fakhry, *The Monuments of Sneferu at Dahshur II*, Cairo 1963. By kind permission of Barry Kemp, 50
From Janssen, *Atlas*, 1619, 102
From B. Kemp *Anatomy of a Civilization*, CUP, 76al, 110br
Jean-Claude Golvin, courtesy of Éditions Errance 41b, 28–9, 56a, 65a, 67a, 70b, 95br,138a, 182–3
From Lamy *Egyptian Mysteries*, London & New York, 82, 84al, 96-7, 150al
From M. Lehner *Complete Pyramids*, London & New York, 1997, 19c (George Taylor), 21, 90al, 125r, 131tr
Ernst Weidenbach from C.R. Lepsius *Denkmäler*, 1849–59, 174
Frederick Ludwig Norden *Voyages d'Égypte et de Nubie*, 1755, 31bl,
After J.D.S. Pendlebury *The City of Akhenaton*, Part III, Vol. 2, 1951, 78a
Geoff Penna 177cr
Richard Pococke *A Description of the East, and Some Other Countries*, 1743–5, 30r
David Roberts *Egypt and Nubia* 1846–50, title page, 32b, 213b, 215b,
Searight Collection, London 103r
Noelle Soren 38b, 39c, 41a, 42, 68, 89
Tracy Wellman after W. Murnane, *United with Eternity*, Chicago/Cairo 1980, 38l
After Fred Wendorf 16r
Philip Winton 10–11, 17b, 20–1, 22b, 23bl, 24–5, 26a, 36t, 36b, 37b (courtesy of Gyösö Vörös), 38–9, 40, 48, 61al (after Jean-Claude Golvin), 95al, 104bl (after Christine Favard-Meeks), 104c, 107c, 109cl, 110bl, 111, 112a, 113a, 114, 116t, 116br, 116–17, 117, 119al, 119ar, 120a, 120bl, 121r, 121br, 122ar, 123bl, 123al, 124l, 125l, 126, 126–7, 128cl, 128cr, 129c, 131tl, 130r, 131c, 131bl, 132tl, 132c, 133c, 134b, 135b, 137a, 137c, 143, 139c, 140r, 140–1, 143l, 144r, 145al, 146 (after Jean-Claude Golvin), 147bl, 149t, 152r, 153bl, 154, 155t, 172, 173c, 175t, 178, 181, 182t, 186br, 187bl, 188, 189t, 191t, 191c, 192b, 193t, 193b, 201t, 202bl, 205, 209c, 211a, 213a, 217al, 220a, 221a, 223a, 223b, 227a, 229, 230, 232c, 235, 237t, 238c, 239b.

鸣谢

我要感谢我的许多埃及学同事，他们慷慨地分享了自己的研究成果，提供了信息、插图和联系方式，或者在某些情况下，对本书中他们特别了解的部分提出了意见。尤金·克鲁兹-乌里韦博士、詹姆斯·霍夫梅尔博士、蒂莫西·肯德尔博士、近藤二郎博士和盖伊·罗宾斯博士在这方面都值得一提，查尔斯·琼斯也提供了有用的信息，还有莱拉·布洛克、黛安·弗洛雷斯、苏珊娜·昂斯汀和石尚颖。也要特别感谢斯蒂芬·奎尔克博士阅读文稿并提供了一些基于他自己工作经验的有益建议和见解。我还要感谢埃及最高文物委员会允许我继续在埃及进行研究和考古，特别感谢加巴拉·阿里、加巴拉博士、穆罕默德·苏加耶博士和穆罕默德·纳斯尔博士，以及萨布里·埃尔·阿齐兹、穆罕默德·埃尔·比亚利和当地的督查员，他们为我在埃及的工作提供了便利，多年来以及在本书的完成过程中，我从与他们的讨论和专业互动中受益匪浅。

这个项目很幸运地能够引用许多优秀摄影师的作品，在这方面，我要特别感谢乔治·约翰逊，以及我的好朋友兼探险摄影师迪克·哈伍德，他贡献了很多自己的摄影作品。其他插图和信息的来源包括唐纳德·贝利、彼得·克莱顿、艾登·道森、克里斯汀·法瓦尔德、米克斯、布拉格捷克埃及学研究所、乌尔里希·哈通、杰克·赫伦、巴里·坎普、保罗·尼科尔森、大卫·奥康纳、鲍勃·帕特里奇、唐纳德·雷德福德与苏珊·雷德福德、贝诺·罗森堡、唐纳德·桑德斯、威尔·申克、杰弗里·斯宾塞、吉泽·沃尔什和德里克·威尔斯比。

我也有幸得到了天才艺术家们的帮助，像我的朋友朱迪·伯克哈特和诺艾尔·索伦，她们为这本书准备了许多线图。

我也非常感谢在项目收尾中负责编辑、图片研究、设计和制作的出版社人员。

最后却又最重要的是，我要感谢我的妻子安娜的善意帮助——感谢她对我的耐心，并在极其繁忙的时期协助我准备手稿。

图书在版编目（CIP）数据

埃及神庙 /（英）理查德·H.威尔金森著；颜海英，
赵可馨译. -- 贵阳：贵州人民出版社，2022.11（2024.8重印）
ISBN 978-7-221-17239-6

Ⅰ.①埃… Ⅱ.①理…②颜…③赵… Ⅲ.①寺庙—
古建筑—介绍—埃及 Ⅳ.①K941.17

中国版本图书馆CIP数据核字(2022)第168634号

著作权合同登记图字：22-2022-099

Published by arrangement with Thames & Hudson Ltd, London
The Complete Temples of Ancient Egypt © 2000 Thames & Hudson Ltd
Text © 2000 Richard H. Wilkinson

This edition first published in China in 2022 by Ginkgo (Beijing) Book Co., Ltd Beijing
Chinese edition © 2022 Ginkgo (Beijing) Book Co., Ltd
本书中文简体版权归属于银杏树下（北京）图书有限责任公司。

AIJI SHENMIAO

埃及神庙

［英］理查德·H.威尔金森 著
颜海英 赵可馨 译

出 版 人：朱文迅
选题策划：后浪出版公司
出版统筹：吴兴元
责任编辑：马文博 代 勇
编辑统筹：郝明慧
特约编辑：刘冠宇
装帧设计：墨白空间·张 萌
责任印制：常会杰

出版发行：贵州出版集团 贵州人民出版社
地　　址：贵阳市观山湖区会展东路SOHO办公区A座
印　　刷：河北中科印刷科技发展有限公司
版　　次：2022年11月第1版
印　　次：2024年8月第4次印刷
开　　本：787毫米×1092毫米 1/16
印　　张：16.25
字　　数：196千字
书　　号：ISBN 978-7-221-17239-6
定　　价：148.00元

官方微博：@后浪图书
读者服务：reader@hinabook.com 188-1142-1266
投稿服务：onebook@hinabook.com 133-6631-2326
直销服务：buy@hinabook.com 133-6657-3072

后浪出版咨询（北京）有限责任公司 版权所有，侵权必究
投诉信箱：editor@hinabook.com fawu@hinabook.com
未经许可，不得以任何方式复制或者抄袭本书部分或全部内容
本书若有印、装质量问题，请与本公司联系调换，电话010-64072833